밀레니얼
사회주의
선언

밀레니얼 사회주의 선언
역사상 가장 똑똑하고 가난한 세대의 좌회전

초판 1쇄 펴낸날 2021년 12월 30일

지은이 네이선 로빈슨
옮긴이 안규남
펴낸이 이건복
펴낸곳 도서출판 동녘

주간 곽종구
편집 구형민 정경윤 박소연 김혜윤
마케팅 박세린
관리 서숙희 이주원

등록 제311-1980-01호 1980년 3월 25일
주소 (10881) 경기도 파주시 회동길 77-26
전화 영업 031-955-3000 편집 031-955-3005 **전송** 031-955-3009
블로그 www.dongnyok.com **전자우편** editor@dongnyok.com
인쇄·제본 새한문화사 **라미네이팅** 북웨어 **종이** 한서지업사

ISBN 978-89-7297-018-7 (03300)

• 잘못 만들어진 책은 바꿔 드립니다.
• 책값은 뒤표지에 쓰여 있습니다.

밀레니얼 사회주의 선언

역사상
가장 똑똑하고
가난한 세대의 좌회전

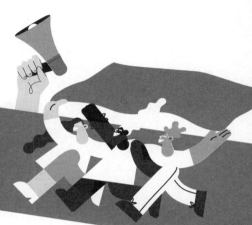

네이선 로빈슨 지음 | 안규남 옮김

WHY YOU SHOULD BE A SOCIALIST

동녘

들어가는 말

당신은
사회주의자가
맞습니다

일러두기

1. 단행본과 신문, 잡지, 음반 등은 《 》, 인터넷 신문과 뉴스, 웹사이트, 팟캐스트, 유튜브, 강연, 방송, 영화, 다큐멘터리, 게임, 논문이나 기사 제목 등은 〈 〉 안에 넣어 표기했다.
2. 원주는 후주로, 옮긴이 주는 각주로 처리했다.
3. 인용된 단행본 중 국내에 번역 출간된 것은 한국어 제목으로 표기하고, 원제를 병기했다. 국내에 출간되지 않은 책은 원제를 알맞게 번역했다.
4. 이 책에서 '클린턴'은 힐러리 클린턴을 지칭하는 것이다. 빌 클린턴의 경우에는 성과 이름을 모두 표기했다.
5. 성경 구절은 공동번역성서를 판본으로 삼았다.

지난 몇 년 동안 미국의 정치 판도는 완전히 뒤집혔다. 정치인과 정치 평론가들을 경악케 한 도널드 트럼프Donald Trump의 당선은 워싱턴Washington 정가를 지배하던 많은 믿음을 박살냈다. 사악하고 막돼먹은 리얼리티 TV 스타가 미국의 최고위직에 오를 거라고 생각한 전문가는 거의 없었다. 그들은 정치 현실을 오판했고, 무슨 일이든 일어날 수 있다는 기본 법칙을 망각했다.

거의 불가능한 일로 보이던 트럼프의 집권이 지난 몇 년 동안 일어난 유일한 정치적 이변은 아니다. 트럼프가 미국 내 두 주요 정당의 최고 유력 인사들과 벌인 경쟁에서 승리하는 동안, 미처 예기치 못한 또 다른 현상이 일어나고 있었다. 좌파에서 새로운 급진주의가 출현한 것이다.

2016년 민주당DP 대선 후보 경선이 시작됐을 때, 버니 샌더스Bernie Sanders가 힐러리 클린턴Hillary Clinton에게 심각한 도전 상대가 될 거라고 생각한 사람은 아무도 없었다. 민주당은 클린턴을 대선 후보로 선택한 것이나 다름없었고, 영향력 있는 당원들은 "그녀의 차례"[1]라고 공공연히 말했다. 샌더스는 경선에서 승리할 가능성이 없는데도 기성 체제에 맞서 자신의 정치적 신념을 알리기 위해 출마한 이른바 저항 후보였다. 워싱턴 정가에서 그는 주변적 인물로 여겨졌다. 샌더스는 연줄과 자금이 부족한 데다, 전통적으로 대선 후보들에게서 볼 수 있었던 특징도 전혀 없었다. 게다가 노령이고, 히피와 치즈로 유명한 작은 주 출신이었다. 사진이 잘 받거나 세련되지도 않았으며, 인기도 없었다. 더욱이 그는 반세기에 걸친 선한 미국 자본주의와 악한 소비에트 사회주의의 냉전에서 주연을 맡았던 나라에서 대놓고 자신이 사회주의자라고 밝힌 인물이다.

그러나 샌더스는 채 1년도 지나지 않아 전통적인 당선 기준을 충족하는 인물이 됐다. 많은 추종자가 샌더스 자신도 놀랄 만큼 빠른 속도로 그의 주변에 모여들었다. 민주당을 통렬히 비판하는 그의 급진적 메시지는 버락 오바마Barack Obama에게 실망하고, 클린턴을 따분하고 부패한 정치 왕조의 일부로 보는 진보주의자들에게 강력한 울림을 줬다. 2016년 2월 첫 번째 예비 경선인 아이오와Iowa 코커스caucus°가 열렸을 때, 샌더스는 클린턴을 패배 일보 직전까지 몰고 가는 충격적인 성과를 거뒀다.[2] 샌더스가 스타디움을 사람들로 채우고 잘 조직된 구름 같은 추종자를 끌어모으기 시작하면서, 민주당 대선 후보 경선은 클린턴이 기대했던 '대관식'으로 끝나지 않으리라는 게 분명해졌다.

결국 클린턴이 민주당 경선에서 승리했지만, 상처뿐인 영광이었다. 샌더스는 그저 그런 저항 후보가 아니라 진정한 경쟁자였다. 클린턴이 34곳에서 승리했지만, 샌더스도 23곳에서 이겼다. 예비선거에서 클린턴은 1600만 표 정도를 얻었는데, 샌더스도 1300만 표나 획득했다.[3] 사회주의자를 자처하는 후보가 주요 정당의 대선 후보 경선에서 귀찮은 존재 이상일 수 있다는 사실은 놀랍기 그지없었다. 그런 후보가 가장 노련하고 연줄이 든든한 민주당원을 상대로 예비선거에서 23번이나 승리한 것은 충격이었다.

샌더스의 예기치 못한 선전은 미국 정치의 엄청난 변화를 보여주는 상징이었다. 이와 가장 비근한 사례는 1920년 사회당SPA 후보 유

° 미국에서 각 정당이 대통령 선거 후보를 지명하는 전당대회에 보낼 주州 대의원을 뽑는 일종의 지구당 대회.

진 데브스Eugene Debs의 대통령 선거 출마다. 데브스는 1차 세계대전을 위한 징병에 반대한 일로 수감된 상황에서 거의 100만 표를 얻었다.[4] 그러나 이는 총 투표수의 3퍼센트에 불과해서, 데브스는 주요 정당들에게 심각한 위협이 되지 못했다. 이에 비해 데브스를 향한 헌사를 녹음한 앨범을 내고, 버몬트Vermont주 벌링턴Burlington 시장[5]을 지내는 동안 집무실에 그의 초상화를 걸어둔 샌더스는 훨씬 큰 성공을 거뒀다. 그가 자신의 입으로 종종 이야기하던 정치적 혁명을 시작했다고 말할 순 없지만, 당의 엘리트들이 사전에 내정한 후보에게서 대선 후보 지명을 빼앗기 몇 보 전까지 갔다.

샌더스 선거운동의 밑거름이 된 것은 밀레니얼 세대다. 민주당 주류에 불만이 있던 밀레니얼 세대는 샌더스의 진보적 대안을 열렬히 환영했다. 전체적으로 클린턴이 샌더스보다 많은 지지를 받았지만, 인종과 성별을 불문하고 젊은이들은 샌더스에게 압도적 지지를 보냈다.[6] 레나 던햄Lena Dunham을 제외하면, 30세 이하 사람 가운데 클린턴을 열정적으로 지지한 이는 많지 않았다. 그들에게 클린턴은 월가Wall Street, 정실 인사, 재앙의 이라크전을 떠올리게 하는 후보였다.

밀레니얼 세대와 함께한 샌더스의 성공은 여론조사 기관들의 예상에서 완전히 빗나간 것이었다. 그러나 샌더스의 성공이 순전히 그의 정치적 능력 때문은 아니다. 밀레니얼 세대가 민주당 주류에서 갈수록 외면당하면서 수년간 진보적 청년들 사이에 차곡차곡 반감이 쌓여온 데 힘입은 것이다. 2011년 '월가를 점거하라Occupy Wall Street' 운동 이후, 미국 젊은이들은 점점 더 급진화했다. 밀레니얼 세대는 빚더미에 시달리고, 터무니없이 비싼 의료보험료를 내고, 아이를 가질 여력도 없고, 부유한 엘리트들을 위한 정책을 집행하는 비민주적 정치체제에 좌절하고 넌덜머리가 난 상태였다. 바로 그때 샌더스가 등장한 것이다. 그들은 미국의 경제와 정치 체제가 근본적으로 불공정하며, 과감하게 전면 개편할 필요가 있다는 마음속 말을 대신 해줄 누군가를 기다려왔다.

그러나 샌더스 선거운동은 시작일 뿐이었다.

* * *

조 크롤리Joe Crowley는 20년간 하원 의원을 지낸 인물로, 민주당 내 최고위급 하원 의원 중 하나였다. 그는 민주당 지도부를 위협할 경쟁자로 평가됐고, 뉴욕New York 시에 있는 자신의 선거구 주민에게 유력 인사들과 친분이 두터운 인물로 알려졌다. 크롤리는 막후 협상에 능해서 영향력만큼 인지도가 높진 않았다.

알렉산드리아 오카시오코르테스Alexandria Ocasio-Cortez는 민주당에서 중요한 인물이 아니었다. 아니, 전혀 중요한 인물이 아니었다. 그녀는 테드 케네디Ted Kennedy의 인턴으로 일한 적이 있고, 샌더스의 선거운동에 참여한 28세 바텐더이자 사회운동가였다.[7] 미국민주사회주의자들DSA° 회원인 그녀는 크롤리와 치르는 예비 경선에서 승리할 가능성이 전혀 없는 후보로 평가됐다. 크롤리는 뉴욕주의 커스틴 질리브

° 20세기 초 전성기를 맞았던 미국사회당SPA에 뿌리를 둔 미국의 민주사회주의 운동조직. 1982년에 설립되었고, 2010년대 급성장해 2021년 여름 기준으로 9만 명 이상의 회원을 두고 있다. 정당이나 당내 분파가 아니라 독자적인 정치세력이지만, 현재 민주당을 통해 선거에 참여하는 전략을 취하고 있다. 이 조직에 소속된 대중적인 인물로 버니 샌더스와 오카시오코르테스가 있다.

랜드Kirsten Gillibrand 상원 의원을 비롯해 주요 선출직 공무원 수십 명과 미국노동총연맹산업별조합회의AFL-CIO, 인권 캠페인HRC, 가족계획협회PP 같은 강력한 정치단체들의 지지를 받고 있었다.[8] 오카시오코르테스가 선거운동에 19만 4000달러를 쓴 데 비해, 크롤리는 340만 달러를 썼다.[9] 대다수 주요 언론은 이들의 경선을 취재하지도 않았다. 크롤리의 승리가 확실해 보였기 때문이다. 크롤리는 오카시오코르테스와 참여해야 할 토론회에 대리인을 보냈을 정도다.

2018년 6월 26일, 크롤리는 42.5퍼센트를 득표했고 오카시오코르테스는 57.1퍼센트를 얻었다. 오카시오코르테스는 작년만 해도 음식점 식탁을 닦으면서 '잠재력을 실은 기차가 역을 떠났다'고 생각했다고 한다.[10] 이듬해 1월, 그녀는 미국의 최연소 여성 하원 의원이 돼서 밀레니얼 좌파의 얼굴로 곧 전국적 명성을 떨친다.

오카시오코르테스의 승리는 인상적이고 대단히 감동적이었으나 충격적이진 않았다. 클린턴과 샌더스가 벌인 예비 경선은 민주당이 매우 인기 없고 취약하다는 것, 예비선거에 참여한 많은 유권자가 민주당에 대한 대중의 지지를 잃게 만든 지루하고 중도적인 기성 정치에 대안을 제시하는 후보만 있다면 그가 사회주의자라도 충분히 지지할 의사가 있다는 걸 보여줬다.

전국적인 언론들은 민주당에 존재하는 좌파적 흐름의 힘을 대체로 경시해왔다. 오카시오코르테스가 예비 경선에서 승리하기 이틀 전, 《뉴욕타임스New York Times》는 샌더스가 지지한 후보들이 왜 대거 낙선했느냐고 물으면서 사회주의 좌파가 기대를 밑돌고 있다고 주장하는 기사를 실었다.[11] 2018년 8월에도 마찬가지였다. '보라색 주' 예비선거에서 좌파 후보 몇 명이 패배한 뒤, 《폴리티코Politico》는 〈내리막길의 사회주의Down Goes Socialism〉라는 기사에서 좌파 정치는 오카시오코르테스의 선거구인 브롱크스Bronx 같은 민주당 초강세 지역에서나 살아남을 수 있다고 주장했다.[12] 그러나《폴리티코》가 좌파의 소멸을 선언하고 불과 몇 주 뒤, 앤드루 길럼Andrew Gillum은 사회주의자들이 지지하는 '메디케어 포 올Medicare for All' 정책을 핵심 쟁점 가운데 하나로 내세워 플로리다Florida 주지사 민주당 예비선거에서 승리했다.[13]

샌더스 좌파의 연이은 성공은 놀라운 일이다. 샌더스의 선거운동이 시작되기 전만 해도 사회주의자라는 단어는 정치적으로 여전히 죽음의 키스였고, 메디케어 포 올이나 대학 등록금 무료는 정치 생명을 위협할 만큼 급진적인 주장으로 여겨졌다. 그러나 2017년 11월《워싱턴먼슬리Washington Monthly》는 주류 내의 놀랄 만한 변화에 주목하면서 "얼마 전만 해도 비주류 좌파에 속한 정치인이나 단일 보험자 헬스케어single-payer health care를 지지한다"고 여겨졌으나, 이제는 "대통령을 꿈꾸는 일부 유력 인사를 비롯해 모든 민주당원이 지금 미국에 필요한 것으로 단일 보험자 헬스케어를 제시하고 있다"고 밝혔다.[14] "민주당원들이 사회주의자가 됐다"는 지독히 편집증적인 주장은 우파의 말에 그치지 않고 언론의 머리기사로도 볼 수 있다.[15] 몇 년 전만 해도 버니 샌더스는 동료 상원 의원들에게 자신이 내놓은 단일 보험자 계획안에 대한 서명을 받을 수 없었는데, 이제는 코리 부커Cory Booker에서 질리브랜드까지 민주당 내 대통령 후보 경선 출마자 모두가 메디케어 포 올의 지지자를 자처하고 있다.[16] 한 여론조사에 따르면, 이제 단일 보험자 헬스케어는 대다수 민주당원뿐만 아니라 공화당원도 지지할 정도로 인기다. 이런 변화는 메디케어 포 올 활동가들이 대중을 상대로 활동해온 덕분이기도 하지만, 샌더스 선거운동의 효과라고 할 수 있다. 샌더스의 대표적 정책을 지지하지 않는 후보는 이제 수세에 몰리는 처지다.

진보 진영은 미국 전역에서 많은 승리를 거뒀다. 미국민주사회주의자들은 주 선거와 지방 선거에 사회주의 후보를 많이 출마시켰다. 버지니아Virginia주에서는 민주사회주의자 리 카터Lee Carter가 하원 의원에 당선됐다. 미국민주사회주의자들 후보 수십 명이 주와 지방 공직에 선출됐으며, 미국민주사회주의자들은 전국적으로 회원이 5만 명이 넘을 정도로 성장했다. 휴스턴Houston에서는 회원이 무려 300명에 이른다. (와우, 휴스턴!) 2018년 4월《뉴욕타임스》는 "많은 민주당원이 사회주의자들에게 자신들을 지지해달라고 호소하기 시작했으며, 헬스케어와 임금에 대한 미국민주사회주의자들의 일부 강령을 수용했다"고 보도했다.[17]

미국 전역에서 사회주의자들이 독서 모임을 시작하고, 책자를 출간하고, 지지하는 후보를 위해 집집마다 찾아다니고 있다. 그들은 오스틴Austin에서 의무 유급 병가 자격 요건을 밀어붙여 통과시켰다.[18] 현재 시카고Chicago 시의회에는 사회주의자가 5명 있고,[19] 매사추세츠Massachusetts주 서머빌Somerville은 "좌경화의 물결에 지배되고 있다".[20]

사회주의자들의 당선 외에 변화를 알리는 다른 신호도 있다. 웨스트버지니아West Virginia, 오클라호마Oklahoma, 애리조나Arizona 같은 붉은 주에서 일어난 교사 파업의 물결은 오랫동안 잠들어 있던 노동 급진주의의 부활을 보여준다. 필라델피아Philadelphia 시에서는 좌파 국선 변호인 래리 크래스너Larry Krasner가 대량 감금을 종식하고 사법 정의에 대한 시 당국의 접근법을 근본적으로 재검토하겠다는 공약을 내세워 지방 검사 경선에서 승리했다.[21]

《뉴욕타임스》는 청년들이 갑자기 사회주의에 관심을 돌린 이유를 알아보려 했는데, 그 답은 여러분이 능히 짐작할 수 있는 것이다. 청년 사회주의자들은 집세와 의료보험료, 그 밖에 갖가지 빌어먹을 것을 지불하고 매달 학자금 대출 1000달러까지 갚느라 허덕인다. 게다가 그들은 2016년 이후 민주당에 깊은 환멸을 느꼈다. 휴스턴 노조 조직책 에이미 자크마이어Amy Zachmeyer가 《뉴욕타임스》 기자에게 말했듯이, "우리는 돈이 세상 모든 것을 통제하는 일이 중단되는 걸 보고 싶다. 그 모든 것에는 정치도 포함된다… 그래야 부모보다 버는 돈이 적고, 집을 사기도 힘들고, 대출금의 수렁에 빠져 허우적대는 밀레니얼 세대의 호응을 얻을 수 있다".[22] 텍사스Texas주에서 법관직에 출마 중인 한 변호사는 다음과 같이 공언했다. "그렇다. 나는 사회주의자로서 법관직에 출마했다… 나는 극좌파 후보다. '우리는 여러분의 생활 조건을 실질적으로 이렇게 개선할 것이다'라고 사람들에게 말할 수 있는, 쓸모 있는 민주당원이 되는 것이 내 목표다".[23]

이는 몇 년 전의 정치가 아니다. 이는 빌 클린턴Bill Clinton 시대의 '중도 노선'이나 토니 블레어Tony Blair가 내세운 '새로운 노동당New Labour'과 공통점이 거의 없다. 1960년대를 다룬 다큐멘터리에 단골로 등장하는 노랫말처럼, "지금 뭔가가 벌어지고 있다".[24]

* * *

밀레니얼 세대의 불만은 2007~2008년 금융 위기에 뿌리가 있다. 우리 주변 모든 곳에서 일어나는 압류와 파산을 목격하며 자본주의를 자유 시장론자들이 역설하는 마술적이고 합리적인 번영 기계라고 생각하기는 힘들었다. 자유 지상주의 잡지 《리즌Reason》조차 세계적 경제 붕괴가 정치적 급진주의의 원동력임을 인정했다. "오늘날 많은 청년이 자본주의라고 하면 진보가 아니라 위기를 떠올리고, 자본주의를 옹호하는 강력한 독단론자 중 일부가 지속적으로 경제에 해를 끼쳐왔기 때문"이라는 것이다.[25] 많은 밀레니얼 세대는 생각했다. '이런 게 자본주의라면 나는 다른 걸 택하겠어.'

'월가를 점거하라' 운동은 이런 분노와 불만의 자연스러운 표현이었다. 그 운동의 구호 '우리는 99퍼센트다'는 극소수가 경제적 부를 대부분 소유하는 미국 내의 엄청난 빈부 격차를 반영하는 정확한 표현이었다. 빚이 수십만 달러에 이르는 사람들에게 21세기 경제는 성과주의가 아니라 봉건주의로 보였다. 엄청난 돈을 되돌려주기 위해 끊임없이 일해야 할 미래를 바라보면서, 많은 사람이 월가에 텐트를 치는 것 말고는 달리 할 일이 없다고 생각했다.

'점거' 전술은 이 운동에 참여한 많은 이가 기성 정치체제에서 얼마나 소외됐다고 느꼈는지 보여줬다. 2011년에 선거 정치는 경제와 사회에 근본적 변화를 가져올 가능성이 별로 없어 보였다. 2008년에 오바마는 희망과 변화를 가져올 거라는 기대를 짊어진 변혁적 후보로서 대통령에 당선됐지만, 오바마 행정부는 래리 서머스Larry Summers처럼 월가에 우호적인 인물들을 신속히 내각에 들였고, 금융 위기에 책임이 있는 금융 산업계 인사 가운데 아무도 기소하지 않았다.[26] '월가를 점거하라' 운동의 주요 참가자 중 상당수가 무정부주의자다. 그들은 민주적 절차의 실패에 낙담한 나머지, 기성 체제를 잿더미로 만들고 싶어 했다. 저항할 방법은 거리로 나가 당국이 쫓아낼 때까지 떠나지 않고 버티는 것밖에 없어 보였다. 이는 분명 정치적 전략이 아니었다. 이는 뭔가 하지 않으면 안 된다는 생각이 들던 때 필요한 그 무엇이었다. 얼마 안 가 미국 전역에서 점거 캠프들이 차려지기 시작했다.

'월가를 점거하라' 운동이 참가자들에게 어떤 의미였는지 이해해야 한다. 이 운동이 시작됐을 때 나는 매사추세츠주에 살았고, '보스턴Boston을 점거하라' 캠프에서 오랜 시간을 보냈다. 파이낸셜 디스트릭트Financial District의 지하철역에서 나와 점거 캠프를 처음 마주한 순간이 지금도 기억난다. 숨이 멎을 만큼 놀라운 광경이었다. 점거자들은 히피나 무단 거주자가 아니라 진지하고 지적인 사람들이었다. 그들은 99퍼센트에 속한 사람들의 단결과 경제에 대한 대중의 불만을 강하게 표현할 필요가 있다고 생각했다. 그들은 단순한 시위대가 아니었다. 그들은 공동체를 만들었다.

점거 캠프를 방문해보지 못한 사람은 특별한 뭔가를 볼 기회를 놓친 것이다. 내가 할 수 있는 최선의 표현으로 하면, 그것은 하나의 생태계였다. 보스턴 캠프 사이를 걸어가면서, 나는 거기에 식량 텐트와 의료 텐트, 숙박 시설, 도서관, 화장실, 집회 공간 등 모든 것이 있다는 사실을 깨달았다. 그것은 서로 만나기까지 고립과 절망 속에 있던 사람들이 맨손으로 세운 진정한 자급자족 공동체 같았다. 언론은 때때로 점거자들을 일하기 싫어하는 돈 많은 힙스터로 희화화했지만, 내가 본 것은 달랐다. 캠프는 사람들이 하는 일 없이 빈둥거리는 곳이 아니었다. 그들은 도시 안에 말 그대로 작은 도시를 만들었다. 거기서 그들은 행동 계획을 세우고, 정책 토론을 벌이고, 논쟁을 해결하고, 매일매일 살아가는 데 필요한 모든 것을 조직했다.

이 모든 일이 외부 기관의 지원 없이 자발적으로 이뤄졌다는 점

들어가는 말

이 인상적이었다. 사람들이 모여 상향식으로 공동체를 세웠고, 집단행동을 시도하는 집단이라면 직면하기 마련인 문제들에 대한 창의적인 해결책을 즉석에서 만들었다. 점거자들은 새로운 민주적 절차를 실험했으며, 지도부 없이 모두가 평등하게 참여하면서도 성과와 효율성을 확보하고자 노력했다. 무정부주의 인류학자이자 저명한 점거 지지자 데이비드 그레이버David Graeber는 《민주주의 프로젝트The Democracy Project》에서 이 점거 운동을 새로운 참여 민주주의의 근본적이고 급진적인 실험이라고 말한다.[27]

하지만 내가 보스턴의 듀이 광장Dewey Square에서 텐트 도시의 놀라운 광경을 처음 목격한 때부터, 점거자들이 세운 것이 무엇이든 결코 지속될 수 없으리라는 것은 분명했다. 시 당국이 시위대가 공원에서 무한정 살게 내버려둘 리도 없고, 참가자들이 상징적인 뭔가를 강력하게 시작했으나 앞으로 어떻게 할지에 대한 답도 없었다. 참가자들의 갑론을박이 이어졌다. 하지만 점거 운동이 어떤 종류의 새로운 경제체제를 원하는지, 미국 헌법의 어느 부분을 어떻게 수정하기 원하는지, 일괄 입법을 원하는지, 단순히 시 주차장에 무기한 남아 있을 권리를 원하는지 등을 두고 합의에 이르지는 못했다.

응집력이 부족한 데는 운동 자체의 책임도 있었다. 그러나 응집력 부족은 불가피했다. 이 운동이 그런 형태를 취한 이유는 집단적인 경제적 조치를 취할 수 있는 노조나 시민 단체들이 계속 소멸해왔기 때문이다.[28] 누가 뭔가를 바꾸고 싶어하더라도, 할 수 있는 일이 무엇이고 어디에 가입할 수 있는지 몰랐다. 선거제도로는 세상을 바꿀 수 없었다. 오바마의 실망스러운 대통령직 수행이 그 증거였다.[29] 점거자들은 진퇴양난에 처했다. 그들이 좋은 해답을 생각하지 못한 것은 좋은 해답이 없었기 때문이다. 몇 달이 지나 캠프 활동의 중심이 점차 야영지를 청소하고, 식량을 확인하고, 텐트를 보수하고, 시 당국의 해산 시도에 맞서 캠프를 지키는 등 매일 살아가는 데 필요한 일상적 문제 해결로 바뀌면서 점거의 정치적 에너지는 사라져갔다. 경찰이 캠프를 급습했고, 점거자들은 뿔뿔이 흩어졌다. 이듬해 봄 마지막 텐트가 해체됐을 때, 점거 운동은 강력한 선언이자 유명한 집회 구호인 '우리는 99퍼센트다'를 제외하고 별로 이룬 게 없어 보였다.

2016년 샌더스가 민주당 대선 후보 경선에 출마하면서, 4년 전 사람들을 주코티 공원Zuccotti Park 으로 모이게 한 감정이 다시 끓어올랐다. 그동안 운동은 잠들어 있었다. 하지만 분노는 사라지지 않았다.

* * *

사회주의는 지적 의제도 정하기 시작했다. 트럼프가 백악관을 차지하고 공화당GOP이 연방 정부와 주 정부를 장악한 상황에도 이데올로기로서 보수주의는 오히려 퇴조하고 있다. 오늘날 정치의 특징 가운데 하나는 보수주의자들이 자신들의 핵심 이념과 정책을 상당 부분 옹호하기를 꺼린다는 점이다. 대표적인 우파 언론들의 머리기사를 보면 이상한 점이 눈에 띈다. 민주당의 위선과 정신 나간 캠퍼스 좌파 운운하는 기사는 많은데, 보수주의에 관한 기사는 별로 없다. 〈브라이트바트Breitbart〉°(〈추수감사절 NFL 홍보 영상에 NFL 선수 두 명을 출연시킬 계획인 NBC, 그중 한 명은 성범죄자NBC Runs Heartwarming NFL Thanksgiving

○   미국의 우익 인터넷 신문.

Commercial Featuring... Registered Sex Offender〉)에서 《내셔널리뷰National Review 》(〈급진주의자들이 사랑한 찰리 맨슨Charles Manson's Radical Chic〉), 《데일리와이어 Daily Wire 》(〈공작새로 분장한 흑인에게 열광하는 소셜저스티스워리어SJW Screams at Black Man Dressed as Peacock〉)까지, 우파 언론은 문화 현상에 대해 한탄만 늘어놓는다. 공화당의 정책 계획에 관해 언급하고자 하는 사람은 거의 없어 보이며, 보수주의자가 공화당의 정책 계획을 공개적으로 옹호하는 글을 써도 사람들의 반응은 신통치 않다. 보수주의자 라메시 폰누루Ramesh Ponnuru는 우파의 일부가 자본주의를 완전히 포기한 것 같다고 말한다.[30]

빌 크리스톨Bill Kristol은 한때 보수주의 운동의 주요 '사상가' 가운데 한 명이었지만, 이제는 자신이 무엇을 믿고 있는지조차 모른다.

> 공화당 세법안은 내 안의 사회주의자를 불러낸다. 섹스 스캔들은 내 안의 페미니스트를 불러낸다. 도널드 트럼프와 로이 무어Roy Moore는 내 안의 자유주의자를 불러낸다. 도대체 무슨 일이 벌어지는 것인가?[31]

(디네시 드수자Dinesh D'Souza는 크리스톨이 원칙을 저버렸다고 비웃었다. 드수자는 최근에 낸 책에서 민주당원들이 히틀러Adolf Hitler라고 주장한다.[32])

미국의 보수주의자들이 직면한 문제 가운데 하나는 우파적 정책을 액면 그대로 제시할 경우, 대중에게 인기가 없다는 것이다. 많은 국민은 단일 보험자 체제를 다수가 지지하는 상황을 고려해 연방 정부가 헬스케어 적용 범위를 보장해야 한다고 생각한다.[33] 대다수 사람은 자유 시장적 헬스케어가 가져올 결과를 안다면 엄청난 충격을 받을 것이다. 자유 시장적 헬스케어에서는 자기 소득 중 상당액을 보험료로 낼 수 없는 사람은 고펀드미GoFundMe°를 믿든가, 죽든가 둘 중 하나를 택하는 수밖에 없기 때문이다. 그런데도 우파 이데올로기는 자유 시장에 대한 믿음과 긴밀히 결합돼 있기 때문에, 우파는 오바마케어를 대체할 현실적인 대안을 내놓지 못했다. 공화당은 너무 오랫동안 오바마를 반대하는 데 매달린 나머지, 정작 뭔가 실행할 기회가 왔을 때 실패하고 말았다. 법인세도 마찬가지다. 법인세 인상을 지지하는 사람이 법인세 인하를 지지하는 사람의 두 배인데도,[34] 감세와 탈규제밖에 모르는 공화당이 할 수 있는 일이라고는 자유주의자들의 위선과 사회정의 전사들에 대해 비난을 퍼부으면서 다수 국민이 결코 원치 않는 '개혁'을 우격다짐으로 밀어붙이는 것뿐이다. 보수주의자들은 기후변화가 초래할 재앙에 대한 계획도 없고, '시장의 결정' 말고는 공동선에 대한 비전도 없다. 그들은 불의의 제거가 아니라 불의의 합리화를 추구한다.

반면에 오늘날 일부 좌파는 활력이 넘치고 지적으로 흥미롭다. 지금은 사회주의자, 사회민주주의자 혹은 진보주의자에게 아주 좋은 시기다. 이들이 사회문제를 해결할 진지한 방안을 만드는 집단이기 때문이다. 그런데 이런 사실은 주목받지 못하고 있다. 이렇게 된 데는 민주당의 저명인사들이 대안을 내놓기보다 트럼프를 비난하는 데 3년을 보낸 탓도 있다. 이상한 점은 그 저명인사들이 진보적인 생각을 하는 것은 분명하다는 사실이다. 2016년에 발표한 민주당 정강 정책집을 보라.[35] 선거운동 당시 힐러리 클린턴 측은 정강 정책집에 대

○   주로 개인의 삶의 질 향상을 추구하는 크라우드 펀딩 서비스.

해 많이 언급하지 않았다. 샌더스 진영의 요구가 대폭 수용된 정책집이었기 때문일 것이다. 하지만 민주당 정강 정책집은 정말 인상적이었다. 모든 분야의 정책을 샅샅이 검토하면서 무엇이 문제고, 그 문제를 해결하기 위해 민주당이 하려는 일이 무엇인지 설명한다. 거기서 제시한 계획을 일부 소개하면 다음과 같다. '초과근무 수당 강화, 고소득자 과세를 통한 사회보장의 안정화, 우체국의 은행 업무 시행 허용, 망 중립성 보호, 월가 경영진 형사처벌 강화, 기업 집중을 막기 위한 반트러스트법 시행, 마리화나의 비범죄화 추진, 비호 신청자의 변호인 조력권 보장, 공립대학 학비 면제.' 민주당 정강 정책집은 공화당에 대한 불만을 나열한 목록이 아니었다. 그것은 금융 산업, 선거 자금, 교육, 헬스케어, 시민권 등의 문제를 해결하는 데 우선적으로 필요한 정책을 간략하지만 분명히 제시하고 있다. 나는 민주당 정강 정책집에 실린 모든 정책에 동의하진 않는다(정강 정책집에는 예를 들어 '불매, 투자 철회, 제재 운동° 반대'처럼 불필요한 것도 있다). 그러나 민주당의 정강 정책집은 민주당 내 좌파의 노력에 실제 삶과 밀접한 관련이 있는 문제를 부각한 샌더스 선거운동이 더해진 결과, 정당이라면 반드시 갖춰야 할 우선적 정책들을 제대로 담고 있다. (일부 민주당원이 러시아에 대해 이야기하는 만큼이라도 모든 민주당원을 자신들의 정강 정책에 대해 이야기하게 만들 수 있다면…….)

영국 정치에서도 유사한 사례가 있다. 제레미 코빈Jeremy Corbyn이 이끄는 영국 노동당Lab은 2017년 선거에서 뜻밖에 좋은 성적을 거뒀다. 명확한 가치와 비전, 전략을 제시한 것이 주효했다. 2017년 선거에서

○ 이스라엘의 정책에 반대해 팔레스타인이 벌이는 운동으로, 'BDS 캠페인'이라고도 한다.

가장 중요한 순간은 노동당이 정책 선언문을 발표한 때다. 이 선언문은 구체적이라는 점에서 많은 찬사를 받았다. 매우 저렴한 값으로 구입할 수 있는 주택을 몇 호나 새로 건설할 계획인지, 새로운 교육기금을 얼마나 배정할 계획인지, 고용계약과 관련해 어떤 규제를 새로 도입할지, 이 모든 일에 필요한 재원을 어떻게 마련할지 등을 구체적으로 담았다.[36] 반면에 영국 보수당Cons의 선언문은 발표하자마자 일부 정책을 철회해야 할 만큼 인기가 없었다. 청년들이 코빈의 노동당으로 몰려들기 시작하는데도, 보수당은 청년들의 삶을 개선하기 위한 현실성 있는 제안을 전혀 내놓지 못했다.[37]

지금의 미국은 사회주의자들에게 절호의 기회다. 밀레니얼 세대는 대부분 자본주의를 미심쩍어 하면서 사회주의와 사회민주주의에 호의적이다. 하버드정치연구소IOP의 한 조사원은 자신들이 실시한 여론조사의 놀라운 결과를 다음과 같이 전한다. "자본주의에 온전히 긍정적인 지지를 표현한 집단은 50세 이상뿐이었다. 미국 역사상 최대 인원수를 자랑하는 밀레니얼 세대는 자본주의를 신뢰하지 않는다. 그들은 더 나은 길을 발견하는 데 관심이 있다."[38]

사회주의라는 단어의 낙인 효과는 사라지고 있다. 그 이유는 분명하다. 자유 시장이 밀레니얼 세대가 버는 돈을 모두 빨아들이고 미국의 '대의민주제'가 대의적이지도 민주적이지도 않은 이때, 자유 시장과 위대한 미국 민주주의에 대한 찬가를 듣고 비웃지 않기란 힘들다. 우파가 자신들의 견해가 우리 삶을 어떻게 개선할지, 안 그래도 엄청나게 부유한 자들에게 경제성장의 혜택이 돌아가지 않게 하면서 어떻게 경제를 성장시킬지 밀레니얼 세대에게 설명한다면 청년들이 자본주의를 그토록 싫어하지 않을 수도 있다. 하지만 지금 우파는 그런

20

계획을, 아니 최소한 터무니없어 보이지 않는 계획조차 내놓을 수 없기 때문에 그만큼 좌파가 더 매력적으로 보인다.

현장의 상황도 고무적이다. 급진적 후보들은 불과 몇 년 전만 해도 상상할 수 없었을 만큼 기대 이상으로 잘하고 있다. 코빈이 어느 날 영국 수상이 된다거나 샌더스가 트럼프에게 승리를 거둔다는 생각은 이제 말도 안 되는 공상으로 여겨지지 않는다. 공화당은 당원이 계속 감소해온 반면, 독립적인 좌파 언론 매체들은 구독자를 점점 늘려가고 있다. (비록 그 매체들이 계속 생존할 가능성은 여러분이 내는 구독료에 달렸지만.[39])

물론 자유 시장을 신봉하는 극단적 보수주의자들은 여전히 미국 전역에서 정치적 힘이 있으며, 트럼프는 허세를 부리고 고함이나 질러대는 무능한 대통령이지만 시장에 대한 핵심적인 규제를 철폐하고 연방 대법원에 우파 판사들을 앉히는 데는 뛰어난 역량을 보인다. 그렇다 해도 이념을 둘러싼 싸움은 대단히 중요하다. 당신이 펼치고자 하는 정치를 믿도록 사람들을 설득하는 것은 당신이 지지를 얻는 데 필수적인데, 지금은 대단히 좌파적인 견해가 일순간에 주류로 부상하고 있다. 갈수록 많은 의사가 단일 보험자 헬스케어에 지지를 보내고, 주변적 개념이던 '녹색 뉴딜Green New Deal'은 기후변화 대처 방안을 제시하는 주요 프로그램이 됐다.[40]

나는 보수 세력이 괴멸 직전이라거나, 트럼프와 공화당이 곧 고꾸라질 거라거나, 민주당이 2020년 대선에서 쉽게 승리할 거라는 말에 동의하지 않는다. 지나치게 낙관적인 예측이 얼마나 파멸적인 결과를 가져왔는지는 2016년 대선이 잘 보여줬다. 좌파가 선거에서 얻을 결과는 좌파 후보에게 표를 던지도록 사람들을 설득하기 위해 좌파가 무엇을 할지에 달렸다. 하지만 보수주의자들 사이에 뭔가 이상한 일이 벌어지는 것은 분명해 보인다. 많은 보수 지식인은 어떤 면에서 과거 어느 때보다도 극단적이면서도 자신들의 정책에는 관심도, 열정도 없어 보인다. 금융 위기 전이라면 자유 지상주의적 연방 판사 리처드 포스너Richard Posner가 자본주의의 실패에 관한 책을 쓰는 일은 생각할 수도 없었을 것이다.[41] 샌더스 이전에는 사회주의자임을 자처하는 인물이 주요 정당의 예비선거에서 승리 일보 직전까지 간다거나, 심지어 일부 공화당 유권자들이 그를 응원하는 일은 상상할 수 없었다. 그런데 지금은 크리스톨이 내 안의 사회주의자를 이야기하고, 《내셔널리뷰》가 자유 시장경제를 진심으로 지지하는 보수주의자는 없다고 인정할 정도로 지적 풍경이 바뀌고 있다. 보수주의자들이 좌파의 비판에 내놓는 반론은 이들이 더는 자기 의견을 제시하기 부담스러워할 만큼 갈수록 설득력 없고 피상적이다. 최근에 보수주의자들의 전술은 소련이라는 유령을 불러내는 것뿐인데, 대다수 사람들이 보장된 헬스케어와 스탈린주의의 차이를 알기 때문에 이 전술은 사실상 아무도 설득하지 못한다.[42]

오늘날 사회주의자들은 2014년에 로스 두댓Ross Douthat이 말한 '축소형 지적 르네상스'[43] 과정에 있다. 두댓은 사회주의가 생각하는 만큼 보통 사람들의 처지가 불행하거나 불만스러운 것이 아니기 때문에 지적 인기가 정치적 인기로 옮아가진 않을 거라고 생각했다. 하지만 2016년에 벌어진 일들은 두댓의 생각에 대한 강력한 반증 사례였다. 좌파가 득세하는 이유는 밀레니얼 세대가 긱 경제gig economy°의 삶

° 산업 현장의 필요에 따라 임시로 계약을 맺고 일을 맡기는 형태의 경제.

에 질렸기 때문이다. 젊은 여성들은 놀랍게도 샌더스를 클린턴보다 37퍼센트 더 지지했다.[44] 우리 이념은 성공하고 있고, 우파가 대안을 제시하지 못하는 상황에서 우리 앞길에는 더 큰 성공만 있을 것이다.

정치에 확실한 것이 하나 있다면, 확실한 것은 아무것도 없고 무엇에 대해서건 정말로 아는 사람은 아무도 없다는 점이다. 정치 현실은 빠르게 변하고 있다. 어떤 일이 일어나지 않을 거라는 전문가들의 단언이 바로 다음 날 틀린 것으로 입증될 수 있는 세상이다. 하루 전만 해도 통찰력 있는 식견으로 인정되던 것이 바로 다음 날 실소를 금치 못할 만큼 잘못된 생각으로 보일 수 있다. 미래만큼 예측하기 어려운 것은 없으며, 정치는 특히 그렇다.

이런 불확실성은 희망과 두려움을 동시에 안겨준다. 한편으로 불확실성은 불가능해 보이는 목표가 생각보다 실현 가능성이 높다는 의미다. 흑인이 대통령이 될 수 있으리라고 생각한 사람은 거의 없었으며, 미국의 모든 주에서 동성 결혼이 합법화되리라고 생각한 사람 역시 거의 없었다. 다른 한편으로 불확실성은 세계가 우리가 생각하는 것보다 덜 안정적이라는 의미다. 1920년대 사람들은 아돌프 히틀러가 권력을 쥘 가능성이 거의 없는 주변적 인물이라고 봤다. (〈히틀러, 사실상 끝나다Hitler Virtually Eliminated〉가 1923년 《뉴욕타임스》 머리기사였다.[45]) 그러나 히틀러는 불과 10년 만에 서유럽을 거의 전부 자기 손아귀에 넣었다. 마찬가지로 1980년대에 로널드 레이건Ronald Reagan이 '악의 제국'이라고 불렀던 소련은 1991년에 해체됐다. 세계가 빠르게 변화하고 사람들도 새로운 상황에 빠르게 적응하기 때문에, 그 변화가 얼마나 극적인 것인지 알아차리기 힘들 때가 종종 있다. 1950년대에 디트로이트Detroit는 미국 내에서 많은 사람이 살고 바쁜 도시 중 하나였지만, 오늘날 그곳의 거대한 공장 지대는 무성한 풀로 뒤덮여 있다. 우리는 이 모든 불확실성 앞에서 불안과 희망을 느낀다. 희망적인 이유는 가까운 미래에 무슨 일이 일어날지 모르기 때문이고, 불안한 이유는 가까운 미래에 무슨 일이 일어날지 모르는데 우리가 당연시하는 진보는 생각만큼 견고하지 않기 때문이다.

* * *

나는 이 책에서 모든 사람이 정치적 좌파에 합류해 자신이 민주사회주의자임을 밝혀야 한다고 독자 여러분을 설득하고자 한다. 나는 좌파 정치가 논리적이고 합리적일 뿐만 아니라, 기본적인 도덕적 원리에 따르면 우리는 좌파와 사회주의자가 될 수밖에 없다는 것을 가능한 한 철저하고 설득력 있게 보여주고자 한다. 나는 이 책에서 말하는 좌파주의와 사회주의, 원칙 같은 단어의 의미를 정의하고, 좌파의 이념이 어떻게 작동하고 왜 실천적이며 그것들에 대한 일반적인 비판이 왜 거짓이거나 피상적인지 알기 쉽게 보여주고자 한다. 나는 어째서 민주사회주의가 최근 들어 득세하는지 설명하고, 갈수록 많은 사람이 좌파주의를 받아들이게 추동하는 미국과 세계적 정치의 변화도 살펴보고자 한다.

나는 여러분이 자신을 사회주의자로 생각하지 않는다고 가정할 것이다. 아니, 나는 여러분이 사회주의에 지극히 회의적이며 다음과 같이 생각한다고 가정할 것이다.

사회주의는 거듭 시도했으나 늘 실패한, 더는 유효하지 않은 순진한 이데올로기다. 이론상으로는 그럴듯하게 들리겠지만, 실제로는 사회주의는 악몽이다. 사회주의는 자원에 대한 정부의 통제를 의미하는데, 이 경우 당신은 얼마 안 있어 다른 사람들의 돈을 바닥내고 만다. 사회주의는 혁신을 파괴하고 의존을 만든다. 사회주의자임을 자처하는 사람들은 경제 현실을 이해하지 못하며, 이런 무지는 위험하다. 사회주의자들이 자기 생각대로 하면 자유는 파괴되고, 우리는 디스토피아에 살게 될 것이다.

사회주의를 설명하는 유튜브 영상에 달린 댓글 중 대표적인 것은 다음과 같다.

- 사회주의는 매우 효과적이지. 네가 대량 학살을 추구한다면 말이야.
- 멍텅구리 마르크스주의자들아, 사회주의가 그렇게 좋으면 베네수엘라로 이민 가.
- 사회주의는 경제에 대한 엉터리 처방이야. 사회주의가 효과 있었다거나 효과 있을 거라고 믿는다면 넌 바보야.
- 사회주의는 암이다!
- 사회주의는 악이야! 무슨 말이 더 필요해. 눈송이들° 같으니.
- 사회주의라는 이름이 붙은 모든 사회주의는 항상 권위주의로 이어지게 돼 있어. 캄보디아, 북한, 소련, 베네수엘라, 쿠바, 중

° 자신은 남들보다 좋은 대우를 받아 마땅하다고 생각하기 때문에 쉽게 화내고 반대 의견을 견디지 못하는 극도로 감정적인 젊은이들을 가리키는 경멸적 용어. 흔히 밀레니얼 세대를 가리킬 때 사용한다.

국을 봐.
- 사회주의는 뭔가 좋은 것으로 가려졌을 뿐, 사실은 악이야.
- 사회주의는 언제나 대량 기아와 학살로 이어져. 예외는 없어.

아무래도 내 능력으로는 버거운 일을 맡은 것 같다.

하지만 여러분이 이 책을 펼친 이상, 적어도 내게 변론할 기회를 줄 생각이 있는 셈이다. 정치 이야기는 끔찍하게 지루해서 사람들은 가능한 한 다른 일을 하려 들 것이기 때문에, 나는 여러분의 시간을 낭비하지 않기 위해 최선을 다할 것이다. 여러분이 내 책을 읽는 데 쓰는 시간은 빚을 갚기 위해 일하거나, 제빵사가 되는 법을 배우거나, 아기 나무늘보 영상을 보는 데 쓸 수 있는 시간이기도 하니까 말이다. (기다려! 제발 가지 마!)

나는 이 책에서 간단한 몇 가지 질문에 답할 것이다. 정치적 좌파란 무엇인가? 사회주의란 무엇인가? 둘은 어떤 관계인가? 왜 누군가가 돌봐야 하는가? 우리가 정치적 좌파나 사회주의를 받아들이도록 만드는 것이 무엇인가? 그런 사상을 받아들인다는 것은 무슨 뜻인가? 그런 사상에 대한 비판이 성공하지 못하는 이유는 무엇인가? 우리는 그런 사상을 어떻게 현실적으로 구현하는가? (시간이 있다면 사상이란 무엇인지 질문해볼 수도 있을 것이다. 그럴 시간이 없기를 바라자.) 여러분이 앞으로 이 책을 읽으면서 염두에 뒀으면 하는 점이 있다. 말 자체에 집착하지 말 것. 사회주의에 관한 토론은 대부분 얼마 안 가 어떤 특정한 것이 사회주의냐 아니냐를 둘러싼 논쟁으로 전락한다. (노르웨이는 사회주의인가? 베네수엘라는? 미국의 우체국은?) 그러나 우리가 무슨 이야기를 하는지 이해하는 데 어느 정도 필요하기에,

들어가는 말

이 문제를 조금은 다룰 수밖에 없다. 나는 궁극적으로 내가 해야 할 일을 파악하는 데 더 관심이 있으며, 사람들이 "네 말대로 이건 사회주의야, 하지만 나는 사회주의를 싫어해"라는 식으로 말하는 것보다 "그 생각들이 옳고 받아들여야 한다고 생각하지만, 그것들은 사회주의가 아니야"라고 말하는 것을 훨씬 좋아한다.

나는 이 책을 내 방식대로 구성해서 용어에 대한 논쟁을 자초했다고 할 수 있다. 나는 이 책 제목을 《내 생각에 명백하게 참이고, 뭐라고 부르든 우리가 믿어야 하는 간단한 사실들》이라고 붙이고 사회의 어떤 면이 역기능적이고 해결 가능한지 정도만 이야기할 수도 있었다. 그랬다면 여러분은 내가 제안하는 해결책이 베네수엘라 정부의 실패한 정책과 비슷한 점이 전혀 없다는 것을 곧바로 알 테니, 사회주의란 '무엇이다'를 두고 수백 년간 이어진 해결 불가능한 논쟁을 다시 벌일 필요 없이 그 해결책에 동의할 것이다. ('무엇이다'라고 따옴표를 붙인 것은 책이 무엇인지, 물 한 잔이 무엇인지 같은 사실적 물음과 달리 개념적 용어는 사람들의 의견이 일치하지 않을 경우 분명한 사실적 답변이 있을 수 없기 때문이다.[46])

나는 다방면으로 심사숙고한 끝에(내가 한 가지 잘하는 것이 다방면으로 심사숙고하는 것이다), 사회주의와 좌파주의라는 용어를 쓸 수밖에 없다는 결론에 이르렀다. 이 용어의 의미를 두고 열띤 논쟁이 벌어질 수 있겠지만, 민주주의와 자유, 덕, 유기적 같은 단어도 마찬가지다. 내 생각에 s°와 l°°을 잃으면 내가 옹호하는 원리를 나타내는

○　　socialism의 첫 글자.
○○　leftism의 첫 글자.

데 편리하게 쓸 수 있는 약자도 잃고, 개념을 동일한 경향에 속한 것으로 연결하는 공동의 실도 잃게 된다. "당신이 지금 말하는 것에 동의하지만 그렇다고 해서 나 자신을 사회주의자라고 불러야 하는가?"라는 뜻으로 해석할 수 있는 말을 한 사람을 많이 만났다. 그때마다 내가 하는 말이 있다. "아니오. 꼭 어떻게 해야 하는 것은 아닙니다. 하지만 저는 당신이 자신을 사회주의자라고 불러야 한다고 생각합니다. 그런 이념에 동의한다면 그것이 당신 본연의 모습이니까요." 누가 "나는 사람들이 자신을 지배하고 자기 삶에 영향을 미치는 중요한 결정에 참여할 권리가 있다고 믿는다"고 말하면, 우리는 "그래요? 당신은 민주주의를 믿는군요"라고 말할 것이다. 그들이 "아니오. 내가 말하는 정치체제는 '감자'라는 이름으로 불려요. 나는 민주주의를 아주 싫어해요. 민주주의는 내가 말하는 정치체제와 완전히 달라요"라고 반박한다고 하자. 이때 우리는 그들의 비위를 맞추고 그들의 용어법에 맞춰줄 수도 있겠지만, 속으로 그들이 민주주의를 지지한다고 생각할 것이다.

이 책은 다음과 같이 구성된다. 1부에서는 솔직하고 인간적인 눈으로 세상을 보면 불필요한 불의의 존재에 실망하고, 그런 불의에 대한 통속적 합리화에 불만을 품는 '사회주의적 성향'을 띠게 된다는 걸 보여줄 것이다. 그런 사회주의적 성향을 활용해 이 세계를 살펴보고, 오늘날 정치체제와 경제체제의 어떤 특징이 좌파의 감수성에 그토록 거슬리는지 정확히 이해해볼 것이다. 자유 시장과 사회적 위계를 옹호하는 자들이 제시하는 솔깃한 신화 가운데 일부가 거짓임도 보여줄 것이다.

2부에서는 사회주의적 성향이라는 기본적인 도덕적 성향이 우리가 연대, 평등, 자유 같은 사회주의적 원리를 체계화하는 데 어떤 도움이 될 수 있는지 이야기할 것이다. 그다음에는 사회주의 사상의 장구하고 명예로운 전통을 살펴볼 텐데, 특히 자유 지상주의적 사회주의와 미국의 위대한 사회주의자들에 주목할 것이다. 그러고 나서 사회주의적 원리가 제시하는 비전과 야망에 대해 이야기하고, 생각해볼 만한 유토피아적 이상 몇 가지를 제시할 것이다. 그다음에는 사회주의, 민주사회주의, 자유 지상주의적 사회주의, 사회민주주의, 자유주의 같은 용어를 둘러싼 골치 아픈 논의 중 일부를 다룰 것이다. (모든 사람이 일찍 집으로 돌아갈 수 있도록, 되도록 빨리 이 논의를 정리할 생각이다.) 그런 다음 전통적인 정치 이념이 어째서 실패했고, 지금 세계에 왜 사회주의적인 정치적 응답이 필요한지 살펴볼 것이다. 좌파가 내세우는 강력한 의제들이 어떤 모습이 될지 설명하고, 그런 모습을 발전시킬 전략에 대한 몇 가지 제안도 내놓을 것이다.

3부에서는 대안과 비판을 다룰 것이다. 보수주의는 왜 잔인하고, 자유주의는 왜 잘 망각하는지 설명할 것이다. 좌파에 대한 흔한 비판에 답하고, 그런 비판이 왜 하나같이 실패하는지, 왜 모두가 그런 비판을 거부해야 하는지 검토할 것이다. 마지막으로 전 세계 수십억 명의 삶을 더 낫게 만들 민주사회주의자들의 새 세대를 향해 분연히 일어나 싸울 것을 명하는 말로 끝맺을 것이다.

* * *

그 전에 내가 민주사회주의적 운동과 관련을 맺고 《커런트어페어스$_{\text{Current Affairs}}$》라는 온건 좌파 잡지를 내게 된 과정을 간략히 이야기하겠다.

나는 지난 10여 년 사이에 자신이 반$_反$자본주의자임을 확인한 수백만 명 가운데 하나다. 나는 성인이 되면서 많은 사람과 동일한 경험을 했다. 내 친구들의 부모가 서브프라임 모기지 사태 때 집을 잃고, 친구들이 자기 집을 소유할 가능성을 포기하고, 부모가 되기를 원하던 사람들이 절망적인 양육 환경 때문에 포기하는 모습을 지켜봤다. 몇 가지 충격적인 일도 겪었다. 함께 학교를 다닐 때는 반짝거리는 창의성과 호기심을 보여주던 친구들이 취업하고 나더니 우울해하고 따분해하며 삶의 목표를 잃었다. 그들은 너무 피곤하고 지친 나머지, 퇴근해서는 소파에 쓰러져 넷플릭스$_{\text{Netflix}}$를 보는 것밖에 할 수 없었다. 기업의 엘리트와 정치 엘리트가 정부 정책의 기본 틀을 결정한다는 걸 모두가 알기 때문에, 민주주의는 이미 농담 같은 게 됐다. 두려움, 불안, 절망감이 널리 퍼져 있었다. 사람들은 기후변화, 핵무기, 지속적으로 생기는 쓰레기 산 외에 인류가 얼마나 오랫동안 무엇을 남겨놓았는지 모른다고 농담해댔다. 미래는 아무리 좋게 생각해도 픽사의 애니메이션 〈월-E〉에 나오는 디스토피아와 비슷해 보였다. 불탄 쓰레기가 사방에 날리고, 식물은 하나도 보이지 않고, 살아남은 인류는 인터넷에 중독된 수동적인 임시 노동자로 전락한 음울하고 메마른 행성.

그런데도 나는 자기 일을 싫어하고 종말에 대한 걱정만 하는 사람들을 보지 못했다. 금융 위기와 그 여파는 절망만이 아니라 저항도 가져왔다. 많은 사람이 왜 자신이 전혀 통제하지 못하는 거대하고 냉담한 제도에 의해 자기 삶이 결정돼야 하는지 묻기 시작했다. 나는 인간주의적이고 유토피아적인 세계관이 부활하는 것을 봤다. 점거 운동에서 끓어올랐고, 샌더스 선거운동에서 다시 끓어올랐으며, 이제는 민주당의 주력이 된 세계관의 부활을 나는 봤다. 나는 오카시오코르테스와 미시간Michigan 주지사 후보 압둘 엘사예드Abdul El-Sayed 가 아주 오랫동안 지배해온 신자유주의에 맞서 건설적 대안을 제시하는 걸 봤다.[47] 나는 모든 것이 민영화되는 세상, 모든 사람이 죽을 때까지 끊임없이 일해야 하는 세상, 빚을 갚지 못하면 삶이 끝장나는 세상에서 살아야만 하는 건 아니라는 사실을 깨닫는 사람들을 봤다. 그들은 더 나은 세상을 꿈꿨다. 그 세상에서는 사람들이 자기 삶에 더 많은 통제권을 발휘하고, 헬스케어와 주거, 음식 등 기본적으로 필요한 것이 모든 사람에게 보장되며, 은퇴와 연금은 오래전에 사라진 문명에서 쓰이다 잊힌 신기한 단어처럼 보이지 않는다. 갑자기 미국 전역에서 좌파 정치에 관한 토론을 촉진하는 단체, 팟캐스트, 블로그, 출판물 등이 나타났다.

나는 조지워싱턴대학교George Washington University에 다니는 바스카 순카라Bhaskar Sunkara 가 스물한 살이던 2010년에 시작한 사회주의 잡지《자코뱅Jacobin 》에 깊은 인상을 받았다. 순카라는 지역 신문이 계속 폐간되고 합병되는 과정에서 기자들이 대량 해고되는 상황을 지켜본 끝에, 급진 정치에 고급 디자인을 접목한 가판대 잡지를 만들었다. 구독자는 몇 년 만에 수만 명이 됐고, 2013년《뉴욕타임스》에 이 잡지의 영향에 대한 기사가 실렸다.《뉴욕타임스》는〈마르크스를 주류로 끌어들인 젊은 출판인A Young Publisher Takes Marx into the Mainstream 〉이라는 기사에서《자코뱅》은 "급진적으로 출발한 점거 운동과 통렬한 풍자와 진지함을 겸비한 스타일이 만들어낸 믿기지 않는 성공작"이라고 했다.[48] 《자코뱅》은 좌익 출판계에 프로페셔널리즘을 가져왔다. 《자코뱅》은 멋있어 보이고, 멋있다는 느낌이 들었으며, 《디애틀랜틱The Atlantic》《뉴리퍼블릭New Republic》 같은 중도 성향 잡지와 견줘도 손색이 없었다. 《자코뱅》 이전에 좌파 출판물은 세련미가 없었다. 사회주의 쪽 출판이라면 소규모 열혈 독자를 대상으로 질 낮은 종이로 만든 잡지나, 〈지오시티GeoCities〉처럼 요란하게 꾸민 웹사이트를 의미했다. 이들이 보여준 감각은 좌파 이념은 변두리에 있는 것이라는 인식을 강화했다. 《자코뱅》은 이런 인식을 바꿔놓았다. 순카라는 훌륭한 디자이너를 고용해서 커피 탁자에 놓았을 때 멋지게 보일 물건을 만들었고, 사회주의적 정치에 정당성의 아우라를 부여했다. 나는 약간의 수고를 더하고 주류 미디어의 기술을 모방하는 것만으로 이런 일을 해낼 수 있다는 데 충격을 받았다.

1990년에는 전국적인 종이 잡지를 창간하는 데 50만 달러 정도가 필요했다. 아마 100만 달러에 가까웠다고 해야 할 것이다. 인터넷이 생기기 전에는, 거액의 광고가 아니면 내가 만드는 잡지를 알리는 게 거의 불가능했다. 컴퓨터 하나로 모든 것을 디자인할 수도 없었다. 게다가 직원, 광고 회사, 유통 업자도 필요했다. 예를 들어 학자금 대출 15만 달러가 있는 스물여섯 살 사회학과 박사과정 학생이 외부 투자 없이 고급 잡지를 발행할 가능성은 거의 없었다.

2015년에 나는 학자금 대출 15만 달러가 있는 스물여섯 살 사회학과 박사과정 학생이었다. 내 연구는 그리 잘되지 않았다. 나 자신이 별 쓸모가 없다고 느꼈고, 풍자에 사회주의적 메시지를 담은 자비출판 어린이 책(예를 들어 《크레용들이 자율적인 노동자 공동체를 조직한 날 The Day the Crayons Organized an Autonomous Workers' Collective》[49] 같은 책)을 만드는 데 내 시간을 상당 부분 썼다. 나는《자코뱅》을 보면서 독립적인 좌파 미디어의 가능성에 대해 생각했다. 《자코뱅》은 자금이 많지 않고 제도적인 지원도 전혀 받지 않았지만, 세상에 나와 전국적 잡지들과 경쟁하고 주류 언론의 주목을 끌었다. 나도 비슷한 뭔가를 할 수 있지 않을까 하는 생각이 들었다.

9월 초 어느 날, 나는 매사추세츠의 한 서점에 들러 신문과 잡지가 놓인 가판대로 갔다. 그리고 잡지를 손에 잡히는 대로 집어 카페로 간 다음, 빠른 속도로 훑어보면서 잡지가 어떻게 만들어지는지 살펴봤다. 두 잡지에 기고한 적은 있지만, 잡지를 만들 생각은 한 번도 해본 적이 없었다. 종이와 인쇄의 질 말고, 주요 잡지가 스테이플러로 찍은 잡지와 다른 점이 뭘까? 그런 유명 잡지를 만드는 데 어떤 기술이 사용됐나?

훌륭한 잡지 디자인은 몇 가지 간단한 비결로 요약할 수 있다는 것을 곧 깨달았다. 조판과 활자체를 잘 선택한다. 일관된 스타일을 유지한다. 몇 가지 기본적인 디자인 규칙에 따라 이미지와 텍스트를 배합하고, 색깔을 우아하고 세련되게 사용한다. 특별한 단락을 시작할 때 첫 글자를 크고 화려한 대문자로 한다. 《타임TIME》 한 부를 검토해보니, 이중 어느 것도 그리 어렵지 않다는 생각이 들었다. 《타임》은 시각적인 면이나 편집에서 뛰어나지 않은데도 미국의 대표적 잡지다. 내 거실에서 《타임》을 만들 수 있겠다는 생각이 들었다. (오만하지만 정확한 판단이었다.)

나는 직접 해보기로 했다. 앞으로 30일 동안 내 집 컴퓨터로 가판대에 전시되는 고급 잡지와 비슷한 것을 만들 수 있는지. 4주 동안 학교 공부를 미루고 끼니는 대충 때우고 잠을 줄이고 매달리면 뭐가 나올지 보기로 결정했다. 괜찮아 보이는 뭔가가 나오면 그것이 이끄는 데까지 가보자. 그런 것이 나오지 않으면 모든 것을 잊고 학업에 정진하자. 내가 시도하는 일에 뚜렷한 확신도 없었고, 자그마한 실험을 해본다는 것 이상의 특별한 포부도 없었다. 하지만 어떻든 내가 해봐야 하는 일이라는 생각이 들었다.

나는 어도비 인디자인Adobe InDesign을 열고《와이어드Wired》와《뉴요커New Yorker》몇 쪽을 복사했다. 반나절이 지나자 원본과 상당히 비슷해 보이는 몇 가지 레이아웃을 만들 수 있었다. 더 복잡한 몇 가지 디자인을 시도했다. 웬만큼 괜찮아 보이는 결과물이 나왔다. 다음에는 지면을 채울 기사를 몇 개 작성했다. 여기저기에 쓴 영화나 책에 관한 논평을 비롯해 주로 칼럼이었다. 나는 대학원 생활로 필요 없는 단어를 빠른 속도로 쏟아내는 데 익숙했기 때문에 70쪽을 어렵지 않게 채웠다. 그리고 옛날 엽서에 있는 사진 몇 장을 스캔해서 보기 좋게 여기저기 넣었다.

30일이 되자 분명히 잡지처럼 보이는 뭔가가 만들어졌다. 그 '기사' 중 많은 수는 장황하고 오만하고 따분했다(예를 들면 〈버크민스터 풀러Buckminster Fuller 철학의 현재적 의미〉). 그러나 인쇄된 잡지 한 부를 손에 쥐었을 때, 상점에서 판매하는 것과 비교해 손색이 없어 보였다. 나는 학문 영역에서의 자기만족적 탐구navel-gazing에 빗대 이 잡지 제호를《배꼽 관측소The Navel Observatory》라고 정했다.

하지만 나는 내가 만든 잡지로 뭘 어떻게 할지 전혀 모르고 있었다. 팔아볼까? 더 많이 만들어야 하나? 이게 정확히 무엇인가? 친구들에게 내가 만든 잡지를 보여주고 어떻게 생각하느냐고 물었다. 마음에 든다고 말했지만, 그들도 내가 앞으로 무엇을 하려는지 궁금해하는 것 같았다. 하지만 나도 이 잡지를 어떻게 개선할지, 어떻게 독자를 끌어들일지, 웹사이트를 어떤 식으로 만들지 잘 몰랐다. 얼마 지나지 않아 내가 무엇을 하는지도 제대로 알지 못한 상태에서 진짜 잡지를 출간할 계획을 세우고 있었다.

　시제품 만들기는 가슴 벅찬 일이었다. 나는 인쇄비를 전례 없는 수준으로 낮추고, 잠재적 독자에게 다가가기 쉽도록 소셜 미디어를 이용하면 큰돈 들이지 않고 경쟁력 있는 잡지를 출간할 수 있다는 걸 깨달았다. 다른 잡지들과 차별화된 결과물을 만들 수 있겠다는 생각이 들었다.

　나는 함께 사는 오랜 친구 오렌 님니Oren Nimni의 도움을 받아 크라우드 펀딩 광고용 잡지 소개 영상을 찍었다. 우리는 새롭고 재미있으면서도 진지한 잡지를 만들겠다는 약속을 내걸었다. 둘 다 확고한 좌파주의자지만(오렌은 무정부주의자다), 우리는 좌파주의에 극히 회의적인 사람들이 재미있게 읽을 만한 글을 쓸 수 있다고 생각했다. 우리 눈에는 자신들의 편집 방향에 동의하는 사람들만을 대상으로 한 정치적 출판물이 너무 많아 보였다. 우리의 작은 집단 바깥에 있는 사람들이 우리 말에 귀 기울이게 하고 싶었다. 우리가 믿는 급진적인 자유 지상주의적 사회주의가 따뜻하고 실현 가능하고 합리적으로 보이게 하는 데 기여하고 싶었다.

　나는 품위 있게 보이려는 계획의 일환으로 《커런트어페어스》를 잡지의 새 제호로 하면 어떨까 생각했다. 처음에는 어떤 잡지도 《커런트어페어스》라는 제호를 붙이지 않았다는 사실을 믿을 수 없었다. 당연히 채택됐어야 할 제호 같았다. 너무 포괄적이고 재미없는 제호라서 아무도 채택할 생각조차 해본 적이 없는 모양인데, 우리 목적에는 들어맞았다. 포괄적이고 재미없다는 건 거부감이 없다는 의미이기도 하다. 우리는 100년이 넘은 권위 있는 잡지, 믿을 수 있는 의견을 제시하는 잡지라는 뜻을 함축할 제호를 원했다. (제호는 우리가 원한 효과를 발휘했다.《커런트어페어스》는 언제나 곁에 있었고 들어본 적 있는 잡지처럼 들리기 때문에, 많은 사람이 우리 잡지를 모르면서도 잘 아는 척한다. "아,《커런트어페어스》요. 나는 수십 년 동안 구독해왔어요.")

우리의 킥스타터Kickstarter°는 1만 6000달러를 모았다. 웹사이트와 구독 시스템을 만들고 창간호를 인쇄하기에 충분한 금액이었다. 나는 초창기에 얼토당토않은 필명(예를 들어 텍스 원더Tex Wonder, A. Q. 스미스Smith, 다시 매큐언Darcy McEwan)으로 기사를 작성했고, 우리는 거실 바닥에서 잡지를 포장해 구독자에게 발송하며 긴 시간을 보냈다. 처음에는 몇백 권이었지만 호를 거듭할수록 늘어나더니 마침내 수천 권이 됐고, 50개 주와 20개국으로 잡지를 보냈다. 우리는 더디지만 꾸준히, 외부 자본의 도움 없이 전국적 정치 잡지들의 강력한 경쟁자가 되고 있다. 우리는 제대로 된 편집 팀을 구성했고, 뉴올리언스New Orleans에 사무실을 열었으며,《뉴욕타임스》나《뉴요커》같은 부르주아 매체에서 인용되고 있다.

우리는 무에서 생겨나지 않았다. 우리 잡지가 성공한 것을 요행으로 생각한다면 틀렸다. 우리는 무엇보다 우리가 하는 일을 기꺼이 믿어주는 독자가 있기 때문에 존재한다. 사람들은 주요 미디어에 대한 신뢰를 계속 잃어왔고, 생각 없이 요설만 늘어놓는 케이블방송 뉴스를 대신할 무엇을 간절히 기다린다. 그렇다고 그들이 반드시 정치적

°   미국의 크라우드 펀딩 가운데 가장 인기 있는 서비스.

으로 중립적인 미디어를 원한다는 뜻이 아니다. 그들은 믿을 만하고 생각 있고 즐겁게 소비할 뭔가를 원한다.

트럼프의 당선은 좌파 미디어에게 운명의 전환점이기도 했다는 것을 인정하지 않을 수 없다. 나는 마치 재난 과정에서 약간의 부당이득을 취한 것 같은 느낌이 든다. 트럼프가 당선되면서 진보 성향 사람들이 잠에서 깨어나, 활발하고 비판적인 언론을 갖는 것이 얼마나 중요한지 깨달았다. 트럼프의 미국에서 하루하루 끔찍한 삶을 이어가는 사람들은 힘든 시기에 조금이라도 위안과 희망, 진실을 전할 수 있는 매체를 찾았다. 그에 따른 일부 결과에 대해《더링어The Ringer》는 다음과 같이 말한다.

> 《커런트어페어스》는 11월 대선 이후 성장세를 보이는 인쇄·디지털 분야의 독립 좌파 매체 중 하나다.《뉴욕타임스》와《배니티페어Vanity Fair》같은 전통적인 잡지의 구독자가 수만 명 증가했고, 2010년에 창간한 마르크스주의 잡지《자코뱅》도 잘나가고 있다. 그 밖에 브루클린Brooklyn에 사는 20~30대 남성을 주요 타깃으로 하는 풍자적인 토론 팟캐스트〈차포트랩하우스Chapo Trap House〉와 1988년에 창간한 문화 비판 잡지《더배플러The Baffler》도 잘나간다…《더배플러》는 지난 시대의 잡지 가운데 네이선 로빈슨Nathan J. Robinson의 기획에 가장 가깝다. 이 모든 것이 힐러리 클린턴의 패배가 가져온 것으로, 더 광범위한 대중이 의식하게 된 정치적 진공 상태를 채우는 데 일조하고 있다.[50]

지난 3년 동안《커런트어페어스》는 지적이고 상상력이 풍부한 좌파 작가들이 쓴 글 수백 편을 실었다. 우리는 선거와 경제, 건축, 〈스타트렉Star Trek〉, 핵무기, 실리콘밸리Silicon Valley, 히틀러의 출현, 자동화, 금융 사기, 불가사의한 살인 사건, 마르디 그라Mardi Gras,° 고독, 팔레스타인 그리고 정치적으로 보이지 않을 수도 있는 수십 개 다른 주제에 대해 썼다. 우리는 각 주제를 공정하면서도 자주적인 시각으로 다룬다. 다시 말해 우리는 중립적이거나 객관적인 척하지 않으면서 진실을 왜곡하지 않고 항상 사실만 제공하려고 노력한다. 우리는 가차 없는 비판을 아끼지 않되, 상대측의 주장을 끝까지 들으려고 노력한다.

우리는 2016년 2월 상당한 주목을 받았다. 내가 민주당이 샌더스 대신 클린턴을 대선 후보로 지명하면 트럼프가 대통령이 될 거라고 경고하는 글을 썼을 때다. (내 말대로 되었다.) 또한 우리는 조던 피터슨Jordan Peterson, 벤 샤피로Ben Shapiro, 찰스 머레이Charles Murray, 앤 콜터Ann Coulter처럼 인기 있는 보수적 인물을 통렬하게 비판하는 에세이로 유명해졌다. 《커런트어페어스》가 다른 자유주의적 잡지나 좌파 잡지와 차별화된 접근법은 인기 있는 보수적 인물의 열혈 팬들조차 잡지를 읽고 나서 다소 자신감을 잃게 할 만큼 우리 주장을 철두철미하게 입증하려고 노력한다는 점이다.

이런 접근법은 이 책에도 이어진다. 나는 자기 의견이 강한 사람이지만, 독자를 설득하고 독자가 계속 책을 읽고 싶게 할 만큼 재미있게 쓰는 것이 저자의 일임을 잘 안다. 나는 여러분을 세뇌할 생각이 없다. 나는 여러분에게 내 생각을 설명하고, 오늘날 왜 그토록 많은

° 가톨릭에서 사순절이 시작되는 '재의 수요일' 하루 전인 '참회의 화요일'을 가리킨다.

밀레니얼 세대 젊은이들이 민주사회주의자를 자처하는지 보여주고
자 한다. 당신이 그런 젊은이라면 이 책은 무엇보다 당신이 본능적으
로 참이라고 생각하는 것을 명료하게 하는 데 도움이 될 것이다. 물
론 당신은 사회주의를 지지하는 우리를 순진하거나 지극히 위험하다
고 보는 회의주의자일 수도 있다. 나는 두 부류의 독자를 모두 염두
에 두고 논의를 펼칠 것이다.

헛기침과 주저는 할 만큼 하지 않았는가! 다 함께 사회주의자가
될 준비를 합시다!

차례

1부

이 세상은 어딘가 잘못됐다

1장

나는 어쩌다
사회주의자 같은 것이 됐나

사람들이 평등하다는 내 생각은 대중의 의식이 아니라 고독에 기초한 것이었다. 자신이 요청하지 않았는데 내던져진 이 땅에서 사랑을 갈구하면서도 모든 사람에게 이방인인 채 외로이 살아가다가 죽어야 하는 인간 조건에 대해 생각하며 밤을 지새운 기억이 난다… 자신이 태어난 세계를 알아볼 기회도 없이 평생을 살아 있는 무덤과 다름없는 음울한 빈민가에 갇혀 지내야 하는 남녀가 존재한다는 사실은… 정말 부당해 보인다… 내가 보기에는 계급과 특권을 정당화하는 논의보다 각 사람에게 주어진 고유한 삶의 조건이 중요하다.

스티븐 스펜더 Stephen Spender, 〈멀리서 온 숭배자들 Worshippers from Afar〉,
《실패한 신 The God That Failed》

내가 어떻게 정치적 좌파로서 정체성을 갖게 됐는지 이야기해야겠다. 나는 주변의 세계를 둘러보기 시작했다. 인간은 원래 망각의 동물인 데다, 자기 생각을 많은 부분 남에게 의탁하는 경향이 있다. 잘 알려진 연구에 따르면, 대다수 사람은 변기나 지퍼, 자전거 같은 간단한 일상적 사물을 만드는 것은 고사하고 어떻게 작동하는지조차 설명하지 못한다(사람들은 하나같이 설명할 수 있다고 말하지만, 실제로 "그럼 변기가 어떻게 작동하는지 설명해보세요"라고 하면 많은 이가 입을 다문다). 많은 사람이 컴퓨터가 어떻게 만들어지고 작동하는지 전혀 모르면서 매일 컴퓨터를 사용한다. 어리석기 때문이 아니다. 지극히 복잡한 세계에서 자기 삶을 영위하려면 실제로 필요한 지식만 취하는 것이 당연하다. 우리는 학교에서 배운 지식 중에 쓸모없다고 판명된 것은 모두 잊어버리며, 살아가기에 너무 바빠서 잠수함이 어떻게 만들어지

는지, 누가 벽돌을 만드는지, 국내총생산GDP이 무엇인지 등을 알아볼
새가 없다.

나도 다른 사람들만큼이나 사물의 작동 원리에 무지하다. 당신이
아이패드나 소화기 계통이 어떻게 작동하는지 묻는다면, 나는 버벅
거리며 간신히 답할 것이다. 하지만 나는 정말로 궁금한 문제에 대해
서는 만족할 만한 답이 없으면 넘어가지 못하는 사람이다. 나는 박학
다식하고 호기심 많은(박학다식하고 호기심 많다는 건 가끔 신문의 머리
기사 제목뿐만 아니라 첫 단락도 읽는다는 뜻이다) 성인으로 자라왔지만
이 세상의 어떤 면은 이해되지 않았다. 내 머리를 비집고 들어온 단
순하고 순진한 질문은 만족할 만한 답을 찾지 못했다. 우려스러울 만
큼 뭔가 매우 잘못된 것 같았다.

나는 가난과 부가 이해되지 않았다. 나는 봤다. 명품 판매업체들이
별로 필요하지도 않은 물건을 터무니없는 가격에 파는 것을(티파니는
490달러짜리 순은 각도기를 판다[1]). 나는 봤다. 미국인이 매일 먹지 않고
버리는 음식 15만 톤부터 버버리가 상품의 희소성과 비싼 값을 유지
하기 위해 해마다 소각하는 수천만 달러어치 고가 핸드백까지 어마
어마한 쓰레기를 배출하는 것을. 나는 봤다. 플로리다에서 내 고향 마
을 사람들이 화려한 침실이 7개인 맥맨션McMansion°에 사는 동안 노숙
자 쉼터에는 침대가 부족한 것을. 나는 봤다. 누구는 해마다 새 휴대
전화를 사고 전에 쓰던 휴대전화를 서랍에 넣어두는데, 몇 킬로미터
떨어진 곳에서는 일용 노동자들이 45센트를 벌기 위해 토마토를 따

°   건축 공법이나 속도가 맥도날드 체인처럼 효율적이지만 외관이나 구조가 비슷한 호화
    주택을 경멸적 의미로 부르는 말.

서 14킬로그램들이 바구니를 채우는 것을. 나는 봤다. 병원이 얼음 팩과 붕대 대금으로 5000달러를 청구하고, 2층 침대 사용료로 한 달에 1200달러나 내는 사람들이 있다는 보고서를. 나는 왜 사람들이 이 모든 것에 분노하지 않는지 이해할 수 없었다.[2]

저 꼭대기에 있는 사람들과 저 밑바닥에 있는 사람들의 삶을 들여다볼수록, 모든 것이 더 기괴하다. 슈퍼리치가 정말로 어떤 것인지 알고 싶은데 그들의 소굴(아, 미안하다. 집)로 들어가는 비밀번호를 모른다면,《월스트리트저널Wall Street Journal》한 부를 들고 문자 그대로〈맨션〉이라는 제목이 붙은 금요일 부동산 섹션을 보면 된다.〈맨션〉에는 시장의 상층부에서 현재 판매되는 집에 관한 정보가 실려 있다.

> 여러분의 즐거움을 더해주기 위해, 이 집에는 부엌이 4개 있습니다. 그중 하나에는 케이터링 트럭을 위한 하역장이 있습니다… 차고는 2개입니다. 집주인의 차고는 집과 바로 연결되고, 손님 차고는 30대가량 수용할 수 있습니다. 급습실給濕室로도 사용할 수 있는 와인 룸에는 각종 설비가 갖춰진 바와 샴페인 냉장고가 있고, 그 옆으로 사람이 걸어 들어갈 수 있는 와인 냉장고가 있습니다. 집주인의 스위트룸 근처에는 체육관, 마사지실, 강이 보이는 실내 온수 욕조 등이 있습니다.[3]

이런 집은 어떤가.

대지 5만 2600제곱미터가 넘는 이 매물은 4층짜리 본채 건축면적이 2600제곱미터입니다. 일부 지반이 지하에 있는 이 저택은 인공

암벽과 로커 룸이 설치된 440제곱미터 체육관, 홈 시어터, 포커 룸과 당구장, 피자 오븐을 갖춘 '피자 룸', 댄스 플로어와 디스코 조명이 완비된 디스코 홀이 있습니다. 비상 버튼과 슬라이딩 케블러 도어가 설치된 안전 룸도 있습니다.[4]

슬라이딩 케블러 도어는 프롤레타리아 무리가 당신의 저택을 습격할 경우 필요할 수도 있다는 메시지로 들린다.

"내가 힘들게 번 돈으로 뭘 하든 당신이 뭔 상관인데? 어쨌든 내 돈이잖아!"라며 따지고 싶은 사람도 있을 것이다. 신문에 단골로 등장하는 오늘날 경제적 삶을 보여주는 짤막한 기사 두 개만 보자.

현재 고펀드미에 올라온 사연을 쭉 훑어보기만 해도 원인을 알 수 없는 심각한 건강 문제를 겪는 방송사 스포츠 카메라맨, 치명적인 진행성 신경 퇴행성 축적 질환을 앓는 캘리포니아California의 아기, 만성 심장 질환을 앓는 33세 럭비 선수, 심장마비로 뇌 합병증과 신체 합병증을 겪은 적이 있는 더없이 친절하고 사랑스러운 청년 등을 위한 기부 요청을 볼 수 있다.[5]

희생자는 생사가 걸린 위급한 순간에도 도와주러 온 사람들에게 911을 부르지 말아달라고 애원하면서 자기는 앰뷸런스 비용을 낼 돈이 없다고 말했다고 《보스턴글로브Boston Globe》는 전했다. 《보스턴글로브》의 마리아 크레이머Maria Cramer 기자는 이렇게 썼다. "오렌지 라인에서 끔찍한 일이 벌어졌다. 한 여성의 다리가 열차와 플랫폼 사이에 끼었다. 뒤틀린 다리에서 피가 나고 피부는 벗겨졌다.

그녀는 고통스러워하며 눈물을 흘리고 있었다. 그 상황 못지않게 당황스러운 것은 그녀가 앰뷸런스를 부르지 말아달라고 애원한 일이었다. 그녀는 '3000달러예요. 나는 그 돈이 없어요'라고 울부짖었다."[6]

이 사람들은 비교적 처지가 좋은 편이다. 전 세계적으로 볼 때, 미국의 빈민은 부유한 축에 속하기 때문이다. 가장 극심한 빈곤은 지난 수십 년 동안 감소 추세지만(좋은 소식!), 지구상에는 여전히 기본적인 것조차 해결하지 못하면서 하루 2달러가 안 되는 돈으로 사는 사람이 약 7억 5000만 명에 달한다.[7] 예방할 수 있는 질병인데도 돈이 없거나 접근이 불가능해서 고통을 겪는 사람들을 보자. 예방주사만 맞으면 되는 질병으로 사망하는 사람이 전 세계적으로 해마다 150만 명에 이르며, 질병통제예방센터CDC는 미국인의 5대 사망 원인 가운데 약 40퍼센트가 막을 수 있는 것이라고 밝힌다.[8]

많은 사람이 병원에 갈 돈이 없어 죽는다는 사실을, 그들이 누군가의 어머니나 아버지, 동료 노동자, 자식, 친구라는 걸 모두가 알고 있다. 《월스트리트저널》에 소개된 맨션에 사는 사람이 네 번째 부엌을 설치할 돈으로 말라리아로 죽어가는 가난한 아이들을 살릴 수 있다는 걸 모두가 알고 있다. 그렇게 하지 않겠다는 그 사람의 결정이 그렇게 했다면 죽지 않았을 아이의 죽음을 의미한다는 걸 모두가 알고 있다. 대다수 사람이 이 모든 걸 알지만, 그 결정이 인류에 대한 범죄라고 생각하지 않는다.

나는 이것이 늘 의아했다. 누군가를 죽이는 것(그들의 죽음을 초래하는 행위를 하는 것)과 죽게 두는 것(그들의 죽음을 막을 수 있었을 행위를 하지 않는 것)이 어떻게 다른지 알 수 없었다. 어느 경우든 그 사람의 죽음이라는 사건이 일어나는 건 당신의 결정 때문이다. 그런데 사람을 죽인 자는 감옥에 갇히지만, 죽게 둔 사람들은 《포브스Forbes》의 부자 목록에 오른다.

내 생각의 변화가 정치적 이데올로기에서 시작된 것이 아니라는 점이 중요하다. 나는 마르크스Karl Marx를 읽지 않았고, 과거의 사실을 갑자기 새로운 시각으로 재해석하지도 않았다. 내 의식의 변화는 사실과 만남에서 비롯된 직관적이고 감정적인 반응의 결과다. 나는 사회의 어떤 모습을 내 마음 깊숙한 곳에 있는 도덕적 직관과 화해시킬 수 없었고, 내가 접하는 이론은 그런 모습을 바꾸기 위해 아무것도 하지 않았다. 현 상태를 정당화하기 위해 제시된 논변은 설득력이 없고, 변명으로 보일 뿐이었다.

몇 가지 변명과 그 변명이 내게 의심스럽게 보인 이유

• 사람들은 자신의 경제적 성과에 따라 금전적 보상을 받는다　억만장자 헤지펀드 매니저이자 베스트셀러 작가 레이 달리오Ray Dalio는 말했다. "사람들은 삶에서 자신이 받을 만한 것을 받으며, 사람들이 버는 돈의 액수는 대체로 그들이 사회가 원하는 것을 얼마나 제공했는지 알려주는 척도다."[9] 이 주장이 경험적으로 맞든 틀리든(틀렸다), 나는 치과 진료비를 낼 돈이 없어서 치아를 잃거나 차 수리비가 없어서 일자리를 잃거나 휴가를 낼 수 없어서 아이를 낳자마자 직장으로 돌아가야 하는 사람을 보면 항상 마음이 짠하다. 나는 정의로운 보상이라는 달리오의 주장에 동의하지 않는다.

　　　　　　　　　　　　　　　　　　1부 | 이 세상은 어딘가 잘못됐다

- **부자들이 소유한 재산은 자발적인 거래로 얻은 것이기 때문에 정당하다**
이는 자유 지상주의 철학자 로버트 노직Robert Nozick이 월트 체임벌린Wilt Chamberlain을 예로 들면서 제시한 이론이다. 노직은 말한다. 100만 명이 월트 체임벌린의 농구 경기를 보기 위해 25센트씩 지불해서 결국 체임벌린이 다른 사람들보다 훨씬 부자가 된다면, 이는 자발적 교환의 공정한 결과 아닌가?[10] 그러나 정당한 방식으로 얻는다는 것만으로 부의 축적이 정당화되진 않는다. 이론상으로 사람들이 자신이 벌어들인 것에 대해 어떤 자격이나 권리가 있든, 내게는 다른 사람들의 빈곤을 줄이는 것이 부에 대한 권리를 지키는 것보다 훨씬 중요해 보인다. 농구장 입장권과 돈을 자발적으로 교환한다는 사실을 인정한다고 해서, 한 사람은 돈더미에 앉고 다른 사람들은 인슐린이나 천식 치료용 흡입기를 살 수 없는 것을 정의롭다고 인정하는 것은 아니다.

- **당신이 성공하지 못한 것은 그만큼 열심히 노력하지 않았기 때문이다** 한마디로 웃기는 이야기다. 나는 주위 사람들이 과로로 탈진할 만큼 열심히 일하는데도 결국 빚의 수렁에 빠져 사회생활이라고 할 수도 없는 삶을 사는 것을 봤다. 그런데 보수주의 평론가 벤 샤피로는 말한다. "(미국에 살면서) 실패한다면, 십중팔구 당신이 잘못했기 때문이다."[11] 나는 이런 말을 들으면 저 깊은 곳에서 구역질이 치밀어 오른다. 잠깐이라도 자신이 사는 나라를 살펴본 사람이라면 많은 이의 실패가 그들이 전혀 통제할 수 없는 이유 때문이라는 걸 알 수 있기 때문이다.

- 나는 열심히 일해서 성공했다. 그러니 누구든 성공할 수 있다 논리적
  오류다. "내가 경쟁에서 승리했으니, 누구나 경쟁에서 승리할
  수 있다"는 건 이상하기 짝이 없는 논리다. 30개 자리를 두고
  60명이 경쟁한다면 30명은 아무리 열심히 일해도, 아무리 좋
  은 사람이라도 패배할 수밖에 없다. 1879년에 경제학자 헨리
  조지Henry George는 다음과 같이 지적했다. "그런 오류는 참가자
  누구든 경쟁에서 승리할 수 있다는 주장에 내포된 오류와 비
  슷하다."[12] 그런데 어찌 된 일인지 이런 주장이 지금까지 이어
  진다. 홈디포Home Depot°의 CEO 켄 랭곤Ken Langone은 최근에《나
  는 자본주의를 사랑한다!I Love Capitalism!》라는 책을 출간했다. 그
  는 빈자에서 출발해 억만장자가 된 자신이야말로 '자본주의
  가 모든 사람을 위해 기능한다는 살아 있는 증거'라고 주장한
  다. 그는 말한다. "내가 성공할 수 있다면, 누구든 성공할 수 있
  다!"[13]

사람들은 아무리 설득력이 없어도 추악한 진실을 외면하게 해줄
변명을 만드는 것 같았다. 우리가 매일같이 남들에게 고통을 주고, 남
들에게 무관심하다는 추악한 진실을 아무도 인정하고 싶어 하지 않
는다. 그것은 우리와 우리가 사랑하고 좋은 사람이라고 생각하는 많
은 이가 사실은 나쁜 사람이라는 의미이기 때문이다. 인정하고 싶어
하든 아니든, 눈앞에 보이는 고통에 무관심하고 아무 행동도 하지 않
는 것은 끔찍한 일이다. 그러니 모든 사람이 자신을 그런 존재로 생

○   미국에 본사를 둔 건축 자재·인테리어 디자인 도구 판매업체.

각하기를 필사적으로 피하는 건 이해할 수 있는 일이다. 사회학자 막스 베버Max Weber는 다음과 같이 말했다.

> 운이 좋은 사람은 운이 좋다는 사실에 만족하는 법이 거의 없다. 그는 자신이 운이 좋은 것을 넘어 좋은 운을 차지할 권리가 있다는 걸 확인하고 싶어 한다. 그는 자신이 행운을 누릴 자격이 있다고 확신하고 싶어 하며, 특히 남들에 비해 그런 자격이 있다고 확신하고 싶어 한다. 그는 운이 안 좋은 사람들 역시 당연한 일을 당하고 있을 뿐이라고 믿고 싶어 한다. 결국 그는 행운이 '정당한 운'이기를 바란다.[14]

잭 런던Jack London (많은 사람이 잘 모르지만, 그는 사회주의자였다)은 《강철 군화The Iron Heel》에서 과두정치 지배계급의 생각을 더 극적인 어조로 서술했다.

> 그들은 하나의 계급으로서 오로지 자신들 덕분에 문명이 유지된다고 생각했다. 그들은 자신들이 약해지기라도 하면 자신들과 아름답고 경이롭고 기쁘고 좋은 모든 것이 점액질이 뚝뚝 떨어지는 동굴 같은 저 거대한 야수의 아가리 속으로 들어가고 말 거라고 생각했다. 자신들이 없다면 무정부 상태가 지배할 것이고, 인류는 그토록 고생해서 빠져나온 저 원시의 밤으로 다시 추락하게 될 거라고 믿었다… 그들은 끊임없는 수고와 희생을 치르면서 허약한 인류와 모든 것을 게걸스레 집어삼키는 야수 사이에 서 있는 것은 자신들뿐이라고 굳게, 아주 굳게 믿었다.[15]

심한 고통에 빠지지 않게 해주는 방법 가운데 하나는 정당화다. 예를 들어 아이들을 부양하는 것과 돌보는 것 중에 하나를 선택할 수밖에 없는 처지에 놓이는 엄마들을 보고 "그런 일이 일어나기를 원하지 않는다면, 애초에 아이를 갖지 말았어야지"라고 자신의 방관을 정당화할 수 있다. 이렇듯 남에게 책임을 떠넘기면서 구경꾼은 개입할 의무가 없다고 생각하는 길은 많다. 그게 자유국가야. 나는 내 식대로 살고, 너는 네 식대로 살아. 내가 왜 너한테 일어나는 일에 책임을 져야 하는데? 남에게 나쁜 일이 일어난다면 나는 그것이 내 잘못이 아니고 내 문제가 아닌 이유를 수없이 떠올릴 수 있다.

양심의 가책을 피하는 또 다른 방법은 남의 고통에 눈감는 것이다. 나는 훌륭한 진보주의자를 많이 아는데, 그들은 집 없는 사람들의 존재를 거의 알아차리지 못하고 지나치는 데 익숙하다.[16] 아무도 음식이나 휴대전화가 어떻게 만들어지는지 알고 싶어 하지 않는다.[17] 부자들은 다른 사회 계급에 속한 사람도 인간이라는 사실을 깨달을 필요가 없도록 하기 위해서라면 할 수 있는 모든 일을 한다. 자녀를 사립학교에 보내고, 담장 공동체gated community에 살고, 일등석을 이용하고, 대중교통을 피하고, 청소부들이 아무도 없는 밤 시간에 건물을 청소하게 한다. 역설적인 점은 이렇게 하는 이유가 사실은 그들이 양심이 있기 때문이라는 것이다. 불평등한 현실을 목도하면 마음이 편치 않다. 현실을 대면하면 자기 입장을 방어하기 위한 모든 이론이 초라해 보이기 때문이다. 어떤 워킹 맘이 "나는 아들의 천식 치료용 호흡기를 살 돈도 없는데 당신은 부드러운 새 목욕 가운을 산다면, 그 상황을 어떻게 정당화할 수 있나요?"라고 묻는다면, 나는 마땅한 답을 찾기 힘들다.

사회학 교수 레이첼 셔먼Rachel Sherman은 《불편한 거리Uneasy Street》에서 상류층 사람들이 유리한 환경 때문에 오히려 난처한 처지에 놓이게 된다는 사실을 보여준다.[18] 그녀가 인터뷰한 상류층 사람들은 "내 생각에 그것은 몹시 부도덕한 일이다"라거나 "나는 그것을 어떻게 정당화할 수 있을지 모르겠다"라고 했다. 가정부가 모르게 하기 위해 가격표를 떼고 가구를 배달해달라고 요청한 사람도 있었다. 그들은 불편하다는 이유로 돈에 대한 이야기를 피했으며, 자신을 부유하다고 말하는 대신 '안락한', '운 좋은'처럼 완곡한 표현을 사용했다. (재미있는 사실은 '안락한'이라는 완곡한 표현이 황금시대 이후 계속 사용됐다는 점이다. 이디스 워튼Edith Wharton이 1905년에 발표한 소설 《환희의 집The House of Mirth》은 '안락한'이라는 단어와 '거대한 재산을 그저 결핍으로부터의 피난처로 보는 상속녀의 생각'을 조롱한다.[19]) 인터뷰 대상 가운데 자산이 수백만 달러나 되면서 자신을 '중산층'이라고 말한 사람도 있다. 250만 달러짜리 집에 사는 한 여성은 셔먼이 '부자'라고 말하자 불쾌감을 표시했다. 또 다른 인터뷰 대상자는 "펜트하우스에 산다는 사실이 편치 않아 우체국에 자기 집 주소를 '엘리트이고 오만한'이라는 뜻으로 쓰이는 'PH' 대신 층수로 바꿔달라고 부탁했다".

이 상류층 가족들이 불안감을 한순간에 날려 보낼 아주 쉬운 길이 있다. 자기 돈을 부유하지 못한(미안하다, '안락하지 못한') 사람들에게 주면 된다! 어쨌건 그들은 어느 정도 도덕적 문제를 의식하고 있다. 그들은 돈에 대해 말하고 싶어 하지 않는다. 그들은 누군가 자기 돈에 대한 이야기를 꺼내면 방어적인 태도를 보인다. 그들은 그런 태도를 고수할 것이다. 그러기 위해서는 자신도 모르는 사이에 드는 죄책감을 계속 떨쳐내야 한다.

모두가 이런 것은 아니다. 유별나게 소비를 좋아하는 슈퍼리치들도 있다. 오라클Oracle의 최고기술경영자CTO 래리 엘리슨Larry Ellison은 하와이Hawaii의 라나이Lanai 섬을 통째로 구입했고(작은 섬이 아니라 하와이의 주요 섬 가운데 하나다), 자기가 소유한 요트 갑판에 설치한 코트에서 던진 농구공이 골대를 맞고 물에 빠지면 요트 주위에서 대기하다가 건져 올리는 '농구공 회수자'를 고용했다.[20] 엘리슨도 날마다 3000명이나 되는 아이들이 말라리아로 죽어가는데, 왜 농구 코트가 설치된 요트가 두 척이나 필요하냐고 물으면 당황할 것이다.

나는 아직 자본주의에 대해 아무 주장도 펼치지 않았다. 그런 불평등을 해결할 길이 있다거나, 불평등을 초래한 원인이 무엇이라고 주장하지도 않았다. 그저 뭔가 잘못된 듯한 세상사를 보면서 느낀 일반적인 도덕적 구역질에 대해 말했을 뿐이다. 나는 항상 대조적인 사실을 비교하면서 자신에게 다음과 같이 말하지 않을 수 없었다. "아니, 아냐. 사실일 리 없어. 그래선 안 돼. 저게 사실이면 사람들은 참을 수 없을 거야. 구역질이 나고 부끄러울 거야."

항상 내 뇌리에 박혀 있는 사실들

- 한쪽에서는 아이들이 예방 가능한 질병으로 죽어간다.
  다른 한쪽에는 페라리가 널려 있다.
- 뉴욕에는 수만 명이나 되는 노숙자가 있다.
  그런데 부동산 투자용으로 구입해 비워둔 호화 콘도가 수만 채에 이른다.
- 아마존Amazon의 물류 창고 노동자들은 저임금에 수당도 없이 장시간 노동과 교대 근무를 한다.

1부 | 이 세상은 어딘가 잘못됐다

그런데 아마존의 창립자이자 세계 최고 부자인 제프 베조스Jeff Bezos는 그 많은 돈으로 할 수 있는 일이 우주선을 만드는 것밖에 없어 보인다고 말했다.

- 헤지펀드 매니저들은 실제로 생산하는 것이 없어 보인다.

  그런데 그들은 수백만 달러를 벌고, 교사들은 자비로 학교 비품을 산다.

- 공공 부문 연금을 넉넉히 제공할 여력이 없다고 한다.

  그런데 미국은 전 세계 70개국에 미군 기지 800개를 두고 있다.[21]

- 많은 사람이 단지 금수저를 물고 태어난 덕분에 일을 해서가 아니라 부동산을 임대해서 돈을 번다.

  그런데 사회에서는 부富가 열심히 일해서 성과를 올린 덕분이라고 이야기한다.

- 어떤 아이들은 사립학교에 다니고, 어떤 아이들은 망가진 책상이 있고 난방장치도 작동하지 않는 공립학교에 다닌다.

  그런데 사립학교에 다닌 아이들은 성장하면서 자신은 부를 누릴 자격이 있다고 생각하게 된다.

- 당신이 어떤 나라에서 태어났느냐는 당신이 얼마나 잘살 수 있을지 결정하는 매우 강력한 요인으로 보인다.

  그런데 사람들은 자신이 태어날 곳을 결코 선택할 수 없다.

순진한 생각이라는 걸 잘 안다. 단순하기 짝이 없는 이런 논리를 물어뜯기 위해 득달같이 달려들 사람이 널렸다는 것도 안다. 하지만 나는 그만둘 수가 없다. 사회생활의 모든 영역에서 나는 늘 현 상태를 정당화하는 이론에 만족할 수 없었다. 나는 이런 상태에 전혀 개의치 않는 사람이 있을 수 있는지 의문스럽고, 이런 사실을 접한 사람이라면 거의 누구나 마음이 편치 않을 거라고 생각한다. 당신이 해마다 미국에서 4만 7000명이 비관 끝에 자살한다는 사실을 깊이 생각하지 않는다면, 미국이라는 나라에 대단히 잔인하고 적대적이고 역기능적인 뭔가가 있을 가능성을 고려하지 않거나 놓치는 것이다.[22] 당신이 나처럼 마음속에서 저들의 죽음을 떨쳐낼 수 없다면, 그들이 날마다 당신 곁에 붙어 다닌다면, 당신은 항상 주위를 살피면서 뭔가가 잘못됐다는 끔찍한 느낌을 받을 것이다.

현실에 개의치 않는 사람들도 있다. 하지만 그들도 조금 더 생각해보고, 자신의 가정에 의문을 제기하고, 사실을 더 잘 알게 되면 마음이 불편해질 것이다. 이민자 구치소에 수용된 겁에 질린 과테말라 아이가 어떤 느낌일지 생각하지 않는다면, 당신은 "우리의 국경을 지키자", "우리의 법을 집행하라" 같은 구호에 안도감이 들 것이다. 하지만 그 아이를 알고 그 구호의 배후에 놓인 현실을 본다면, 계속 마음 편하게 있기가 매우 힘들어진다. 내가 독방 감금을 옹호하는 사람들을 미심쩍어 하는 데는 그들이 그런 상자 속에 갇히는 것이 어떤 느낌인지 충분히 생각해보지 않은 것 같다는 이유도 있다. 어떤 일을 겪는 사람에게 공감하지 않으면 그 일을 정당화하기 쉽다.

나는 지금보다 젊을 때, 두려움을 이기지 못한 나머지 내가 미친 게 분명하다고 생각했다. 젊은 사람들이 한때 혈기로 사회적 약자 편을 들지만, 나이를 먹으면서 점차 세상을 제대로 이해하게 된다는 식의 온갖 상투적인 이야기가 있다. "20대에 자유주의자가 아니라면 심장이 없는 것이고, 서른이 넘었는데도 보수주의자가 아니라면 뇌가 없는 것이다." 나는 실제로 정반대임을 알게 됐다. 더 배우고 공부할수록 현 상태를 정당화하는 주장에 회의가 생겼다.

범죄를 예로 들어보자. 범죄 피고인을 많이 만나고 알게 되면서, 나는 죄수의 삶을 이해할수록 인기를 끌기 위해 범죄에 강경한 태도를 취하는 것이 훨씬 더 힘들어진다는 걸 깨달았다. 당신이 희생자는 인간이고 가해자는 괴물이라고 생각한다면, 개인의 책임을 거론하면서 "결과를 책임질 수 없으면 범죄를 저지르지 말라"고 쉽게 말할 수 있다. 그러나 범죄를 저지르는 사람도 알고 보면 보통 사람과 크게 다르지 않은 경우가 대부분이다. 나는 뉴욕 시 북쪽에 최고 등급의 삼엄한 경비로 유명한 감옥에서 열린 모임에 참석한 적이 있다. 마침 그곳을 방문한 예일대학교Yale University 로스쿨 학생들이 일부 수감자들과 자유롭게 대화하고 있었다. 그들이 주고받는 대화를 기록으로 접했다면 어느 쪽이 죄수고, 어느 쪽이 로스쿨 학생인지 분간하기 어려웠을 것이다.

나는 로버트 프루트Robert Pruett라는 남자와 서신을 교환한 적이 있다. 그는 열다섯 살 때부터 감옥에서 생활한 텍사스의 사형수다. 프루트는 밝고 재미있으며, 심리학과 철학 책을 좋아했다. 그는 트레일러 전용 주차장에서 자랐고, 폭력적 범죄를 저지른 중죄인의 아들이었다. 그는 초등학생 때 마약을 시작했고, 10대에 코카인을 흡입하고 상습적으로 절도 행각을 벌였다. 그가 중학생 때 아버지가 자신들이 생활하던 트레일러 전용 주차장에서 한 사람을 살해했고, 그도 공범으로 체포됐다. 프루트는 아버지가 저지른 살인에 가담한 죄로 기소됐고 징역 99년을 선고받았다.

성인 감옥은 체구가 작은 열다섯 살짜리에게 잔혹한 곳이었고, 프루트의 삶은 극도의 폭력과 트라우마로 점철됐다. 다시 햇빛을 볼 아무런 희망도 없던 스무 살 때, 그는 교도관을 살해하고 사형수동에 수감됐다.

나는 로스쿨에 다닐 때 프루트의 자서전을 읽고 그가 매우 지적이고 감수성이 풍부한 사람이라는 데 충격을 받았다. 그는 감옥에서 심리학 과정을 수강했고, 자신이 어떻게 감옥에 들어오게 됐는지 성찰하는 데 많은 시간을 보냈다. 그가 처음 수감된 것은 아버지가 저지른 범죄 때문이다. 우리는 부모를 선택할 수 없다. 프루트가 열다섯 살 이전에 아버지와 사는 것 말고 다른 선택이 있었을까? 어떤 선택을 할 수 있었을까?

심금을 울리면서도 인간 조건에 대한 통찰이 가득한 프루트의 글을 읽으면서, 프루트와 내가 태어날 때 바뀌치기됐다면 그가 있는 곳에 내가 있고 내가 있는 곳에 그가 있을 거라는 생각을 하지 않을 수 없었다. 그는 유능한 작가이자 호기심 많은 독자였다. 하지만 나는 값비싼 교육을 받고 좋은 경력을 쌓은 덕분에 지금 여기 있다.

프루트는 2017년 10월 사형당했다.[23]

* * *

공감할 줄 모르는 것은 생각할 줄 모르는 것이다.[24] 남들도 우리처럼 의식이 있고, 우리와 같은 경험을 한다. 그들도 먹고 싸고 고민하고 실수를 저지른다(그렇다, 삶의 4대 활동이다). 남들도 인간이라는 점은 말하기조차 어리석어 보일 만큼 명백한 사실이다. 그런데 이런 명백한 사실이 세상에서는 가장 쉽사리 망각되는 것 같다. 군인은 희생자를 자기처럼 욕망과 가족이 있는 사람이 아니라 적으로 여기도록 훈련받는다. (그렇게 훈련받지 않으면 임무를 수행하기 힘들 것이다. 그래서 훈련이 필요하다고 정당화하는 사람들이 있지만, 나는 오히려 그렇기 때문에 훈련의 필요성에 의문이 든다.)

예를 들어 베트남전쟁 동안 미군은 베트남인을 '베트남인'으로 부르지 말라는 지시를 받았다. 그들은 '국gook'이라고 불렸다.[25] 윌리엄 캘리William Calley 소위가 미라이Mỹ Lai 학살 사건°으로 기소됐을 때, 그가 사람들lives이 아니라 '동양 사람들Oriental lives'을 죽였다고 기소장에 적혀 있었다. 베트남에 주재하던 최고위 미군 장성은 베트남인이 죽은 자를 우리처럼 애도하지 않는다고도 말했다. 미국 내의 베트남전쟁 관련 묘사는 하나같이 타인의 생명에 대해 생각하기를 회피하기가 얼마나 쉬운지 알려준다. TV와 영화, 신문, 책 등에서 베트남전쟁은 거의 언제나 미국인의 눈으로 그려졌으며, 그 전쟁의 '비극'은 미국인 6만 명가량이 생명을 잃었다는 것이었다. 베트남인은 수백만 명이 목숨을 잃었는데 말이다. 미국인은 자국을 좋게 보는 편견이 있고 '저' 사람들보다 '자기' 사람들에 관심이 있기 때문에, 베트남전쟁이 베트남인의 생명에 가져온 결과는 미국의 군인이나 정치, 문화에 가져온 결과에 비해 거의 주목받지 못한다.

때로 인권 유린은 트럼프가 범죄적 이민자를 '동물'이라고 말하거나 흑인 청년들이 '폭력배thug'로 정형화될 때처럼 사람들이 타인을 열등한 존재로 취급하기 때문에 발생한다. 하지만 많은 경우에 인권

° 1968년 3월 16일 미국이 남베트남 미라이에서 자행한 비무장 민간인 대량 학살 사건. 희생자 수백 명 가운데 상당수가 여성과 아동이었다. 임산부와 아기, 성폭력이나 고문을 당한 희생자도 있었다.

유린은 우리가 타인에게 관심을 갖지 않기 때문에 발생한다. 미국을 자유국가라고 찬미하는 사람들이 있지만, 미국 전역에는 수용소가 산재하고 거기에 수백만 명이 갇혀 있다.

미디어의 보도에는 확고한 위계가 존재한다. 어떤 사람들의 생명은 다른 사람들의 생명보다 주목할 가치가 있는 것으로 간주된다. 이를 '실종된 백인 여성 증후군'°이라고 한다. 생명의 '뉴스 가치' 차이가 실제로 얼마나 큰지 보여주는 자료가 있다. 2007년 ABC, NBC, CNN 같은 주요 뉴스 방송사가 5000건이 넘는 자연재해를 다룬 뉴스 70만여 건을 대상으로 연구한 적이 있다. 그에 따르면, 보도된 양을 기준으로 계산할 경우 유럽인 한 명의 죽음은 아프리카계 미국인 45명의 죽음과 맞먹었다. 유럽과 아메리카 대륙에 사는 사람의 죽음에 대한 보도는 아시아, 아프리카, 태평양에 사는 사람의 죽음에 대한 보도보다 10배 많았다.[26]

당신은 이를 자연스럽거나 정당한 일이라고 생각할 수도 있다. 사람들은 수감자 통계를 보고 법이 제대로 집행되는 증거라고 생각할 수 있고, 보도되는 양의 차이를 보고 다른 나라 사람보다 우리 국민에게 관심을 갖는 것이 당연하다고 생각할 수 있으며, 추방되는 불법이주자를 보면서 국가는 당연히 국경을 보호해야 하고 불법적으로 국경을 넘어선 안 되며 법은 반드시 있어야 한다고 생각할 수 있다. 사람들은 쉽게 이런 반응을 보인다. 이런 즉각적인 반응은 얼핏 보면 맞는 말 같지만, 우리의 도덕적 가치를 진지한 자세로 일관되게 적용

° 실제로는 유색인종이 실종되는 일이 훨씬 많지만 흔한 일로 간주돼 관심을 받지 못하고, 어쩌다 백인 여성이 실종되면 언론이 크게 다루고 여론 압박이 더해져 사건이 빨리 해결되는 현상.

1부 | 이 세상은 어딘가 잘못됐다

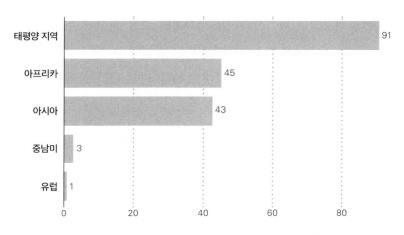

재난이 미국 뉴스에서 보도되는 데 필요한 대륙별 사망자 수

이 그래프는 특별히 다른 조건이 없다고 할 때 미국의 주요 방송사가 뉴스에서 보도하는 데 필요한 사상자 수를 나타낸다.

태평양 지역 — 91
아프리카 — 45
아시아 — 43
중남미 — 3
유럽 — 1

출처: 〈아워월드인데이터Our World In Data〉, 아이젠시Eisensee와 스트롬버그Stromberg의 2007년 논문에서 인용.

하면 설득력이 떨어진다.

일단 간단한 질문을 던지고 언뜻 명백해 보이는 것에 대해 하나하나 찬찬히 따져보라. 그러면 논증 같은 말이 발뺌하는 말로 보이기 시작한다. '무지는 축복이다'는 바꿔 말하면 '지知는 고통이다'라고 할 수 있다. 우리는 왜 다른 나라에 사는 사람보다 우리 나라에 사는 사람을 신경 쓰는가? 국가는 어떤 의미에서 자연스럽고, 어떤 의미에서 인위적인가? 우리는 왜 부당하다고 생각하는 법률의 권위를 존중하는가? 도대체 왜 국가가 있어야 하는가? 인간은 왜 서로 들어오지 못하게 장벽을 세워야 하는가? 사람들은 왜 법을 위반해도 전혀 해가 없는 경우에도 누군가가 법을 어긴 것에 그토록 신경 쓰는가? 누구나 자기가 좋아하는 나라에 가서 살면 안 되는가? 모든 사람의 삶이 똑같이 중시되면 안 되는 까닭이 무엇인가? 이런 질문을 던지고 생각하다 보면 곧 토머스 페인Thomas Paine 의 말이 생각날 것이다. 건국 선조 가운데 최고의 달변가이자 인본주의자인 그는 자신이 추구하는 가치는 모든 사람에게 똑같이 적용된다고 말했다. "나는 사물을 장소나 사람에 대한 고려 없이 있는 그대로 본다. 나의 나라는 세계고, 나의 종교는 선을 행하는 것이다."[27]

'분노하지 않는다면 당신은 주의를 기울이지 않는 것이다'라는 좌파의 구호가 있다. 모든 구호가 그렇듯이, 이 구호도 너무 많이 쓰이는 바람에 의미가 퇴색해 버렸다. 하지만 이 구호는 중요한 사실을 이야기한다. 세상을 아무런 의심 없이 있는 그대로 받아들이면 편안할 수 있다. 일단 주의를 기울여 세상을 들여다보기 시작하면, 분노는 정당할 뿐만 아니라 불가피하다.

* * *

잠시 쉬어 갈 필요가 있겠다. 내 말이 독자에게 벌써 독선적으로 들리기 시작했다는 느낌이 드는 데다, 안 그래도 사회주의에 몹시 회의적인 사람들을 지나친 잔소리로 쫓아버리는 일은 가급적 피하고 싶기 때문이다. 그래서 감옥과 죽음에 대해 더 이야기하기 전에, 경이로움의 장점과 우주의 장엄함에 대해 이야기하고 싶다.

다른 사람들의 고통에 대해 생각하는 건 슬프다. 우리가 사는 마을과 도시를 걸어갈 때, 그곳에 사는 누군가가 문 뒤에서 학대를 당하고 절망에 빠져 자살을 결심할 수도 있다고 생각하는 건 슬프다. 나는 그렇기 때문에 많은 이가 좌파의 세계관을 외면하는 거라고 생각한다. 온난화, 핵무기, 자살, 국외 추방, 임금 노예제, 공장식 축산 농장, 인종차별, 감옥 등에만 관심을 가진다면 당신은 불행할 뿐만 아니라, 주변 사람들도 당신을 자신에게 힘이 되는 매력적인 사람으로 보지 않을 것이다. 모든 사람이 타인의 문제와 불행에 더 주의를 기울여야 한다는 주장만 하는 좌파주의자는 종종 분위기를 잡치는 사람으로 간주된다. 실제로 나는 도널드 트럼프가 미국 대통령이라는 사실을 떠올릴 때마다 절망감에 어쩔 줄 모르는 사람들을 알고 있다.

타인의 고통에 공감할 줄 아는 양심적인 사람이 된다는 건 온난화, 핵무기, 자살, 국외 추방, 임금 노예제, 공장식 축산 농장, 인종차별, 감옥 등에 관해 깊이 생각한다는 것이다. 이런 현실을 무시하는 사고방식은 옹호될 수 없다. 하지만 지성과 판단력을 키운다는 건 정말로 끔찍한 일뿐만 아니라 경이로운 것도 인식할 수 있다는 의미다. 암담하고 잔인한 세계상을 갖고 살아간다는 건 견딜 수 없는 일일 뿐만 아니라 그런 세계상은 부정확하다. 이 세상에는 생각만 해도 소리 지르고 싶을 만큼 놀랍고 아름다운 것이 많기 때문이다. 정말이지 가슴 떨리게 하는 숭고하고 기이한 것들이 있다.

마음이 울적할 때는 가장 가까운 아쿠아리움에 가보라. 말미잘이 물결처럼 헤엄치고 해파리가 이리저리 유영하는 모습을 보면서 자연계가 얼마나 신비한지 생각해보라. 우리가 지구에서 함께 살아가는 수많은 동물은 놀라우리만치 신비하다.

해마를 보라. 해마는 실로 놀라운 동물이다. 수컷이 새끼를 낳고, 위장이 없고, 바다에서 가장 느리게 헤엄치고, 하루에 작은 새우를 3000마리나 잡아먹을 수 있다는 사실 때문이 아니다. 해마가 놀라운

동물인 까닭은…… 해마를 한 번 보라. 마치 말처럼 보인다. 물론 해마는 말과 전혀 관계가 없다! 해마는 어디서 왔지? 그들은 지금 여기서 무엇을 하고 있지? 바다에는 먼 은하에서 왔다고 해도 될 만큼 신기한 존재가 가득하다.

그렇기에 인류가 자신을 포함해 지상의 모든 생명을 파괴할 가능성이 있다는 사실은 더더욱 비극적이다. 경이로운 존재가 너무나 많기에 저 재앙이 그토록 끔찍할 수 있는 것이다. 나는 사람들이 임대료, 의료비, 폭력의 위협 등을 걱정하지 않아도 될 때 어떤 행복을 맛볼지 안다. 그런 행복을 모두가 누릴 수 없다는 사실에 정말 화가 난다. 산호초의 진가를 많이 아는 사람일수록 1980년대 이후 산호초의 면적이 3분의 1이나 감소했고 남획과 오염, 난입한 사람들 때문에 몸살을 앓고 있으며 이 다양한 해양 생물의 정원이 여기저기 파여 생명 없는 곳이 되고 말았다[28]는 글을 읽을 때 더 분노할 것이다.

좌파주의자는 이 세상의 문제만 보지 않는다. 우리는 세상을 경이롭게 만드는 것도 보며, 그렇기에 온갖 위협에 과민하리만치 우려의 목소리를 내는 것이다(물론 이 때문만은 아니다). 제레마이아 모스Jeremiah Moss는《사라져가는 뉴욕Vanishing New York》에서 뉴욕 시의 젠트리피케이션을 맹비난한다.[29] 모스의 말이 거슬릴 수도 있다. 금권정치가 마이클 블룸버그Michael Bloomberg가 뉴욕 시장이던 시절에 개발 업자들은 부자들을 위한 호화 저택을 지었다. 작은 점포는 체인점으로, 부자들이 살던 구옥은 호화 고층 맨션으로, 다양한 특색을 갖춘 오랜 도시는 '획일적인 단일 문화' 도시로 바뀌었다. 블룸버그는 뉴욕 시를 부자들을 위한 곳으로 바꾸는 게 자신의 목표임을 대놓고 밝혔다. "우리는 이 나라의 모든 곳에 있는 부자들이 이곳으로 왔으면 한

　　　　　　　　　　　　　　1부 | 이 세상은 어딘가 잘못됐다

다. 우리는 부자들을 사랑한다.", "전 세계 억만장자들을 모두 이곳으로 옮겨 올 수 있다면 소득 격차를 훨씬 더 크게 만들 행운일 것이다." 모스의 책은 뉴욕에서 나빠지는 것들에 대한 불만의 표현이자, 독특한 보헤미안적 요소와 다채로운 민족 문화가 사라져가는 도시에 보내는 연애편지다. 그가 젠트리피케이션을 싫어하는 이유는 자신이 뉴욕에서 낭만적인 청춘을 보낼 때 다니던 오래된 식품점, 작은 식당, 클럽을 몹시 사랑하기 때문이다. 그는 그런 곳이 하나씩 문을 닫는 모습을 지켜보면서 몹시 힘들어한다. 좌파주의자는 부정적인 태도를 취하고 증오와 분노에 따라 움직이는 듯 보이지만, 사실은 마음 깊은 곳에서 온기와 인정을 느낀다.[30]

그러나 좌파주의의 이런 면모는 대개 가려져 있다. 우리는 도덕적 우월감에 젖어 우리가 왜 그토록 괴로워하는지 설명하는 것을 깜빡할 수 있다. 내가 뉴욕 시 개발 업자들이 한 일을 못마땅하게 여기는 건 48번가에 있는 아코디언 상점을 그리워하기 때문이고, 내가 아마존이 소규모 출판사들에게 한 짓을 비판하는 건 뉴올리언스 프렌치 쿼터French Quarter에 있는 서점들을 찾는 사람이 얼마나 없는지 알기 때문이다. 내가 감옥 체제에 대해 말하면서 몹시 흥분한 모습을 보이는 건 텍사스교정국이 내 친구를 죽였기 때문이고, 죽은 그 친구가 매우 명민한 사람이고 이 세상에 얼마나 많은 것을 줬는지 알기 때문이다. 내가 미국이 육아 휴가를 보장하지 않는 게 왜 부끄러운 일인지 말하는 이유는 엄마가 어린 나와 함께 보낸 시간을 얼마나 소중하게 생각했는지 알기 때문이고, 그런 즐거움을 빼앗긴 부모들을 생각하면 화가 나기 때문이다. 이런 태도를 감상주의, 공자님 말씀, 향수, 비합리성 등 뭐라고 불러도 좋다. 하지만 이런 태도가 세상과 인간에 대한 사랑에서 비롯됐다는 점은 분명하다.

내가 이 책의 출발점으로 잡은 좌파적 성향은 더없이 멋지고 아름다운 것에 깊이 감사하고 부당하고 잔인한 것을 깊이 혐오하는 성향이다. 이는 간단히 '피 흘리는 심장bleeding-heart주의'로 치부되는 좌파적 성향의 본질이다. 사람들의 심장은 피를 더 흘려야 한다! 당신의 심장이 피 흘리지 않는다면 당신은 도대체 어떤 인간이란 말인가? 좌파와 우파 가릴 것 없이 눈물 흘리고 슬퍼하는 사람은 감상주의자로 치부된다. 찰스 디킨스Charles Dickens가 소설가로서 지닌 약점은 고아를 보면 자제력을 잃고 슬퍼하는 것이라는 이야기가 있다. 물론 감상은 냉정한 이성으로 조절할 필요가 있다. 그러나 주위에서 보이는 것에 대한 우리의 감정적 반응이 이 책의 출발점이다.

우리의 느낌은 우리를 어디로 끌고 가는가? 적어도 내게 그것은 비인간적이고 잔혹한 행위를 완곡한 표현으로 은폐하고 호도하는 것에 대한 구역질로 이어진다. 조지 오웰George Orwell은 〈정치와 영어Politics and the English Language〉에서 아무도 "나는 당신이 적을 몰살함으로써 좋은 결과를 얻을 수 있다면 그렇게 해도 좋다고 생각한다"고 말하지 않지만, 많은 정치가가 실제로 그런 행위에 가담하고 그런 행위를 옹호한다고 말했다. 그들은 그런 행위에 대한 질문을 받으면 책임을 회피한다. 오웰은 스탈린Iosif Vissarionovich Stalin의 숙청을 옹호하는 사람이라면 다음과 같이 말할 거라고 적었다.

소비에트 체제에 인도주의자들이 동의할 수 없는 면이 있다는 것은 솔직히 인정한다. 그러나 나는 우리가 이행기에는 정치적 반대의 권리를 제한하는 것이 불가피하며, 러시아 인민에게 요구돼온

1부 | 이 세상은 어딘가 잘못됐다

고된 삶이 구체적 성과를 통해 충분히 정당화돼왔다는 데 동의하지 않을 수 없을 거라고 생각한다.[31]

이런 경향은 소비에트만의 발명품이 아니라 지금도 이어진다. 우리의 담론은 완곡어법으로 가득하다. 완곡어법은 우리와 우리를 둘러싼 상황의 기본적 사실 사이에 놓인 울창한 숲 같다. 부시George W. Bush 행정부는 정직한 사람이라면 누구나 고문이라고 부를 일을 '강화된 심문 기술'이라고 표현했다. 오바마 행정부는 제거 대상이 적힌 살인 명부를 '처리 매트릭스disposition matrix'라고 표현했다.[32] 정보국은 사람을 죽이는 게 아니라 '처리하다neutralize' 혹은 '인구를 경감하다depopulate'라고 표현한다. 종신 수감자는 '무기한 구금된' 것이고, 독방 감금은 '1인실 수용special housing unit'이며, 경찰에게 살해된 것은 '경관 관련 발사'다. 코미디언 조지 칼린George Carlin은 완곡어법이 "독선적이고 탐욕스럽고 잘 먹고사는 백인들이 자기 죄를 숨기기 위해 발명한 언어"라고 말했다.

> 과거에 가난한 사람은 빈민가에 살았다. 오늘날 가난한 사람은 도심에 있는 불량 건물에 산다. 그들은 무일푼이다! 그들은 번 돈보다 많이 쓸 처지에 있지 않다. 그들은 빈털터리다! 그들 중 다수가 해고다. 해고된다는 게 뭔지 아는가? 경영진은 인적자원 중에서 잉여 인원을 줄이기 원했고, 너무나 많은 사람이 더는 노동력으로 살아갈 수 있는 존재가 아니다.[33]

우리는 죄를 감추지 않겠다는 다짐, 사람들의 고통을 무수한 개소리 아래 묻어버리고 모른 척하지 않겠다는 다짐에서 출발해야 한다. 완곡어법은 추악한 현실을 좋게 보이도록 만드는 단어를 찾아내려는 시도로, 그런 어법을 구사하는 사람들이 죄의식이나 불편함을 느끼지 않게 해준다. 기업에서 완곡어법을 흔히 볼 수 있는 것은 그 때문이다. 경영진은 대량 해고로 많은 사람의 삶을 파멸에 빠뜨린다는 사실을 인정하고 싶지 않기 때문에 구조 조정, 외주, 잉여 인력, 경영 합리화 같은 표현을 사용한다. 독립 계약자란 수당이나 보장된 노동 시간이 없는 노동자를 가리키며, 효율성 증대란 대개 적은 시간 동안 많은 일을 하게 한다는 뜻이다.

미국의 대외 정책에는 이보다 훨씬 많은 것이 걸려 있다. 여기서 완곡어법은 심각한 현실을 은폐할 수 있다. 미국 정치인은 걸핏하면 "다른 나라의 민주주의를 촉진한다"고 말하는데, 이때 민주주의는 그 정부가 어떤 의미에서 실제로 민주적인지와 상관없으며 '미국의 이익에 도움이 되는 정부'를 의미할 뿐이다. 오바마와 트럼프 둘 다 정치적 반대자를 투옥하고 심지어 죽이는 사우디아라비아에 무기를 수십억 달러어치나 판매했고, 이스라엘 정부가 가자Gaza에서 심각한 인권 유린을 자행하는데도 미국 지도자들은 한 치의 흔들림 없이 이스라엘 정부에 지지를 표하고 있다.[34] 국외에서의 미국의 조치는 듣기 좋고 고상한 표현으로 정당화된다. 미국은 세계의 경찰, 산 위의 도시,° 자

° 미국 개척기의 지도자 존 윈스럽John Winthrop이 신대륙으로 향하는 배에서 설교할 때, 자신들이 세울 공동체는 지상의 모든 국가와 교회가 우러러볼 수 있는 공동체여야 한다고 말한 데서 유래한 표현이다. 윈스럽이 말한 '산 위의 도시'는 〈마태오의 복음서〉 5장 14절 "너희는 세상의 빛이다. 산 위에 있는 마을은 드러나게 마련이다"에서 가져온 것이다.

유의 횃불이다 등등. 하지만 실상을 들여다보면 미국은 국익을 추구하는 강대국일 뿐이다.

정직한 좌파주의자가 되려면 전문 용어에 대한 후각과 더불어 실제로 벌어지는 일을 이해하려는 결의가 필요하다. 이를테면 국가 안보나 지구화 같은 단어를 검토해 그것이 현실의 인간에게 무엇을 의미하는지 확인해야 한다. 그러다 보면 흔히 그런 말 이면의 현실이 충격적이라는 사실을 발견하게 된다. 세계에서 가장 자유롭다는 나라가 사실은 감옥에 갇힌 사람이 가장 많은 나라다. 세계에서 가장 민주적이라는 나라가 사실은 정책에 대한 보통 사람들의 선호가 거의 중시되지 않고, 마음만 먹으면 어떤 가혹 행위든 안보라는 이름으로 정당화할 수 있는 나라다. 정확히 분석해보면 이 가운데 합리화할 수 있는 게 거의 없다. 그러나 내가 이야기하는 인간주의적 사회주의는 소비에트의 권위주의적인 사회주의와 달리 진실을 발견하고, 인간에게 관심을 갖고, 불편한 사실을 외면하지 않고 덜 불편하게 만들 방법을 찾으려는 굳은 결의에서 출발한다.

2장

인류의 악몽,
신자유주의

한 달에 와인에 쓰는 돈이 3만 달러면 너무 많은 건가?

《월스트리트저널》, 2017년 3월 14일

텍사스 총격 사건에서 살해당한 교사의 남편은 크라우드 펀딩으로 병원비를 모금 중이다.

《바이스Vice》, 2018년 5월 21일

앞에서 '좌파는 사람을 우울하게 만든다'는 혐의가 근거 없는 주장임을 이야기했다. 이제 우리를 정말 우울하게 만드는 몇 가지 사실을 살펴보자. 우리가 할 일을 팽개치고 온종일 해마만 들여다보고 있을 순 없으니 말이다. 그렇지만 나는 감상에 빠지지 않도록 노력할 것이다. 나는 낙관적인 사람이다. 그러니 여기서 우울한 사실을 다루긴 해도, 최종적으로 여러분을 절망감 속에 두지 않을 것이다. 이 책 2부의 내용은 대단히 낙관적이다. 하지만 1부에서는 몇 가지 우울한 사실을 살펴보지 않을 수 없다. 월가 점거 시위 때의 유명한 피켓 문구처럼 '씨발, 좆 같은 세상Shit Is Fucked Up and Bullshit'이니 말이다.

좌파에 속한 사람들은 도대체 뭐가 불만인가? 그들은 왜 그토록 화가 났는가? 그들은 왜 조용히 입 다물고 아마존 에코°부터 개인용 감시 드론까지 주위에 널린 신기한 상품을 소비하면서 즐기지 못하는가? 그들은 뭐가 문제라고 보는가? 버락 오바마는 21세기는 술

° 아마존닷컴이 개발한 스마트 스피커.

한 문제가 있어도 인류 역사상 가장 생동감 넘치는 시대라고 말했다.[1] (짐 크로 법Jim Crow Law°을 폐지한 때가 1960년대라는 점을 고려하면, 오바마의 기대 수준은 너무 낮다.) 맨해튼연구소Manhattan Institute의 특별 연구원 스콧 윈십Scott Winship은 정치적 좌파의 불평을 이해할 수 없다고 말했다. "미국의 실업률은 4퍼센트가 안 되고, 중산층의 소득은 사상 최고치에 빈곤은 사상 최저치이기 때문이다."[2] 하버드대학교Harvard University의 스티븐 핑커Steven Pinker는 전 세계적으로 기대 수명이 늘어났고 극단적 빈곤이 감소했으며 과거 어느 때보다 평균적으로 삶이 좋아졌다는 사실을 인정하지 않는 것으로 보아 "좌파 지식인들은 진보를 싫어하는 게 분명하다"고 말했다.[3] 좌파의 불평을 일축하고 싶은 사람들은 툭하면 오늘날 최소한 미국에서는 가난한 사람도 냉장고나 휴대전화처럼 조상들이 구경도 못 해본 것을 갖고 있다는 사실을 든다.

그러나 대공황 시대의 빈곤을 빙하시대나 흑사병 시대의 삶에 견줘 평가하지 않듯이, 현재의 복지를 대공황 시대의 빈곤에 견줘 평가해선 안 된다. 우리가 이룩한 것은 우리의 잠재력에 견줘 평가해야 한다. 50년 전에는 집 없는 사람이 오늘날보다 훨씬 많았다는 사실은 그리 중요하지 않다. 그것은 간단한 자축으로 끝날 일이다. 쓰레기로 버려지는 명품에 낭비될 만큼 많은 자원이 있는데도 왜 여전히 집 없는 사람들이 있는가 하는 점이 중요하다. 예전에는 사정이 더 나빴다는 걸 보여준다고 해서 버버리가 핸드백 수천 개를 소각하는 일이 왜 합리적인지, 왜 헬스케어가 그렇게 비싼지 설명되지 않는다.

°   공공장소에서 흑인과 백인의 분리와 차별을 규정한 법. 미국 남부 11개 주에서 시행하다가 1965년 폐지했다.

진보의 낙원으로서 21세기라는 생각은 순진하다. 물론 현시대에는 찬사를 보낼 만한 게 많다. 트위터와 로봇 청소기 룸바 같은 것은 놀라운 창의력의 산물이다. 그러나 인류의 진보에 대한 통계는 인간의 실제 삶과 관련된 중요한 사실을 간과한다. 우리는 어느 시대보다도 안락한 삶을 누리지만, 지금은 대단히 불안정하고 무서운 시대다.

우리는 재미있고 유용한 트윗을 하루에 5억 개나 올리지만, 그만큼 놀라운 속도로 자연계를 약탈하고 파괴한다는 사실도 잊지 말아야 한다. 사람들은 환경 파괴에 대해 듣기를 좋아하지 않는다. 오랜 세월이 흐르는 동안 환경 파괴는 히피 같은 부류나 관심을 갖는 문제라는 인식이 자리 잡았기 때문이다. 기후변화와 환경은 2016년 대선 토론에서도 거의 언급되지 않았다. 그러나 그 문제는 더 미룰 수 없을 만큼 심각한 수준이며, 인류의 생존이 걸린 문제다.

참여과학자연대Union of Concerned Scientists는 기후변화가 조만간 해수면 상승, 홍수와 가뭄 증가, 더 길고 파괴적인 계절적 산불, 더 파괴적인 허리케인, 더 강렬하고 긴 무더위, 삼림 대량 소멸, 곤충에서 비롯된 질병 확산, 산호초의 죽음, 주요 생태계에 심각하고 파괴적인 결과가 나타날 곤충 개체의 대량 격감 등을 초래할 거라고 경고했다. 일부 전문가들은 피드백 메커니즘이 지속적인 기온 상승을 가져와 모든 생명체의 삶을 위협하는 돌이킬 수 없는 '임계점'에 근접하고 있다고 경고했다. 184개국 1만 5000명이 넘는 과학자들은 인류가 지나친 자원 소비 때문에 광범위한 고통과 재앙 수준의 생물 다양성 상실에 직면하고, 잘못된 궤적을 바로잡기에는 너무 늦은 때가 곧 올 거라고 경종을 울리는 성명을 발표했다.[4]

알아차리지 못하는 사이에, 인간은 모든 곳에 엄청난 파괴와 죽음을 가져왔다. 야생동물 개체 수는 격감했다. 최근 50년 이상 동안 척추동물의 개체 수는 58퍼센트, 민물동물의 개체 수는 81퍼센트 감소했다. 81퍼센트 감소는 1970년에 강이나 호수에 새나 물고기가 다섯 마리씩 살았다면, 지금은 한 마리씩 산다는 이야기다.[5] 인류가 지구 역사상 생물 종이 유례없이 빨리 소멸한 시기 가운데 하나인 새로운 대멸종기의 한복판에 있다고 주장하는 사람들도 있다.[6]

바다는 플라스틱으로 가득하고, 열대우림은 계속 감소하며, 인간은 지구 표면적의 4분의 1을 가축 사육에 쓸 정도로 많은 소를 먹고 있다. 환경 운동가와 과학자들이 수십 년간 프레온가스를 금지하려고 노력한 덕분에 '오존 구멍'을 메우는 데 성공하고 있다는 게 그나마 좋은 소식이다.[7] 하지만 물고기 남획, 과도한 방목과 오염은 여전하다. 게다가 궤도를 바꿀 필요성이 절실한 이 시점에, 미국은 환경문제가 있다는 사실 자체를 적극적으로 부정할 뿐만 아니라 환경 파괴가 악화되는 것을 막아온 온건한 규제조차 예전으로 되돌리려 드는 대통령을 선출한 바 있다. 공화당은 '규제 완화'와 '친기업 분위기 창출'에 열을 올리며 지상에 있는 생명체의 미래를 위협한다. 환경문제를 중시해봤자 정치적으로 아무런 소득이 없다고 생각한 민주당은 오랫동안 환경문제가 방치되도록 하는 데 일조했다. 그 결과 이제 모든 게 엉망이다. 모두 수고하셨소!

그다음으로 핵무기가 있다. 1945년에 미국이 핵무기로 두 도시의 민간인을 몰살한 직후, 알베르트 아인슈타인Albert Einstein은 인류의 파멸을 가져올 간단한 논리가 있다고 경고했다. 첫째, 강대국 사이에 또 한 번 전쟁이 일어나면 "예전에는 불가능했고 지금도 거의 생각할 수 없는 규모의 파괴를 초래할 것"이다. 둘째, "강력한 주권국가들이 있는 한, 전쟁은 피할 수 없다."[8] 경쟁하는 강대국들이 있으니 빠르든 늦든 전쟁이 일어날 테고, 현대 무기의 파괴적 능력으로 그 전쟁은 인류가 상상할 수 없는 결과를 초래할 거라는 말이다. 진위는 분명치 않지만 아인슈타인이 했다고 알려진 말도 비슷하다. "3차 세계대전의 무기가 무엇일지 모르지만, 4차 세계대전의 무기는 분명히 막대기와 돌일 것이다."

마지막 세계대전이 일어나고 수십 년이 지난 오늘날, 우리가 핵 위협의 진정한 의미를 정확히 이해하기는 대단히 어렵다. 1940~1950년 대에는 핵무기에 따른 파멸의 위협이 공적 논의의 중요한 부분이었다. 그것은 대중문화에도 스며들었다. CD 6장짜리 박스 세트로 출시된 《어토믹 플래터스Atomic Platters: Cold War Music from the Golden Age of Homeland Security》는 머디 워터스Muddy Waters의 〈원자폭탄 블루스Atomic Bomb Blues〉와 〈예수는 원자폭탄처럼Jesus Hits Like an Atom Bomb〉을 비롯해 핵을 주제로 한 노래를 모은 음반이다. 지금 보면 이 모든 게 이상하다. 1950년대에 몸을 웅크리고 머리를 손으로 감싸던 훈련은 지금은 유물이 된 일종의 코미디다. 그러나 핵무기는 여전히 존재하며, 강대국 지도자의 허락이 떨어지는 순간 발사될 태세를 갖추고 있다. 핵확산금지조약NPT에도 미국과 러시아는 각기 6000개가 넘는 핵탄두를 보유하고 있다.[9] 일부 정치 평론가들이 '새로운 냉전'을 선동하는 지금, 군축이야말로 가장 먼저 조치를 취해야 할 일이다.

나는 핵확산금지조약이 진실로 의미하는 바를 여러분에게 상기시킬 필요가 없었으면 한다. 히로시마廣島에 투하된 원자폭탄은 순식간에 12만 5000명을 죽였다. 이후 여러 나라가 그보다 1000배 위력을 갖춘 폭탄, 사방 80킬로미터 내의 모든 생명체를 전멸시킬 수 있는

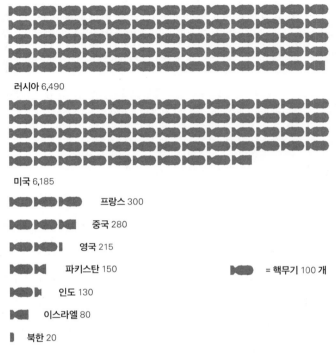

핵무기 전체 개수: 13,850

러시아 6,490

미국 6,185

프랑스 300

중국 280

영국 215

파키스탄 150

인도 130

이스라엘 80

북한 20

= 핵무기 100 개

출처: 〈전세계핵무기비축보고서World Nuclear Weapons Stockpile Report〉,
플라우셰어스펀드Ploughshares Fund (2019년 4월)
https://www.plough-shares.org/world-nuclear-stockpile-report

폭탄을 개발하고 시험해왔다. 너무 믿을 수 없는 일이라서 공상과학소설을 읽는 느낌이 든다. 맨해튼Manhattan 전체가 눈을 깜빡이는 것보다도 짧은 순간에 파괴될 수 있다고 말하지만, 그 주장을 참으로 받아들이거나 그런 일이 일어날 거라고 생각하긴 어렵다.

그렇게 되는 데는 핵 위협이 눈에 보이지 않는다는 것도 영향이 있다. 윌리엄 페리William Perry 전 국방부 장관은 사람들이 핵 위협에 지금보다 비교할 수 없을 만큼 지대한 관심을 가져야 한다고 생각한다. 그는 핵 위협이 사람들의 관심에서 벗어난 데는 많은 핵무기가 바다 밑이나 외딴 황무지에 있어서 핵에 따른 파멸의 위협이 지구에 사는 사람들의 의식에 거의 와닿지 않는다는 점[10]도 한몫한다고 말했다. 핵무기는 오지에 있거나 잠수함에 실린 채 바다 밑에 있다. 우리는 핵무기가 존재한다는 걸 머리로는 알지만 실감하지 못한다. 핵무기의 영향이 우리가 상상할 범위를 넘어서는 데다, 핵무기를 일상생활에서 전혀 볼 수 없기 때문이다. 장전된 총이 우리와 우리가 사랑하는 모든 이의 머리에 겨눠진 상태로 돌아다니는 셈인데도, 우리는 눈앞에 우리를 겨눈 총이 있을 때처럼 반응하지 않는다. 우리는 그런 게 전혀 존재하지 않는 듯이 일상생활을 할 수 있지만, 결국 원자폭탄은 발사된다. 그리고 그때는 너무 늦다.

미국은 최근에 핵무기가 발사된 순간이 어떤 모습일지 체험해보는 잊을 수 없는 경험을 했다. 2018년 1월 13일 오전 8시 직후에 하와이 주민들은 휴대전화 메시지, 라디오, TV로 비상경보를 접했다. "탄도미사일이 하와이로 향하고 있습니다. 즉각 대피소로 피신하십시오. 이것은 훈련 상황이 아닙니다." 겁에 질린 주민들은 어찌할 바를 모르고 미친 듯이 달렸다. 그들은 사랑하는 이에게 작별 인사를 보냈고, 욕조 속에 몸을 웅크렸으며, 구덩이로 몸을 던졌다. 당국이 잘못된 경보임을 어렵사리 알리기까지 38분 동안, 주민들은 삶의 마지막 순간을 들여다보는 고통스러운 시간을 보냈다.[11]

핵군축이 특별히 시급한 문제가 아니라고 생각하는 사람들이 있다. 그들은 미국과 북한의 긴장은 현재 낮은 수준이고, 세계화가 강대국들의 경제를 긴밀히 연결한다는 점에서 우리는 지금 거대한 갈등이 사라진 지구적인 '장기 평화' 단계에 있다고 주장한다.[12] 이는 근시안적인 주장이다. 우리의 안전을 위해 평화는 장기적인 데 그쳐선 안 되고 영구적이어야 한다. 현 단계에서 강대국들이 좋은 관계를 유지하는 것만으로는 충분하지 않다. 강대국들이 다시 전쟁을 하는 일은 영원히, 절대로 있어선 안 된다. 20세기에서 한 가지 배워야 한다면, 항구적으로 보이는 저 조건들이 가끔 쉽게 깨지고 일시적일 수 있다는 점이다. 어느 날 자유분방한 카바레 아티스트°의 도시이던 베를린Berlin이 다음 날 제삼제국의 중심이 된다. 어느 날 세계적 초강대국이던 소련이 다음 날 해체된다. 안전하다고 느끼려면 광적이고 비이성적인 정부가 핵무장의 힘을 통제하는 일이 결코 다시는 없을 거라는 확신이 필요하다. 트럼프와 푸틴Vladimir Putin을 보면 이렇게 확신하기는 힘들다.

* * *

지구 생태계의 파괴를 통해서건, 핵무기 폭발을 통해서건 문명의 자살은 다른 모든 것이 사소하게 보일 만큼 심각한 일이다. 이 두 문제만으로도 모든 사람을 당장 사회주의자로 만들기에 충분하다. 이런 문제를 심각하게 생각하는 것은 우리 사회주의자들뿐이기 때문이다. 공화당은 이런 문제가 있다는 것조차 부정하고, 민주당은 때로 뭐라고 웅얼거리지만 그 문제의 긴급성을 느끼는 것 같지 않다. (여러분 중에는 CNN과 MSNBC 같은 우리의 '자유주의적' 뉴스 방송사들이 군축 정

°   그림자극, 인형극, 풍자극, 댄스, 팬터마임, 슬랩스틱 코미디 등을 통해 재기발랄하고 도전적이고 풍자적인 아방가르드를 자처하는 아티스트.

책과 기후 과학에 대해 얼마나 많은 시간을 할애하는데 그런 말을 하느냐고 반박하는 사람이 있을 것이다.)

그러나 오늘날 삶에는 핵무기와 환경 문제 외에도 합리적이고 남들을 생각하는 사람이라면 누구나 관심을 가질 만한 다른 문제가 많다. 미국은 국내총생산 세계 1위인데도 여전히 사람들에게 수많은 불필요한 고통을 겪게 하고 있다. 미국만큼 부유하진 못하지만 강력한 사회복지 제도를 갖춘 국가들은 국민을 잘 보살피는 반면, 넘칠 만큼 부유한 자들을 더 부유하게 만드는 데 열과 성을 다하는 미국은 이 부자 나라의 일부 지역 풍경을 거의 종말 이후처럼 보이게 만들었다. 차를 타고 디트로이트나 뉴버그Newburgh, 뉴욕 등을 지나가면서 한때 위대하던 도시가 형편없이 쇠락한 모습을 보라. 돈 있는 사람이 동료 인간들의 복지에 조금도 신경 쓰지 않는 체제가 어떤 결과를 초래하는지 볼 수 있다.

우리 시대의 핵심적 특징은 불평등이다. 사회주의자가 아닌 경제학자 래리 서머스조차 "세계의 부유한 엘리트들은 과거 어느 때보다 부유하고 더 긴밀히 연결되며, 동료 시민들과 더 분리되어 있고 더 강력하다"[13]고 말한다. 금융 위기 직후에 시티그룹이 발표한 보고서의 결론은 "오늘날 소수 금권정치가들이 경제를 상당 부분 삼켜버리는 가운데, 세계가 부자 경제와 나머지라는 두 블록으로 나뉘는 중"이라는 것이었다.[14]

사람들은 이 상황이 얼마나 엄청난 것인지 잘 알지 못한다. 하버드 경영대학원HBS에서 실시한 경험적 연구에 따르면, 미국인은 부자들이 얼마나 많이 가졌고 부자가 아닌 사람들이 얼마나 적게 가졌는지를 상당히 과소평가했다.[15] 그리고 미국인은 상당히 평등주의적인 분배를 이상적인 부의 분배로 생각했다.

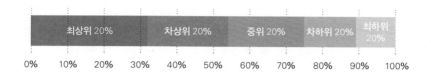

다음 질문은 실제 분배가 어느 정도로 이뤄진다고 생각하느냐는 것이었다. 그들이 답한 추정치를 평균 낸 결과는 다음과 같다.

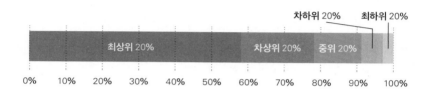

하지만 실제 분배 상황은 이보다 훨씬 극단적이다.

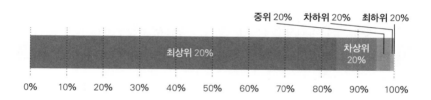

최하위 20퍼센트는 소유한 것이 거의 없다. 더 정확히 말하면 그들 중 많은 수가 0보다 적게 가졌다. 빚을 지고 있기 때문이다.

정책연구소IPS가 조사한 바에 따르면, 미국 최고 부자인 제프 베조스와 워런 버핏Warren Buffett, 빌 게이츠Bill Gates의 부가 현재 미국 총인구 중 하위 50퍼센트인 1억 6000만 명의 부를 모두 합친 것보다 많다.[16] 미국의 억만장자들의 재산은 해마다 약 13퍼센트씩 증가하는 반면,

1부 | 이 세상은 어딘가 잘못됐다

일반 노동자의 재산은 겨우 2퍼센트 정도씩 증가했다. 옥스팜에 따르면, 2017년 전 세계에서 생산된 부의 82퍼센트를 세계 최상위 1퍼센트가 차지한 반면 인류의 하위 50퍼센트에 속하는 37억 명이 차지한 건 하나도 없었다.[17] 미국에서 최상위 1퍼센트가 소유한 부는 전체 가구 중 하위 95퍼센트가 소유한 부를 합친 것보다 많으며, 최하위 3분의 1이 미국 전체 부에서 차지하는 비율은 거의 0퍼센트다.[18]

이런 부의 집중은 잘 실감이 나지 않는다. 내 친구 데이비드 애들러David Adler는 〈누가 불평등에 관심이 있다고?Who Cares About Inequality?〉라는 에세이에서 부의 집중을 실감하려면 1000만 달러가 얼마나 되는지 1만 달러로 환산해보면 좋을 거라고 썼다.[19] 액수가 너무 큰 돈은 도대체 얼마인지 감도 오지 않을 수 있다. 하지만 우리는 1만 달러가 어느 정도인지 알고, 중고차처럼 그 돈으로 무엇을 살 수 있는지 생각할 수 있다. 애들러는 먼저 10만 달러를 1만 달러로 바꿔 적어보라고 한다.

$10,000 $10,000 $10,000 $10,000 $10,000 $10,000 $10,000 $10,000 $10,000 $10,000

이제 100만 달러를 1만 달러로 바꿔 써보라.

$10,000 $10,000 $10,000 $10,000 $10,000 $10,000 $10,000 $10,000
$10,000 $10,000 $10,000 $10,000 $10,000 $10,000 $10,000 $10,000
$10,000 $10,000 $10,000 $10,000 $10,000 $10,000 $10,000 $10,000
$10,000 $10,000 $10,000 $10,000 $10,000 $10,000 $10,000 $10,000

$10,000 $10,000 $10,000 $10,000 $10,000 $10,000 $10,000 $10,000
$10,000 $10,000 $10,000 $10,000 $10,000 $10,000 $10,000 $10,000
$10,000 $10,000 $10,000 $10,000 $10,000 $10,000 $10,000 $10,000
$10,000 $10,000 $10,000 $10,000 $10,000 $10,000 $10,000 $10,000
$10,000 $10,000 $10,000 $10,000 $10,000 $10,000 $10,000 $10,000
$10,000 $10,000 $10,000 $10,000 $10,000 $10,000 $10,000 $10,000
$10,000 $10,000 $10,000 $10,000 $10,000 $10,000 $10,000 $10,000
$10,000 $10,000 $10,000 $10,000 $10,000 $10,000 $10,000 $10,000
$10,000 $10,000 $10,000 $10,000

그런 다음 데이비드는 1000만 달러를 1만 달러로 바꿔 적은 것을 보여준다. 이 책에서 보여주고 싶지만, 그 분량이 무려 4쪽이나 된다. 출판사는 종이를 그만큼 낭비할 수 없다며 내 제안을 딱 잘라 거절했다. 어쨌건 4쪽인데 겨우 1000만 달러에 지나지 않는다! 이제 1억 달러를 1만 달러로 나타내려면 다시 여기에 10배인 40쪽이 필요하다. 그렇게 해도 1억 달러는 10억 달러의 10분의 1에 불과하다. 그런데 억만장자들에게 10억 달러는 시작일 뿐이다! 데이비드가 말하듯이, 이런 환산 실험은 '강력한 실천'이다. "우리는 더 큰 돈을 1만 달러로 바꾸면 얼마나 되는지 써보면서 얼마나 많은 사람의 '선하고 품위 있는' 삶이 슈퍼리치들의 재산으로 흡수될 수 있는지 볼 수 있기 때문이다." 이 면을 복사해서 제프 베조스의 순 자산이 될 때까지 거실 바닥에 펼치고 쌓아보라. 그리고 그 위에 서서 왜 미국에서 재생 가능한 에너지 프로그램이 시행될 수 없는지 설명해보라. 하지만 "500만 달러를 1000만 달러로 만드는 사람들은 자신이 결코 충분한 돈을 번

1부 | 이 세상은 어딘가 잘못됐다

다고 생각하지 않는다".[20] 《파이낸셜타임스Financial Times》의 필자 크리스티아 프릴랜드Chrystia Freeland°가 부자들을 인터뷰하고 얻은 깨달음이다. 1퍼센트의 사람들은 0.01퍼센트의 사람들을 보면서 자신이 가진 게 없다고 느낀다. 이동통신 분야의 한 억만장자는 10억 달러는 직원들의 복리 후생비, 비행기와 보트 유지비를 충당하기 위해 필요한 '최소한'의 액수라고 말했다.[21]

아무리 가진 게 많은 사람도 항상 더 많은 것을 원할 수 있다. 노벨상을 받은 경제학자 앵거스 디턴Angus Deaton은 부자가 될수록 탐욕스러워진다는 걸 증명해 보였다.[22] 많은 돈은 인간을 더 탐욕스럽게 만들 뿐이라는 실험적 증거가 있다. 캘리포니아대학교University of California의 심리학자 폴 피프Paul Piff는 조사를 통해 돈을 많이 가질수록 자기중심적이 되고 주위 사람들의 행복에 관심을 덜 갖게 된다는 걸 증명했다.[23] 피프의 조사 팀은 부의 꼭대기에 있다는 사실이 특권 의식과 무관심을 초래하기 때문에, 고급 승용차를 모는 사람들은 보행자에게 길을 덜 양보하는 경향이 있다는 결론을 내리기도 했다.[24]

아마존: 우리의 봉건주의적 미래

제프 베조스의 순 자산은 1500억 달러다. 이는 아프가니스탄 국내총생산의 7배, 이스라엘과 홍콩 국내총생산의 약 절반에 해당한다.

° 캐나다의 언론인 출신 정치인. 외무부 장관과 부총리 등을 지냈고 2020년부터 재무부 장관을 맡고 있다.

베조스는 시애틀Seattle 거리에 바나나를 무료로 나눠주는 작은 매대를 설치했지만, 그렇다고 해서 특별히 인정 많은 억만장자로 알려지진 않았다.[25] 그는 버핏이 주도한 기부 서약에 서명하지 않았다. 오히려 자기 가족의 주거 공간으로 쓰기 위해 워싱턴 D.C.에 있는 2500제곱미터 규모의 섬유박물관을 최대 호화 주택으로 개조하는 데 돈을 쓰고 있다.[26] 그는 "내가 아는 한 이 정도로 많은 돈을 쓸 수 있는 길은 아마존에서 벌어들인 내 소득을 우주여행에 쓰는 것밖에 없다"[27]고 말했다. (제프, 정말이야? 그게 유일한 길이야?)

아마존은 저숙련 창고 노동자를 열악하게 처우하는 것으로 오랫동안 악명 높았다. 상품을 쌓아 올리는 사람과 포장하는 사람은 대개 11시간씩 교대 근무를 하고, 하루에 32킬로미터 이상 걷는다.[28] 그들은 초과근무에 시달릴 뿐만 아니라 필수 업무에 대한 보수를 받지 못하는 경우도 흔하다. 잠깐 화장실에 가는 것조차 철저히 감시를 당하고, 생산성이 낮은 노동자는 즉시 해고된다.[29]

아마존은 직원들에게 '너를 지켜보고 있다는 사실'을 늘 주지시키며 물품 창고에서 물건을 훔치다 걸리면 바로 해고된다고 섬뜩한 경고를 날린다. 이 회사는 작업 중에 물건을 훔치다 걸려서 해고된 노동자의 모습을 연이어 보여줄 목적으로 대형 스크린 모니터를 설치했고, 모니터는 '해고' 혹은 '체포'라는 글자와 함께 해고된 직원의 모습을 실루엣으로 보여준다.[30] 연방 대법원으로 간 사건에서 패소한 뒤, 노동자들은 의무적인 보안 검사를 받기 위해 대기하는 시간에 대해 돈을 받지 못하고 있다. 고커Gawker°는 여러 해 동안 아마존 물품

○   미국의 온라인 미디어 회사이자 블로그 네트워크.

창고 노동자들의 증언을 수집했다. 이들의 증언은 암담하고 우울하다. 한 노동자는 "아마존에서 일하는 지금만큼 내가 한 번 쓰고 버려질 수 있는 존재, 무의미한 존재라고 느껴본 적이 없다"고 말했다. 근무하는 동안 기절하는 사람을 많이 봤다는 다른 노동자는 "그들은 작업 라인에서 사람이 기절해도 신경 쓰지 않는다"고 말했다.[31] (실제로 2011년 여름에 물품 창고에서 너무 많은 사람이 더위에 쓰러지자, 아마존은 이송용 앰뷸런스를 대기시킨 적이 있다.[32])

탐사 전문 저널리스트 제임스 블러드워스James Bloodworth는 아마존 물류 창고에 위장 취업해 그곳의 실상을 기록했다.[33] 블러드워스는 그곳이 감옥 같았다면서 사람을 녹초로 만드는 가혹한 교대 근무라든가 화장실 이용 시간 감시 등의 소문이 사실이라고 말한다. 노동자가 휴대하는 기기는 작업 속도를 올리라는 경고를 계속 전달했고, 노동자의 작업 속도 순위를 알려줬다. 쉬는 시간은 최소한이었고, 점심시간에는 약 15분 만에 음식을 때려 넣어야 했다. 블러드워스는 점심 식사를 마치고 돌아왔을 때, 관리자 두세 명이 30초 늦게 들어온 사람에게 시계를 가리키는 시늉을 하면서 "오늘 점심시간이 늘어났나 보지?"라거나 "앉아서 수다나 떨라고 너희한테 돈을 주는 게 아냐"라고 고압적으로 소리 지르는 광경을 목격했다.

그곳은 그럴싸한 개소리 천지였다. 그곳은 창고가 아니라 '달성 센터'라고 불렸다. 노동자의 해고는 '석방'으로 표현됐다. (작업 환경이 감옥 같다는 점을 고려하면 정확한 표현일 수도 있다.) 그들은 노동자가 아니고 '협력자associate'라 불렸다. 블러드워스는 어느 날인가 한 관리자가 직원들에게 아마존은 "제프 베조스나 당신들이나 모두 협력자이므로 평등한 직장"이라고 말했다고 전한다. (일부 협력자는 나머지 협력자들보다 약 1500억 달러만큼 평등하다.) 행복한 직원들의 모습을 담은 포스터에는 '우리는 출근하는 것을 좋아하며 이곳에 없을 때 이곳을 그리워한다!' 같은 문구가 쓰여 있었다. 그러나 블러드워스가 인용한 아마존 창고 직원들에 대한 조사 결과에 따르면, 조사 대상자 가운데 91퍼센트는 아마존에서 일하는 것을 추천하지 않았고, 89퍼센트는 착취당한다고 느꼈으며, 71퍼센트는 하루 16킬로미터 이상 걷는다고 말했고, 78퍼센트는 쉬는 시간이 너무 짧다고 느꼈다. 노동자는 점수로 통제되고, 아파서 결근했든 아마존 출근 버스가 오지 않아 지각했든 벌점을 받았다. 벌점 6점을 받으면 누구든 해고된다. 미안하다, '석방된다'.

화이트칼라도 상황이 열악하기는 마찬가지다. 《뉴욕타임스》가 2015년에 실시한 조사에 따르면, 아마존 본사의 노동 환경은 비인간적이다.[34] 직원들은 가차 없는 경쟁 문화에 따라 부당한 자기희생을 요구받아 신체적 한계까지 내몰렸다. 이곳에서 일과 삶의 균형에 대한 의식은 거의 없고, 노동자는 강도 높은 심리적 압박 아래 "늦은 시간까지 고된 근무를 하고 부족한 점에 대해 혹평을 들었다". 한 직원은 "나와 함께 일한 직원 가운데 자기 책상에서 소리 지르지 않은 사람은 거의 없었다"고 말했다. (아마존은 《뉴욕타임스》의 조사가 오류투성이라고 강력 반박했다.) 《뉴욕타임스》가 조사 결과를 발표한 뒤, 아마존의 개혁을 압박하고 노동조합을 결성할 목적으로 '아마존전현직직원모임FACE'이라는 단체가 만들어졌다. 이 단체의 한 대의원은 내게 《뉴욕타임스》의 폭로 이후 인사관리에서 몇 가지 변화가 있었지만, "아마존은 여전히 아마존이고 직원들은 여전히 한계까지 내몰리고 있다"고 말했다.

아마존 창고가 21세기 자본주의의 상징이 된 데는 그만한 이유가 있다. 아마존 창고는 노동자에게 가해지는 생산성 증대 압박, 수당과 존엄 박탈, 노동자와 소유주의 권력 불균형 증가 등 몇 가지 일반적인 추세가 극단적으로 표현된 형태다. 아마존에서 우리는 기술적으로 더 발전된 일종의 봉건제와 유사한 미래의 황량한 모습을 볼 수 있다. 부는 권력이므로 꼭대기에 있는 소수의 슈퍼리치는 대다수 사람의 삶을 통제할 힘을 갖게 될 것이다.

이 말이 비현실적으로 들릴 수도 있겠지만, 아마존에서는 이미 현실이다. 아마존에서는 단순 노무직 노동자 수십만 명이 끊임없이 일해서 거둔 성과 수십억 달러가 한 사람의 수중으로 들어간다. 전체 경제를 보더라도 꼭대기와 바닥의 권력 불균형은 갈수록 심각해지고 있다. 지난해 미국 노동자 가운데 유급 휴가가 하루도 없었던 사람이 41퍼센트,[35] 유급 병가가 하루도 없었던 사람이 36퍼센트다.[36] 민간 부문 연금 50퍼센트가 사라지면서 연금이라는 단어는 농담이 됐다.[37] 유급 육아 휴가가 없다는 건 아이가 태어나자마자 어머니와 아버지가 직장으로 돌아가야 한다는 의미다. 그들이 신생아에게 가장 필요하고 함께 시간을 보내야 할 바로 그 순간에 말이다. 이렇듯 안전이 보장되지 않으면 사람들은 심리적으로 심각한 타격을 받는다. 휴가를 낼 수 없고 자녀와 시간을 보낼 수 없고 몸져누울 여유가 없으면, 나날의 삶은 더 불안과 긴장에 사로잡힌다.

밀레니얼 세대가 화난 이유

내 세대 사람들은 무력감과 좌절감에 휩싸여 있다. 우리는 애플을 비롯한 거대 기업의 시장가치가 1조 달러로 평가되는 것과 우리의 삶을 비교하면서, 열심히 일하는데 왜 우리에겐 '낙수 효과'가 거의 없는지 의아해한다. 밀레니얼 세대는 이전 세대보다 훨씬 적은 자녀를 두고, 미국의 출산율은 사상 최저치를 기록하고 있다.[38] 《뉴욕타임스》가 젊은이들에게 왜 자녀를 더 갖지 않는지 물었을 때, 1위부터 10위까지 답은 다음과 같았다.

- 아이 키우는 데 돈이 너무 많이 들어서
- 지금 있는 자녀들과 더 많은 시간을 보내려고
- 경제가 불안해서
- 아이를 더 가질 여력이 없어서
- 경제 불안정이 해소되기를 기다리느라
- 더 많은 여가를 원해서
- 유급 가족 간호 휴가가 충분하지 않아서
- 유급 가족 간호 휴가가 없어서
- 세계적인 불안정이 걱정돼서
- 일과 삶의 균형을 유지하기도 버거워서

어떤 공통점이 있는지 눈치챘을 것이다. 거의 다 경제적 요인과 관련 있다. 사람들은 일을 너무 많이 해야 하고, 아이를 가질 시간이나 돈이 없다. 이는 밀레니얼 세대가 아이를 원하지 않는 게 아님을 말해준다. 그들은 아이를 갖는 데 관심이 있지만, 그들과 양육 사이에 물질적 장애물이 있다. 이는 비극이다. 많은 젊은이가 이 세상에 새 생명을 가져오고 다음 세대를 돌보고 교육하는 데 시간을 쓰고 싶지만, 그럴 수 없다. 사람들은 놀라운 경험 가운데 하나인 부모가 되는 경험을 놓치고 있다. 이 나라의 막대한 부를 나눠 가질 수 없다는 한 가지 이유로 말이다.

밀레니얼 세대의 재정 상황은 대체로 끔찍한 수준이다. 소비자금융조사scf를 바탕으로 실시한 연구는 "같은 연령대별로 비교했을 때 밀레니얼 세대는 그들의 부모보다 소득이 적고, 집을 소유할 가능성이 낮으며… 순 자산도 적다"고 주장했다.[39] 베이비 부머 세대는 밀레니얼 세대에 비해 자산이 폭발적으로 늘고 있는데, 청년에 대한 정부 지출(이를테면 한시적 빈곤 가정 지원Temporary Assistance for Needy Families) 비율은 노인에 대한 정부 지출 비율보다 오히려 줄었다.

그러니 10대 사이에 우울증이 큰 폭으로 늘어나는 건 놀랄 일이 아니다. 실제로 여러 연구에 따르면, 지금 청년들은 이전 세대보다 불안하고 비관적이다. 맬컴 해리스Malcolm Harris는 《밀레니얼 선언Kids These Days》에서 청년들은 이전 세대에 비해 '더 높은 불안, 불만, 불안정성'을 보인다고 했다.[40] 해리스가 묘사하는 밀레니얼 세대의 삶은 암담하다. 우리는 더 생산적이 됐지만 그 혜택을 보지 못하고, 청년들은 점점 더 스트레스 받고 지치고 빈털터리로 만드는 치열한 경쟁에 내몰리고 있다. 해리스에 따르면, "평균 노동생산성의 증가, 경영합리화, 노동비용 하락 압력, 대량 투옥, 높은 경쟁률이 성공과 실패 사이에서 안절부절못하는 애들 세대를 낳았다".

경제가 더 경쟁적으로 변하면서 아이들의 양육 방식에도 영향을 미치고 있다. 많은 아이가 어릴 때부터 취업 경쟁을 위한 준비 훈련을 받는다. 해리스는 한 학교에서 보낸 편지를 인용한다. 그 편지는 유치원에서 해마다 공연하는 연극이 취소된 이유가 아이들이 연습하는 데 이틀씩이나 낭비할 수 없었기 때문이라고 밝히고 있다. 이곳은 "아이들이 대학에 진학하고 평생 쓸 수 있는 전문 능력이 필요한 직업에 종사하도록 준비시킬 책임이 있고, 변하는 세계의 요구에 맞춰 무엇을 어떻게 가르칠지 바꿔가는 중이기 때문"이라는 것이다. 이는 무엇보다 중상류층에게 맞는 말이다. 아이들이 시간을 어떻게 보내도록 할지는 이제 잠재적인 고용주에게 아이들을 매력적인 존재로 보이게 할 지식과 기술, 성격을 길러주려는 목적, 한마디로 그들의 '인적 자본'을 발전시키려는 목적에 따라 결정된다. 해리스가 인용한 편지를 보낸 학교는 '유치원에서 직업까지' 일관된 교육을 추구한다고 자랑한다. 그리고 모든 여가에는 '기회비용'이 따르기 때문에, 아이들은 엄청난 숙제를 해야 하고 자연히 휴식 시간을 가질 수 없다. 어떤 사람들은 학기 중에는 대학에 가기 위해 열심히 공부하던 학생들이 여름방학에 풀어지기 때문에 방학을 없애야 한다고 주장한다. 경쟁 우위를 점하기 위한 전투가 갈수록 치열해지는 가운데 아이들과 가족을 갈등으로 몰아넣는 경쟁에 모두가 골몰하고 있다. 학교 공부가 학생에게 충분한 잠재력을 실현할 인간을 길러내는 기술보다 고용주가 원하는 기술을 제공하는 방향을 지향할수록, 교육은 점점 더 무보수 직업훈련 같은 것이 된다. 즉 교육은 아동노동이 된다.

대학은 사회적 성공으로 가는 길을 지키는 문지기로, 청년들이 안정된 직업을 갖게 될지 결정한다. 해리스는 "대학 입학은 욕망의 실현을 결정하는 보스"라고 말한다. 부자는 이 경쟁에서 유리하다. 그들은 입학사정관에게 좋은 인상을 주기 위해 어떤 춤을 춰야 할지 안다. 노동계급 출신 학생은 대학에 다니면서 일해야 하고, 자연히 학점을 받는 데 불리할 것이다. 그들은 밤늦도록 일해야 할 수도 있다. 위스콘신대학교University of Wisconsin에 다니는 학생 가운데 4분의 1이 밤 10시부터 오전 8시 사이에 돈 버는 일을 했다. 입사 원서 더미 맨 위로 올라가기 위해서는 갈수록 많은 노력이 필요하다. 학사 학위를 요구하던 직업이 이제 석사 학위가 필요하고, 석사 학위면 충분하던 직업이 이제 박사 학위가 필요하다는 이야기는 누구나 한번쯤 들어봤을 것이다.

내 또래 젊은이들이 〈미국의 성생활을 망치는 밀레니얼 세대〉 같은 기사 제목을 보면서 불쾌해하는 건 이상한 일이 아니다. 젊은이들이 왜 섹스를 덜 하고 아이 갖기를 미루는지 잘 생각해보라.[41] 그 이유 중 하나는 그들이 하나같이 걱정과 스트레스에 시달리고, 부모 세대처럼 만족스럽고 편안한 삶을 누릴 수 있는 시간도 돈도 없기 때문이다. 젊은이들의 불평에 전혀 공감하지 않는다는 조 바이든Joe Biden의 말에 그들이 하나같이 불만을 터뜨리는 이유다. 바이든은 살기 힘들다고 생각하는 밀레니얼 세대를 향해 "자신에게 쉴 시간을 주라"고 말했다.[42] 사람들이 바이든에게 1965년 델라웨어대학교University of Delaware를 졸업할 때 학자금 대출이 얼마나 있었으며, 그 빚을 다 갚는 데 얼마나 걸렸느냐고 묻는 건 당연하다.

바이든처럼 현실감각을 상실한 견해는 인터넷 밈 '옛날 경제의 최고봉 스티븐Old Economy Steven'에서 놀림거리가 되고 있다. 이 밈에서는 1970년대 옷차림을 한 블루칼라가 계속 변화하는 경제 현실에 분노하는 밀레니얼 세대에게 냉소적인 말을 던진다. 그중 일부를 보자.

- "내가 대학 다닐 때는 여름 한 철 일하면 등록금을 마련할 수 있었어." "등록금은 400달러였지."
- "직장을 잃었어." "하지만 집으로 가는 중에 다른 일을 구했지."
- "그는 20대에 학사 학위가 없어도 정규직으로 취업해 집을 샀어." "요즘 애들은 참 편하게 살아."

밈이 민주당 부통령보다 젊은이들의 경제생활을 잘 안다는 건 주목할 만한 일이다. 바로 여기에 30세 이하 젊은이들이 주류 민주당 정치에 실망한 나머지 좌파로 기우는 이유를 이해할 중요한 단서가 있다. 나는 내 세대의 멋지고 훌륭한 젊은이들이 우울증과 빚에 시달리는 것을 봐왔다.

노예 계약 아래 삶

빚은 현대 미국 생활의 본질적 특징 중 하나다. 2019년 미국의 총 가구 부채는 13조 6700억 달러였다.[43] 이 가운데 1조 4900억 달러가 4400만 명이 학자금으로 대출한 것이다. 이들은 졸업할 때 거의 평균 3만 달러씩 빚이 있는 셈이다.[44]

많은 경제학자가 빚은 좋거나 중립적인 것이라고 생각한다. 돈을 빌리면 그동안 못 하던 것을 할 수 있기 때문에, 빚은 빌려주는 사람과 빌리는 사람 모두에게 좋은 일이라는 것이다. 경제학자 베스 에이커스Beth Akers 와 매튜 칭고스Matthew M. Chingos 는 《융자의 게임Game of Loans》에서 대다수 학생은 학자금 대출 덕분에 대학에 다닐 수 있고 어떤 식으로든 결국 대출금을 다 갚는다는 점을 고려할 때, 그동안 학생들의 빚 문제가 과장돼왔다고 주장한다.[45]

그러나 빚진 사람의 현실은 문서상의 빚과 다르다. 빚이 있는 사람은 심각한 심리적 영향을 받는다. 렌딩트리LendingTree°가 실시한 설문 조사에서 대다수 채무자는 학자금 대출에 따른 걱정 때문에 살기 힘들고, 두통에 시달리기도 한다고 말했다.[46] 날마다 이자가 붙는 빚이 10만 달러 있으면 누구나 지치고 절망할 수밖에 없다. 나는 학자금 대출이자로 매달 800달러를 지불한 적이 있다. 나뿐만 아니다. 학자금 대출 상한선은 이제 10만 달러가 아니다. 《월스트리트저널》이 2018년 5월에 발표한 바에 따르면, 미국에 갚지 못한 학자금 대출이 100만 달러에 이르는 사람이 100명이다. 《월스트리트저널》은 학자금 대출 106만 945.42달러가 있어 이자를 내기도 버거운 37세 치아 교정사의 사연을 소개했다.[47] 그의 빚은 언젠가 두 배로 늘어날 것이다.

《마더존스Mother Jones》°°는 실패한 연방 대출 탕감 프로그램에 대해 쓰면서 학자금 대출을 받은 학생들의 교육적 배경과 재정 상태를 몇 가지 사례로 제시했다. 이는 많은 사람의 상황이 얼마나 극한에 다다랐는지 보여준다.

- 뉴멕시코대학교University of New Mexico 2006년 학사 학위, 미네소타대학교University of Minnesota 2008년 석사 학위. 졸업생이 갚아야 할 대출금은 7만 달러다. 매달 평균 410달러씩 갚고 있다. 갚아

○   미국 최대 온라인 대출 기업.
○○ 정치 · 환경 · 인권 · 건강 · 문화 관련 뉴스와 논평, 조사 보도에 중점을 둔 미국의 진보적인 비영리 잡지.

야 할 7만 달러가 그대로 남아 있다.

- 게티즈버그대학Gettysburg College 2005년 학사 학위, 디트로이트 머시대학교University of Detroit Mercy 2009년 법학 박사. 졸업생이 갚아야 할 대출금은 13만 9000달러다. 지금까지 5만 8000달러를 갚았다. 매달 평균 640달러씩 갚고 있다. 아직 16만 1000달러를 갚아야 한다.

- 유타대학교University of Utah 2004년 학사 학위, 덴버대학교University of Denver 2012년 법학 박사. 졸업생이 갚아야 할 대출금은 34만 1000달러다. 지금까지 3만 5000달러를 갚았다. 매달 평균 530달러씩 갚고 있다. 아직 41만 달러가 남았다.[48]

대출금이 가장 많은 사람이 반드시 가장 불공정한 처지에 있는 사람은 아니다. 대출이 없는 대다수 사람도 1만 달러 미만의 빚이 있다. 그들은 대부분 노동계급 출신 학생으로, 영리를 위해 거의 아무짝에도 쓸모없는 학위를 주는 대가로 돈만 내면 입학시키는 대학에 간다. 이런 대학들은 쉬쉬하는 대상이다. 이런 대학들은 거창한 홍보로 등록을 유도한 다음, 사실상 진로에 아무런 쓸모도 없는 학위를 주는 대가로 학생들에게 빚을 잔뜩 안겨준다. (벳시 디보스Betsy DeVos가 이끄는 교육부가 이런 대학들이 거짓 약속으로 어린 학생들을 기만하기 쉽게 만드는 건 놀랄 일이 아니다.[49])

학자금 대출에는 인종적·성별적 요소도 작용한다. 학자금 대출 가운데 3분의 2는 여성이 차지하고, 흑인 여성의 학자금 대출 총액은 어느 집단보다 많다.[50] 이는 여성이 더 가치 있는 학위를 받아서가 아니라, 대학에 다닐 돈이 부족하기 때문이다. 학자금 대출은 매우 부당한 제도다. 부자 부모에게서 태어나지 못한 사람이 받는 벌이기 때문이다. 학자금 대출은 비정상적이고 부도덕하다. 당신이 살아가면서 자기 힘으로 배울 수 없게 만들기 때문이다. 당신은 취업도 아니고 노동력을 약간 향상하는 데 필요한 자격을 확보하기 위해 수십 년짜리 노예 계약서에 서명해야 한다.

미국은 채무자의 나라다. 미국인 80퍼센트가 현재 어떤 형태로든 빚이 있고, 가구당 평균 채무는 날마다 늘어난다.[51] 채무가 실제로 사람들의 삶에 끼치는 손해는 수치로 표현할 수 없다. 얼마나 많은 부부가 경제적 어려움 때문에 언쟁을 벌이는가? 학자금 대출이 만기가 되면 차를 몰 수 없게 될 일이 걱정돼 잠 못 이루는 밤이 얼마나 많은가? 자신이 가진 게 모두 빚내서 얻은 것이고, 12년 혹은 그 이상 동안 이런 상황에서 벗어날 수 없다는 걸 아는 기분은 어떨까? 수많은 사람이 이렇게 느끼는 나라가 있다는 건 무엇을 의미하는가? 너무나 많은 사람이 이런 영구적 노예 계약 아래 살고, 우리는 이 상황을 당연하고 불가피한 것으로 받아들인다.

그 밖의 문제들

이제부터 다룰 문제는 "로빈슨은 누구나 아는 문제를 지루하게 나열하면서 흔한 불평을 늘어놓는다"는 비판을 받을지 모르지만, 나로선 다루지 않을 수 없다. 상황이 요구하기 때문이다! 상황이 요구하는 것을 받아들이지 않으면 나는 나일 수 없다. 우리 좌파주의자들이 불평꾼인 것은 맞다. 하지만 심각한 문제들이 너무 오랫동안 진지하게 다뤄지지 않은 것 또한 사실이다. 인류가 환경 파괴와 봉건적 불평등의 위험으로 나아가는 오늘날, 누군가는 시끄럽게 떠들어대는 편이 낫다.

인종

인종차별주의자로 불리고 싶은 사람은 아무도 없지만, 현실을 직시하는 사람이라면 누구라도 미국이 대단히 인종차별적인 나라라는 사실을 인정해야 한다. 왜 그래야 하는가? 단지 어떤 인종으로 태어난다는 사실만으로 인생의 기회에서 상당한 차이가 생기는 나라이기 때문이다. 미국에 사는 흑인만으로 나라를 만들어 통계를 내보면 유아사망률이 멕시코와 리비아를 비롯한 많은 개발도상국보다 높을 것이다.[52] 여러분은 인종과 투옥에 관한 끔찍한 통계를 잘 알 것이다. 지금의 사법제도 아래 감옥에 있는 흑인이 1850년 미국의 흑인 노예보다 두 배 많다.[53] 몇 년 전에 조사한 바에 따르면, 흑인 세 명 중 한 명이 평생을 감옥에서 지낸다.[54] 디트로이트, 뉴올리언스, 세인트루이스Saint Louis, 볼티모어Baltimore처럼 주민이 대부분 아프리카계 미국인인 도시는 수준 낮은 건강지표, 활력을 잃은 경제, 낙후된 인프라를 보인다.

부에 관한 통계는 단순한 충격 이상이다. 백인 가족의 부가 100달러라면, 아프리카계 미국인 가족의 부는 평균 5달러에 지나지 않는다. 평균적인 아프리카계 미국인 가족이 오늘날 평균적인 백인 가족이 가진 만큼 부를 축적하려면 무려 228년이 걸린다.[55] 보스턴의 아프리카계 미국인 가족의 재산은 평균 약 8달러인 반면(놀랐는가? 사실이다), 백인 가족의 재산은 평균 약 20만 달러다.[56] 백인은 대개 자기집이 있지만, 흑인은 그렇지 못하다. (평균만 보면 오해하기 쉽다. 맷 브

1부 | 이 세상은 어딘가 잘못됐다

루닉Matt Bruenig은 수치를 더 파고들면 흑인의 부가 대부분 최상층에 집중돼서 실제 인종 간 재산 차이가 통상적인 통계치보다 훨씬 크다는 걸 알 수 있다고 주장했다.[57]

이런 부의 격차는 노예제도의 직접적인 결과다. 노예제도는 미국이 세워진 이래 지금까지 존재해왔기 때문이다. 많은 사람이 오늘날 아프리카계 미국인의 삶을 결정하는 데 역사상 인종차별주의가 중요한 역할을 했다는 사실을 무시한다. 현재 미국에서 재산의 약 60퍼센트는 상속받은 것이고,[58] 노예제도는 사람들이 생각하는 것보다 훨씬 근래의 일이었다. (과거에 노예였던 사람을 어린 시절에 본 적이 있는 사람이 지금도 살아 있다.) 물려받는 것은 단지 금전적 부만이 아니다. 성공적인 삶에 도움을 주는 연줄과 내부자만 아는 사회적 · 문화적 자본도 물려받는다.

버니 샌더스는 다음과 같이 선언했다.

> 오늘날 인종 간 부의 차이가 존재하는 것은 노예제도, 인종 분리, 짐 크로 법, 약탈적 대출 등이 아프리카계 미국인에게서 부를 훔쳤기 때문이다. 인종 간 부의 격차를 바로잡고, 인종차별적인 제도를 뿌리 뽑아야 한다.[59]

인종과 관련해 매우 좋은 소식이 있다. 최근 몇 년간 흑인과 백인의 기대 수명 격차가 줄어 비슷한 수준이 됐다.[60] (안 좋은 소식은 이렇듯 격차가 줄어든 까닭이 오피오이드° 사용과 약물 남용이 증가해 백인의 수

° 암이나 급성 통증 등 극심한 통증을 겪는 환자를 치료할 때 사용하는 마약성 진통제.

명이 짧아졌기 때문이라는 것이다.) 흑인이나 히스패닉계로 태어나도 백인과 동등하게 살 기회가 주어질 때까지, 모든 사람이 인종차별에 반대하는 정치에 매진해야 한다. 사람들은 인종차별주의가 '혐오'와 관련이 있기 때문에 유색인종을 혐오하지 않으면 인종차별주의자가 아니라고 생각하는 경향이 있다. 여러분은 "나는 결단코 인종차별주의자가 아니다"라는 말을 종종 들었을 것이다. 그러나 인종차별주의는 혐오보다 무관심이나 편견과 관련이 있다. 즉 인종차별주의는 자신과 같은 인종을 무의식적으로 선호하고, 그들의 이익을 우선시하고, 자신의 행동이 다른 인종에게 어떤 영향을 미치는지 신경 쓰지 않는 것과 관련이 있다. 이런 점에서 백인은 여전히 몹시 인종차별적이다. 그들은 흑인 아이들이 열악한 학교에 다니고 흑인 엄마들이 분만 중에 죽을 확률이 더 높고, 거대한 역사적 불공정이 인종 간에 부를 불평등하게 분배했다는 사실에 신경 쓰지 않는다.

섹스와 젠더

나는 남자로 살기 힘들다는 불평을 무시하지 않는다. 나도 남자고, 나도 살기 힘들다. 출생, 성장, 욕망, 감정, 죽음 등은 모든 인간에게 보편적이지만, 남자에게는 전립선 문제나 군 복무처럼 남자만 직면하는 문제가 있다.

그러나 지금 같은 '미투' 시대에 남성보다 여성에게 영향을 미치는 젠더 기반 피해가 있다는 사실을 부정할 사람은 아무도 없을 것이다. 남녀의 임금격차는 여전히 큰 게 현실이고, 여성의 모든 경험에는 남성은 결코 견딜 필요도 없고 그 존재조차 알지 못하는 중요한 짐이 수반된다.[61] 의심스러우면 《일상 속의 성차별Everyday Sexism》 같은 책을 읽어보라. 이 책은 젠더가 사람들의 체험에 원치 않는 결과를 가져온 숱한 사례를 연대순으로 기록한다.[62] 여성과 젠더 비순응적인 사람은 일상적으로 괴롭힘 당하고 위협받을 뿐만 아니라, 무시되고 비하되고 배제된다. 여성 참정권이 실현된 지 100년이 넘었지만, 정부에서 동등한 남녀 대표성이 실현되기까지는 아직 갈 길이 멀다. 젠더 불균형을 바로잡는 것 이상을 실현한 분야도 있지만(예를 들어 심리학부에서는 남녀 비율이 1 대 3 이상인 경우가 흔하다),[63] 여성은 남성에 비해 여전히 높은 빈곤과 낮은 순자산을 기록하고 있다. 젠더에 따른 기대에 도전하거나 불가능한 미적 기준을 충족하지 못하는 여성을 비하하는 성차별 문화는 말할 것도 없고, 학자금 대출에서 가정 내 폭력까지 모든 것이 여성에게 불리하다.

지금까지 이야기한 젠더 불평등은 빙산의 일각일 뿐이다. 트랜스젠더는 훨씬 더 심하다. 트랜스젠더는 노숙하거나 따돌림 당하거나 자살하는 비율이 엄청나게 높다. 지금 사회를 보고 젠더 평등이 달성됐다고 말할 사람은 아무도 없으며, 페미니스트가 아닌 사람은 결코 사회주의자가 아니다.

군국주의

미국은 스스로 이 세계의 선을 지키는 존재라고 생각하기를 좋아한다. 그러나 지난 반세기에 걸친 우리의 기록을 살펴보면 부끄럽기 짝이 없다. 미국은 세계 최대 무기 판매국으로, 사우디아라비아 같은 지극히 부도덕한 독재 정권에게 무기를 판매한다. 미국은 민주적으로 선출된 지도자를 권좌에서 끌어내리고, 인도네시아 정부의 공산주의자 대량 학살부터 사우디아라비아의 예멘 폭격에 이르기까지 부당한 폭력 행위를 지지해왔다. 베트남전쟁에서는 베트남인 수백만 명이 살해됐고, 이라크 전쟁에서는 이라크인 50만 명이 죽음을 당했다.[64] 중앙아메리카는 미국이 개입하는 바람에 수십 년 동안 항구적인 불안정을 면치 못했다.[65] 우리는 우리에 대한 보복으로 이어지는 지정학적 결과를 초래하는 과정에서 우리가 했던 역할을 잊고 싶어 한다. 북한의 반미주의는 미국이 1950년대에 이 나라의 수도를 90퍼센트나 파괴한 것과 관련 있으며,[66] 지금도 테헤란Teheran에서 "미국에 죽음을"이라는 외침이 들리는 것은 미국이 1953년에 민주적으로 선출된 이란 정부를 전복하고[67] 독재자를 지지한 것과 관련 있다. 미국은 상대를 가리지 않고 자국의 이익을 추구하는 군사 제국을 건설했으며, 다른 나라에 어떤 결과를 초래하든 하고 싶은 대로 한다.

이민

미국 불법체류자 수용 센터에는 언제든 약 4만 명이 있다.[68] 이들 가운데 허락받지 않은 나라에 불법적으로 발을 들였다는 점을 제외하고 범죄를 저지른 사람은 거의 없다. 불법 이민자의 자녀를 부모에게서 잔인하게 떼어놓은 트럼프 행정부의 조치는 질타당하지만, 국외 추방 제도는 지금도 가족을 장기간 생이별시키고 있다. 이민세관집행국ICE이 부모를 체포해 그들의 '나라'로 돌려보낼 때마다, 가족은 생이별하게 된다. 오바마 행정부는 불법 이민자 수십만 명을 추방했는데,[69] 이는 국가가 그들의 삶을 혼돈으로 몰아넣었다는 의미다. '불법 이민자'는 그저 살기 위해 안간힘을 쓰는 보통 사람일 뿐인데도 무장 요원에게 체포돼서 국외로 추방된다. 미국 역사의 많은 기간 동안은 이렇지 않았다. 그때는 미국으로 향하는 배에 올라타서 질병 검사를 받으면 온 가족이 미국 시민이 될 수 있었다. 합법과 불법을 엄격히 구분하기 시작한 것은 최근이다(이민세관집행국은 2003년에 생겼다). 미국은 평범한 사람들이 신분증을 제출하라는 요구를 받을까 늘 불안해하는 체제를 만들었는데, 그 체제가 얼마나 권위주의적인지 아무도 모르는 것 같다.

동물

자신에게 솔직한 사람이라면 누구나 동물을 대량으로 도살하고 먹는 일이 심도 있고 불편한 도덕적 문제를 제기한다는 사실을 안다. 동물은 고통과 감정을 느끼고, 욕구와 즐거움을 가질 수 있다. 우리는 개를 학대하거나 죽이는 사람을 보면 몸서리치면서도 지능과 예민함을 갖춘 동물 수천억 마리를 대량 살육하는 현실은 받아들인다. 좌파 또한 동물의 권리 문제를 무시하는 경우가 많지만, 죽음과 고통의 크기로 볼 때 공장식 사육은 분명 우리 시대의 중요한 도덕적 문제 가운데 하나다.[70]

만연한 절망과 체념

미국에서는 해마다 4만 7000건이 넘는 자살 사건이 발생한다. 자살 건수는 계속 증가하고 있다. 경제학자 앤 케이스Anne Case와 앵거스 디턴은 미국에서 자살이 만연하는 현상이 암담하고 불평등한 사회적·경제적 상황과 직접 관련된다고 주장했다. 그들은 "사람들을 자살로 몰아가는 요인은 정신생활과 사회생활의 실패"라며 "인구의 3분의 1 남짓한 엘리트만 좋은 삶이 가능하다면 우리는 정말 문제가 있다"[71]고 말했다.

자살이 만연하는 현상의 경제적 뿌리는 명백하다. 진 스프라그Gene Sprague가 생을 마감하기 전 며칠 동안 어떤 상태에 있었는지 생각해보라. 다정다감한 34세 펑크 로커인 스프라그는 어릴 때 어머니가 세상을 뜬 이후 줄곧 심각한 우울증에 시달렸다. 그는 오랜 기간 자살에 관한 이야기를 했고, 아침 식사로 무엇을 먹겠느냐는 말에 '죽음'이라고 대답하곤 했다. 그의 자살은 대단히 놀라운 일이 아니었다. 그러나 스프라그가 금문교Golden Gate Bridge에서 뛰어내리기 전, 블로그에 마지막으로 올린 글을 보라.

> 미래의 고용주한테서는 아무런 소식도 없다. 면접하러 갈 텍사스행 비행기 표도 받지 못했다(출발 날짜가 내일인데). 돈은 다 떨어졌고 담배도 바닥났다. 음식도 없다. 내가 올린 이베이 경매에는 입찰자가 나서지 않고, 내가 기르는 페럿은 죽어가는 것 같다.[72]

스프라그는 오랜 세월 자살 충동에 사로잡혀 있었다. 그러나 그가 자살을 실행한 것은 물질적 상황이 견딜 수 없게 된 순간, 소소한 불행이 쌓여 퍼펙트 스톰°이 된 순간이었다. 케이스와 디턴은 이를 '누진적 고통'이라고 부른다. 가난한 사람들의 정신 건강은 계속 약해지는데 보살핌을 받을 가능성은 최저 수준이다. 재정 상태가 나빠질수록 고통은 가중된다.

최근 '절망으로 인한 죽음'에 대한 관심이 증가하고 있다. 미국은 오랜 기간 발전해왔지만, 미국인의 기대 수명은 전반적으로 하락하

° 개별적으로는 위험하지 않지만 함께 발생하면 처참한 결과를 초래하는 사건들의 조합.

고 있다. 이렇게 된 데는 마약 남용에 따른 죽음이 폭발적으로 증가하고, 자살과 알코올중독이 늘어난 영향도 있다. 이런 죽음이 한 해에 7만 건에 달한다.[73] 이는 베트남전쟁에서 죽은 미국인보다 많은 수치다. 게다가 이 많은 죽음이 해마다 발생한다.

기대 수명의 변화가 보여주는 혼란스러운 특징 가운데 하나는 그

기대 수명 불평등의 확대

해당 연도 이전 10년 동안의 소득을 5분위로 구분했을 때 해당 연도에 50세인 사람들의 기대 수명.

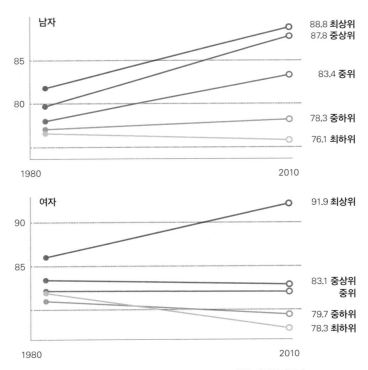

출처: 세계경제포럼World Economic Forum
https://www.weforum.org/agenda/2015/09/how-income-affects-life-expectancy/

런 변화가 소득수준에 따라 상당한 차이를 보인다는 점이다. 가난한 사람의 수명은 점점 짧아지고 부유한 사람의 수명은 점점 길어진다. 최상층과 최하층의 평균수명이 거의 15년 차이가 난다. 이는 현존하는 심각한 불평등 가운데 하나로 보인다. 부가 안락함의 수준뿐만 아니라 말 그대로 지상에서 보내는 시간까지 결정한다는 건 매우 기이해 보인다. 부르주아가 프롤레타리아트보다 20~30년 더 사는 때가 올까? 지금 추세가 이어진다면 그런 때가 올 것이다.

모든 면을 고려할 때, 세상은 안전하지 않다. 극단적인 가난이 줄고 경제는 성장하고 있을지 몰라도, 수많은 사람이 삶을 즐길 시간조차 없이 빚에서 벗어나는 데 평생을 바친다. 도시연구소Urban Institute 가 조사한 바에 따르면, "지난해 미국 전체 가구의 40퍼센트는 음식, 건강, 주거, 공공요금 같은 기본적 필요를 충족하기에 급급했다".[74] 기본적인 영양 섭취와 임대료 중 어디에 돈을 써야 할지 선택해야 하는 사람이 수백만 명이다.[75] 해마다 자살하는 사람이 버몬트주 벌링턴의 전체 인구보다 많다. 해마다 주민이 4만 5000명인 마을 하나가 사라지는 셈이다.[76] 기업 수익은 급증하지만, 많은 사람의 임금은 물가 상승률을 간신히 따라잡는 수준이고 주거와 건강, 대학 교육 등 기본적인 것을 유지하는 데 어느 때보다 많은 비용이 든다. 해마다 수만 명이 의료비 때문에 파산하고, 대졸자들이 1조 달러에 이르는 학자금 대출을 갚느라 부모가 되는 일을 미룰 뿐만 아니라 때로는 부모 집으로 되돌아간다.

이런 이야기는 그만하겠다. 물론 계속할 수 있지만, 비판의 목소리가 들리는 듯하다. "로빈슨은 우리에게 좌절감 대신 도움을 줄 거라고 생각하고 불만을 끝없이 늘어놓는데, 사실 그런 이야기는 누구나 알고 있다."

잠시 숨을 고르고, 해마의 위풍당당한 모
습을 다시 한 번 감상해보자. 이 놀라운 동
물의 그림이 여러분에게 신자유주의라는
단어가 반복해서 등장하는 다음 대목을 끝
까지 읽을 용기와 불굴의 정신을 갖게 하는
데 도움이 되기를.

* * *

이제 신자유주의에 대해 이야기할 차례다. 미안하다. 말하기 싫지
만 하지 않을 수 없다.

신자유주의란 무엇인가?

나는 이 단어를 싫어한다. 정말로 싫어한다. 첫째, 이 단어는 실상
과 맞지 않는다. 노암 촘스키Noam Chomsky가 지적했듯이 신자유주의라
고 불리는 현상은 새롭지도, 자유주의적이지도 않다. 둘째, 이 단어는
뭔가 있어 보이는 학술적인 말처럼 들리면서 태양 아래 있는 모든 것
에 쓰일 수 있다. 즉 이 단어는 까딱하면 아무 데나 적용할 만능어가
될 수 있다. 토르티야가 떨어졌는가? 염병할 신자유주의. 지하철이
연착했는가? 빌어먹을 신자유주의. (대중교통 인프라의 문제는 신자유주
의와 직결되지만, 그냥 넘어가자.)

이런 경향을 적절하게 기술하는 단어가 신자유주의 말고는 없다.
신자유주의는 1980년대 이래 정치 엘리트 사이에서 통념이 된 일
련의 생각을 가리킨다. 특히 '자유 시장'이 최고이고 자본주의는 자

유 시장이 원하는 것은 거의 뭐든 하도록 자유롭게 돼야 한다는 믿음을 가리킨다. 이는 한때 극우 세력의 견해였다(이들의 견해에 따르면 아이젠하워Dwight Eisenhower도 엥겔스Friedrich Engels처럼 보인다). 그러나 1980~1990년대에 이런 믿음은 모든 것에 대한 탈규제와 민영화에 동의한 '워싱턴 합의'가 됐다. 클린턴의 미국 민주당이라든가 블레어의 영국 노동당 같은 '자유주의적' 정당조차 자유 시장 의제를 받아들였고, '새로운 민주당'과 '새로운 노동당'을 자처했다. 클린턴과 오바마 대통령의 자문을 맡은 래리 서머스는 "정직한 민주당원이라면 이제 우리가 모두 프리드먼주의자임을 인정할 것"[77]이라고 말했다. 양당이 정부의 우편 업무 제공에 분개할 만큼 급진적인 자유 시장 경제학자 밀턴 프리드먼Milton Friedman의 사상을 받아들였다는 뜻이다.[78] 집단적 소유와 자본가에게서 노동자로 권력 재분배라는 옛 노동당의 원칙은 사라졌다. 정부가 할 일은 시장이 원활히 작동하도록 하는 것뿐이었다.[79] 《가디언The Guardian》의 스티븐 멧칼프Stephen Metcalf는 이를 '세계를 삼켜버린 견해'[80]라고 했다.

웬디 브라운Wendy Brown은 《민주주의 살해하기Undoing the Demos》에서 '신자유주의적 합리성'이 받아들여지면서 세계 정치가 크게 바뀌었다고 말한다.[81] 신자유주의적 합리성은 정부를 기업처럼 운영해야 한다는 발상으로, 이는 모든 것에는 값이 있으므로 값에 따라 판단해야 한다는 말이다. 정책 결정자가 이런 식으로 생각해 모든 것을 수량화하고 투자 대가를 극대화하려고 하면 통치 방식이 달라질 수밖에 없다. 예를 들어 공립학교가 '부정적 자산'이라면 폐쇄하는 식이다. 브라운은 다음과 같이 말한다.

1부 | 이 세상은 어딘가 잘못됐다

(민주적 주민은) 인적 자본의 쪼가리들로 해체된다. 정의에 대한 관심은 성장률, 신용 등급, 투자 분위기 등의 명령에 굴복한다. 자유는 인적 자본 평가의 명령에 굴복한다. 평등은 해체되고 시장 경쟁이 그 자리를 대신한다. 인민주권은 갈수록 의미를 잃는다.

이것이 현실적으로 무엇을 의미하는가? 다음은 신자유주의적 '합리성'이 무엇인지 보여주는 사례다.《포브스》는 〈납세자의 돈을 절약하기 위해 지역 도서관을 아마존으로 대체해야 한다Amazon Should Replace Local Libraries to Save Taxpayers Money〉[82]는 칼럼을 실었다. 파노스 무도쿠타스Panos Mourdoukoutas는 공공 도서관이 비용 효율적이지 않다고 말했다. 납세자가 충분히 활용되지 않는 공적 공간을 위해 돈을 내고 있으니 도서관을 기업에 넘겨야 하며 기업이 도서관을 더 효율적으로 운영할 수 있다는 것이다.《포브스》칼럼을 읽은 사서들은 큰 충격을 받았다. 이런 발상은 신자유주의적 원리의 논리적 귀결이다. 치른 돈의 값어치를 따져본 결과 공적 자산이 그 값어치를 하지 않으면, 공적 자산을 민간에 넘겨라. 이는 도서관에 대한 전통적인 좌파의 사고방식이 아니다. 좌파주의자는 "이 자산이 값어치만큼 일을 하는가?"라고 묻지 않는다. 좌파주의자는 "사람들은 지식에 접근할 수 있어야 하고, 그런 점에서 많은 사람이 들르건 아니건 공공 도서관은 공동체의 중요한 구성 요소다"라고 말한다. 좌파주의자는 수량화할 수 없는 가치에도 관심을 갖지만, 신자유주의적 사고는 양으로 표현할 수 없는 것은 무의미하다고 본다.

놀랄 만한 사실은 자유주의자와 보수주의자 둘 다 신자유주의적 합리성을 받아들이고 있다는 점이다. 그것은 우리가 헤엄치는 물이 됐다. 자유주의적 경제학자 브라이언 캐플런Bryan Caplan은 2018년에 출간한《교육에 대한 비판The Case Against Education》[83]에서 공립학교는 유용한 직무 기술을 가르치지 않아 학생에게 '수익'을 가져다주지 못하기 때문에 좋은 투자가 아니라고 주장한다. 그는 학교가 직업 시장에서 좋은 결과물을 생산하는 데 '비효율적'이기 때문에 민영화돼야 하고, 상당수는 폐교돼야 한다고 본다. 그가 이렇게 생각하는 것은 놀랄 일이 아니다. 자유 시장 자유주의자인 캐플런은 학교를 취업 시장에서 가치 있는 것을 효율적으로 생산하는 공장에 불과하다고 생각할 것이기 때문이다.[84]

그러나 신자유주의는 부분적으로 초당적 성격도 띤다. 캐플런을 강력히 비판하는 사람들도 신자유주의의 초당적 성격을 받아들였다. 자유주의적 저술가 케빈 커리Kevin Carey는《워싱턴먼슬리》에 캐플런의 책을 신랄하게 비판하는 칼럼을 썼다.[85] 커리는 국제적인 시험에서 각국이 거둔 평균 점수와 국민경제의 성장률 사이에는 강력한 상관관계가 있고, 공립학교는 학생의 장기적인 생산성을 향상시키기 때문에 교육은 훌륭한 투자라고 했다. 이 논쟁을 통해 신자유주의적 합의의 실질적 의미를 파악할 수 있다. 모든 사람이 학교는 투자 대비 수익의 생산성에 따라 평가받아야 한다고 생각한다. 좌파는 학교가 이미 그렇게 되고 있다고 주장하고, 우파는 그렇지 않다고 주장하는 점이 다를 뿐이다. 양측의 주장 모두 인적 자본의 생산을 극대화하는 것이 학교를 평가하는 옳은 길이라는 신자유주의를 전제한다. 신자유주의적 전제는 학생이 인간적이고 사려 깊은 시민이 되는 것과 상관이 없고, 경제성장과 관련이 있을 뿐이다. 앞에서 말한 논쟁은 기본적으로 가치의 충돌이 아니라, 어느 것이 경제에 양적으로 기여하는

가에 관한 경험적 토론이다. 불행히도 좌파가 옹호하는 많은 것은 반드시 사람을 더 생산적으로 만드는 게 아니고 사회를 더 공정하게 만드는 것이라서 신자유주의적 논의는 거의 언제나 자유 시장 옹호로 귀결된다.

신자유주의라는 말은 적어도 명목상 좌파에 속한 사람이 보수적인 경제적 전제를 바탕으로 논변을 펼치는 경향이 있다는 걸 보여준다. 공화당은 감세가 국내총생산을 늘리고 적자를 줄이며, 중산계급의 세금을 낮춰줄 거라고 주장한다. 민주당은 감세가 국내총생산을 늘리거나 적자를 줄이지 않으며, 중산계급의 세금 부담도 덜어주지 않을 거라고 반박한다. 하지만 양측 주장에는 중산계급의 세금과 적자를 줄이고 국내총생산을 늘리는 게 목적이라는 공통 전제가 있다. '신'자유주의 이전 전통적 자유주의라면 다른 전제를 바탕으로 주장을 펼쳤을 것이다. 전통적 자유주의라면 민주당이 중산계급의 세금을 줄여줄 정당이라고 주장하는 대신 세금을 통해서만 학교, 인프라, 건강, 빈곤 등을 개선할 수 있으므로 세금이 중요하다고 주장할 것이다. 이는 더 작은 정부를 만드는 경쟁에 참여하지 않고 인간들의 상호 의존에 대한 일련의 도덕적 개념을 기초로 한다.

현시대의 신자유주의적 성격을 보여주는 몇 가지 이야기를 보자. 이런 이야기는 반드시 관련 있어 보이진 않지만, 내가 보기에는 반드시 관련이 있다.

- **민간 소방서 부활** 《월스트리트저널》에 따르면, 2017년 캘리포니아 산불 당시 일부는 다른 사람들보다 많은 보호를 받았다.[86] 방화 소재 옷을 입은 사설 업체 소방대원들이 고가 주택과 특

별 정책에 서명한 집을 보호했다. 부자를 위한 사설 소방업은 지난 10년 동안 확연한 성장세를 보였다. 2007년 보고서에 따르면, 보험회사 AIG는 특별 고객을 위한 산불 방재팀을 가동했다. 이 서비스는 말리부Malibu, 베벌리힐스Beverly Hills, 뉴포트 비치Newport Beach, 멘로파크Menlo Park 등 캘리포니아에서 부유한 지역에 사는 집주인에게 제공된다.[87] 드디어 우리는 '효율적인' 소방 서비스를 갖췄지만, 이 서비스는 지불한 사람에게 지불한 만큼 제공될 뿐이다.

• **판매되는 수감자** 오클라호마주는 판사가 마약 사범을 감옥 대신 일을 해서 치료하는 곳으로 보낼 수 있도록 하는 기독교알코올마약중독자회복CAAIR 프로그램을 운영한다.[88] 이 프로그램은 노동자 수용 시설을 운영하고, 이 시설에 수용된 사람은 대형 식품 회사를 위해 도살장에서 장시간 노동한다. 이렇다 할 대우도 하지 않고 수감자의 임금을 착복하며, 그곳에는 마약 사범이 아닌 사람도 수용된다. 이 프로그램은 그저 대기업에게 수감자의 노동력을 제공하기 위해 존재하는 것으로 보인다. 이는 수감자에게서 뽑아낼 것을 최대한 뽑아내는 신자유주의적 사법제도의 실체를 보여준다. 기업은 수익성 좋은 노동력을 확보하고 국가는 교정에 쓸 돈을 절약한다. 모두가 승자다! (수감자는 빼고. 그런 시간을 보내고 싶지 않다면 범죄를 저지르지 말았어야 한다.)

• **잘 가, 역사야. 어서 와, 〈리그 오브 레전드〉** 최근 애크런대학교

University of Akron는 학부와 대학원에서 역사와 사회학 박사과정을 포함한 80개 교과과정 폐지 계획을 발표했다.[89] 학교가 돈이 없어서 이런 결정을 내린 게 아니다. 애크런대학교는 75만 달러를 들여 'e-스포츠(이른바 비디오게임)'를 위한 시설 건립 계획도 발표했기 때문이다. 학교 측은 이런 결정을 내린 이유를 설명하면서 폐지하기로 한 교과과정에는 등록하는 학생이 거의 없지만 비디오게임 교과과정을 지원하는 학생은 많을 거라고 했다. 말하자면 학생은 '고객'이고, 대학은 지식을 제공하기 위해서가 아니라 시장의 요구를 충족하기 위해 존재한다. 실제로 공립대학은 갈수록 기업처럼 운영되고 민간 부문에서 영입한 관리자로 채워진다. 대학은 등록금을 대폭 인상했고, 교수와 강사의 급여를 인상하는 대신 거대한 건물을 세우는 데 돈을 썼다. 교수진의 '비정규직화'는 급여가 줄고 직업 안정성도 낮아진다는 의미다. 대학 예산에서 수업에 할당하는 몫도 감소했다. 많은 대학이 교육기관이라기보다는 점점 많아지는 부동산, 종합병원, 기업과의 제휴 협력, 선수가 무보수로 활동한다는 점을 제외하면 프로나 다름없는 스포츠 팀 등을 갖춘 자산 포트폴리오에 가까워 보인다.[90] 대학을 배움과 연구를 위한 곳으로 생각하는 한, 이 가운데 의미 있는 건 없다. 하지만 대학을 기업처럼 운영할 경우 어떻게 해야 할진 불 보듯 뻔하다. 노동비용(급여)은 줄이고 부정적 자산(역사학부)은 폐기해야 한다. 공립대학은 연구 예산을 대폭 삭감하고 있다. '시장 논리'에서는 자신의 연구가 정당하다는 걸 입증하기 어려운 연구자가 많기 때문이다.

• **뒷돈 받고 애들을 사설 소년원으로 보내다** 2008년에 펜실베이니아 Pennsylvania주 윌크스배리Wilkes-Barre의 지방 판사 둘이 아이들을 보내주는 대가로 사설 소년원에서 뒷돈을 받은 혐의로 기소된 일이 있었다. 그 판사들은 그동안 교감에게 욕을 하고 마이스페이스MySpace 페이지를 만들어 조롱하는 등 사소한 죄를 저지른 청소년 수천 명을 뒷돈을 받고 소년원으로 보내 삶을 망치게 했다. 그들은 이 일로 기소돼 유죄를 선고받았고, 사람들은 도덕적 분노를 금치 못했다. 판사들이 뇌물을 받은 대가로 아이들을 바퀴벌레가 들끓는 소년원으로 보냈기 때문이다. 이 사건은 극단적인 사례일 뿐, 이런 일은 날마다 일어나고 있다. 그들의 부도덕한 행위가 실제로 불법이었다는 점이 다를 뿐이다. 기소된 판사 한 명은 "그 돈은 중개 수수료다. 우리에게는 이 시설이 필요했다"고 자신의 행위를 변호했다. 판사가 '중개 수수료'를 받는 경우는 흔치 않지만, 사법제도에는 분명 많은 이익이 걸려 있다. 미국의 민영 교도소 산업은 규모가 대단하다. 교도소 기업은 입실률 감소 조치를 막기 위해 엄청나게 로비를 한다.[91] 입법부 의원들은 코어시빅CoreCivic(옛 미국교정회사 Corrections Corporation of America) 같은 회사에서 수십만 달러를 받는다. 우연인지 몰라도 입법부 의원들은 교도소 산업의 수익성에 타격을 줄 사법제도 개혁법을 전혀 제정하지 않고 있다.

지금까지 이야기한 것에는 공통점이 있다. 그저 극대화, 극대화, 극대화. 공정, 민주주의, 지혜 같은 가치는 사라지고 없다. 대신 모든 것이 수량화되고 시장가치가 지배한다. 이것이 신자유주의다. 모든 것은 시장에 달렸다. 대학은 시장이 원하는 바에 따라 교육과정을 제공한다. 시장이 역사가 아니라 비디오게임을 원하면 그에 따르는 수밖에 없다는 것이다. 형법은 교도소 산업의 이윤에 가장 잘 기여하는 것에 의거하고, 누가 소방 서비스를 받는가는 누가 그 서비스를 위해 돈을 낼 수 있는가에 달렸다. 이런 사회에서는 공동체가 중요시되지 않는다. 절대적으로 돈이 지배한다.[92]

이런 사회의 논리적 귀결은 끔찍하기 이를 데 없다. 부츠 라일리Boots Riley의 풍자적인 디스토피아 영화 〈쏘리 투 보더 유Sorry to Bother You〉에서 그것이 어떤 사회인지 볼 수 있다. 라일리는 대다수 사람이 빚진 채 목숨을 부지하기 위해 기를 쓰는데, 다른 한쪽에서는 최상류층 사람들이 믿을 수 없을 만큼 사치스럽고 퇴폐적으로 사는 세계를 묘사한다(여기까지는 흔히 볼 수 있는 설정이다). 이런 세계에서 워리프리WorryFree라는 회사가 사람들에게 빚을 모두 청산하고 집과 음식, 건강을 보장하겠다는 유혹적인 거래를 제시한다. 대신 그들은 워리프리 건물에 들어와 평생 일하는 데 동의해야 한다. 그들이 워리프리에 자기 삶을 넘겨주겠다고 서명하는 대가로 회사는 살아가는 데 필요한 것을 제공한다. 이는 과거에 많은 사람을 계약 노예 생활에 서명하게 만들고, 오늘날 이주 노동자를 착취적인 노동계약으로 이끄는 거래와 동일하다. 라일리는 우리가 걸어가는 길을 그대로 가면 지금 사는 곳에서 그런 일이 일어나지 않을 이유가 전혀 없다는 걸 보여준다. 결국 사람들은 생활에 대한 걱정에서 벗어나기를 원하지 않겠는가? 절망적인 처지에 놓인 사람들에게 워리프리가 제시하는 거래는 유혹적이다. 그러나 이런 자유 시장 해법은 노예제도의 부활로 귀결된다. 우리는 모두 기업의 소유가 되고, 기업의 수익이 우리 삶을 결정하는 것이다.

신자유주의를 식별할 특징이 하나 더 있다. 거짓 사회 진보주의다. 거짓 사회 진보주의는 부당한 제도를 선하고 진보적인 제도로 보이게 돕는다는 점에서 신자유주의의 가장 나쁜 특징에 속한다. 무슨 말인가? 실제 언론에 실린 기사 제목 〈미국과 이스라엘은 핑크색 멋진 전투기로 유방암을 치료하려 한다The U.S. and Israel Are Trying to Cure Breast Cancer with Tasteful Pink Fighter Jet〉를 생각해보라.[93] 이게 전부다. 미국과 이스라엘의 억압적 정부는 죽음의 기계에 핑크색을 입히는 것만으로 자신들의 진보적인 선의를 보여주려 했다. 이런 경향은 숱하게 볼 수 있다. 본질적으로 위계적이고 부당한 제도가 피상적인 변화를 통해 비판을 희석하려 드는 경향 말이다. 예를 들어 기업은 일반적인 노동자의 권리를 증진하거나 인종적·젠더적 임금격차를 없앨 생각이 없으면서도 이사진에 인종적·젠더적 다양성을 도입할 수 있다.

실체는 그대로 두고 '이미지'만 개선하려는 이런 경향이야말로 신자유주의가 19세기 자유 시장 자본주의와 뚜렷이 구별되는 점이다. 오늘날 월가는 민주당에 표를 던지고 다양성 교육을 하고 편견과 차별에 반대하면서도 자연재해 피해자를 돈벌이 대상으로 삼거나 더 많은 돈을 벌기 위해 공장을 닫는 데 주저하지 않는다.

나는 모든 것을 총괄하는 단어를 좋아하지 않는다. 어떤 사회학자는 모든 것을 인종차별, 성차별, 자본주의 같은 체계 아래 연결하려고 하지만, 나는 그런 사회학자가 아니다. 물론 나는 다양한 사회적 질병을 일으키는 탐욕과 편견, 망각, 부주의 같은 일반적인 경향을 알지만, 작은 것들을 모든 것을 설명하는 거대한 현상의 일부로 싸잡아 보기를 좋아하지 않는다. 나는 여러분이 신자유주의라는 말 때문에 이 책을 덮고 내 주장을 별 볼 일 없는 것으로 치부할 수 있다는 걸

잘 안다. 그렇기 때문에 부득이한 경우에나 신자유주의라는 단어를
사용할 것이다.

* * *

지금까지 우울한 이야기만 했다. 미안하다. 나는 천성이 우울함과
거리가 먼 사람이지만, 진지해지기 위해서는 고통스러운 사실을 직
시해야 한다. 지극히 고통스러운 사실은 매우 많다. '인류의 미래를
심각하게 위협하는 실존적 문제'는 모두 논의해야 한다.

아직 절망에 굴복하지 말자. 우리는 지금의 혼란스러운 상태에서
벗어날 길을 발견할 것이다. 그러니 조금만 참고 내 말을 들어줬으면
한다. 다음 장에서는 자본주의에 대해 간단히 살펴본 다음 여러분이
사회주의를 받아들이도록 설득하기 위한 길을 닦고자 한다.

3장

사이코패스
안드로이드 공장,
자본주의

우리는 선택해야 한다. 우리는 민주주의를 가질 수도 있고, 소수의 손에
부가 집중되게 할 수도 있다. 그러나 둘 다 가질 순 없다.

루이스 브랜다이스 Louis Brandeis,

《위대한 미국인, 브랜다이스 대법관 Mr. Justice Brandeis, Great American》에서 인용

소수가 많은 것을 소유하고 있다. 그들이 모든 사람의 생계 수단을 소유하
고 있기 때문에⋯ 부유한 자들이 기업, 은행가, 토지 투기꾼, 노동 착취자
를 위해 국가를 지배한다. 인류는 대다수가 노동하는 사람이다. 소유권과
생계 수단에 대한 통제권을 달라는 이 사람들의 공정한 요구는 무시당하
고, 우리는 남자의 권리도 여자의 권리도 가질 수 없다. 인류는 대부분 소
수의 안락한 삶을 위해 산업적 억압에 시달린다.

헬렌 켈러 Helen Keller, 〈영국의 여성 참정권론자에게 To an English Woman Suffragist〉,

《맨체스터 어드버타이저 Manchester Advertiser》

내 돈은 신이 주신 것이다.

존 록펠러 John D. Rockefeller, 《여성을 위한 가정 길잡이 Woman's Home Companion》°

회사가 사람이라면 그들은 당신이 인생에서 만난 최악의 인간일 것
이다. 그들은 당신이 하고 싶지 않은 일을 하게 만들고, 당신의 약점
을 이용하고, 자신에게 이익이 되면 당신에게 거짓말하고, 기본적인
도덕적 행동 기준을 전혀 개의치 않을 수 있다. 물론 그러지 않을 수

○   1873년부터 1957년까지 간행된 미국의 월간지.

도 있다. 당신을 잘 대우하는 게 그들에게 이익이 되는데도 그들이 결코 당신에게 잘해주지 않는다거나 아무 도움도 주지 않을 거라는 말이 아니다. 당신이 쓸모없어지는 순간, 그들은 당신을 버리거나 당신에게서 등을 돌릴 거라는 말이다.

경제학자 밀턴 프리드먼은 〈기업의 사회적 책임은 이윤을 늘리는 것이다 The Social Responsibility of Business Is to Increase Its Profits〉라는 고전적인 글을 썼다.[1] 여기서 프리드먼은 기업은 주주들에게 봉사하기 위해 존재하며, 주주들은 기업을 소유하며 관리자의 책임은 기업을 (주주들이) 바라는 대로 운영하는 것이고, 일반적으로 주주들은 법의 한계에서 가능한 한 많은 돈을 벌기 바란다는 자기 생각을 분명히 밝힌다. 그는 회사가 환경을 보호하거나 공동체를 개선하는 등 '사회적 책임'이 있다고 말하는 기업인을 비판한다. 프리드먼은 사회적 책임이라는 표현을 쓰는 것만으로도 순수하고 철두철미한 사회주의를 주장하는 것이나 다름없으며, 이런 식으로 말하는 경영진은 자유 사회의 기초를 파괴하는 지식인 집단의 무의식적인 꼭두각시라고 했다. 그의 주장은 극단적이다. 프리드먼은 이윤을 넘어 책임까지 고려하는 기업인은 결과적으로 회사 소유주의 돈을 가져가는 거라고 주장했다. 예를 들어 기업이 지역 아동을 위한 새 아이스링크를 건립하는 데 후원하는 일에 돈을 쓰는 건 소유주의 정당한 소유를 낭비하는 일이라는 것이다.

기업 경영진이 프리드먼의 권고를 따르면 어떤 일이 벌어질까? 프리드먼은 문자 그대로 이윤에 대한 병적 추구를 지지한다. 이윤은 경영자가 생각해야 할 전부다. 그 때문에 사람들의 삶이 불행해지든, 소수 희귀 동물이 멸종하든 중요하지 않다. 합법적이고 돈이 되는 일이 있다면 그 일을 하라.

코카콜라는 이런 사고의 귀결을 잘 보여준다. 코카콜라인터내셔널의 아흐메트 보제르Ahmet Bozer 회장은 다음과 같이 말한 적이 있다고 한다. "지난 30일 동안 코카콜라를 마시지 않은 사람이 전 세계 인구의 절반이다… 지난주에 코카콜라를 마시지 않은 10대가 6억 명이다. 따라서 코카콜라를 팔 가능성은 무궁무진하다."[2] 《뉴욕타임스》에 따르면, 코카콜라의 전 부회장은 경쟁 업체에게 승리하는 정도가 아니라 그보다 훨씬 큰 기업이 되는 게 회사의 목표라고 말했다. 실제로 코카콜라는 우유와 물처럼 사람들이 마시는 어떤 것보다 코카콜라를 많이 팔려고 애썼다. 코카콜라 마케팅 부서의 노력은 한 가지 질문으로 귀결됐다. "어떻게 해야 더 많은 사람이, 더 자주, 더 많은 코카콜라를 들이붓게 만들 수 있을까?"[3] 그 결과, 코카콜라는 특히 전 세계 가난한 지역을 목표로 정했다. 코카콜라 북미 지역 회장을 지낸 제프리 던Jeffrey Dunn은 코카콜라 시장을 개척하기 위해 빈곤 지역 가운데 한 곳을 찾았을 때 목격한 광경에 엄청난 충격을 받았다. "내 머릿속의 목소리가 말했다. '이 사람들에게는 필요한 것이 많지만 코카콜라는 필요하지 않아.' 나는 토할 것 같았다." 회사에 이 의견을 전하고 회사 방침을 바꾸려 했을 때, 던은 대단히 공격적인 저항에 부딪혔고 결국 해고됐다.[4]

코카콜라는 프리드먼이 해야 한다고 말한 일을 하고 있을 뿐이다. 제너럴모터스GM의 회장은 제너럴모터스의 일은 돈을 버는 것이지 차를 만드는 게 아니라고 말했다고 한다. 음료 회사나 제약 회사도 마찬가지다. 폭로된 내부 문건에 따르면, 제약 회사인 퍼듀파마Purdue Pharma는 사람들을 옥시콘틴 중독으로 만들 새로운 방법을 늘 찾고 있다. 이 회사의 회장을 지낸 리처드 새클러Richard Sackler는 회사가 처방전에 명시된 옥시콘틴의 강도에 따라 실적을 측정해야 한다고 했다.[5] 퍼듀파마를 상대로 소송을 제기한 사람들은 이 회사가 환자에게 오랜 기간 옥시콘틴의 많은 투약량을 유지하면 중독을 비롯해 심각한 부작용이 발생할 위험이 높아진다는 사실을 알면서도 강한 진통제가 회사와 새클러가※에게 높은 이윤을 주기 때문에 투약량을 늘리도록 권장했다고 고발했다.[6] 실제로 퍼듀파마는 환자를 옥시콘틴에 중독시키기 위한 계획을 실행했다. 그러나 피해자가 수만 명까지 늘어나자, 새클러는 회사를 움직여 문제의 책임을 중독자에게 돌리도록 하는 비열하기 짝이 없는 조치를 취했다. 그는 회사 내부 이메일에 "우리는 가능한 모든 방식을 동원해 남용자를 공격해야 한다. 그들이 용의자고 문제다"라고 썼다. 그는 범죄적 중독자가 대중의 이익을 대변하는 피해자로 미화되는 일이 있어선 안 된다고 말했다.[7]

기업이 이런 식으로 움직이는 데는 나름의 이유가 있다. 사람들의 죽음을 막으면 회사에 이익이 되리라고 생각하겠지만, 항상 그렇진 않다. 생태학자 폴 에를리히Paul Ehrlich는 포경업자들이 고래의 개체 수를 높은 수준으로 유지하는 데 관심 있을 거라는 자신의 가정이 왜 틀렸는지 설명하는 일본인 저널리스트의 말을 인용한다.

당신°은 포경 산업이 고래의 개체 수 유지에 관심이 있다고 생각합니다. 하지만 포경 산업은 가능한 한 많은 수익을 올리려고 하는 거대 자본이라고 보는 게 더 적절합니다. 10년 동안 고래의 씨

○   폴 에를리히를 지칭한다.

를 말려서 15퍼센트 이윤을 얻을 수 있는데 지속 가능한 포획으로는 10퍼센트 이윤만 얻을 수 있다면, 포경 산업은 10년 안에 고래를 멸종시킬 것입니다. 그다음에 그 돈은 다른 자원의 씨를 말리는 쪽으로 갈 것입니다.[8]

이윤을 추구하는 기업이 언제나 파멸 기계는 아니다. 애덤 스미스Adam Smith는 자기 이익을 추구하는 게 모두의 이익이 될 수 있다는 유명한 주장을 펼쳤다. 빵집 주인은 내 돈을 원하고 나는 그의 빵을 원한다. 그는 내게 빵을 파는 게 이익이고, 나는 빵을 얻기 위해 돈을 지불하는 게 이익이다. 이익 추구는 사람들이 원하는 것을 충족하게 해주는 강력한 힘이자, 내가 수백 가지 브랜드 가운데 마음에 들고 발에 딱 맞는 신발을 발견할 수 있는 이유다.

그러나 무조건적인 자기 이익 추구는 좋지 않은 몇 가지 결과를 초래한다. 예를 들어 사람들의 빈곤을 이용한 착취가 있다. 당신에게 일자리가 절박하다는 사실을 알면, 나는 당신이 일을 받아들이는 데 필요한 최소한의 임금 이상을 결코 제의하지 않을 것이다. 그 정도론 살아가기에 충분하지 않다는 걸 알아도 말이다. 애덤 스미스는 기업이 노동자에게 어쩔 수 없이 지불해야 하는 임금 이상을 지불하지 않으려고 항상 고심한다고 인정했다. "고용주들은 임금을 시세 이상으로 올리지 않기 위해 언제 어디서나 암묵적으로 손잡고 있다."[9] 이것이 2018년에 도널드 트럼프가 법인세를 대폭 인하했는데도 노동자와 수익을 공유하는 기업이 없었던 이유다. 법인세 인하에 따른 수익은 주주에게 생각지도 못한 횡재였다. 노동자는 여전히 살아가는 데 필요한 액수보다 훨씬 적은 임금을 받는데도, 주주는 엄청난 추가 수익

을 올렸다.[10]

20세기 초에 프레드릭 테일러Frederick Taylor는 지난 100년간 영향력 있는 경영학 서적 가운데 하나인 《과학적 관리법The Principles of Scientific Management》을 출간했다. 테일러주의로 알려진 그의 산업 관리 체계는 조직 운영 과정에 효율성의 원리를 철저히 적용했다. 그는 노동자에게서 최대 생산성을 확실히 뽑아내기 위해 공장의 이런저런 요소를 손질하고 각 생산과정에 걸리는 시간을 관리하라고 주장했다. 테일러의 연구는 공장이라는 조직과 관련해서 노동자는 무슨 수단을 쓰든 1일 생산량을 채워야 하는 통계단위일 뿐이라며 노동자를 톱니바퀴로 취급했다.[11] 자본주의가 생산성 향상에서 놀라우리만치 효율적이라는 건, 바꿔 말해 기업에 도움이 된다면 노동자의 인간성을 무시하면서 노동자에게 얼마든지 두려움과 불행을 안겨준다는 이야기다.[12] 이것은 확실히 효율적이다. 그러나 사람을 총으로 위협하는 것도 효율적이기는 마찬가지다. 우리에게 받아들일 수 있는 것과 그렇지 않은 것에 대한 원칙이 없다면, 어떤 희생을 치러서라도 더 나은 결과를 만들려는 시도는 사람들의 존엄성을 심각하게 침해하는 결과를 초래할 것이다.

이런 경향 때문에 자본주의가 스스로 파멸할 거라고 주장한 사람들이 있었다. 마르크스는 노동자에 대한 착취 압력이 노동자를 갈수록 가난하고 비참하게 만들면 결국 노동자들이 봉기해 자본가를 타도할 거라고 생각했다. 결과적으로 보면 자본가는 마르크스의 생각보다 영악했다. 자본가는 자신에게 의존하지 않는 사람들에게서 뭔가 뽑아내는 데 한계가 있다는 사실과 프랑스 혁명의 교훈을 잘 알았다. 헨리 포드Henry Ford가 60여 년에 걸친 노동계의 요구를 받아들여

1920년대에 하루 8시간 근무를 도입한 이유는 이 때문이다. 사람들이 자본주의가 노동자에게 '생활수준의 향상'을 가져다줬다고 말할 때, 그들은 흔히 생활수준의 향상이 경제가 성장한 만큼 더 큰 몫을 내놓으라는 노동자의 요구가 관철된 결과라는 사실을 놓친다. 기업은 그럴 수만 있다면 노동자에게 아무것도 지불하지 않을 것이다. 기업이 임금과 수당을 대폭 인상한다면 그럴 수밖에 없기 때문이다. 아마존의 사례가 이를 잘 보여준다. 아마존은 노동자를 착취한다는 비난에 맞서 정규직 노동자에게 제공하는 수당(비정규직 노동자는 받지 못하는 수당)을 내세워 자신의 입장을 옹호한다. 이미지가 계속 더 나빠진다면 아마존은 그제야 회사에 이익이 되는 한에서 노동자에게 더 많이 줄 것이다.

* * *

재미있는 사실은 기업이 꼭 이윤을 극대화하는 기계가 돼야 할 이유가 없다는 점이다. 자연에는 기업이 존재하지 않는다. 기업을 법인으로 만들고 기업의 작동 규칙을 정하는 것은 정부다. 많은 점에서 기업은 국가가 투자자에게 주는 크나큰 선물이다. 법은 주주에게 '유한책임'을 부여하는데, 이는 주주가 자신이 소유한 회사의 행동에 전적인 책임을 지지 않는다는 뜻이다. 이는 대단히 이상한 계약이다. 다른 영역에서 사람들은 자기 재산을 가지고 한 일에 전적으로 책임을 진다.

기업은 이상하기 짝이 없는 존재다. 법률상 기업은 다른 사람들을 법적 책임에서 보호하면서 다른 사람들의 이윤을 극대화하기 위해 존재하는 인위적 인간이다. 법인을 만든 목적을 생각하면 기업은 주주 가치를 극대화해야 한다는 프리드먼의 말이 옳다. 하지만 애초에 그런 단체를 왜 만드는지 이해가 되지 않는다. 도대체 왜 아무런 도덕적 책임도 지지 않고 자기 이익에만 병적으로 매달리는 법률상 인위적인 인간을 만들어 세상에 내보내는가? 이는 사이코패스 안드로이드의 군대를 만드는 것과 다름없지 않은가!

이런 단체를 우리가 만든 건 아니다. 미국 기업은 오랜 세월 진화했다. 이는 처음에는 사회의 모든 구성원을 위해 특정한 기능을 수행하도록 정부의 인가를 받은 단체였다. 이를테면 정부는 어떤 기업에 다리 건설을 인가할 수 있다. 그러나 점차 '법인격corporate personhood' 이라는 법적 원리가 발전하면서 이 단체는 진화했다. 진화하기는 했어도 1970년대 후반까지 기업이 이윤을 극대화하는 기계라고 생각한 사람은 거의 없었다. 1980년대에 일어난 '주주 혁명'과 더불어 기업의 역할에 대한 프리드먼의 견해가 제시되면서, 주주를 최상위 이해관계자로 둬야 할 법적 의무가 있다는 견해가 확립됐다.

사이코패스 안드로이드의 군대를 만들려고 한 사람은 아무도 없었다. 하지만 결과적으로 우리는 그 군대를 갖게 됐고, 그들이 우리를 위태롭게 만들고 있다.

'페이퍼클립 맥시마이저paperclip maximizer'라는 사고실험이 있다. 인공지능의 위험성에 관심 있는 사람들이 종종 하는 사고실험이다.[13] 페이퍼클립 맥시마이저는 가능한 한 많은 페이퍼클립을 만들라는 임무만 수행하도록 프로그램된 기계다. 이 기계의 목적은 사무 용품을 더 효율적으로 만드는 새로운 방법을 찾아내는 것이다. 하지만 기계는 목적을 달성하기는커녕 세계를 파괴한다. 왜 그럴까? 페이퍼클립을 만드는 일만 하도록 프로그램됐기 때문에 그 일 외에는 아무것도 신경 쓰지 않는다. 이 기계는 처음에는 아주 잘 작동해, 새로운 재료로 페이퍼클립을 만든다. 모두가 더 많은 페이퍼클립을 갖게 돼서 행복하다. 하지만 곧 심각한 문제가 발생한다. 이 기계는 모든 것을 페이퍼클립으로 바꾸기 시작한다. 기계는 한 명령만 받았고 그 명령을 철저히 따른다. 기계는 사람들을 페이퍼클립으로 바꾸고, 나아가 우주 전체를 페이퍼클립으로 바꾼다. 페이퍼클립 맥시마이저의 일은 페이퍼클립을 만드는 것이기 때문이다.

페이퍼클립 맥시마이저는 과학적 허구다. 하지만 이 사고실험은 기업의 목적이 이윤 극대화라는 주장을 다시 생각하게 하는 중요한 단서를 제공한다. 당신이 어떤 단체에게 한 가지 명령을 내리고 다른 것은 모두 잊으라고 한다면, 그 명령은 이행되겠지만 끔찍한 대가가 따를 것이다. 이를테면 당신이 인위적인 법인격을 만들고 코카콜라를 팔아 가능한 한 많은 돈을 벌라는 명령을 내리면, 수백만 명이 코카콜라를 마시게 될 것이다. 하지만 이에 그치지 않고 아이들에게도 코카콜라를 팔고, 한 병에 1.4리터짜리 코카콜라도 팔고, 다른 음료는 모두 없애려 할 것이다.

세계적 규모로 볼 때, 그 결과는 위협적이다. 일례로 기후변화를 보자. 화석연료 기업의 성장 극대화는 지구의 많은 부분을 파괴할 것이다. 이 기업들은 기후변화와 관련한 조치가 취해지지 않도록 과학적 사실을 왜곡하고 광범위한 로비를 펼치는 등 온갖 수단을 동원한다. 그런 조치가 취해지면 이 기업들이 내린 명령이 실행되기 힘들 것이기 때문이다. 기업이 성장을 추구하다 보면 대개 많은 피해자가 생기고 환경도 심각한 피해를 보게 마련이지만, 이런 '외부 효과'

는 기업에게 중요하지 않다. 기업이 프리드먼의 주장을 진지하게 받아들인다면 외부 효과는 중요할 수 없으며, 기업이 자신 외의 뭔가를 고려하는 건 사실상 무책임한 일일 것이다.

우리가 자원이 유한한 지구에 산다는 점을 고려할 때, 무한 성장이 불가능하다는 건 명백하다. 하지만 우리는 무한 성장을 추구하도록 만들어진 인위적 존재, 무한 성장 추구를 멈출 수 없는 인위적 존재를 만들었다. 이는 페이퍼클립 맥시마이저와 마찬가지로 문명을 자살로 이끄는 길이다.

자본과 소유 철학

19세기 철학자 피에르 조제프 프루동Pierre Joseph Proudhon은 "소유는 도둑질이다"[14]라는 유명한 말을 남겼다. 이 말은 '소유'를 그 의미도 제시하지 않은 채 다짜고짜 '도둑질'이라고 규정한다는 점에서 역설적이지만, 프루동에게는 소유 자체가 역설이었다.

프루동은 애초에 소유가 어디서 비롯됐는지 잘 생각해보라고 말했다. 우리는 소유가 무엇인지 알거나, 안다고 생각한다. 나는 내 셔츠와 책을 소유한다. 이 말은 내게 내 셔츠와 책을 마음대로 처분할 권리가 있다는 뜻이다. 나는 셔츠와 책을 파괴할 수도, 팔 수도, 여기서 저기로 옮길 수도 있다. 나 외에 아무도 내 셔츠와 책을 통제할 법적 권리가 없다. 누군가가 내 셔츠와 책을 파괴하거나 파는 식으로 나와 같은 권리를 행사하려고 한다면 그는 내게서 셔츠와 책, 권리를 훔친 것이다.

셔츠와 책에 대한 내 권리는 어디서 왔는가? 남들에게서 그 물건을 샀기 때문이다. 즉 내가 가진 돈을 다른 물건과 교환했기 때문이다. 내게 그 물건을 판 사람들의 권리는 어디서 왔는가? 그들은 다른 누군가에게 그것을 샀고, 그 다른 누군가는 또 다른 누군가에게 샀고…… 이런 과정은 계속 소급할 수 있다. 그러나 프루동은 애초에 소유가 어떻게 생겨났을지 생각해보라고 말한다. 도대체 소유권이 왜 존재하는가? 세상이 '소유되지 않은' 상태에서 어떻게 '소유된' 상태로 넘어갔는가? 인류의 머나먼 조상이 단세포생물이거나 물고기거나 호모에렉투스일 때, 세상은 누구의 소유도 아니었다. 그렇다면 지금은 왜 세상이 누군가의 소유가 됐는가?

프루동은 이 질문에 여러 곳에서 누군가가 세상의 일부를 자기 것이라며 권리를 '주장'해왔다고 답했다. 프루동이 볼 때, 그런 권리 주장은 자연적 정당성이 결여됐다. 소유되지 않은 세계를 보면, 내 힘으로 그 일부를 차지해서 남들에게 내 권리를 인정하라고 주장할 이유가 뭔지 알 수 없다. 대체 무슨 권리로 세계의 특정 부분에서 다른 사람들을 배제하는가? 그 권리는 어디서 오는가? 프루동은 그런 권리는 없으며, 그것들이 '내 것'이므로 남들이 세계의 자원을 사용하지 못하게 할 수 있다고 주장함으로써 그들에게서 세계의 일부를 훔치는 것이라고 말한다. 따라서 "소유는 도둑질이다". 소유권은 어떤 것에 대한 사람들의 사용권을 보호한다지만, 사실은 사람들이 이 세계의 자원을 공유할 권리를 부정함으로써 나머지 사람들의 사용권을 금지하는 것이다.[15]

사실 사적 소유의 기원은 대개 이보다 훨씬 부당하다. 현존하는 소유를 그 뿌리까지 거슬러 올라가면 많은 것이 정복에서 획득됐다는 사실을 알 수 있다. 이렇듯 소유 자체가 훔친 데서 온 것인 상황에서 소유권을 존중해야 한다고 주장하긴 어렵다. 텍사스는 멕시코에게서, 미국은 아메리카 원주민에게서 훔친 것이다. 영국에서 공유지는 인클로저를 통해 강탈·사유화됐다. 이 가운데 어느 경우에도 힘이 만들어낸 권리를 제외하곤 '권리'는 없었다. 현재 소유한 것에 대해 자격이 있는 사람은 아무도 없다는 이야기가 아니다. 자신의 재산권이 조금이라도 침해당한 사실을 알면 노발대발하는 사람들이 조금이라도 이에 대해 생각해 볼 필요가 있다는 것이다.

19세기 경제학자 헨리 조지는 토지 소유권이 특히 의심스럽다고 지적했다. 내가 맨손으로 새집을 만든다면, 그 새집으로 무엇을 할지 결정하는 사람이 나라는 게 당연하다고 누구나 생각할 것이다. (하지만 내가 새집을 짓는 데 필요한 나무를 누구의 소유도 아닌 땅에 있는 나무를 벤 사람에게서 훔쳤다면, 그 새집으로 무엇을 할지 결정하는 사람이 누구인지는 대답하기 훨씬 어려운 문제가 될 것이다.) 토지는 누가 만든 게 아니다. 애초에 토지를 소유하는 유일한 길은 강탈인데, 강탈은 설득력 있는 정당화가 거의 불가능하다. 헨리 조지가 생각하기에 토지세야말로 가장 정의로운 과세 형태였다. 토지는 모두에게 속한 것이기 때문이다. 토지 소유자는 부를 창조하지 않는다. 애초에 자신이 소유할 권리가 전혀 없는 것을 차지해서는 소유권의 덕을 볼 뿐이다.

소유권의 신성함은 자본주의를 옹호하는 이론에서 핵심적인 부분이다. 실제적인 이유에서 현존하는 소유 제도의 일부를 존중할 수는 있다. 그러나 소유에 대한 '자연적' 권리는 없으며, 소유에는 신성하다고 할 수 있는 어떤 것도 없다. 우리가 소유한 모든 것은 역사적으로 볼 때 공유지라든가 너무 힘이 약해서 자신을 보호할 수 없는 사람들이 가진 것을 부당하게 강탈한 데서 왔다.

* * *

이제 자본에 관해 이야기해보자. 자본주의에서 많은 사람은 일을 해서 돈을 버는 게 아니라 돈이 있기 때문에 번다. 미국에서 소득의 30퍼센트는 자본소득이다.[16] 자본소득은 투자한 사람에게서 발생한다. 그것은 정당한 일이 아니냐고 생각할 수 있다. 실제로 투자자는 자기 돈을 '위험에 맡기는' 것이기 때문에 성과가 있을 때 수익에 대한 권리가 있다는 논리를 펴는 사람이 있다. 그러나 소극적 소득°의 엄청난 양을 생각하면, 불평등을 정당화하는 데 동원되는 다음 두 핵심적인 주장은 전혀 설득력이 없다.

1. 사람들은 돈을 벌기 위해 일한다.
2. 일하지 않고도 돈을 벌 수 있다면 사람들은 게을러지고 의존적으로 변한다.

부자의 부는 상당 부분 그들이 일해서 얻은 게 아니다. 그들은 투자할 돈이 있기 때문에 잠자는 동안에도 돈을 번다. 나는 이것을 나쁘다고 생각하지 않는다. 나는 일하지 않고도 돈을 버는 게 좋다고 생각한다. 왜냐하면 나는 사회주의자니까! 열심히 일해야 돈을 번다는 생각은 헛소리다. 예를 들어 숀 해니티Sean Hannity는 빈곤 지역에 있

°   일하지 않아도 본인이 소유한 자산에서 나오는 소득.

는 부동산을 임대해 상당한 돈을 번다.[17] 해니티는 그 돈을 벌기 위해 아무것도 하지 않는다. 그는 아마 자기 건물이 어디 있는지도 모를 것이다. 임대료를 걷고 건물을 유지하는 모든 일은 해니티의 돈을 관리하는 사람이 처리한다. 해니티는 그 일에 관해 보고받을 필요도 없다. 해니티는 실제로 하는 일이 전혀 없으면서 가난한 사람들이 받는 급여를 상당 부분 가져간다. 그가 하는 일은 자기 돈이 훨씬 더 많은 돈과 교환되는 데 쓰이도록 허락하는 것뿐이다. 그가 무릅쓰는 '위험'은 별게 없다.

복지에 반대하는 논증이 전부 참이라면, 해니티는 게으른 자다. 일하지 않는데 돈이 거저 주어진다면, 사람들은 일하려 들지 않을 테고 무임승차자가 된다. 이것이 빌 클린턴의 '근로 조건부 복지' 계획의 배후에 있던 이론이며, 지금은 보수주의자들이 사회적 급여를 근로 요건과 연계하기 위해 밀어붙이는 이론이다. 그런데 이 이론은 가난한 사람에게만 적용되는 것 같다. 예를 들어 부자 상속자 댄 빌저리안Dan Bilzerian은 스포츠카를 몰거나 전용기로 하늘을 날거나 포르노 스타들과 온수 욕조에서 함께 있는 사진을 인스타그램에 올리며 살아가지만, 그에게 이 이론을 적용하는 사람은 아무도 없다.[18] 부자가 복지 수급자에게 도덕적 정신에 재앙에 가까운 영향을 미칠 '보편적 기본 소득'을 누리는 동안, 가난한 사람은 열심히 일하는 것의 중요성에 관한 설교를 듣는다.

자본소득은 불평등의 주원인이다. 가난한 사람은 주식도 없고, 잠자는 동안 돈을 벌어줄 자산에 투자할 돈도 없다. 돈이 돈을 벌면 그 돈은 훨씬 더 많은 돈을 벌고, 불평등의 악순환은 심해진다. 반면에 빚이 있는 사람은 가진 돈을 모두 빚 갚는 데 쓴다. 예를 들어 대다수

1부 | 이 세상은 어딘가 잘못됐다

한부모 가정은 저축이나 다른 자산이 없으며, 가난한 가정은 부채를 상환하고 남은 소득을 가지고 부를 생산하지 못하는 항목에 쓸 수밖에 없다.[19]

우리는 열심히 일해서 돈을 벌어야 한다고 생각한다. 하지만 그것은 자본주의가 아니다. 자본주의는 투자한 자본의 양에 따라 돈을 분배한다. 소극적 소득은 멋진 일일 수 있다. 자신을 위해 알아서 일을 해주는 돈을 가진 사람이 열심히 일하는 것의 중요성에 대해 뭐라고 이야기하는지 들어보자.

시장 비효율

《경제학 101 Economics 101》에는 배우고 나서 빨리 잊어버리라고 하는 법칙이 하나 있다. 한계효용의 법칙은 어느 선을 넘으면 상품의 추가적 단위가 제공하는 만족이 감소한다는 뜻이다. 당신이 내게 초콜릿 한 조각을 주면 나는 아주 맛있게 먹을 것이다. 당신이 한 조각을 더 주면 나는 맛있게 먹겠지만, 처음만큼 맛있진 않을 것이다. 초콜릿이 없는 것과 초콜릿 한 조각의 차이가 초콜릿 한 조각과 두 조각의 차이보다 크기 때문이다. 이후 추가되는 초콜릿은 매번 더 적은 만족감을 주고, 마침내 나는 초콜릿이 충분하다고 느껴 거절할 것이다.

한계효용의 법칙은 재화나 서비스는 많이 소유한 사람보다 적게 소유한 사람에게 효용이 크다는 의미다. 내가 정원사인데 외바퀴 손수레가 없다면 나는 외바퀴 손수레를 매우 가치 있다고 생각할 것이다. 하지만 외바퀴 손수레 다섯 대가 있다면 더는 필요 없을 테고, 심지어 귀찮을 수도 있다.

이는 간단한 개념이지만, 대단히 급진적인 의미를 함축한다. 1달러는 10억 달러를 가진 사람보다 무일푼인 사람에게 훨씬 가치 있다. 제프 베조스에게 땅에 떨어진 10달러 지폐는 집으려고 허리를 숙일 필요도 없을 만큼 추가적인 가치가 거의 없을 것이다. 하지만 노숙자 여성에게 그 10달러 지폐는 그날 일어난 최고의 사건일 것이다. 부는 부자에게 갈 때보다 가난한 사람에게 갈 때 훨씬 큰 효용을 낳는다.

공리주의적 관점에서 전체 복지는 상당한 부를 위쪽에서 아래쪽으로 재분배할 때 최적 극대화에 이른다. 일론 머스크Elon Musk의 은행 계좌에서 1만 달러를 빼내 미얀마에 사는 농부의 계좌에 넣으면 머스크는 그 돈이 없어진 걸 알아차리지도 못하겠지만, 농부의 삶은 완전히 달라질 것이다. 부를 재분배하는 데 실패하면 심각한 경제적 비효율이 초래된다. 재분배의 실패는 부의 사용을 최적화하지 못함으로써 막대한 잠재적 효용을 파괴한다. 이와 같은 효용의 낭비가 소유권 개념에 따라 정당화된다고 주장할 수도 있고 재분배의 결과를 들어 재분배에 반대할 수도 있지만, 우리가 자원을 낭비하는 것을 인정해야 한다는 점은 분명하다.[20]

시장의 부도덕

자원 할당을 자유 시장의 판단에 맡기는 것은 비효율적일 뿐 아니라 끔찍할 정도로 부도덕한 일이다. 나처럼 감상적인 사람은 "도덕은 완전경쟁 시장 거래에는 해당하지 않는다"거나 "경제학의 1원칙은 모든 행위자는 자기 이익에 따라서 움직인다는 것이다"[21]와 같은 자유 시장 옹호자들의 말을 들으면 섬뜩하다. 자신에게 도움이 되지 않는 한, 남의 필요와 욕구에 전혀 관심을 보이지 않는 '자기 이익'의 정당화는 견딜 수 없는 사회를 만든다. 이기심의 만연은 끔찍한 일이며, 아인 랜드Ayn Rand와 밀턴 프리드먼 같은 사람은 서로에게 나쁜 친구가 된다.

시장이 동정심을 약화한다는 경험적 증거도 있다. 새뮤얼 볼스Samuel Bowles는 《도덕경제학The Moral Economy》에서 일상적 관계가 '거래적'이 되면 도덕이 무너진다는 걸 보여주는 연구를 소개한다. 그는 어린이집에 대한 유명한 연구를 인용한다. 이 어린이집은 아이를 늦게 데리러 오는 부모의 수를 줄이기 위해 벌금제를 도입했다. 그런데 벌금제를 도입하자, 아이를 늦게 데리러 오는 부모가 오히려 늘었다. 부모들이 아이를 제시간에 데리러 가야 한다는 도덕적 의무감을 갖지 않게 됐기 때문이다. 그들은 괜찮은 사람이어야 한다는 압박감에서 벗어날 길을 돈으로 살 수 있다고 생각했다. 경제학이 탐욕을 암묵적으로 지지한다는 사실 외에, 경제학을 공부하면 타인에게 덜 관대해진다는 증거도 있다. 놀랄 일이 아니다. 경제학 교과서에서는 남보다 유리한 입장에 서려는 노력을 볼스의 말처럼 "부도덕한 것이 아니라 일종의 아이스크림 취향 같은 동기"[22]로 만들어버리기 때문이다. 경제학자들은 재난을 당한 사람에게 바가지를 씌워 가능한 한 많은 돈을 뜯어내는 행위가 상호적 자기 이익을 극대화[23]하는 정당한 행위라고 이야기한다. (재난 피해자는 물 한 병을 얻고 나는 1000달러를 번다. 모두가 승자다!)

존 스튜어트 밀John Stuart Mill은 경제학이 인간을 "오로지 부를 소유하기 원하는 존재로만 본다"고 말했다.[24] 하지만 그것은 우리의 본모습이 아니다. 인간의 동기에 대한 저 추악한 그림을 볼 때는 매우 조심해야 한다. 왜? 살다 보면 그것을 믿고 싶은 생각이 들 수 있기 때문에!

불평등이 문제인 이유

오늘날 많은 억만장자는 불평등이 위험 수준에 도달했음을 잘 알고 있다. 2014년에 투자자 닉 하나워Nick Hanauer는 동료 부자들에게 "쇠스랑이 우리를 향해 다가오고 있다"[25]고 경고했다. 블랙록BlackRock의 CEO 래리 핑크Larry Fink는 회사 경영진에게 보내는 연례 서한에서 "자본이 있는 사람은 엄청난 수익을 거둬들이지만 전 세계 수많은 사람은 저임금, 낮은 임금 상승률, 시대에 맞지 않는 정년제 등에 직면하고 있다"[26]고 경고했다. 해마다 전 세계 슈퍼엘리트들이 모여 잡담을 나누며 뭔가를 획책하는 다보스포럼Davos Forum에서는 종종 불평등 문제에 대해 논의했지만, 정작 이 회의 자체가 그런 문제의 재생산에서 수행하는 역할에 대한 언급은 별로 없었다. (물론 다보스포럼에 참석한 슈퍼엘리트들은 공들여 만든 '난민 경험' 역할극에 참여함으로써 다른 사람들이 어떻게 살아가는지 배웠다. 그들은 이 연극에서 군대의 공격을 피해 달아나는 척하는 역할을 맡았다.[27] 마리 앙투아네트Marie Antoinette도 이와 비슷한 행동을 한 적이 있다는 점이 흥미롭다. 그녀는 자기 땅에 시골 마을을 만들어놓고 종종 재미 삼아 농부 차림으로 지냈다.[28])

그러나 불평등을 노골적으로 옹호하는 사람들도 있다. 스티븐 핑커는《지금 다시 계몽Enlightenment Now》에서 평등은 인간의 복지에 근

1부 | 이 세상은 어딘가 잘못됐다

본적 요소가 아니라고 말한다.[29] 그는 철학자 해리 프랭크퍼트Harry Frankfurt 가《평등은 없다On Inequality》에서 불평등에 신경 쓰는 건 비합리적이라고 한 말을 인용한다.[30] 프랭크퍼트는 어떤 사람이 다른 사람보다 많이 갖는 건 문제가 되지 않는다고 주장한다. 문제는 충분히 갖지 못하는 사람이 있다는 것이다. 그러니 우리는 불평등이 아니라 빈곤에 신경 써야 한다는 것이다. 이는 사소한 구분처럼 보이지만, 프랭크퍼트와 핑커는 둘을 구분하는 게 중요하다고 강조한다. 불평등에 초점을 맞추면 결국 모든 사람이 빈곤하게 사는 완전한 평등의 상황에 처할 수 있다는 것이다(예를 들어 종말 이후의 세상은 경제적으로 평등할 것이다). 그들은 사람을 평등하게 만드는 데 초점을 맞출 게 아니라, 부자가 더 부유해지는 일이 있더라도 가난한 사람을 덜 가난하게 만드는 데 초점을 맞춰야 한다고 주장한다.

불평등 자체는 문제가 되지 않는다는 프랭크퍼트와 핑커의 생각은 틀렸다. 왜 그런지 투표를 통해 생각해보자. 민주주의에서 모든 사람은 이론상 평등한 투표권을 갖는다.[31] 어떤 사람들이 투표권을 두 장 갖는다면, 그들은 정치적 결정에 영향력을 두 배 행사할 것이다. 부富도 이런저런 재산을 어떻게 사용할지 결정하는 '입찰 경쟁'이라는 점에서는 투표권과 매우 비슷하다. 하지만 시장市場 선거는 사람들이 갖는 '투표권', 즉 부에서 상당히 차이가 있다. 예를 들어 하와이 라나이섬을 통째로 소유한 래리 엘리슨은 그 섬의 일을 결정할 수 있지만, 그곳 주민은 그럴 수 없다. 그들은 그 섬을 살 돈이 없기 때문이다. 이는 봉건제와 비슷하다. 영주는 더 큰 부가 있기 때문에 통제권을 행사한다. 민주주의는 어디까지나 평등을 바탕으로 한다. 우리 모두가 정치적 결정의 결과에 이해관계가 걸려 있기 때문에, 모든 사람은 평등한 참정권을 갖는다. 불평등에 대한 반대는 우리가 정부에 적용하는 원리를 시장에 적용하는 것일 뿐이다.

워런 버핏도 비슷한 말을 했다. "빈자가 가난한 것은 부자가 부유하기 때문이 아니다."[32] 이는 명백히 틀린 말이다. 버핏의 논리는 좌파주의자가 경제를 어떤 사람이 큰 조각을 가지면 어떤 사람은 작은 조각을 가질 수밖에 없는 파이로 생각한다는 것이다. 그들은 이런 생각을 '고정된 파이의 오류'라고 한다. 파이와 달리 경제에서는 개개인에게 돌아갈 몫을 합친 전체가 동시에 커질 수 있기 때문에 경제를 파이처럼 생각하는 건 오류라는 말이다. 경제가 성장하면 부자와 빈자 모두 더 부유해질 수 있기 때문에, 부자가 더 부유해진다고 해서 빈자가 반드시 더 가난해지는 건 아니라는 이야기다.

경제적 파이의 크기가 고정되어 있는 것은 아니라는 말은 맞다. 그렇다고 이 말을 부자가 부유해서 빈자가 가난한 게 아니라는 뜻으로 해석하는 건 잘못이다. 내가 약간 더 부유해지고 당신이 훨씬 더 부유해진다고 하자. 불어난 당신의 재산은 공립학교를 지원하거나 일하는 엄마에게 유급 출산 휴가를 제공하는 데 사용될 수 있는 것이었다. 부자가 소유하기로 결정하거나 소유하도록 허용되는 모든 돈은 달리 말해 미시간주 플린트Flint나 인디애나Indiana주 게리Gary의 경제에 투입되지 않은 돈이다.

프랭크퍼트와 핑커처럼 경제적 불평등이 문제가 아니라고 주장하는 사람은 돈이 어떤 식으로 사회적 권력을 제공하는지 놓치고 있다. 사회적 권력은 어떤 사람이 더 가지면 다른 사람은 덜 가질 수밖에 없다는 점에서 '제로섬'이다. 출발할 때는 당신과 내게 한 표씩 주어졌는데 얼마 안 있어 당신에게는 세 표가 더 주어지고 내게는 한 표만 더 주어진다면, 나의 투표수가 늘어났다 해도 사회적 권력은 당신에 비해 감소한 것이다. 돈도 마찬가지다. 모든 사람의 소득이 동시에 커진다 해도 사회에서 부자의 발언권이 커질수록 빈자의 발언권은 작아진다.

기업 권력

기업 권력은 사람들의 자유에 중대한 영향을 미친다. 프리드먼은 《자본주의와 자유Capitalism and Freedom》에서 '경제적 자유'와 '정치적 자유', 즉 자유 시장과 시민의 자유는 함께 간다는 유명한 주장을 했다. 그러나 실제 삶을 보면 그가 말한 자유는 농담 같다. 고용주가 피고용인에게 휘두를 수 있는 권력이 너무 많기 때문이다. 고용주는 피고용인이 무엇을 입고, 누구와 이야기하고, 언제 소변을 보고, 소셜 미디어에 무엇을 올릴지 결정할 수 있다. 미국의 거의 모든 주는 임의 고용 제도를 채택하는데, 이는 당신이 뭐든 고용주를 화나게 하면 해고돼 생계 수단을 빼앗길 수 있다는 의미다.

직장에서 당신의 권리는 거의 없다. 그러나 사회에서는 헌법이 보호하는 당신의 권리가 있다. 정부는 당신에게서 수정 헌법 1조가 보호하는 표현의 자유를 빼앗을 수 없다. 수정 헌법 4조는 정부가 부당한 수색과 체포로 당신의 프라이버시를 침해할 수 없다고 말한다. 이 중 어느 것도 직장에는 적용되지 않는다. 고용주는 당신이 직장뿐만 아니라 직장 밖에서 하는 말 때문에도 해고할 수 있다. 이는 경찰국가에서 흔히 보듯이, 사람들이 자기 의견을 말하기 두려워하는 환경을 만든다. 유망한 필자들이 우리 잡지에 글을 실을 때, 정치적 견해를 공개적으로 표현했다는 사실이 알려지면 해고될 수 있으니 가명으로 해달라고 편집자인 내게 부탁한다.

크리스 버트램Chris Bertram, 코리 로빈Corey Robin, 알렉스 구레비치Alex Gourevitch는 고용주의 권력이 얼마나 사악한 방식으로 얼마나 많이 행사되는지 이야기한다.

> 감옥이나 군대를 제외하고… 일반적인 직장만큼 성인의 자유를 구속하는 제도를 생각하기는 어렵다… 고용주는 (피고용인에게) 페이스북 계정의 비밀번호를 넘길 것을 (요구하고) 그런 사생활 침해 요구를 거절하면 해고한다. 고용주는 피고용인을 은밀히 촬영한다. 노동자는 부적절한 정치적 후보를 지지한다는 이유로("존 케리John Kerry를 위해 일하든가, 나를 위해 일하든가 둘 중 하나만 해"), 고용주가 지지하는 후보에게 기부하지 않는다는 이유로, 정부 관리에게 대든다는 이유로, 개인 블로그에 종교를 비판하는 글을 쓴다는 이유로(IBM은 피고용인에게 정치와 종교처럼 사람들을 불쾌하게 하거나 자극적·선동적으로 보일 수 있는 주제에 대해서는… 적절한 고려를 하라고 지시한다), 혼외 관계를 유지한다는 이유로, 집에서 그룹 섹스를 한다는 이유로, 이성의 옷을 입는다는 이유로 해고된다. 노동자는 집이라는 사적 공간에서 담배를 피우거나 술을 마신다는 이유로… 처벌받는다. (얼마나 많은 유모 국가들이 이런 시도를 해왔는가.) 그들은 낙태할 생각을 했다는 이유로 (혹은) 별거 중인 남편에게 강간당했다는 이유로 해고될 수 있다.[33]

1부 | 이 세상은 어딘가 잘못됐다

이 글의 필자들은 사적 처벌이 헌법의 제약을 받는 정부로서는 할 수 없는 방식으로 사람들을 처벌하는 데 사용될 수 있다고 지적한다. 예를 들어 조지프 매카시Joseph McCarthy 시대에 공산주의에 동조했다는 이유로 감옥에 갇힌 미국인은 거의 없었다. 하지만 많은 사람이 고용주에게 심문을 받았다. 할리우드Hollywood 블랙리스트는 민간 부문에서 자행된 탄압이었다. 스튜디오는 특정한 정치적 신념을 지킨다고 의심되는 사람에게 일을 주지 않았다. 피고에게 정당한 법 절차를 거칠 권리가 보장되는 공적인 형사사건과 달리, 사적 처벌은 반대자를 침묵하게 만드는 데 효과적일 수 있다. 정치철학자 엘리자베스 앤더슨Elizabeth Anderson은 공산주의적 독재가 개인의 욕구보다 집단의 사명을 우선시하는 감시 체제라는 점에서 기업을 '공산주의적 독재'에 비유한다.[34]

민주적 의사 결정은 정부에 책임을 부과하지만, 기업에는 그에 견줄 만한 게 없다. 일반적으로 피고용인에게는 회사 일을 결정할 권리가 전혀 없다. 당신은 사장을 뽑는 표결권이 없으며, 회사의 지시에 따르지 않으면 급여를 잃는다! 기업과 동일한 정치적 노선에 따라 작동하는 국가를 뭐라고 부를 수 있을지 생각해보라.

이런 문제는 기업이 독점적이 될수록 악화된다. 어떤 기업이 그 도시에 사는 사람이 들어가고 싶어 하는 유일한 직장이라면, 그 기업은 계약 조건을 원하는 대로 결정할 수 있다. 자유주의는 기업 권력을 옹호할 때 우리의 권리를 '자발적으로' 기업에 넘긴다는 논리를 내세운다. 당신이 페이스북에 가입하거나 아마존 물류 창고에서 일하도록 강요한 사람은 아무도 없지 않냐는 것이다. 자본주의를 찬양하는 프리드먼의 유명한 다큐멘터리 시리즈 제목이 〈선택할 자유Free to Choose〉다. 소수 회사가 특정 산업의 시장 경쟁에서 승리해 모든 브랜드를 소유하면 선택은 무의미해지고, 소비자는 어느 회사가 자신을 지배할지 결정하는 데 별 영향력을 행사하지 못한다.

주류 경제학자들은 독점의 부정적 결과를 잘 안다. 예일대학교 로버트 실러Robert Shiller 교수는 자본주의의 모습을 대부분 옹호하는 온건주의자지만, "경제 권력의 집중을 막는 데 촉각을 곤두세우고 자본의 소유권을 훨씬 더 분산하기 위해 노력해야 한다"고 말했다.[35] 자본이 소수 기업에 집중되면 그 기업은 가공할 정치권력을 쥔다. 로비 활동에서 그런 기업과 경쟁할 상대는 없으며, 시티즌즈유나이티드 Citizens United 사건에 대한 연방 대법원 판결° 덕분에 기업은 정치적 담론을 원하는 대로 조작하기 위해 얼마든지 돈을 쓸 수 있다.

그 결과 정부 정책은 다수의 뜻이 아니라 부유한 사람들이 바라는 방향으로 정해진다. 정치학자들은 미국에서 보통 사람들의 바람이 정책 결정에 거의 아무런 영향도 미치지 못한다고 말한다. 민주주의를 '자기 지배'로 이해하는 우리에게, 이는 다소 충격적인 사실이다. 기업은 "이론상 다수의 지배를 의미하는 정치적 민주주의의 도구를 이용해 소수인 자신들의 특권을 보호하는 데 탁월하다".[36] 탈세는 흔한 일이며, 부자의 조세 회피를 돕는 '소득 방어 산업'도 있다. 사람들이 기업의 재정에 너무 많은 위협이 될 것 같으면, 기업은 자기 공을 집어들고 집으로 가겠다고 위협할 것이다. 실제로 시애틀 시는 아마존이 떠나겠다고 위협하자, 고용주에게 그나마 얼마 되지도 않는 세금을 부과할 계획을 철회할 수밖에 없었다.[37] 기업 권력은 도시가 떠

° 기업이나 노조, 이익 단체가 선거 때 특정 후보를 위해 광고나 홍보비를 지출하는 데 제한을 둘 수 없다는 판결.

1부 | 이 세상은 어딘가 잘못됐다

나지 말라고 매달리고, 기업이 요구하는 대로 세제상 우대 조치와 인센티브를 제공해야 할 만큼 막강하다.

미국에서 독과점 기업은 확연한 성장세를 보여왔다. 렌즈크래프터스LensCrafters, 시어스옵티컬Sears Optical, 선글래스허트Sunglass Hut, 펄비전Pearle Vision 같은 주요 안경 소매 체인이 한 회사의 소유고,[38] 두 회사가 미국에서 생산하는 맥주의 90퍼센트를 차지한다.[39] 구글은 검색에 관한 한 사실상 독점기업이고, 페이스북과 유튜브, 애플, 트위터도 그 분야 시장을 지배한다. 이는 그들이 계약 조건을 마음대로 할 힘이 있다는 뜻이다. 《커런트어페어스》 구독도 페이스북과 트위터에 상당 부분 의존한다. 한 사이트라도 우리 잡지와 거래를 중단하면 우리 사업은 하룻밤 사이에 망할 게 거의 확실하다. 두 회사가 우리의 운명을 쥐고 있다. 그들이 뭔가 해야 한다고 말하면 우리는 그렇게 하는 방향으로 생각해볼 수밖에 없다. 그들은 지금 우리에게 호의적이지만, 자비로운 독재자도 독재자다.

자본주의를 옹호하는 지식인 프리드리히 하이에크Friedrich Hayek는 "많은 소유권자에게 재산이 분배되는 한, 그들 중 아무도 혼자서 특정한 사람들의 소득 지위income position를 결정할 배타적 힘을 갖지 못한다"[40]고 썼다. 바꿔 말하면 많은 소유권자에게 재산이 분배되지 않으면 그들은 사람들의 소득 지위를 결정할 배타적 힘을 갖는다. 제퍼슨 코위Jefferson Cowie는 《자본의 이동Capital Moves》에서 고용주의 권력 성장과 노동조합의 권력 쇠퇴를 추적한 결과를 보여준다. 예를 들어 RCA°는 노동자가 우위를 점할 것 같으면 자본을 다른 곳으로 옮겼다.

○　미국의 전자 기업.

RCA의 공장 이전은 하나같이 노동자의 증가하는 권리 의식과 노동자 집단의 투자 통제에 대한 반응이다. 자본 유출은 기업이 통제할 수 있는 노동의 새 저수지를 찾아 노동자 집단의 투자 통제에 반격하는 수단이었다.[41]

역설적으로 자본 집중은 경쟁이 아니라 소수 비선출직 관료 집단이 무엇을 팔지 결정할 거라는 사회주의에 대한 커다란 두려움 중 하나가 자본주의에서 점차 현실화되는 것을 의미한다. 경제학자 로브 라슨Rob Larson에 따르면, "오늘날 중앙 계획의 원천은 프리드리히 하이에크의 악몽에 자주 등장하는 사회주의의 '계획경제'가 아니라 독과점 기업과 그들의 산업 조직이다."[42] 어떤 말을 듣고 어떤 제품을 제공할지 결정하는 것은 정부가 아니라 아무도 투표하지 않은 마크 저커버그Mark Zuckerberg와 트위터의 잭 도시Jack Dorsey다.

* * *

많은 사람, 특히 엄청난 부자들이 탐욕이 보상받고 절제가 벌을 받는 경제체제 속에 자신들이 산다는 사실을 부정하는 건 아니다. 문제를 인식하지 못할 뿐이다. 프리드먼은 자본주의를 조금도 의심하지 않느냐는 질문에 "당신은 탐욕으로 굴러가지 않는 사회를 알고 있습니까? 러시아는 탐욕으로 굴러가지 않는다고 생각합니까?"라고 답했다. (맞다. 나도 자본주의가 탐욕으로 굴러간다는 것을 추호도 의심하지 않는다.) 하이에크는 보상받을 자격이 있는 사람에게 보상을 한다는 이유로 많은 이들이 자유기업을 옹호했는데, 그것은 '불행한 일'이라고

말했다. 그런 일은 흔히 볼 수 있는 것이 아니기 때문이라는 것이다.[43]

그러나 많은 슈퍼리치는 자신이 가진 부를 누릴 자격이 있다고 생각한다. 양심적이라는 평판을 듣는 소수 억만장자 중 하나인 버핏도 "부자는 대부분 눈부신 혁신에 기여하거나 미국의 복지에 경영적 전문 지식으로 기여하기 때문에 그들에게 자격이 없다고 해선 안 된다"[44]고 말했다. 크리스티아 프릴랜드는 《금권정치가들Plutocrats》에서 부에 대한 권리를 옹호하는 투자자들의 말을 소개한다.[45] 억만장자 리언 쿠퍼맨Leon Cooperman은 "부자들은 국가권력의 지배를 받아야 하는 이기적이고 냉혹한 한통속이 아니라 납세자 수백만 명을 고용하고 급여를 지불한다"고 말한다. JP모건체이스JPMorgan Chase의 CEO 제이미 다이먼Jamie Dimon은 "사람들이 당신은 부자이므로 나쁜 사람이라는 식으로 행동하는 것을 이해할 수 없다"고 말한다. 채권 중개인 데니스 가트먼Dennis Gartman은 훨씬 더 나간다.

> 소득 불평등을 축하하고 미국 사회 하위 20퍼센트와 상위 20퍼센트의 격차가 늘어나는 데 박수를 보낸다. 이는 미국이 위대한 국가가 됐다는 증거이기 때문이다. 누구라도 엄청난 소득을 가질 수 있다… 소득 불평등? 풋! 우리는 훨씬 더 많은 돈을 버는 일을 금하거나 힘들게 만드는 규칙을 강요하는 정부를 싫어한다.

이런 백만장자와 억만장자는 마음 깊은 곳에 자신의 돈은 자신이 번 것이기 때문에 자기 것이며, 정부는 그 돈을 빼앗을 '권리'가 없다는 믿음이 있다. 그러니 자신은 그 돈을 마음대로 사용할 수 있고, 성공했다고 비판받아선 안 되며, 오히려 자신이야말로 '일자리를 만든자'이기 때문에 칭찬받아 마땅하다고 생각한다. 프릴랜드는 와이오밍Wyoming주의 기업가이자 보수 정치인 포스터 프리스Foster Friess가 한 말을 인용한다. "나는 우리가 세금을 가능한 한 적게 내야 한다고 생각한다… 스티브 잡스Steve Jobs가 우리를 위해서 한 일이나 빌 게이츠가 사회를 위해서 한 일을 생각하면, 정부가 그들에게 돈을 줘도 시원치 않다… 나는 가난한 사람이 많은 사람을 고용하는 걸 본 적이 없다. 우리는 가치를 만드는 1퍼센트를 예우해야 한다고 생각한다." 우파 경제학자 루트비히 폰 미제스Ludwig von Mises는 아인 랜드에게 보낸 편지에서 더 노골적으로 말했다. 그는 그녀가 '대중'을 향해 "당신들은 열등하다. 당신들은 생활 조건이 나아진 것을 당연하게 여기지만, 사실 그것은 당신들보다 뛰어난 사람들의 노력 덕분이다"[46]라고 서슴없이 이야기한다고 찬사를 보냈다.

이런 견해는 그 핵심에 몇 가지 중요한 오류가 있다. 첫째, 시장가치와 도덕적 응분의 몫을 뭉뚱그려 하나로 취급한다. 둘째, 세금을 '당신의' 돈을 불법적으로 유용하는 것으로 본다. 셋째, 자본가가 노동자의 재산을 만들지 노동자가 자본가의 재산을 만드는 게 아니라고 생각한다. 넷째, 부자는 부자라는 이유로 이론의 여지없이 나쁜 사람이 된다고 생각한다. 다섯 번째 오류는 프리스가 가난한 사람이 누구를 고용하는 걸 본 적이 없는 이유다. 더 말하면 독자 여러분의 지성을 모욕하는 일이 될 것이다.[47]

당신이 시장적 의미에서 어떤 '가치'가 있는지와 당신이 동료 인간에게 쓸모가 있다는 의미에서 어떤 '가치'가 있는지는 분명히 다르다. 다른 사람의 똥을 치우는 것처럼 가장 즐겁지 않지만 가장 필요한 일을 하는 사람은 최소의 보상을 받는 반면, 슈퍼리치의 쓸모없는 자식은 상속받은 유산을 파먹고 산다. 두 가지 가치를 뒤섞어 하나로 취급하면 우수한 형질을 물려받은 자의 편에 가까운 정책이 펼쳐지기 쉽다. 예를 들어 '비생산적' 이민자보다 '생산적' 이민자를 중시하면 장애인, 병자, 노인을 배제하는 결과가 초래된다.

　매우 중요하지만 아무런 보상도 주어지지 않는 기여도 볼 수 있다. 예를 들어 인터넷의 길을 개척한 프로그래머와 팅커러tinkerer° 가운데 그로 인해 부자가 된 사람은 거의 없다. 팀 버너스리Tim Berners-Lee는 월드와이드웹을 만들었지만, 우리가 www를 사용해도 돈 한 푼 가져가지 않는다.°° 위키피디아는 인간 지식의 저수지에 대한 접근성을 엄청나게 확대했지만, 창립자 지미 웨일스Jimmy Wales에게 부를 가져다주지 않았다. 페이팔PayPal의 공동 창업자이며 억만장자이자 자유 지상주의자 피터 틸Peter Thiel 조차 과학적 · 기술적 · 의학적 혁신을 가져온 사람은 대개 아무런 보상도 받지 못한다고 말했다.[48] 왜? 혁신가는 사업가가 아니기 때문이다. 그들이 이런 발명을 한 것은 발견의 기쁨을 위해서다. 부자가 되는 사람은 그런 발명을 돈으로 바꿀 줄 아는 사람, 혁신가에게 몇 푼 쥐어주면서 권리를 넘기는 서류에 서명하라고 말할 줄 아는 사람이다. 《포브스》가 발표하는 미국의 400대 부자 최상위에 있는 사람 가운데 뭔가를 발명한 사람이 몇 명이나 되는가? 버핏이 무엇을 발명했는가? 레이 달리오는? 조지 소로스George Soros는? 코흐Koch 형제는?

○　호기심이나 직관, 상상 등에 따라 이런저런 물건을 가지고 기묘한 발명품이나 기계 장치 등을 만들기 좋아하는 사람.
○○　버너스리는 모든 웹사이트와 서버를 어떻게 만드는지 자신이 사용한 모든 소프트웨어를 공개했고, 원하는 사람은 누구나 무상으로 사용할 수 있게 했다.

정부가 과세로 사람들의 돈을 가져간다는 생각에 대해 간략히 언급하고 넘어가자. 내 소득은 '내 것'이라는 주장을 내세워 '분배'라는 생각 자체를 문제 삼는 사람들이 있다. 예를 들어 돈 왓킨스Don Watkins와 야론 브룩Yaron Brook은 분배는 말뿐이며, 사실은 불법적인 강탈이라고 주장한다. "부는 사회가 분배하지 않는다. 부를 창출하는 사람들이 생산하고 교환한다. 부를 분배하려면 사회는 부를 창출한 사람들에게서 강탈하는 수밖에 없다."[49] 이런 논리는 애초에 시장이 형성되는 데 정부가 수행하는 역할을 무시한다.[50] 돈이 있는 것은 정부가 있기 때문이다. 돈은 정부가 만들고, 정부는 부가 창출될 수 있는 모든 조건을 만드는 일을 책임진다. 당신의 세전 소득은 온전히 '당신 것'이 아니다. 당신이 소득이 있기 위해선 크고 강력한 정부가 있어야 하고, 정부가 있기 위해선 세금이 있어야 하기 때문이다.[51] 정부는 수많은 방식으로 경제적 게임의 규칙을 정하는 데 관여한다. 이를테면 회사 설립 특허의 작용 방식과 보상 규칙을 정하고, 파산 시 부채를 면책하는 방식을 계획한다. 정부는 기생충이 아니다. 정부는 애초에 부가 창출되도록 보장하는 임무를 맡고 있다.

* * *

프레더릭 더글러스Frederick Douglass가 노예제도의 끔찍함을 과소평가했다고 비난할 사람은 아무도 없을 것이다. 그는 다른 인간의 소유물이 되는 것이 무엇을 의미하는지, 노예제도가 노예 소유주를 신체적·정신적으로 어떻게 타락시켰는지 훌륭하고 감동적인 필치로 그렸다. 그러나 더글러스는 소유되는 것으로부터의 자유를 누리는 것으로는 충분치 않다는 걸 알았다. 진정한 자유는 착취되는 것으로부터의 자유까지 포함해야 했다. 어떤 사람이 명목상 자유롭다 해도 불평등한 사회에서는 여전히 고용주에게 지배받을 수 있기 때문이다. 더글러스는 자유 시장에서 사람들을 강제하는 '임금 노예제도' 역시 과거의 노예제도만큼 억압적일 수 있음을 알았다.

> 경험이 입증하듯이 임금 노예제도는 동산 노예제도보다 조금 덜 굴욕적이고 덜 가혹한 결과를 초래할 뿐, 사실상 같은 고통을 줄 수밖에 없다… 누군가에게 당신은 나를 위해, 내가 주기로 결정한 임금을 위해 밭일을 한다고 말할 권력을 가진 사람은 채찍을 휘두르며 노역을 강제하는 사람만큼은 아니지만 사실상 노예제도와 동일한 권력을 가진다.[52]

당신이 중국의 아이폰 조립공이나 두바이의 건설 노동자가 아니라면 21세기는 19세기 후반만큼 노동자에게 야만적이지 않다. 하지만 우리는 자유 시장이 반드시 자유로운 건 아니라는 더글러스의 말을 진지하게 생각해봐야 한다. 사람들이 자유로운지는 그들이 자신의 주인인지에만 달린 게 아니라 다른 사람들이 현실에서 그들을 지배할 힘이 있는지에도 달렸다.

* * *

지금까지 이야기한 것은 전혀 새삼스럽지 않다. 우울한 이야기지만, 과거부터 지금까지 줄곧 그랬다. 수 세기에 걸쳐 자본주의를 옹호하는 논리가 펼쳐졌다. 그에 대한 좌파의 비판, 이 비판에 대한 자본가의 대답, 좌파의 재반박이 늘 같은 논리로 이어졌다. 당신이 지금까지 나의 주장에 반대해 이야기할 수 있는 것은 모두 과거에 나왔다. 물론 좌파는 당신이 어떤 주장을 하든 이미 그에 대한 대답을 했다. 이런 공격과 방어, 방어와 공격이 전개되는 과정을 알고 싶다면 1922년 이탈리아의 무정부주의자 에리코 말라테스타Errico Malatesta 가 쓴《국가 없는 사회At the Café》를 읽어보라. 이 책은 사회주의자 한 명과 자본가 한 명이 여러 사람과 대화하는 형식이다. 이 책에서 자본가는 40년 뒤에 프리드먼이 내놓을 반박을 모두 제시한다. 말라테스타가 이 책을 쓸 때 프리드먼은 열 살에 불과했지만 말이다.

> **암브로지오** 소유주와 노동자는 노동의 값을 정할 때 자유로운 상태에서 계약하네. 그 계약을 존중한다면 아무도… 불평해선 안 되네.
> **조르지오** 자유계약이라니? 노동자는 일하지 않으면 먹을 수가 없네. 노동자의 자유는 강도를 만난 여행자의 자유와 비슷하다네. 여행자는 목숨을 잃을까 두려워 지갑을 내주지.
> **암브로지오** 맞는 말이네. 하지만 그런 비유로는 자기 재산을 마음대로 처분할 권리를 부정할 수 없어… 법은 사람들의 소유권을 인정하네.
> **조르지오** 아! 그런 것이 법이라면 거리의 무법자도 사람을 죽이고 강탈할 권리를 주장할 수 있어. 그럴 권리를 명시한 법 조항 몇 개만 만들면 되니까. 지배계급이 한 일이 바로 그거야. 지배계급은 이미 저지른 강탈 행위를 정당화하는 법을 만들어서 그것을 새로운 점유 수단으로 삼았어.[53]

1부 | 이 세상은 어딘가 잘못됐다

내가 지금까지 말한 것에 치밀하고 다양한 반론을 준비한 독자들이 있다면, 말라테스타의 책을 읽어보기 바란다. 그대들이 제시할 만한 주장을 암브로지오가 모두 펼쳤고, 그런 주장에 대한 답변 또한 이미 제시됐음을 볼 수 있을 것이다.

2부

사회주의는 옳다

4장

사회주의적
본능에 대하여

사회주의자란 지금까지 거의 모든 사람이 비참하고 허망하고 끊임없는 노역에 시달리며 살다 갔다는 사실에 경악을 금치 못하는 사람일 뿐이다.

테리 이글턴Terry Eagleton, 《이데올로기 입문 Ideology: An Introduction》

나는 기본적으로 사회주의자다. 너무나 많은 사람이 스스로 통제할 수 없는 상황 때문에 불필요한 고통을 겪는 사회, 인간의 존엄이 운에 따라 주어지고 사회적 카스트가 일상생활 구석구석에 만연한 사회, 원자를 분열시키고 달에 인간을 보내는 문명에서 이런 모든 것이 정상적이고 당연한 것으로 간주되는 사회를 그냥 받아들일 순 없기 때문이다.

루크 새비지Luke Savage, 〈자유주의의 이론과 실천 Liberalism in Theory and Practice〉,

《자코뱅》[1]

우리는 이 문제가 무엇이든 서로 돕기 위해 여기에 있다.

커트 보니것Kurt Vonnegut, 《나라 없는 사람 A Man Without a Country》

지금까지 내가 이야기한 핵심은 분노가 필요하다는 것이다. 나는 우리가 인간의 불행을 수긍하고 현 상태에 대한 변명을 받아들여야 한다는 생각을 거부해왔다. 나는 양심이 있다는 건 다른 사람의 고통에 마음 아파하면서 도움이 될 일을 하겠다고 결심하는 것이라고 주장해왔다.

그리 대단치 않은 말처럼 들릴 수 있다. 정치적 노선이 무엇이든 모든 사람은 자신이 그런 방향을 추구한다고 말할 것이다. 그들은 내가 그것을 급진 좌파의 전유물인 듯 말한다고 불쾌해할 것이다. 미국

부통령을 지낸 휴버트 험프리Hubert Humphrey는 불행한 사람에 대한 관심이 곧 사회주의는 아니라고 말했다. 엄밀한 의미에서 험프리의 말이 맞다고 할 수 있지만, 나는 적어도 진정한 관심은 사회주의를 수반한다고 생각한다. (더욱이 내가 보기에 불행한 사람에게 관심이 있다고 말하는 사람은 많은 경우 거짓말을 하고 있으며, 불행한 사람에게 관심이 있는 것처럼 보이도록 하는 데 관심이 있을 뿐이다.)

몇 가지 질문으로 시작해보자. 밀레니얼 세대의 절반 이상이 자본주의보다 사회주의에 공감한다고 말한다.[2] 이 말은 정확히 어떤 의미일까? 그들은 정확히 무엇에 동의하는 걸까? 소련에 살고 싶다는 이야기일까? 정부 부처가 모든 제품을 관장하고, 당신이 구할 수 있는 치즈 종류가 치즈 담당국이 이번 주에 생산하기로 결정한 것에 따라 달라지는 중앙 계획경제를 원하는 걸까?

물어본 적은 없지만, 나는 그들이 이런 것을 원하지 않는다고 생각한다. 나는 그들이 테리 이글턴이 이야기하는 사회주의자, 즉 불공정하고 잔인한 세상을 바꿀 길을 찾진 못하지만 탐욕과 편견, 위계질서에 대한 지적 합리화를 받아들이기를 거부하는 사람이라고 생각한다. 그들은 비민주적이고 불평등한 세상을 좋아하지 않으며, 이런 세상이 우리가 만들 수 있는 최선이라는 걸 받아들이지 않는다.

그렇다고 해서 그들이 곧 특정한 '대안적' 경제체제에 동의한다는 말이 아니다. 사실 저런 태도는 일종의 본능이다. 연대의 본능이며, 자본주의가 놀랍고 공정한 체제라는 믿음에 동의하지 않는 본능이다. 이 젊은이들과 이야기를 나눠보라. 그들 중 많은 수가 자신이 말하는 사회주의가 정확히 어떤 의미인지 제대로 설명하지 못할 것이다. 이는 그들이 어리석기 때문이 아니라, 그들이 자신의 다양한 감정

2부 | 사회주의는 옳다

을 포괄하고 21세기의 경제적·정치적 생활을 얼마나 끔찍하게 여기는지 보여줄 용어를 찾고 있기 때문이다.

21세기 사회주의는 민주당과 공화당이 완전히 수용한 것으로 보이는 이전투구의 자유방임적 자본주의와는 정반대 가치를 추구한다. 그것은 '피할 수 있는 불행', 이를테면 저임금 장시간 노동, 치료받을 돈이 없어 죽어가는 것, 경찰의 총기 발사, 국경에서 생이별하는 가족을 보면서 드는 두려움의 표현이다. 엄밀히 말해 이것이 모두 경제적인 문제는 아니다. 그것은 모든 인간의 운명이 연결됐다고 보는 연대 윤리의 소산이다. 유진 데브스의 말을 빌리면, "하층계급이 있는 한, 나는 거기에 있다. 범죄적 요소가 있는 한, 내게도 그것이 있다. 누군가가 감옥에 있는 한, 나는 자유롭지 않다".[3] 사회주의자는 우리가 동료 인간에 대해 아무런 의무도 없기에 자기 이익을 마음껏 추구할 수 있는 개인이라는 주장을 받아들이지 않는다. 노동계의 오랜 구호를 빌려 말하면, 사회주의자에게 "누군가를 부당하게 대우하는 건 모든 사람을 부당하게 대우하는 것과 같다".

오늘날 사회주의자는 이론을 펼치기 전에 사실과 관찰부터 시작한다. 내 친구는 디트로이트의 한 초등학교에서 2학년을 가르친다. 그녀는 교사들의 94퍼센트가 그렇듯이 학교 비품을 자기 돈으로 구입한다.[4] 친구는 아이들이 사랑스럽고 똑똑하지만, 공부할 여건이 못 된다고 말했다. 많은 아이가 밥을 못 먹고 등교하며, 잠잘 집이 없는 아이도 있다. 집이 가난해서 생기는 문제도 있지만, 학교 역시 아이들에게 필요한 것을 주지 못한다. 내 친구의 반에는 약 30명이 있는데, 일부는 심한 자폐아여서 그녀는 수업 시간을 온통 질서 유지에 쓴다. 친구는 주말에 아이들에게 뭔가를 가르치고 싶지만 그럴 수 없다는 생각이 들어 절망스럽다고 했다. 게다가 디트로이트 시의 학교는 낙후하고, 기본적인 것을 살 돈조차 충분하지 않다. 수준 있는 음악 프로그램이나 질 좋은 스포츠 장비는 꿈도 못 꾼다. 최근에 디트로이트 시는 학교 보수비로 5억 달러가 필요하지만 예산을 마련할 수 없을 거라고 했다.[5] 다음은 2016년에 한 초등학교의 현황을 기술한 글의 한 대목이다.

> 체육관은 닫혔다. 마룻바닥 절반이 뒤틀렸고, 나머지 절반은 지붕에서 떨어진 빗물 때문에 유독한 검은 곰팡이로 덮였기 때문이다. 전문가에게 맡겨 문제를 해결하지 않은 채, 반창고를 붙이듯 검은 방수포로 덮어 놓았다. 체육관은 사용이 금지된 상태다. 아름답던 수영장도 보수 관리가 되지 않아 텅 비었다. 운동장에 묻힌 온수 장치가 고장 나 뜨거운 증기가 땅에서 솟구치는 바람에 운동장은 출입이 금지됐다. 체육관도, 운동장도, 수영장도 없는 상태에서 우리 아이들은 어떻게 하고 있을까? 아이들은 복도를 걷거나 뛰어다닌다.[6]

매사추세츠주 앤도버Andover에 있는 필립스아카데미Phillips Academy에 강연하러 갔을 때, 앞서 말한 내 친구가 일하는 학교가 생각났다. 그곳과 달리 필립스아카데미는 미국에서 가장 부유한 사립학교로 기부금이 10억 달러에 이른다. 조지 부시와 그의 아버지가 이 학교 출신이다. 스포츠 프로그램 30개, 세계적 수준의 도서관, 커다란 성당 같은 규모의 식당, 목가적인 운동장을 갖춘 놀라운 곳이다. 당신이 바라는 모든 것이 마련된 학교로, 이곳의 학생들은 대단히 성공적인 삶을

2부 | 사회주의는 옳다

살아갈 것이다. 이 학교는 전 세계에서 전문가를 초빙해 강연을 한다. 그들은 내게 여행 경비와 상당한 강연료를 지급했다.

이런 학교를 보고 나서 체육관이 폐쇄되고 물에 납 성분이 섞여 나오는 학교에 어찌 분노하지 않을 수 있겠는가? 성공하기 위한 방법이 뭐라고 보든, 대다수 사람은 어릴 때 그리 많은 것을 직접 얻지 못한다. 디트로이트 학교의 아이들이 그곳에 있는 것은 출생의 우연 때문이며, 앤도버 아이들이 그곳에 있는 것 또한 출생의 우연 때문이다. 열 살짜리가 배를 곯고 잠잘 집이 없는 현실에 정의라고 할 만한 게 전혀 없다는 데 누구나 동의할 것이다. 아이들은 자기 삶을 끌고 나갈 힘이 없기 때문이다. 집 없는 청년들에 관한 통계는 충격적이다. 미국에서 잠잘 곳을 찾지 못하는 날이 하루 이틀이 아닌 젊은이들이 해마다 420만 명에 이른다.[7] (우리는 흔히 미국의 경우만 놓고 이야기하지만 당신이 어느 나라에 태어났느냐가 장차 손에 넣을 소득에 지대한 영향을 미치는 지금의 세계에서 어느 나라를 보든 터무니 없이 불공정한 일이 비일비재하다.)

사회주의적 본능은 바로 이런 데서 시작된다. 잭 런던은 〈나는 어떻게 사회주의자가 되었나How I Became a Socialist〉라는 에세이에서 자신이 사회주의자가 된 것은 마르크스를 읽고 변증법적인 역사 유물론을 받아들였기 때문이 아니라고 말한다.[8] 그가 세상 속으로 뛰어들어 모든 사람이 자신과 같진 않다는 걸 깨닫고, 실제로 사람들을 알게 되면서 어떤 사람이 다른 사람보다 가치 있다는 생각이 즉시 무너지는 걸 자각했기 때문이다. 젊은 시절에 그는 다음과 같이 생각했다고 말한다.

나는 세상을 봤고 세상이 좋다고, 어느 모로 보나 좋다고 생각했다… 이런 낙관주의가 가능했던 것은 내가 건강하고 튼튼했기 때문이다. 나는 아픈 데가 없고 몸이 허약하지도 않아서, 고용주에게 퇴짜 맞는 일 없이 언제든 일자리를 얻을 수 있었다… 나는 끝없이 펼쳐진 흐릿한 미래의 전경을 머릿속으로 그려봤다. 내가 생각하는 위대한 인간MAN의 게임을 하면서 완전히 건강한 몸으로 아무런 사고 없이 늘 힘이 넘치는 근육을 가지고 저 미래를 계속 여행해갈 거라 믿었다… 나는 절대적인 우월함과 힘으로 발길 닿는 곳마다 거침없이 정복하는 니체Friedrich Wilhelm Nietzsche의 금발의 야수처럼 삶을 헤쳐 나가는 미래의 내 모습을 볼 수 있었다. 병들고 아픈 사람, 늙은이, 장애인처럼 불행한 이들에 대해서는 고백하건대 거의 생각도 하지 않았다. 막연하게나마 아무 사고 없이 간절히 원하고 열심히 일하면 그들도 나처럼 좋을 수 있을 거라고 생각했다.

무엇이 그의 생각을 바꿨는가? 런던은 일자리가 풍부한 서양부터 그렇지 않은 동양까지 세상 곳곳을 돌아다녔다. 그는 "완전히 다른 시각으로 삶을 바라보는 자신을 발견했다"고 말한다.

그곳에는 온갖 사람이 있었다. 그들 중 많은 사람은 한때 나와 같이 삶에 만족해 금발의 야수처럼 살았다. 그들은 한때 선원이나 군인, 노동자로 일했지만 고단한 노역과 궁핍과 사고 등으로 찌그러지고 뒤틀려 온전한 형체를 잃은 채 마치 주인에게 버림받은 늙은 말처럼 거리를 떠돌았다. (나는) 화물 차량과 도심의 공원에서 추위에 떨며 나와 비슷하거나 나보다 소화기관이 튼튼하고 신체가 건강한 사람들이 나만큼이나 좋은 조짐으로 출발했으나, 내 눈앞에 펼쳐진 난장판 같은 사회적 구덩이의 밑바닥에서 끝나는 인생 이야기를 들었다.

런던은 자기 안식처에서 벗어나 다른 사람의 삶을 이해하려는 과정에서 사회주의자가 됐다. 밀레니얼 세대도 마찬가지다. 그들의 출발점도 경제 이론이 아니라 전혀 다른 상황에 있는 동료 인간에 대한 깊은 이해와 사랑과 공감, 내가 원하지 않는 것은 당신도 결코 원하지 않는다는 연대 의식이다. 사회주의자는 무엇보다 불의에 당황하고 충격받고 가슴이 아픈 나머지 그에 대한 생각을 멈추지 못한다. 그들에게 "저런다고 해서 우리가 뭘 할 수 있겠어"라거나 "원래 세상 일이 다 그래"처럼 흔해 빠진 말은 용납되지 않는다.

* * *

자본주의의 파괴적 성격과 불의에 대한 분노라는 사회주의 윤리는 상품이 만들어지고 분배되는 방식을 재배치하는 사회주의 경제와 구별해야 한다. 사회주의 윤리는 사회주의 경제 그 이상이면서 이하다. 그 이하인 것은 사회주의 윤리가 반드시 사회의 정확한 작동 방식에 대한 청사진을 갖고 있진 않기 때문이다. 그 이상인 것은 사회주의 윤리가 경제체제에 그치지 않고 세상을 바라보는 방식이기도 하기 때문이다. 사회주의 윤리는 당신이 감옥이나 노숙인 캠프, 아마존 달성 센터에 대해 알게 되면 그냥 지나치지 않고 정치적 행동에 나서게 만든다.

폴란드의 마르크스주의 학자 레셰크 코와코프스키Leszek Kołakowski는 공산주의에 환멸을 느끼기 전에 이상으로서의 사회주의와 체제로서의 사회주의를 구별한 적이 있다.

> 공산주의적 사회주의의 붕괴가 사회주의 전통 전체의 소멸로 이어지고 사회적 다윈주의가 지배 이데올로기로 올라서는 결과를 초래한다면 안타까운 일이다… 강요된 형제애는 현대에 만들어진 가장 사악한 사상이다… 이것이 형제애의 이상을 포기할 이유는 아니다. 형제애는 사회공학을 통해 실현할 수 있는 것이 아니라 해도 목적의 선언으로서 여전히 유용하다. '대안적 사회'를 위한 기획으로서 사회주의는 죽었다. 하지만 약자와 억압당하는 자가 연대하는 선언으로서, 사회적 다윈주의에 반대하는 동기로서, 경쟁과 탐욕보다 가치 있는 것을 우리가 볼 수 있게 하는 빛으로서, 체제가 아니라 이상으로서 사회주의는 여전히 유용하다.

코와코프스키가 우려했듯이, 공산주의의 붕괴는 실제로 일종의 사회적 다윈주의 이데올로기의 승리와 동시에 사회주의적 이상의 소멸을 가져왔다. 소련이 사라지면서 노동조합과 사회복지 프로그램도 사라졌다.

사회주의 윤리를 이야기하면서 '형제애' 같은 단어를 사용한 탓에 내가 사회주의에서 실질적 의미를 빼놓은 것처럼 보일 수도 있다. 사회주의가 사회적 약자와의 연대를 말하는 것일 뿐이라면, 도대체 사회주의는 정확히 어떤 것인가? 이글턴의 말처럼 사회주의자는 '충격을 받는다'는 것이 사회주의자와 비사회주의자의 유일한 차이인가? 불행한 사람에게 관심을 보이는 사람은 누구나 사회주의자인가?

내가 보기에 코와코프스키는 형제애라는 단어를 너무 모호하게 사용한다. 사회주의가 연대와 연민에서 시작되는 건 사실이지만, 이는 최초의 원리일 뿐이다. 어떤 사람의 사회주의는 자신이 공감하는 바를 말하는 데 그치지 않고, 문제가 발생한 상황을 바꾸겠다는 결심까지 나아갈 때 비로소 의미가 있다. 즉 사회주의는 문제 인식뿐만 아니라 기꺼이 몸을 던져 그 해결책을 찾아내는 것도 포함한다. 사회주의는 혁신적 변화가 가능하다고 믿는다는 점에서 유토피아적이기도 하다.

사회주의는 현실적인 믿음에 그치지 않고, 앞으로 세상이 어떻게 돼야 하고 어떻게 될 수 있는지에 대한 급진적 생각으로 나아간다. 사회주의는 인도주의적 공감에서 미래의 비전을 이끌어낸다. 즉 사회주의는 전쟁이 없는 세계, 계급이나 인종적·젠더적 위계가 없는 세계, 심각한 권력 불균형이 없는 세계, 부와 빈곤이 없는 세계, 모든 사람이 즐겁고 행복한 세계를 추구한다. 우리는 지금 이런 세계에 살지 않는다. 지금 세계는 불평등하고 폭력적일 뿐만 아니라 가난한 사람으로 가득하다. 사회주의자는 엄청난 환경 파괴를 막고 자살과 영양실조, 독재자든 사장이든 압제를 없앨 때까지 쉬지 않을 것이다. 이는 야심찬 포부의 말이지, 사회적 약자를 사랑하자는 막연한 주장이 아니다.

무엇을 지지하느냐보다 무엇을 반대하느냐로, 구체적 지침보다 추상적 가치로 사회주의를 정의하는 것은 책임을 회피하기 위한 술책으로 보일 수도 있지만, 내 생각은 다르다. 왜냐하면 기본적인 가치가 유지되는 한 구체적인 지침은 상황에 따라 달라질 수 있기 때문이다. 예를 들어 평등을 믿는다는 건 길게 보면 모든 사람이 국가의 부에서 동등한 몫을 가져야 한다는 의미다. 그러나 짧게 보면 금융기관이 흑인 대출자를 차별하는 일을 막기 위해 국가가 규제적 권력을 사용하거나, 기업이 부유하지 않은 사람을 상대로 불공정하게 유리한 위치에 서지 못하도록 기업의 선거 자금 액수를 제한하는 것을 의미할 수 있다. 그것은 과세를 통한 부의 재분배를 의미할 수도 있고, 회사에서 일어나는 일에 대해 피고용인의 발언권을 강화하기 위해 노동조합을 결성하는 것처럼 정부와 전혀 관계 없는 조치를 의미할 수도 있다. 이밖에도 사회주의의 추상적 가치, 즉 별개로 보이는 정책 목표가 사실상 공유하는 가치에서 나올 수 있는 다양한 생각을 얼마든지 제시할 수 있다.

* * *

훌륭한 사회주의 사상의 핵심에는 민주주의를 확대해야 한다는 굳건한 믿음이 있다. 민주주의는 사람들이 자신에게 영향을 미치는 결정에서 발언권을 가지고, 힘 있는 경제적·정치적 엘리트들이 바라는 것에 복종하기보다 자기 삶에 통제권을 행사해야 한다는 믿음이다. 물론 모든 사람이 민주주의를 믿는 건 아니다. 저명한 자유 지상주의 철학자 제이슨 브레넌Jason Brennan은 《민주주의 반박Against Democracy》을 썼다.[9] 그는 이 책에서 대중은 무지몽매하고 스스로 결정할 능력이 없기 때문에 많이 배운 현명한 사람들의 지배를 받아야 한다고 주장한다. (맹세컨대 과장이 아니다. 직접 읽어보라.)

2부 | 사회주의는 옳다

사회주의자는 민주주의를 믿을 뿐만 아니라 민주주의가 확대돼야 한다고 믿는다. 오늘날 미국의 민주주의는 매우 제한된 민주주의다. 물론 전과가 없고 정식 공문서가 있고 워싱턴 D.C.나 푸에르토리코를 제외한 미국 영토에 거주하는 18세 이상 시민이라면 누구나 연방의회 의원을 선출할 권리가 있지만, 선거에서는 돈이 절대적으로 중요하다. 이는 부자가 가난한 사람보다 선거 결과에 영향을 미칠 능력이 훨씬 크다는 뜻이다. 이것이 민주주의를 축소시킨다. 돈을 얼마나 동원할 수 있느냐에 따라 정부를 얼마나 통제할 수 있느냐가 결정되기 때문이다. 버니 샌더스 같은 민주사회주의자들이 줄기차게 선거 자금 개혁을 이야기하면서 돈이 정치에 미치는 영향을 제한할 방안을 제시하는 이유다. 그러나 이를 실현하기란 매우 어렵다. 돈의 힘이 막강한 데다, 현실적으로 권력을 평등하게 할 길은 사람들의 부를 평등하게 만드는 것뿐이기 때문이다. 경제적으로 대단히 불평등한 사회는 결코 정치적으로 평등한 사회일 수 없다.

그러나 사회주의자는 경제 영역에서 민주주의를 확대하는 데도 관심이 있다. 직장은 대단히 비민주적인 곳이다. 예를 들어 어떤 제조업체가 공장을 폐쇄하고 해외로 이전하기로 결정한다고 해서 그 공장 노동자들이 그 결정을 놓고 '투표'하진 않는다. 그들이 공장을 짓는 데 얼마나 많은 노동을 투여했든, 공장 폐쇄가 그들의 삶을 얼마나 파괴하든 그들은 자신의 의지에 반하는 회사의 결정에 따를 뿐이다. 완전한 소유권은 재산을 어떻게 할지, 그 재산으로 생산한 것을 어떻게 할지 결정할 권리를 포함한다. 노동자는 자신이 일하는 공장의 소유자가 아니므로 아무 결정권이 없다. '경제적 민주주의'라는 개념은 노동자들이 이런 결정권을 가져야 한다는 뜻이다.

사회주의자는 노동자 협동조합worker cooperative°의 설립부터 주요 산업의 국유화에 이르기까지 수많은 경제민주주의 방안을 지지한다. 예를 들면 가 알페로비츠Gar Alperovitz의《자본주의를 넘어선 미국America Beyond Capitalism》이나 리처드 울프Richard Wolff의《작동 중인 민주주의Democracy at Work》는 경제민주주의의 모습이 어떨 수 있는지 보여준다. 경제민주주의의 핵심에는 통제권이 소수의 사람들이 아니라 노동하는 사람들에게 있어야 한다는 생각이 있다. 이런 생각에 따르면, 노동자가 할 일을 경영자와 소유주가 결정하는 게 아니라, 경영자(노동자에게 이들이 필요하다면)가 할 일을 노동자가 결정해야 한다. 그리고 노동자가 직장을 소유해야 한다.

이제 우리는 20세기의 권위주의적인 '사회주의' 정권을 왜 사회주의라고 할 자격이 없는지 알 수 있다. 소련의 노동자는 직장에서 매우 제한된 통제권을 행사했다. 그들은 공산당 소속 공무원에게 자신이 할 일을 지시받았다. 사회주의는 정부에 의한 통제가 아니라 인민에 의한 통제를 뜻한다. 정부가 인민의 의지에 응하지 않으면 김정은의 조선민주주의인민공화국이 '민주주의'인 것과 같은 의미에서 '사회주의'다. 이런 의미에서 나를 비롯해 많은 사람이 우리의 생각을 스탈린 치하의 참혹한 사회주의와 구별하기 위해 사용하는 민주사회주의라는 용어는 사실상 불필요하다. 사회주의는 원래 경제민주주의를 가리키는 용어이기 때문에 비민주적인 체제는 애초에 사회주의라고 불릴 수 없다.

○ 자본이 노동을 '고용'하는 일반적인 기업과 달리, 생산수단의 소유권과 관리권이 노동자에게 있는 협동 기업. 워커쿱이라고도 한다.

2부 | 사회주의는 옳다

당신은 내가 사회주의의 청사진을 제시하지 않는다는 걸 눈치챘을 것이다. 내게는 사회주의에 대한 청사진이 없기 때문이다. 내가 생각하는 사회주의는 모든 게 어떤 모습이어야 하는지 정해진 그림이 아니다. 오히려 사회가 공정하게 작동하는지 평가하고, 더 나은 세상으로 나아가도록 우리를 안내하는 데 사용하는 일련의 원칙이다.

* * *

이 대목에서 당신의 비명이 들리는 듯하다. 당신이 사회주의에 극히 회의적이라면, 더 참지 못하고 분노를 터뜨릴 것이다. 당신은 캐나다 철학자 조지프 히스Joseph Heath 와 비슷한 생각을 할 것이다. 히스는 세상에 대한 청년 좌파의 지극히 단순한 도덕주의적 견해가 오류투성이라고 말한다.

> 지금보다 젊었을 때, 나는 사회정의 문제가 단순하다고 생각했다. 내가 보기에 세상에는 기본적으로 이기적인 사람과 더 관대하고 남을 생각하는 사람이 있는 것 같았다… 세상에 불의나 고통이 있는 것은 이기적인 사람들이 어떻게든 자기 이익을 늘리려고 하기 때문이라고 생각했다… 그러므로 반자본주의는 따져볼 필요도 없는 도덕적 명령이라는 생각이 들었다… 좀 더 나이를 먹은 지금, 이 생각에 잘못된 점이 너무 많아서 도대체 무슨 이야기부터 해야 할지 모르겠다.

히스는 '여러 요인' 때문에 생각이 바뀌었다고 말한다. 첫째, 그가 아시아에서 보낸 시간이다. 그는 빈약한 시장경제조차 발전에 얼마나 강력한 원동력일 수 있는지 봤다. 둘째, 아주 가까운 좌파 친구들 이외 사람들을 만난 것과, 사회체제가 일반적으로 이기심과 이타심이 섞인 다들 별 차이가 없는 사람들로 구성된다는 사실을 알게 된 것이다. 셋째, 경제학 책을 읽은 것과 기존 질서에 대안을 찾으려고 노력한 것이다. 히스는 어처구니없거나 파괴적이거나 불의한 일이 계속되는 데는 알고 보면 이해할 수 없는 이유가 있게 마련이라고 주장했다. 많은 경우 문제는 우리가 해결할 의지가 부족한 데 있는 게 아니라 그 방법을 알지 못한다는 데 있다는 것이다.[10]

히스의 입장은 "서른 살이 넘어서도 사회주의자라면 당신은 뇌가 없는 것이다"라는 오래된 상투어의 반복일 뿐이다. 그의 입장은 반자본주의는 절대적인 도덕적 명령이라는 나의 견해와 정면으로 배치된다. 나는 그의 입장을 존중한다. 그러나 그가 젊은 시절에 하던 '단순한' 생각을 포기하게 만들었다는 이유는 내가 보기에 전혀 설득력이 없다. 그의 마음을 바꾼 것을 정리해보자.

1. 아시아에서 지내는 동안 시장경제가 유용할 수 있고 정부는 대체로 무능하다는 사실을 깨달은 것.
2. 사람들을 만나면서 그들에게 이기적인 면과 이타적인 면이 있다는 사실을 깨달은 것.
3. 경제학 책을 읽고 불의가 지속되는 까닭이 있으나 우리는 그 해결 방법을 알지 못한다는 사실을 깨달은 것.

내 생각에 1과 2는 거의 이유가 되지 못한다. 첫째, 현실에 기초한

2부 | 사회주의는 옳다

반자본주의자라면 누구나 마르크스의 주장처럼 자본주의의 발전이 더 평등한 사회를 위한 필요조건임을 결코 부정하지 않는다. 또 자유 지상주의적 사회주의자는 정부의 부패와 권력의 남용에 관심이 많다. 둘째, 세상이 순전히 좋은 사람과 순전히 나쁜 사람으로 구성된다고 보는 것은 완전히 틀린 생각이지만, '아주 좋은' 사람과 '아주 나쁜' 사람이 있다는 것 그리고 아주 나쁜 사람에게 권력이 훨씬 더 많다는 것은 참일 수 있다. 나도 대다수 사람들은 이기적인 면과 이타적인 면이 있다고 생각하지만, 둘의 비율은 개인별로 상당한 차이가 있다. 내가 아는 바로는 남을 위해 자기 삶을 바치는 사람도 있고, 남을 착취하는 데 자기 삶을 쏟는 사람도 있다. 전자도 이기적으로 행동하는 경우가 있고, 후자도 남들을 돕는 경우가 있다. 그렇다고 모든 사람이 똑같지는 않다. 도널드 트럼프가 정부를 맡는 것과 넬슨 만델라Nelson Mandela가 정부를 맡는 건 상당히 다르다. 세상에는 선도 있고 악도 있지만, 완전히 선하거나 완전히 악한 사람은 거의 없다. 하지만 어떤 사람은 연대감과 연민으로 타인의 삶을 더 좋게 만들려고 하는 반면, 아인 랜드 같은 사람도 있다.[11]

히스의 세 번째 주장은 비관주의에 가깝다고 할 수 있다. 그는 경제학을 알면 인간 사회의 많은 문제가 해결될 수 없다는 걸 깨닫게 된다고 주장한다. 히스는 지금처럼 부가 넘쳐나는 세계에서 빈곤이 존재하는 사실에 대해 흔해 빠진 말이나 늘어놓는 사람들은 이 세계가 얼마나 복잡한지 이해하지 못한다고 말한다. 그들은 다음과 같이 단순한 해결책에 매달린다. "산업이 환경을 오염시킨다고? 오염하지 못하게 하면 되지. 고용주가 충분한 보수를 지급하지 않는다고? 더 많이 주게 하면 되지. 사람들이 가난하다고? 돈을 더 주면 되지." 히스는 말한다. "좌파 쪽 사람들이 범하는 오류는 사회의 도덕적 결함을 해결할 방안을 알지 못하고 해결 방안이 결함보다 나쁘지 않으리라고 볼 이유가 전혀 없을 때조차 그 결함을 용인하려 들지 않는다는 것이다."[12]

내게는 이것이야말로 사회주의자를 히스와 같은 자유주의자와 구별하는 주된 요소 중 하나다. 히스의 말처럼, 사회주의자는 불의를 용납하지 못한다. 사회주의자는 문제를 그냥 두지 못한다. 사회주의자에게 문제 해결 방법이 '생각나지 않는다'는 건 체념할 이유가 아니라 해결책을 마련하겠다고 다짐하는 계기다. '불의한 일이 지속되는 이유'가 있다는 말로는 충분하지 않다. 이글턴의 말처럼, 사회주의자는 두려움을 떨쳐버리기를 거부하는 사람이다.

어떤 사회주의자가 보기에는 이는 지극히 단순한 해법을 신봉하는 잘못된 신념일 수 있다. 소비자에게 당장 그 효과가 전달되고 우리가 돕고 싶어 하는 사람들의 피해를 종식하는 법인세를 시행하라고? 그렇지 않으면 가격통제를 할 수밖에 없고 시장은 엉망이 될 거라고? 히스는 좌파의 '경제적 문맹'을 한탄하는 데 많은 시간을 들인다. 그는 좌파가 법을 금지를 통해 사회악을 제거할 수 있는 일종의 요술 지팡이로 본다고 말한다.

그러나 우리 앞에 놓인 것은 어리석은 짓을 할까, 아니면 그냥 포기할까의 선택이 아니다. "자본주의가 나쁘다고 생각한 적이 있지만, 그 후 대안이 없다는 걸 깨달았다"는 말은 그럴듯하게 들리나 사실은 저급한 생각이다. 대안이 생각나지 않는다고 자본주의가 나쁘지 않은 건 아니다. 오히려 당신이 더 열심히 생각할 필요가 있다는 의미다. 질병을 치유할 방법을 알지 못한다고 질병이 아닌 건 아니다. 치

2부 | 사회주의는 옳다

료법을 찾을 필요가 없다는 말도 아니다. 사회주의자가 반드시 대안을 제시할 수 있어야 하는 건 아니다. 우리는 문제를 인정하고 대안을 찾는 데 매진해야 한다. 혁신은 그런 식으로 이뤄진다. 혁신은 문제에서 시작하지, 답에서 시작하지 않는다. 우리가 강기슭에 사는데 누군가가 강을 건널 다리를 놓자고 제안한다면, 우리는 아직 방법을 찾지 못했다는 이유로 다리를 놓겠다는 생각을 포기하진 않는다.

바로 이 대목에서 상상력이 중요해진다.

5장

유토피아에 대한
상상

영국에서 막 건너온 사람에게 바르셀로나Barcelona의 상황은 놀랍고 압도적이었다. 나로서는 노동계급이 권력을 쥔 도시에 들어간 게 그때가 처음이었다… 웨이터와 지배인은 손님의 얼굴을 똑바로 보며 동등한 입장에서 맞이했다. 비굴하거나, 격식을 차린 말투조차 일시에 사라졌다. 아무도 '세뇨르Señor'나 '돈Don', '우스테드Usted'라는 말을 쓰지 않고, 모두 '동지'나 '당신'이라고 불렀다. '부에노스 디아스Buenos dias' 대신 '살루드Salud!'라고 인사했다… 도처에 혁명 포스터가 붙어 있었다. 빨간색과 파란색이 선명한 포스터는 벽에서 활활 타오르는 것 같았다. 몇 개 남지 않은 다른 광고물은 서툴고 보잘것없어 보였다… 가장 신기한 건 군중의 모습이었다… 겉으로 볼 때 그 도시는 부유한 계급이 사실상 사라진 곳이었다. 모든 것이 신기하고 감동적이었다. 내가 이해하지 못하는 게 많았고, 이런저런 점에서 마음에 들지 않는 것도 많았다. 그러나 그 도시를 보는 순간, 지키기 위해 싸울 만한 가치가 있는 곳이라는 생각이 들었다.

조지 오웰, 《카탈로니아 찬가Homage to Catalonia》

내가 본 것을 남들도 볼 수 있다면, 그것은 꿈이 아니라 비전이다.

윌리엄 모리스William Morris, 〈유토피아에서 온 소식News from Nowhere〉

최근에 〈스타트렉〉 시리즈마저 끝났다. 이 시리즈를 만든 진 로든베리Gene Roddenberry는 기획 단계부터 정치적 목적을 염두에 뒀다고 밝혔다. 그는 현재와 전혀 다른 미래, 이 세상에 존재하는 별것 아닌 민족주의와 그것의 오랜 방식과 오랜 증오가 모두 사라진 곳을 보여주고 싶다고 말했다.[1] 로든베리는 "평범한 남녀는 형제애를 대단히 갈구하고, 바로 지금 23세기를 받아들일 준비가 돼 있다"라고 말했다. 〈스타트렉〉은 본질적으로 공산주의적인 사회를 그렸다. 사람들이 바라는 모든 것이 경쟁이나 시장, 소비주의 없이 충족된다. 《트레코노믹스Trekonomics》를 쓴 마누 사디아Manu Saadia가 말하듯이, 그것은 성취가 부의 축적보다 중요한 세계다. 패트릭 스튜어트Patrick Stewart가 연기한 장룍 피카드 선장은 "우리는 유년기에서 벗어났다. 부의 축적은 이제 삶의 목적이 아니다"라고 말한다.

그러나 미국이 갈수록 불평등해지고 사회주의적인 정치철학이 쇠퇴하면서 〈스타트렉〉 시리즈는 환상에서 깨어난 듯 보인다. 내 동료 리타 골드Lyta Gold가 썼듯이, 〈스타트렉: 디스커버리Discovery〉는 인류의 미래를 완전히 비관적으로 보는 것 같다. "결핍이 사라진 유토피아는… 어디서도 볼 수 없다."[2] 삶은 또다시 폭력적이고 야만적이고 경쟁적이다. 한 등장인물의 말처럼, "미래가 왔었고 굶주림과 필요와 결핍은 사라졌었다. 이제 그것들이 앙갚음하고 있다". 〈스타트렉: 디스커버리〉가 유토피아적 비전을 포기한 것은 디스토피아적 영화, 드라마, 문학이 대세인 지금 흐름과 무관하지 않다. 사람들이 더 암담하고 절망적이 되고 사회주의가 주요 정치 세력이 되지 못하고 사라지면서, 문화는 자연히 이런 비관주의를 반영한 것이다. 미래는 이제 우주에서 벌어지는 외교가 아니라 〈헝거게임The Hunger Games〉이나 〈더 퍼지The Purge〉로 그려진다. 2018년 개봉한 영화 〈레디 플레이어 원Ready Player One〉에서 2045년의 지구는 환경오염, 인구과잉, 기후변화로 황폐해져서 사람들은 가상현실로 도피한다.

옛날 옛적에 사람들은 다른 내일을 꿈꿨다. 예부터 유토피아 문학의 역사는 풍성했지만, 오늘날 그 풍부한 역사가 무시되고 있다. 작가들은 플라톤Platon의 시대부터 이상 사회가 어떤 모습일지 표현했다. 플라톤은 《국가Poliiteiā》에서 현명하고 교육받은 철인왕哲人王의 통치 아래 완벽하게 관리되며, 정의가 보편적으로 실현되고 시詩는 금지되는 도시국가를 묘사했다.[3] 토머스 모어Thomas More의 《유토피아Utopia》는 자원이 자유롭게 공유되는 일종의 공산주의 사회를 그렸다.

19세기에 이런 글은 곁가지가 아니라 대중에게 인기가 많았다. 에드워드 벨러미Edward Bellamy의 《뒤돌아보며Looking Backward》는 베스트셀러로 다양한 속편을 낳았고, 전국에 결성된 '벨러미 동호회' 수백 개가 그의 비전을 실현하기 위해 매진할 만큼 당대 사람들을 사로잡았다. 미래 사회의 모습과 운영 방식을 명확히 제시하기를 삼가던 마르크스와 달리, 벨러미는 환상에 가까운 것을 실현 가능한 것으로 보이게 만드는 데 주저함이 없었다.

《뒤돌아보며》는 대단한 소설이라고 보기 어렵다. 보스턴 사람 하나가 잠들었다가 2000년에 깨어나니 사회주의 사회더라는 이야기이기 때문이다. 주목할 점은 최소한으로 노동하고, 모든 사람에게 상품이 평등하게 분배되며, 범죄가 의학적 문제로 취급되고, 누구나 45세면 은퇴하는 미래 보스턴 사회에 대한 벨러미의 세부 묘사다.

> "모두가 국가의 부를 평등하게 나눠 갖는다고요?" 줄리언은 믿을 수 없다는 듯이 물었다.

"그렇소. 대신 우리는 각자에게 정확히 같은 노력을 해달라고 부탁하죠. 즉 자신의 능력이 닿는 한 최선을 다해 일해달라고 요구합니다." 의사가 대답했다.

"모든 사람이 최선을 다한다고 가정하면, 어떤 사람은 다른 사람의 두 배를 생산할 수도 있을 텐데요?"

"그것은 그 사람이 받는 몫과 전혀 상관이 없소. 최선을 다하면 모든 사람은 같은 일을 한 거라오. 어떤 사람이 아무리 신 같은 능력이 있다고 해도, 그 능력은 그가 얼마나 일해야 할지 정하는 기준이 될 뿐이오. (물론 탁월한 성과를 올리거나 부지런히 일한 사람은 공개적으로 칭찬을 받고 더 많은 책임을 지는 식으로 보상을 받기는 한다오.) 하지만 고귀한 본성을 자극하기 위한 동기로 그렇게 한다고 생각해선 안 되오. 그런 사람들의 동기는 자기 안에 있지 자기 밖에 있지 않소. 그런 사람들은 다른 사람의 능력이 아니라 자기 능력을 자기가 해야 할 일의 척도로 삼는다오."[4]

윌리엄 모리스의 《유토피아에서 온 소식》도 구성이 비슷하다. 한 방문객이 미래의 잉글랜드에 떨어진다. 그곳에는 정부도, 교회도, 임금노동도 없다. 사람들은 서로에게 필요한 것은 뭐든 준다. 모리스가 그리는 공동체는 예술이 상업보다 훨씬 높은 평가를 받고, 사람들이 소중히 여길 만한 아름다운 물건을 만들면서 인생을 대부분 보내는 곳이다. 과거에서 온 방문객은 장인이 조각한 멋진 나무 파이프를 보고 놀라고, 그 장인이 자신에게 가지라고 하자 더 놀란다. 모리스는 모든 사람의 필요가 충족되고, 자기 삶에서 고귀한 즐거움에 전념할 수 있는 세계를 그린다.

2부 | 사회주의는 옳다

더 환상적인 유토피아도 있었다. 샤를 푸리에Charles Fourier가 그린 유토피아는 '푸리에주의 운동'을 불러일으킬 만큼 인기 있었다. 그는 모든 사람이 '팔랑스테르phalanstere'라는 특수 설계된 성당 비슷한 건물에 산다고 말했다. 이것은 그나마 가장 현실적인 상상이었다. 그는 바다가 레모네이드로, 사자가 '반反사자'라는 동물로 바뀔 거라고 말했으니 말이다. 물론 그런 일은 일어나지 않았다.

다른 유토피아는 우리 사회의 어떤 측면이 인간 본성에서 생겨난 건지, 어떤 것이 언젠가 사라질 수 있는 사회적 구성물인지 생각해보게 한다. 19세기 유토피아문학의 하위 장르로 여성이 가장이고 남성이 드레스를 입고 집안일을 한다거나 남성이 불필요한 것으로 밝혀져 사라진다는 등 젠더 역할이 판이한 세계를 상상한 초기 페미니스트들의 작품이 있다.[5]

공상과학소설은 무수히 많은 가능한 문명을 들여다볼 수 있게 했다. 우리는 그중에 가장 좋은 특징만 받아들일 수 있다. 이언 뱅크스 Iain M. Banks는 '컬처' 시리즈에서 결핍의 문제가 완전히 해결되고 모든 필요가 충족되는 사회를 그렸다. 어슐러 르 귄Ursula K. Le Guin의 《빼앗긴 자들The Disposessed》은 유기적으로 작동하는 평등하고 무정부주의적인 사회를 그린다. 그 구성원 가운데 한 명이 말한다.

> 우리에게는 개인의 상호 협력이라는 원칙이 있을 뿐, 어떤 법률도 없습니다. 자유로운 연합이라는 원칙이 있을 뿐, 어떤 정부도 없습니다. 국가도, 국민도, 대통령도, 국무총리도, 장관도, 장군도, 사장도, 은행가도, 지주도, 임금도, 적선도, 경찰도, 군인도, 전쟁도 없습니다. 그 밖에 없는 것이 많습니다. 우리는 소유하는 사람이 아

니라 공유하는 사람입니다. 우리는 부유하지 않습니다. 우리 중 누구도 부유하지 않습니다. 우리 중 누구도 권력을 갖고 있지 않습니다.[6]

오스카 와일드Oscar Wilde는 "유토피아가 없는 지도는 볼 가치가 없다"고 말했다. 나도 같은 생각이다. 그러나 유토피아는 위험할 수 있다. 유토피아를 문자 그대로 청사진으로 생각하면 완전한 사회를 건설하는 데 몰두하다가 때로는 살인도 서슴지 않을 만큼 자제력을 잃을 수 있기 때문이다. 하지만 유토피아는 우리의 상상력을 좋은 방향으로 자극할 수도 있다. 이상 사회가 어떤 모습일지 묻고 그 답을 찾다 보면, 지금 세계에 적용할 만한 방안이 떠오를 수도 있다. 나는 유토피아가 없는 것은 유토피아가 있는 것과 마찬가지로 위험할 수 있다고 생각한다. 길잡이 별 없이 여행하면 맞는 방향으로 가고 있는지 모를 테니 말이다. 마르크스는 유토피아적 사회주의를 반대했다. 그와 엥겔스는 미래의 변화된 사회를 생각할 때 '과학적'으로 접근해야 한다고 주장했다. 그러나 소련이 많은 공산주의자에게 소련이야말로 그들이 요구해온 사회라고 믿게 만든 데는 마르크스와 엥겔스가 더 나은 세계의 모습을 명확히 제시하지 않은 것도 한몫했다.

우리는 어떤 사회를 실현하려고 하는지 알아야 한다. 그런데 내 생각에 좌파에 속한 많은 사람은 유토피아에 질린 나머지 분명한 비전을 갖지 못하게 된 것 같다. 나는 자유주의자인 친구에게 그가 꿈꾸는 세상이 뭔지, 그가 원하는 모든 것이 실현된 세상이 어떤 모습인지 물어본 적이 있다. 그는 '완전고용'이라고 말했다. 나도 누구나 자신이 원하는 직업에 종사해야 한다고 생각한다. 하지만 그건 너무 가슴 아픈 꿈이다! 완전고용이 실현된 세상은 모두가 직업이 있다는 걸 제외하면 지금 세계와 똑같다. 더욱이 직장 일은 지겹기 짝이 없다.

나는 《커런트어페어스》 직원들에게 자신이 생각하는 유토피아가 어떤 모습인지 물었고, 그들의 답변이 정말 마음에 들었다. 그들이 그린 도시에서는 사람들이 나무로 지은 멋진 집에 살고, 그 집들이 밧줄 다리로 연결된다. 도시 곳곳에 분수와 공공 풀장이 있다. 아이들이 레고 조각을 가져와서 무료로 놀 곳이 있고, 누구나 가져갈 수 있는 피클이 담긴 통이 있다. 수많은 공원과 벤치가 있고, 무료 전시회가 도처에서 열리고, 많은 개와 고양이가 산다. 그것은 적어도 내가 살기 싫어할 곳은 아니었다.[7]

나는 친구들과 《커런트어페어스》 독자들에게 자신이 유토피아를 세운다면 꼭 집어넣고 싶은 것이 뭔지 물었다. 그들의 대답 중 일부를 소개한다.

- 마을마다 즉석에서 피아노 연주를 해주는 바.
- 살아 움직이는 포켓몬.
- 모든 음식점 메뉴에 건강식이 하나 이상 포함되고, 모든 호텔은 밤 10시가 지나면 빈방을 노숙자에게 제공한다.
- 지금 도시에 있는 비둘기 수만큼 나비와 앵무새가 있다.
- 자연을 즐기기 위해 먼 곳으로 여행하지 않아도 될 만큼 널찍한 초록 공원이 있으면서 현대적 편의 시설을 갖춘 슈퍼 하이테크 도시와 마을. 자연은 가능한 한 그대로 두면 좋겠다.
- 직원이 좋은 대우를 받으면서 일하는 24시간 식당.
- 아주 많은 고양이와 새끼 고양이가 마음껏 뛰어놀 수 있는 풀밭.

- 작은 놀이공원.
- 전 세계에서 나오는 모든 신문과 문학작품(그리고 TV 프로그램, 애니메이션)을 내가 원하는 언어로 최대한 빨리 번역해주는 국제적인 정부 서비스.
- 음악 도서관.
- 많은 야자수.
- 시립 게임 공간.
- 남자도 임신할 수 있고, 여자의 가임 연령이 무한정이다.
- 남성형 대머리(탈모) 치료제.
- 모든 마을에 공적 자금으로 지은 무료 아이스링크.
- 다양한 가족이 함께 살 수 있고 공유 공간이 있는 중·저층 다가구주택 단지.
- 폭넓은 과학 지식.
- 많은 공공 정원과 녹지.
- 물건을 옮기는 공기압식 튜브망.
- 나를 아프게 하지 않는 옥수수 사탕.
- 아주 많은 공중목욕탕, 그곳에서 똥을 누는 것이 영광이라고 느낄 만큼 멋진 화장실.
- 진짜와 구별할 수 없는 인조고기, 유제품, 달걀. 그렇게 되면 축산업을 단계적으로 없앨 수 있다.
- 아마존이 세금을 낸다.° 내지 않으면 아마존을 폐쇄한다. 단,

° 트럼프의 감세 정책 영향으로 아마존은 2017~2018년 약 170억 달러에 이르는 순이익을 기록했지만, 연방 세금을 한 푼도 내지 않았다.

2부 | 사회주의는 옳다

이구아나가 사는 아마존은 제외하고.

- 환각제가 무료로 제공되고 모두가 개를 기른다.
- 일주일에 3일 일하기.
- 곳곳에 뮤지션이 있다.
- 지금보다 작은 학교. 공동체 구성원 중 시간과 체력과 능력이 충분한 사람이 번갈아 지역 학교 교사로 일한다.
- 수많은 길거리 카페.
- 많은 땅이 난개발되지 않은 상태로 유지되고 누구나 찾아가서 무료로 이용할 수 있다.
- 고양이 카페와 비슷하지만 더 위생적이고 무료인 고양이 도서관.
- 경찰 대신 안전 요원이 소방관처럼 지원하는 일만 한다. 이를테면 통제할 수 없을 만큼 위험한 사람이 있으면 안전 요원이 커다란 담요로 둘둘 말아 안전한 곳으로 데려간다.
- 생태계가 다시 살아난 대평원을 무리 지어 다니는 들소 떼.
- 사라진 태곳적 거대 동물의 부활.
- 다목적 공동체 센터이자 지금보다 사회적 성격이 강화된 대규모 도서관. 전동 드릴을 빌려주고 축하연 장소로 쓸 수도 있는 만능 도서관.
- 모든 주요 역과 수많은 작은 역을 오가는 고속 열차를 저렴하게 이용할 수 있다.
- 건조기에서 막 나온 듯 온기가 유지되는 팬티와 시원함이 지속되는 베개.
- 자기 시간에 대한 완전한 통제권.
- 매일 옷을 바꿔 입어도 됨.

- 맛 좋은 딸기.
- 고유의 전통을 살린 수많은 지역 축제.
- 보드게임과 롤플레잉 게임을 할 수 있는 커다란 공용 놀이 공간.
- 안전하고 제시간에 도착하는 무료 대중교통.
- 극지방의 빙하.
- 비외과적 처치로 거의 모든 병을 치료할 수 있는 의학.
- 우주여행.
- 광고판이 있는 곳에 들어선 예술 작품.
- 계절에 맞춰 바뀌는 생활 리듬.
- 바닥이 유리로 된 비행기.[8]
- 꽃과 과실수가 가득한 공공장소.
- 부자의 사적 공간 못지않게 우아하고 화려한 공공장소.
- 모든 집마다 필수품인 플라잉 베드flying bed.[○]
- 누구를 만나도 소통할 수 있는 몇 개의 언어를 능숙하게 구사할 수 있다(소수 사람들이 인위적으로 만든 에스페란토어를 구사한다는 말이 아니다).
- 아이와 동물이 서로에 대한 두려움이나, 다른 두려움 없이 어울려 논다.
- 곳곳에 벤치와 그림책, 이야기책, 게임이 있고 그것을 이용하고 나서 도로 집어넣을 예쁜 서랍장이 있다.
- 사람들이 모두 한가롭게 쉬고 친구를 사귀고 어울리고 머릿속에 떠오르는 어떤 철학적 생각이든 말할 수 있는 무료 구내식당.

○ 다리를 없애고 벽이나 천장에 부착해 공중에 떠 있는 침대.

- 건물을 비롯한 모든 것이 예술품 같다.
- 분수대 옆마다 아이스크림과 핫 퍼지°를 제공하는 기계가 있다.
- 지금보다 많은 수자폰.°°
- 완전체 비틀스The Beatles의 귀환.
- 모두가 필요한 것은 전부, 원하는 것은 대부분 가질 수 있어서 하고 싶은 일에만 열정을 쏟아도 된다.

숙제 당신이 생각하는 유토피아를 그려보고 우리에게 알려달라.

우리를 보고 정말 한심하다고 생각할 사람들도 있을 것이다. 1부에서는 하나같이 심각하고 많은 경우 충격적인 문제를 이야기하더니, 지금은 수자폰과 야자수의 세계 운운하니 말이다. 과연 이것이 현실과 동떨어진 몽상에 지나지 않을까?

그렇지 않다. 유토피아는 중요하다. 유토피아는 우리가 삶에서 정말로 원하는 것을 알게 해주기 때문이다. 유토피아는 우리가 진정으로 추구하는 것을 보여줌으로써 우리의 정치철학을 풍부하게 한다. 정부의 목적이 안전한 삶과 행복 추구라면, 그 행복을 추구하기 위해 진정으로 필요한 게 뭘까? 자유롭다는 건 어떤 의미일까? 모든 욕구가 충족되는 세상은 과연 어떤 모습일까?

내 친구들과 《커런트어페어스》 독자들은 좌파적 성향이 강한 젊은 이들이다. 그러나 그들이 꿈꾸는 세계는 큰 호소력이 있다. 그들이 공

○   버터, 우유, 설탕, 초콜릿에 뜨거운 시럽을 얹는 아이스크림.
○○ 튜바를 개량한 금관악기.

통적으로 원하는 것이 있다. 그들은 항상 돈을 생각해야 하는 스트레스에서 벗어나고 싶어 한다. 자신이 할 일을 스스로 선택할 수 있기를 바란다. 미술과 음악과 문학이 만발하는 활력 넘치는 문화를 원한다. 그들은 사람들이 지적 호기심을 충족하고 과학과 자연계를 이해할 뿐만 아니라, 놀이와 여가를 위한 시간도 많이 갖길 바란다. 그들은 동식물과 함께 살아가고 싶어 한다. (자본주의적 공간에서 동식물은 살아 있지만 '죽은 것이나 다름없는' 수준이다. 사무실 밀집 지역에서 교외까지 식물은 최소한으로 있고, 눈에 띄는 동물은 반려동물뿐이다. 아름다운 식물과 야생동물을 찾아볼 수 없는 까닭은 그 가치를 돈으로 환산하기 힘들고, 택지 개발 업자는 그런 것에 돈을 써야 할 이유가 없기 때문이다.)

좌파가 꿈꾸는 세계에는 공공장소와 공동체가 반복해서 등장한다. 우리 세대 사람들은 외롭다고 느끼는 경우가 많다. 우리는 고립되고 우울하다. 우리는 사람들이 아파트에 혼자 앉아 넷플릭스를 보는 것 말고 갈 곳이 있는 세계를 원한다. 자유롭고 환대받는 곳, 돈 없이도 들어가 머물 수 있는 곳을 원한다. 사람들이 책을 읽고 토론하고 신체 활동을 하고 모험할 시간이 있기를 바란다. 사람들이 공동체에 도움이 되고 남을 돕고 남에게 도움받기를 원한다.

이것이 과연 한가한 몽상일 뿐인가? 앞서 열거한 소망 가운데 공상적인 것도 있지만, 상당수는 기술적으로 가능하다. (거대 동물은 어려울 수 있겠지만.) 공공 정원과 길거리 카페, 헬스케어, 좋은 음식, 원하면 누구나 가질 수 있는 폭신한 침대, 길모퉁이에서 연주하는 뮤지션. 인류가 지난 수백 년 동안 이룬 놀라운 발전을 볼 때, 이것이 불가능할까? 유토피아적 사고는 천국에 근접한 세상이 대단히 실현 가능하다는 걸 깨닫게 해준다. 물론 우리는 끊임없이 논쟁하고 서로 상처를 주

2부 | 사회주의는 옳다

고 뭔가를 추구하고 실패할 것이다. 하지만 모두가 살 집이 있는 것, 사장에게 괴롭힘을 당하지 않는 것, 무료 커피가 제공되고 무료로 게임을 할 수 있는 공용 공간, 도시만 한 놀이터는 실현 가능하다.

당신이 생각하는 유토피아가 뭔지 알고 싶으면, 당신이 경험한 완벽한 순간을 떠올려보라. 거의 모든 것이 맞아떨어진 순간을 떠올려보라. 내가 마지막으로 경험한 완벽한 순간은 뉴올리언스 프렌치쿼터의 조용한 구역에 있는 발코니에 앉아 피스타치오 머핀에 아이스커피를 마실 때였다. 나는 오랜 친구와 서로 읽은 것에 관해 신나게 이야기하고 있었다. 산들바람이 불어왔고 미시시피Mississippi강에서 배가 지나가는 모습이 보였다. 멀리 어느 길모퉁이에서 트럼펫 연주자가 연주하는 소리가 들려왔다. 나는 편안한 셔츠 차림이었고, 때는 봄이었고 주위에는 꽃이 피었다. 음악, 음식, 햇빛, 우정, 식물, 오래된 건물, 가까이 있는 강, 지적이지만 잘난 척하지 않는 대화. 완전한 평화와 만족에 필요한 것은 이것이 전부였다.

완벽한 순간을 위해 무엇이 필요한지 생각해보면, 의외로 경제적인 것이 그리 큰 비중을 차지하지 않는다는 걸 깨닫는다. 자본주의의 엄청난 생산력을 생각하면 지금보다 훨씬 많은 휴식과 만족을 실현하기는 어려운 일이 아니다. 유토피아에 어떻게 도달할지는 모를 수도 있다. 그러나 이상을 꿈꾸고 그것을 향해 나아가기 시작하면, 우리는 추상적이고 공허한 '희망'뿐만 아니라 현실적으로 추구할 만한 것도 발견할 것이다.[9]

물론 다른 삶보다 아름다운 순간이 훨씬 적은 삶도 있다. 상상할수 없을 정도로 큰 고통에 늘 시달리는 삶도 있다. 그러니 자신의 행복에 대한 생각에만 빠져 있어선 안 된다. 사람들에게 행복이 얼마나 불평등하게 분배되는지 알고 분노할 필요도 있다. 우리의 친구와 이웃은 소리 없이 우리가 아는 것보다 훨씬 심한 고통에 신음할 수 있다. 유토피아적 사고는 당신이 그런 생각을 할 만한 특권적 지위에 있을 때 가능하다. 극도의 폭력과 빈곤으로 고통받는 사람에게 유토피아적 미래는 아주 동떨어져 보이고, 그것이 가능하다는 말은 터무니없게 들린다. 하지만 유토피아적 사고는 사실 그렇게 터무니없는 이야기가 아니다. 오웰의 말처럼, "세계는 모든 사람을 위한 잠재적 식량을 싣고 우주를 항해하는 뗏목이다".[10] 우리는 자원을 불공정하게 사용하고 있기에, 정의에 다가가기 위해서는 엄청난 변화가 필요해 보인다. 그런 변화가 일어나지 않을 이유는 없다.

* * *

유토피아적 사고가 비현실적이거나 무의미하다고 생각한다면 도서관을 생각해보라. 누구나 알듯이 도서관은 경이로운 곳이다. 유토피아에 꼭 있었으면 하는 것을 묻는 설문 조사에서 많은 사람이 도서관을 꼽았다. 우리는 공공 도서관이 얼마나 급진적인 장소인지 의식하지 못한다. 도서관은 누구든 가서 인간 지식의 산을 무료로 탐험할 수 있는 곳이다. 도서관은 회의실과 컴퓨터를 갖추고, 조사나 연구를 위한 도움도 제공한다. 사람들이 가진 부와 상관없이 도서관은 모두를 위한 곳이다.

솔직히 도서관은 대단히 사회주의적인 기구다. 도서관은 모든 사람의 소유이다. 또한 연체만 하지 않으면 이용하는 데 한 푼도 들지 않는다. 거기에는 이윤도, 사적 소유도, 이면의 동기도 없다. 그곳은 우리가 낸 세금으로 운영되고 누구나 방문할 수 있다. 절대적인 평등의 장소다. 거기서는 누구나 공부하고 배우고 시간을 보낼 수 있다. 거기에 앉기 위해 뭔가 살 필요도 없다. 자산이나 배경 조사를 받을 필요도 없다. 그곳은 모두에게 동일한 서비스를 제공한다. 이런 점에서 도서관에는 갈수록 희귀해지고 있는 멋지고 훌륭한 뭔가가 있다.

민영화는 이런 장소를 없앤다. 민영화는 우리가 돈이 얼마나 있는지 늘 생각하게 만든다. 경제학자 노아 스미스Noah Smith는 그것이 어떤 결과를 초래할 수 있는지 언급한다. 모든 것에 돈이 필요해지면 삶은 훨씬 더 고통스러운 것이 되고, 그 고통은 불평등하게 분배된다. 그는 일본의 상황을 소개한다.

거의 모든 것이 사적으로 소유되고 값이 매겨지는 사회에 산다는 건 어떤 것일까?… 일상생활을 구성하는 거의 모든 것이 사적으로 소유되고 값이 매겨진다는 점에서, 일본은 자유주의자들이 꿈꾸는 세계다. 일본의 도시에서는 무료 공원을 거의 찾아보기 힘들다. 많은 녹지가 개인의 소유고 출입이 금지된다(들어가려면 보통 입장료 5달러 정도를 내야 한다). 거리에는 휴지통도 거의 없다. 사람들은 자유주의자들이 좋아할 법한 행동을 보인다. 즉 개인이 책임지고 쓰레기를 작은 가방에 넣어 집으로 가져간다. 공공 벤치도 거의 없다. 카페에 가면 신속하게 주문해야 하고, 그렇지 않으면 쫓겨난다. 집이나 사무실 밖에는 다만 얼마라도 지불하지 않는 한 앉을 곳이 없다. 공공건물에는 대개 식수대가 없다. 마실 물은 사거나 집에서 가져가야 한다. 무료 와이파이? 무료 와이파이가 되는 곳을 찾는다면 정말 운이 좋은 것이다![11]

스미스는 민영화가 자신에게 자유롭다는 느낌을 주지 못한다고 말한다. "공유지의 부족은 내게 구속된 느낌을 갖게 만든다. 자리에 앉기 위해, 쉬거나 물을 마시기 위해 얼마나 지불할지 결정하는 데 늘 정신적 에너지를 소모해야 한다."

내가 뉴욕 시를 거닐 때도 사실상 같은 느낌을 받는다. 돈을 지불해야 앉거나 쉴 수 있다. 앉거나 쉬려면 대개 카페에 들어가야 하고, 들어가면 뭔가 사야 한다. 이는 대단히 짜증나는 일이다. 내가 바라는 건 대단한 게 아니다. 그저 모두가 자유롭게 이용하고 앉아서 쉴 수 있는 공용 휴게실과 공공장소를 원할 뿐이다. 무엇보다 가난한 사람도 앉아서 쉬거나 소변을 볼 수 있어야 하고, 그것은 기본적인 인권에 속하는 일이다. 가난한 사람도 스미스처럼 선택할 때마다 '10분쯤 쉴 시간이 될까? 2달러를 써야 할 만큼 앉고 싶은가?' 따져봐야 하는 압박감에서 벗어나 자유롭게 돌아다닐 수 있어야 하기 때문이다. 책을 예로 들면 이해하기 더 좋을 것이다. 나는 연구할 때 이 자료가 X만큼 지불할 가치가 있는지 매번 따질 필요 없이 원하는 건 뭐든 읽을 수 있었으면 하고 생각한다. 많은 중요한 정보가 담긴 학술지, 신문 파일, 법률 문서 등은 상당한 돈을 내야 볼 수 있다. 이런 지식의 사유화는 자유로운 연구를 어렵게 만든다.

도서관 모델이 삶의 다른 영역에도 적용된다고 생각해보라. 이를테면 누구나 찾아가서 치료받을 수 있는 무료 병원, 대출금 때문에 파산하는 일 없이 원하는 수업을 들을 수 있는 무료 대학, 무료로 이용할 수 있는 자전거, 무료 워터파크 등.

도서관은 완전한 사회주의는 아니지만 사회주의화한 기관이 어떤 모습일지 보여준다. 도서관은 인간의 필요를 충족하는 좌파적 길의 전형을 보여준다. 보수주의자들은 좌파의 정책을 반박할 때 흔히 "넌 헬스케어가 우편 서비스처럼 운영되면 좋겠어?"라는 식의 주장을 펼친다. 그러면 누구나 '무슨 소리, 절대 안 돼'라고 생각한다. 미국의 우편 서비스는 느려 터진 데다, 종종 배달할 물건을 분실하는 경우도 있기 때문이다. (그들이 내 우편물을 배달하는 대신 경매에 팔아버린 일도 있다.[12]) 물론 이는 연방 정부가 우편 서비스 개선에 신경 쓰면 해결할 수 있는 일이다. 중요한 것은 공공 도서관이 보수주의자들의 주장에 대한 명백한 반증 사례라는 사실이다. 당신은 헬스케어도 뭐든 무료로 이용할 수 있는 공공 도서관처럼 되기를 바라지 않는가? 세금을 지금보다 약간 더 내는 대신 그 이상의 서비스를 받는 공공 도서관처럼 되기를 바라지 않는가? 왜 아니겠는가. 사람들은 도서관을 사랑한다.

세상에 공짜가 없다는 건 알고 있다. ("그건 다른 사람들 돈이야!"라는 당신의 외침이 들린다. 하지만 잊지 마시라. 소유는 도둑질이라는 걸.[13]) 내가 앞에 이야기한 건 어디까지나 이용 측면에서 공짜라는 말이다. 그렇다 해도 당신이 서비스를 이용할 때 돈 생각을 할 필요가 없다는 것, 비용이 미리 납부돼서 모든 서비스를 이용할 수 있다는 걸 생각해보라. 거기는 뭔가 해방적인 면이 있다. 삶을 덜 거래적인 것으로 만들고 스트레스를 줄여준다. 이는 머릿속으로 늘 계산할 필요 없이 그저 가서 삶을 즐기면 된다는 뜻이다.

좌파는 '공짜'를 원한다고 툭하면 조롱당한다. 무료 대학이라니! 세상에, 다음은 뭔데? 공짜 조랑말?[14] 뭐라고 비웃든 도서관은 잘 굴러간다. 누구나 도서관을 사랑한다. (도서관은 실제로 밀레니얼 세대에게 대단히 인기 있다.[15]) 하지만 어떤 사람들에게는 좌파의 주장이 모리스나 르 귄이 꿈꾸는 세상만큼이나 정신 나간 소리처럼 들린다. 무료 책! 그다음엔 또 뭐가 무료인데?

무료 병원, 무료 대학, 무료 공용 공간 같은 급진적 기구를 세우기 위해선 급진적 꿈을 갖는 용기가 필요하다.

국경 없는 세계

명백하게 도덕적이면서 정치적으로도 유의미한 유토피아적 비전의 예를 하나 들어보겠다. 그것은 국경 없는 세계에 대한 꿈이다.

오래전에 탐험가 무리가 바다를 가로질러 항해하다가 우연히 대륙을 하나 발견했다. 그곳에는 원주민이 살았다. 그들은 면역 체계가 취약해서, 탐험가 무리가 몰고 온 질병에 걸려 상당수가 목숨을 잃었다. 그나마 살아남은 원주민은 자기 땅에서 쫓겨나거나 동화되거나 처참하게 살해됐다. 탐험가 무리는 마을과 도시를 세웠고, 더 많은 땅이 필요해지자 다른 땅마저 강탈했다. 수백 년 뒤, 그들은 뻔뻔스럽게도 안전한 국경의 중요성을 이야기하기 시작한다.

미국이 부유한 데는 풍부한 자원도 한몫한다. 그것은 마치 젖과 꿀이 흐르는 땅을 발견한 것과 같다. 그러나 우리는 젖과 꿀이 절실한 사람들을 초대하는 대신 장벽을 세웠다. 좌파는 장벽을 비롯한 모든 이민 규제에 원칙적으로 회의적인 태도를 견지하기 때문에 '개방 국경'을 옹호한다는 비난을 받는다. 우리가 개방 국경을 옹호하는 건 국민을 위험한 침입자에게서 보호해야 한다는 생각을 부정해서가 아니라, 애초에 국경이라는 자체가 이상한 것이기 때문이다. 강탈한 땅에 울타리를 치고 단지 그 땅의 수확을 공유하고자 하는 사람들을 막는 건 대단히 부도덕한 짓이다.

　국경선을 따라 설치된 검문소에 가서 보라. 사람들을 둘로 갈라놓은 거대한 장벽은 실로 기괴하다. 거기서는 누가 누구와 만날 수 있는지 군인들이 결정한다. 베를린장벽Berlin Wall은 사람들을 철저히 갈라놨다는 점에서 비인간적인데, 샌디에이고San Diego와 티후아나Tijuana 사이에 놓인 장벽도 별반 다르지 않다. 인류 역사를 통틀어 봐도 국경에 장벽을 세운 건 극히 최근의 현상이다. 20세기 초만 해도 국경 마을에 가면 거리를 중심으로 한쪽이 멕시코, 건너편이 미국이었다. 멕시코에서 미국으로 가려면 길만 건너면 됐다. 지금은 거의 상상할 수 없는 일이다. 하지만 오늘날에도 '국경 없는' 정치적 단위를 많이 찾아볼 수 있다. 미국을 구성하는 주는 각기 독립 정부가 있지만, 허가받지 않고도 한 주에서 다른 주로 자유롭게 이동한다. '개방 국경'은 국가도 이런 주처럼 만들자는 주장일 뿐이다. 국경을 넘어간다고 해서 투표권을 행사하는 그곳 주민이 되는 건 아니다. 자유로운 왕래를 막는 사람이 없을 뿐이다.

　베를린장벽은 무너졌다. 유럽에 있는 국경도 대부분 무너져서 유럽연합EU 국가는 거의 완전한 이동의 자유가 보장된다. 국경은 사람이 만든 것이고, 얼마든지 없앨 수 있다. 국경이 존재하지 않는 미래를 잠시 상상해보라. 전 세계가 모두에게 열려 있다. 내 나라를 떠나는 데 서류 따위는 필요 없다. 일어나서 가면 된다. 당신을 멈춰 세우는 군인도 없고, 막는 장벽도 없다. 당신은 마음 편히 전 세계를 자유롭게 돌아다닐 수 있다.

　현실은 그렇지 않다. 그런 날이 곧 올 가능성도 별로 없어 보인다. 국경 없는 세계를 방해하는 장애물은 숱하게 많고, 공화당은 누가 국경 없는 세계 같은 걸 제안하기만 해도 난리법석을 떤다. 하지만 그것은 50년 혹은 200년이나 1000년이 걸려도 싸울 가치가 있는 일이다. 오늘날 국경에 얽힌 일화를 짤막하게 소개하겠다. 내 친구의 친구는 어머니를 10년 동안이나 보지 못했다. 불법체류자라는 이유로 미국에서 추방돼 10년 동안 재입국이 금지됐기 때문이다. 그의 어머니도 불법체류자 신분이라 미국 국경을 벗어날 수 없다. 누가 어디로 갈 수 있는지 결정하는 국민국가와 법의 존재는 가족을 갈라놓고, 자연이 만든 국경보다도 더 사람의 자유를 구속한다.

자신이 원할 때는 어디에 있는 누구든 가서 만날 수 있는 세상을 꿈꾸는 건 가치 있는 일이다. 내 생각에 그것은 그다지 급진적인 이야기가 아니다.

감옥의 폐지

미국에는 엄청나게 많은 사람이 감옥에 갇혀 있다. 주 감옥 1719개, 연방 감옥 109개, 청소년 교정 시설 1772개, 지방 감옥 3163개, 인디언 거주 지구 감옥 80개, 군대 감옥, 이민자 구류 시설, 강제 입원 치료 센터, 주립 정신 병동, 미국령에 있는 감옥 등에 230만 명[16]가량이 수감돼 있다. 작은 나라 전체를 감옥으로 쓰는 수준이다. 수감자 수가 뉴멕시코New Mexico주 인구보다 많으니 실로 엄청나다.

미국 감옥의 상황은 지역별로 차이가 있다. 그러나 가장 상황이 좋지 않은 감옥이라면, 누군가를 거기 보내는 건 일상적인 박탈과 폭력의 고통에 빠뜨리는 것과 다름없다. 여론에 밀려 어쩔 수 없이 시민

권 보호를 시행하는 트럼프 행정부의 법무부는 앨라배마교정국ADOC
에 관한 충격적인 보고서를 내놓았다. 그 보고서는 앨라배마 감옥이
연방헌법이 보장한 최소한의 기준에도 미치지 못한다고 밝혔다.

> 앨라배마교정국의 감옥은 부적절하고 위험한 수용 명령과 무능한
> 감독으로 과밀 상태에 이른 데다 감시 직원이 부족해서 폭력, 강
> 탈, 마약, 무기 등이 만연하다. 수감자들의 살인과 성폭행은 일상
> 적이다. 심각하게 상처가 나거나 자상을 당한 수감자는 그 시설 내
> 다른 곳에서 보안 요원을 찾거나 교도관의 주목을 끌기 위해 감방
> 문을 두드려야 한다. 수감자들은 보안 요원이 모르는 사이에 다른
> 수감자들에 의해 며칠씩 불법 구금을 당하곤 한다… 수감자들은
> 적절한 관리 개입 없이 다른 수감자들에게 갈취당한다.[17]

성폭행과 폭력을 조사하는 데 소극적인 자세를 취하는 앨라배마교
정국 때문에 수감자들만 피해를 본다. 가장 젊고 힘이 약한 수감자들
이 가장 심한 학대를 당하지만, 조사할 의무가 있는 앨라배마교정국
은 '의도적인 무관심'으로 일관한다.

감옥의 환경도 참혹한 수준이다. 법무부는 '각종 시설이 노후한 상
태'라고 보고했다. 샤워실은 온수가 나오지 않고 곰팡이가 피었으며,
변기에는 배설물이 넘쳐흐른다. 감방에는 바퀴벌레와 거미가 있고,
주방에는 쥐와 벌레가 산다. 난방이 되지 않고 환기장치도 없다. 앨라
배마교정국은 수감자를 방치하고 있다.

이는 극단적인 사례지만, 징역형을 선고한다는 건 감옥에서 폭력
에 시달리도록 하는 것과 다름없다는 사실을 보여준다. 수감자는 법

을 위반한 죄로 사회에서 추방돼, 두려움과 스트레스, 권태, 외로움, 고통이 뒤범벅된 비참한 곳에 처박힌다. 그들이 그런 일을 '당해도 싼'자라고 생각한다면, 당신은 아마 사디스트일 것이다.

대량 투옥의 은폐된 실상을 조금 더 살펴보자. 일부 좌파가 왜 '감옥 폐지론자'를 자처하는지 이해하는 데 도움이 될 것이다. 그들은 이런 난장판 같은 실태를 보며 생각한다. '이런 식으로 사회질서를 유지해선 안 돼. 이는 국가에 작은 전체주의 도시 수천 개가 있는 것과 같아.' 인종별 실태는 훨씬 더 충격적이다. 흑인은 미국 전체 인구의 12.4퍼센트일 뿐인데, 수감자는 백인보다 흑인이 많다.[18]

수백만 명이 수감된 어처구니없는 현실을 보면서 감옥이 없는 세상을 그리는 사람들이 있다. 앤절라 데이비스Angela Davis는《감옥은 낡은 제도인가?Are Prisons Obsolete?》에서 감옥은 사회문제를 회피하는 편리한 방법이라고 주장했다.

> 이데올로기적인 측면에서 볼 때 감옥은… 바람직하지 못한 것이 저장되고, 우리가 엄청난 죄수를 양산한 공동체의 현실적 문제에 대해 생각할 책임을 면제하는 추상적 장소로 기능한다. 감옥은 이데올로기적 업무를 수행한다. 감옥은 우리에게서 사회의 문제, 특히 인종차별과 지구적 자본주의가 만든 문제와 진지하게 대결할 책임을 면제한다.[19]

우리는 사람들이 범죄자가 되는 걸 어떻게 막을까 하는 어려운 과제를 가지고 씨름하는 대신, 문제가 있는 사람들을 상자에 넣고 잊어버린다. 데이비스와 감옥 폐지론자들은 그렇게 하면 근본적인 문제가

2부 | 사회주의는 옳다

해결되지 않는다고 말한다. 이보다 나은 방법이 필요하다.

감옥 폐지론자들은 매우 현실적인 방안을 제시한다. 죄수를 인간적으로 대우하고 그들에게 교육 프로그램을 제공하기 위해 노력하며, 감옥에 보내는 대신 가택 연금이나 사회봉사 활동을 더 많이 활용할 것을 촉구한다. 하지만 그들은 자부심을 가진 유토피아주의자이기도 하다. 그들은 '감옥'이 말 그대로 감옥이 아닌 완전히 다른 사회를 생각한다. 이는 전혀 어려운 일이 아니다. 예를 들어 아이슬란드는 전체 인구가 34만 명이고, 감옥에 있는 사람이 130명쯤 된다. 그들 중 많은 수가 나가고 싶으면 언제든 나가도 되는 '개방' 감옥에서 생활한다. 수감자는 안락한 방에 머물고, 교도관과 사이가 좋으며, 여가를 생산적으로 보낸다. 최소한 앨라배마 감옥을 아이슬란드 감옥처럼 바꿀 수 있지 않을까? 그리고 아이슬란드의 수감자가 언젠가 130명에서 20명, 20명에서 0명이 되는 날이 오지 않을까?

'감옥 폐지'라는 말을 듣고 지갑을 훔친 소매치기부터 연쇄살인범까지 감옥에 있는 모든 죄수를 내일 당장 풀어주자는 뜻으로 이해하는 사람들이 많다. 내 생각은 다르다. 감옥 폐지를 주장하는 목소리는 좀 더 유토피아적으로 생각해보라는 요구다. 우리도 범죄를 없애려고 한다. 다만 감옥을 선택지로 고려하지 않을 뿐이다. 그렇다면 뭘 해야 하는가? 감옥 폐지는 불가능하다고 말하지 않는 것이다. 유토피아주의의 가치는 불가능을 인정할 수 없다고, 시도해보기 전에는 불가능한지 아닌지 알 수 없다고 주장한다는 데 있다.

6장

사회주의,
민주주의,
사회민주주의

자본주의의 이상은 정부가 경제에서 아무런 역할도 하지 않는 것이고, 사회주의의 이상은 정부가 경제에서 지도적인 역할을 하는 것이다.

브라이언 캐플런, 〈자본주의 대 사회주의 Capitalism vs. Socialism〉

'다른 부유한 민주주의국가처럼 우리도 통합적인 국가 헬스케어 시스템을 갖춰야 한다'와 '우리는 다른 부유한 민주주의국가들과 달리 이윤을 없애야 한다'는 미국민주사회주의자들의 두 메시지에는 엄청난 간극이 있다.

매튜 이글레시아스 Matthew Yglesias

대다수 경제문제에서… 새로운 사회주의 운동은 진보적인 민주당의 일반적인 의제와 거의 차이가 없어 보인다.

노아 스미스,
〈미국이 사회주의가 될까 두려운가? 진정하라 Worried About Socialism Coming to America? Calm Down〉
《블룸버그오피니언 Bloomberg Opinion》

사랑이란 무엇인가? 정의란 무엇인가? 아름다움이란 무엇인가? 완전이란 무엇인가? 추상적인 단어는 대개 정의하기 어렵다. 사람마다 생각하는 의미가 다르기 때문이다. 그렇다고 해서 쓸모없진 않다. 추상적인 단어는 현실의 이런저런 경향을 표현할 수 있기 때문이다. 다만 그런 경향의 정확한 경계를 두고 사람들 사이에 의견 차이가 있다.

정치적 용어도 마찬가지다. 자유주의, 보수주의, 국가, 민주주의는 정의하기 어렵다. 특히 파시즘은 대단히 애매모호한 단어다. (내가 질색하는 건 하나같이 파시즘에 속한다.) 사회주의도 모호한 용어지만, 다른 많은 용어보다 훨씬 모호하진 않다. 사람들은 용어를 각기 다른 의미로 사용하면서 어느 것이 옳은지 끊임없이 논쟁한다. 물론 논쟁한다고 그 용어가 무의미해지는 건 아니다. 조지 콜George D. H. Cole은 《사회주의 사상사A History of Socialist Thought》에서 다음과 같이 말한다.

> 사회주의를 정의하기는 불가능하다는 사실은 많이 강조돼왔고 때로는 비난의 의미로 사용됐다. 그러나 정치에서든, 윤리에서든 주요 개념이나 체제를 정확히 정의하기는 불가능하다. 사회주의만 그런 게 아니다. 민주주의, 자유, 덕, 행복, 국가, 개인주의 등도 만족스럽게 정의할 사람이 누가 있겠는가?[1]

미국에서 새로운 민주사회주의적 경향이 나타남에 따라 민주사회주의가 정확히 무엇인지를 두고 많은 논쟁이 벌어져왔다. 민주사회주의는 역사적으로 많은 민주당원이 지지해온 전통적인 뉴딜New Deal식 사회민주주의의 다른 이름일 뿐인가, 아니면 민간 기업의 전면 폐지와 경제의 완전한 정부 통제를 말하는가?

이 논쟁은 사회주의라는 용어가 생긴 이래 끊임없이 이어지고 있다. 공산주의적이고 혁명적인 사회주의자는 '진정한' 사회주의가 국가의 신속한 생산수단 몰수를 포함한다고 주장하는 반면, 개혁적 사회주의자는 사회주의가 유토피아를 향해 가는 과정에서 점진적으로 실현될 수 있는 평등주의적 이상을 가리킨다고 주장한다. 때로 이런 논쟁은 사회주의 운동을 분열시키기도 하고, 사회주의를 내세우는 여러 집단이 협력할 수 없게 만들기도 했다. 러시아혁명 당시 볼셰비

2부 | 사회주의는 옳다

키와 멘셰비키의 유명한 분열은 명목상으로 동일한 원칙을 공유하지만, 사회주의의 필요조건을 두고 의견이 다른 두 사회주의자 집단의 분열이었다.

'민주사회주의란 무엇인가?'는 만족스러운 답을 제시할 수 없는 물음이다. 사람들은 민주사회주의라는 용어를 제각기 다른 의미로 사용하기 때문이다. 하지만 내가 그 용어를 어떤 의미로 사용하는지, 다른 사람들이 어떤 의미로 사용한다고 생각하는지는 말할 수 있다.

'이것은 사회주의인가, 사회민주주의인가?'라는 물음도 마찬가지다. 버니 샌더스를 반대하는 사람들은 흔히 말한다. "당신은 사회주의자라지만 당신이 말하는 건 스칸디나비아 사회민주주의, 즉 규제적 자본주의야." 나는 사회주의와 사회민주주의에 분명한 차이가 있다고 본다. 사회주의자는 유토피아주의자다. 그들은 수백 년에 걸쳐 점진적으로 개혁하는 것이 유토피아에 이르는 최선의 길이라고 생각할 수 있으나, 최고의 이상이 미국을 2019년의 스칸디나비아로 만드는 것이라는 데는 근본적으로 동의하지 않는다. 예를 들어 우리는 충분한 유급 육아 휴가와 보편적 헬스케어 같은 스칸디나비아의 사회정책을 채택할 수 있다. 하지만 이것은 꿈이 아니다. 꿈은 변혁적인 것이다. 착취와 위계를 없애고 자본의 소유 구조를 바꾸는 것이다. 우리는 상품화되지 않은 삶을 꿈꾼다. 우리는 사람들이 자신이 만든 것에 소유권을 가지면서 공동선을 위해 협력하는 삶을 꿈꾼다.

사회주의자가 사회민주주의자와 다른 점은 항상 꿈에 대해 생각하면서 뭘 하든 그 일이 우리를 꿈에 더 가까이 가게 해주는지 고려한다는 것이다. 반면에 사회민주주의자는 대개 강한 복지국가 실현에 만족한다. 사회주의자도 강한 복지국가 실현을 원하지만 그에 만족하지 않는다.

그렇다고 사회민주주의를 무시해선 안 된다. 최소한 사회민주주의가 실현되기만 해도 미국은 지금과 상당히 다른 모습일 것이다. 스칸디나비아 일부 국가는 규제적 자본주의라는 표현과 달리 상당히 사회주의적이다. 예를 들어 노르웨이는 전체 비주택 부non-home wealth°의 60퍼센트 이상이 정부의 통제 아래 있으며, 정부가 여러 부문의 대규모 산업을 소유하고 운영한다.[2] 물론 사회주의는 확실한 민주적 통제까지 포함하는 개념이므로, 국가 소유라는 것만으로 그 기업을 사회주의적이라고 할 순 없다. 그렇다 해도 방대한 부문에 걸친 정부 개입은 규제적 자본주의라는 표현이 뜻하는 바와 상당히 거리가 있어 보인다.

사회주의에는 혁명가만 있지 않다. 역사를 보면 버니 샌더스처럼 기성 제도에서 뭔가 하려고 하는 '페이비언' 사회주의자가 항상 존재했다. (1884년 영국에서 추진한 페이비언사회주의는 점진적 변화를 통해 급진적인 사회주의적 목적을 실현하고자 했다. 그들의 상징인 거북은 점진성을 표현했다.) 이는 과거 영국 노동당과 상당히 유사하다. 사회주의자 키어 하디Keir Hardie가 결성한 영국 노동당은 존속한 기간 중 대부분 공식적으로 사회주의 정당이었다. 노동당이 시행한 사회민주주의적 정책의 빛나는 왕관인 국민보건서비스NHS가 오늘날까지 존재하는 바탕에는 그 정책을 실현 가능한 것으로 개념화하는 데 도움을 준 사회주의의료협회SMA와 현실로 옮긴 민주사회주의자 어나이린 베번Aneurin Bevan의 역할이 있었다.[3]

○   국가의 전체 부 가운데 주인이 살고 있는 집의 가치를 뺀 나머지 부.

나는 노동당이 공식적으로 사회주의 정당이었다고 말했는데, 이것이 정확히 어떤 의미인가? 신자유주의적 전쟁범죄자 토니 블레어가 '우리의 진정한 잠재력의 실현'이라는 알맹이 없고 진부한 표현으로 바꾸기까지 노동당 당헌에는 산업에 대한 대중적 통제를 주장하는 구절이 항상 있었다는 뜻이다.

> 육체노동자나 두뇌 노동자들에게 그들이 종사하는 산업의 모든 결실이 돌아갈 수 있도록 생산, 분배, 교환 수단의 공동소유에 기초한 가장 공정한 분배와 각 산업이나 서비스를 인민이 관리하고 통제하는 최선의 체제를 보장할 것.[4]

당헌 4조를 두고 당이 이 급진적 목적을 달성하기 위해 나아가고 있다고 생각하는 사람과 블레어처럼 단기적으로든 장기적으로든 급진적 목적을 전혀 생각하지 않는 사람 사이에 심각한 내적 분열이 발생했다. 여기서 민주사회주의자와 사회민주주의자의 분명한 차이를 볼 수 있다. 정강이 같아도 지금 펼치는 정책을 유토피아적 종착지로 가는 작은 발걸음이라고 믿는 것과 유토피아적 종착지 자체라고 믿는 건 다르다. 당헌 4조를 둘러싼 논쟁에서 그 차이를 볼 수 있다. 민주사회주의자는 당헌 4조를 믿지만, 사회민주주의자는 믿지 않는다.

사회주의를 지나치게 정부와 연결해서 생각하지 않도록 조심해야 한다. 많은 사람, 심지어 일부 지식인조차 정부가 경제에 많이 개입하면 사회주의, 덜 개입하면 자본주의라고 생각한다.

그러나 어느 체제든 정부는 경제에서 강력한 역할을 한다. 이를테면 자본주의적 정책의 지표로 볼 때 가장 '경제적으로 자유로운' 정치적 영토에 속하는 홍콩은 거의 모든 땅이 정부 소유다.[5] 국가가 한 편으로 산업을 강력히 통제하면서도 다른 한편으론 자본주의적으로 운영되고 경제적 민주주의는 찾아볼 수 없는 중국은 자본주의인지, 사회주의인지 딱 부러지게 말하기 어렵다. 우리가 자유 시장의 산물 이라고 생각하는 것도 사실은 자유 시장이 만든 게 아니다. 마리아나 마추카토Mariana Mazzucato는《기업가형 국가The Entrepreneurial State》에서 우 리가 우수한 기업이 이룩한 것으로 생각하는 많은 혁신이 사실은 미 국 정부가 대량 투자한 산물임을 보여준다.[6] '자본주의'처럼 보이지 만 사람들에 대한 기업의 억압과 착취를 허용하는 방대한 국가 장치 를 갖춘 사회가 있을 수 있다. 이론상 사회주의처럼 보이지만 작은 정부를 가진 사회도 있을 수 있다(예를 들어 평화 유지와 부의 재분배 기 능은 정부에 있지만, 민간의 노동자 소유 협동조합이 사람들의 삶에서 훨씬 더 중요한 기구라면). 공적인 것과 사적인 것의 구별은 허구에 가깝다. 따라서 누가 이익을 보고 누구에게 의사 결정 권한이 있는지 중점적 으로 봐야지, 어떤 것이 공적이고 사적인지 지나치게 따져선 안 된다. 정부가 경제에 상당히 개입하는 권위주의 국가나 민주국가도 가능하 고, 정부가 경제에 덜 개입하는 권위주의 국가나 민주국가도 얼마든 지 가능하다. (자유주의자 가운데 민주주의를 대놓고 반대하면서 철인왕이 자본주의적 유토피아를 통치해야 한다고 믿는 사람도 있다.)

　더 어려운 점은 역사상 많은 사회주의자가 철저한 무정부주의자 였다는 사실이다. 미하일 바쿠닌Mikhail Bakunin이나 엠마 골드만Emma Goldman, 표트르 크로포트킨Peter Kropotkin 같은 사람은 자신을 자유주의 적 사회주의자라고 생각했다. 그들은 정부와 자본주의 둘 다 무시했 으며, 고용주나 통치자 없이 노동자가 자신의 문제를 스스로 처리하는 사회를 이상적인 사회라고 봤다. 사회주의란 본질적으로 정부의 권위와 강제에 기초한 체제라고 믿는 사람은, 지금까지 인간을 노예로 삼고 박해하고 착취하고 타락시켰을 뿐인 국가는 사회주의를 위해 폐지돼야 한다고 말한 바쿠닌처럼 정부의 권위를 완전히 거부하는 강력한 사회주의자 집단이 있다는 사실을 기억해야 한다.[7] 바쿠닌은 국가로부터의 자유와 부자로부터의 자유는 함께 하는 것이라고 믿었다.

정부의 경제 관리가 곧 사회주의고, 이른바 '사회민주주의적' 조치는 완전한 사회주의가 실현된 사회로 가기 위한 단계로 봐야 한다고 주장하는 사회주의자도 있다. 1893년 사회주의 작가 로버트 블래치포드Robert Blatchford는 영국에서 그동안 산업에 대한 규제 시도는 모두 사회주의자가 한 일이라고 주장했다.

> 차단기와 다리 통행세를 없앤 것은 도로와 다리를 공유재산으로 만들었다는 점에서 사회주의적 조치다… 공장법은 고용주가 여성과 아이를 죽도록 일을 시킬 수 없게 한다는 점에서 사회주의적이다. 무상의무교육법The Compulsory and Free Education Acts도 사회주의적이다. 광산과 공장에 대한 조사, 보일러 점검, 흘수선° 표기, 극빈자에게 구호물자 제공 등을 의무화한 법률도 '계약의 자유'와 '개인의 권리'를 침해한다는 점에서 모두 사회주의적이다.[8]

어떤 사회주의자들은 미국의 우체국과 공립학교가 공동소유와 통

° 선체가 물에 잠기는 한계선. 화물을 과적하지 못하도록 선박의 외관에 표시한다.

제의 원리에 따라 운영된다는 점에서 사회주의적이라고 주장한다. 다른 사회주의자들은 이들을 망상에 빠졌다고 비판한다. 도대체 누구의 말이 옳은가! 사회주의자들이 정작 사회주의가 뭔지 잘 모르는 것 같다는 생각이 드는가? 그렇다면 국가가 개인의 성적 자유를 존중해야 한다고 보는 게 보수주의인지를 놓고 종교적 보수주의자와 자유주의적 보수주의자가 논쟁하는 사실을 생각해보라.[9]

나를 비롯한 오늘날의 사회주의자로서는 근본적 사회 변혁을 요구하는 것과 많은 유럽 국가에서 이미 존재하는 것과 비슷한 사회민주주의적 개혁을 위해 노력하는 것 중 어느 게 진짜 사회주의인가라는 물음에 분명히 답하기 어렵다. 이는 반드시 양자택일의 문제가 아니기 때문이다. 사회주의는 둘 다라는 게 우리 생각이다. 즉 사회주의에는 유토피아적인 요소도, 현실적인 요소도 있다. 나는 장기적으로는 생산수단이 민주적으로 통제되는 국가 없는 사회에서 살고 싶지만, 단기적으로는 헬스케어를 보장하고 경찰의 무장을 해제하고 인간적인 이민정책을 만드는 등 실생활에 도움이 되며 실현 가능한 목표를 정하고 추구해야 한다고 생각한다.

보수적이거나 자유주의적 이데올로기도 그렇지만, 거의 모든 사회주의 이데올로기에도 중요한 공통점이 있다. 그중 하나가 기존의 경제적 생활 조건에 상당한 불만이 있고, 자본이 소수 부자에게 집중돼야 하는 이유를 제시하는 전형적인 주장을 거부한다는 점이다. 사회주의자는 사회의 부와 권력의 분배가 근본적으로 달라져야 한다고 생각한다. 바로 이 점이 주류 정치와 다르다. 사회주의자는 '사적' 소유가 아니라 '집단' 소유가 실현되고, 정당하게 모두의 것인 자산은 '공유 자원'이어야 한다고 믿는다. 그러나 이 새로운 소유권의 범위와 구조를 두고 사회주의자 사이에 상당한 의견 차이가 있다.

나는 내가 급진적 실용주의자라고 생각한다. 나는 국경도, 감옥도, 고용주도 사라져야 한다고 본다. 그런 점에서 나는 유토피아적 사회주의자다. 그러면서도 나는 도덕적 인간의 임무는 현실적으로 사람에게 도움이 되는 일을 하고, 정치적 현실을 바꾸려고 노력하는 과정에서 정치적 현실을 이해하는 거라고 생각한다. (이는 이론의 여지가 없는 사회주의자 노암 촘스키의 정치적 원칙이다.[10]) 21세기 미국에서 실행 가능한 목표는 유급 가족 간호 휴가, 단일 보험자 헬스케어, 부채 탕감, 감옥 개혁이며 언젠가 우리 후손이 행복한 〈스타트렉〉 공산주의에 살리라는 희망을 잃지 않는 거라고 자신 있게 말할 수 있다.

* * *

"너는 여전히 그 단어를 사용한다. 하지만 나는 그 단어가 네가 생각하는 의미가 아니라고 생각한다."

이니고 몬토야, 〈프린세스 브라이드The Princess Bride〉

지금까지 내가 용어를 다룬 방식이 불만스러울 수도 있다. 조금 더 구체적으로 정의하면 좋겠다고 생각할 수도 있다. 내가 분명히 정의하지 않은 것은 기본적인 데서부터 불필요한 논란이 생기는 것을 피하고 싶었기 때문이다. 하지만 내가 나름대로 생각한 정의가 없진 않다. 다음은 사전적 정의가 아니라 내가 개인적으로 내린 정의다. 물론 이와 다른 의견도 충분히 있을 수 있다.

- **사회주의** 부의 불평등과 이윤을 위한 사적 소유에 반대하는 평등주의적 정치 전통. 마르크스주의, 무정부주의, 상대적으로 덜 급진적인 '페이비언' 사회주의 등 다양한 사회주의 철학이 있다. 그중에는 중앙집권 국가를 지지하는 것도 있고, 국가에 완전히 반대하는 것도 있다. 혁명적인 것도 있고 개혁적인 것도 있다. 시장, 돈, 부분적인 사적 소유가 필요하다고 보는 것도 있고, 모든 것을 공유해야 한다고 보는 것도 있다. 그러나 모두 더 공정하고 평등한 사회와 경제에 대한 급진적 비전이 있으며, 상품과 서비스 생산의 통제권을 부유한 소유자가 아니라 보통 노동자가 쥘 수 있도록 만들고자 한다. 기성 경제 권력의 급격한 변화를 열망하지 않는 자는 사회주의자가 아니다. 그러니 막연하게 '평등'을 지지한다고 말하는 것만으론 사회주의자가 될 수 없다.

- **민주사회주의** 인민이 거버넌스에 참여하는 것을 강조하는 사회주의 노선. 비선출직 중앙 계획가들이 인민 대신 결정하는 사회주의와 구별하기 위해 '민주'라는 수식어를 사용한다. 민주사회주의자는 인민이 자신의 필요와 욕구를 결정해야 한다는 강한 믿음이 있다.

- **마르크스주의** 마르크스와 엥겔스의 저술을 바탕으로 하는 사회적·경제적 사상. 마르크스주의도 사회주의만큼 많은 갈래가 있다.[11] 마르크스주의자는 광범위한 평등주의적 비전에 동의한다는 점에서 사회주의자와 다를 바 없으나, 계급투쟁과 유

물론적 역사관 등 마르크스가 고안한 분석 도구를 사용한다.

- **자본주의** 대다수 사람이 임금을 위해 일하고, 소수가 국가의 경제적 자원을 사적으로 소유하는 경제체제. 자본주의와 '시장경제'는 같은 게 아니다. 시장경제는 수천 년간 존재해왔지만, 자본주의가 출현한 지는 몇백 년 되지 않는다. 계급 차이, 임금, 이윤은 자본주의의 핵심 특징이다. 모든 공장을 집단이 소유하고 부유한 부당이득자 계급이 존재하지 않는 시장경제는 자본주의라고 할 수 없다.

- **민주주의** 인민이 자신에게 영향을 미치는 결정에 직접 참여할 수 있어야 한다는 사상. 민주주의는 과두정의 우두머리나 귀족이 아니라 인민이 정치권력을 어떻게 사용할지 결정할 수 있다는 의미다. 민주사회주의자는 민주주의가 인민이 자신의 대표를 뽑을 수 있다는 것 이상을 뜻한다고 본다. 인민이 직장에서, 가정에서, 학교에서 매우 의미 있는 목소리를 낼 수 있다는 뜻이라고 본다. 많은 보수주의자는 '다수의 독재'(그들은 이 말을 일반적으로 '빈자가 부자의 지시를 받는 데 질렸음'이라는 뜻으로 이해한다)를 초래한다는 이유로 민주주의를 불신한다. 자유주의자 가운데는 노동하는 보통 사람은 제대로 된 교육을 받지 못해 권력을 책임 있게 행사할 줄 모른다며 민주주의를 불신하는 자들이 있다.

- **사회민주주의** 많은 논란이 있는 용어. 사회민주주의자 중에는

정부가 노동계급 구성원에게 실질적인 복지 혜택을 제공한다면, 소수의 부유한 소유자와 다수의 가난한 노동자들이라는 자본주의의 기본 구조를 유지하면서 '사회민주주의'를 실현할 수 있다고 생각하는 이들이 있다. 이런 정의에서는 국가가 국민보건 계획과 무료 보육을 제공하면 누가 공장을 소유하는가는 중요하지 않다. 그러나 버니 샌더스 같은 다른 사회민주주의자는 사회민주주의에 대한 이런 식의 이해를 거부하며 '사회민주주의'와 '민주사회주의'를 비슷한 정치사상이라고 본다. 그들은 정치사상에 '민주주의'나 '민주'라는 단어가 들어가는 한, 소수 부자가 거대한 권력을 쥐지 못하게 할 것을 요구하는 거라고 생각한다.

* * *

용어의 정의를 둘러싼 논란은 안타까운 일이다. 사회주의가 무엇을 의미하는지, 어떤 사람이 사회주의자인지 논란을 벌일 시간에 실질적인 제안을 놓고 토론하는 게 훨씬 낫다. 오늘날 우파는 사회주의자의 주장에 대응할 만한 반증을 내놓지 못하고 있다. 우파 최고의 논객 테드 크루즈Ted Cruz도 버니 샌더스와 대결에서 패배했다.[12] 왜? 기본적으로 우파는 인슐린을 살 돈을 구하기 위해 고펀드미를 두드릴 필요가 없게 할 어떤 정책이 있는가, 왜 지하철역에서 피 흘리는 사람이 돈이 없으니 제발 앰뷸런스를 부르지 말아달라고 간청할 수밖에 없는가 같은 문제에 합당한 대답을 전혀 갖고 있지 않기 때문이다.[13] 자연의 위대한 신비 중 하나이자 기후변화와 싸움에서 중요한 위치를 차지하는 브라질 아마존의 열대우림은 규제 철폐에 적극적인 극우 대통령° 때문에 1분당 축구장 세 개꼴이라는 경악할 만한 속도로 파괴되고 있다.[14] 보수주의자는 이 문제를 생각조차 하지 않는다. 그들은 열대우림의 파괴를 멈추지 못할 것이다. 당신이 사회주의자라는 단어의 의미가 뭐라고 생각하든, 사회주의자만이 이 문제를 진지하게 받아들여 해결할 가능성이 있다.

　사랑이나 민주주의에 분명한 정의를 요구할 수 없듯이, 사회주의도 완벽한 정의를 제시하기는 불가능하다. 하지만 사랑이나 민주주의처럼 사회주의도 추구할 만한 가치가 있다. 이것이 우리를 이끄는 중요한 원칙이다.

○　2018년에 브라질 대통령으로 당선된 자이르 보우소나르Jair Messias Bolsonaro는 경제성장을 위해 아마존 열대우림의 상업적 개발을 허용하겠다는 공약을 내걸었다.

7장

좌파에도 계보가 있다

깨어라, 노동자의 군대! 굴레를 벗어던져라!
정의는 분화구의 불길처럼 힘차게 타오른다!
대지의 저주받은 땅에 새 세계를 펼칠 때,
어떤 낡은 쇠사슬도 우리를 막지 못해!
들어라, 최후 결전, 투쟁의 외침을!
민중이여, 해방의 깃발 아래 서자!
역사의 참 주인들, 승리를 위해!
인터내셔널 깃발 아래 전진 또 전진!

외젠 포티에 Eugène Pottier, 〈인터내셔널가 The Internationale 〉

흔히 사회주의는 본질적으로 우울한 사상이라고 생각한다. 이는 완전히 틀린 생각이다. 급진 좌파는 오랫동안 파묻혀 있으나 발굴해서 기념할 만한 아름다운 전통이 있다.

알베르트 아인슈타인,[1] 버트런드 러셀 Bertrand Russell, 헬렌 켈러, 마틴 루서 킹 Martin Luther King 등 역사상 위대한 지성 가운데 급진적 사회주의자가 적지 않다. 이들은 모두 훨씬 더 평등한 세상, 광범위한 착취와 약탈적 행동을 초래하는 이윤이 존재하지 않는 세상을 꿈꿨다. 더욱이 사회주의라는 단어가 생긴 때는 19세기 초지만, 그전부터 수많은 사상가가 더 공정한 노선에 따라 사회를 재구성하고자 시도했다.

미국의 건국 선조 가운데 가장 급진적이고 단연코 가장 흥미로운 인물인 토머스 페인을 보자. 오늘날 페인은 별 주목을 받지 못하지만, 그가 쓴 소책자 《상식 Common Sense 》은 많은 인기를 끌었고 미국 혁명의 지적 토대를 제공했다. 자유사상가이자 인본주의자 페인은 기독교의 교리와 성경의 정당성에 지속적으로 문제를 제기해, 결국 많은 동료와 소원한 사이가 됐다. 그는 부의 재분배를 주장했다.《토지 정의 Agrarian Justice》는 강력한 사회복지 정책과 부자 과세를 주장한 초기 저작 가운데 하나로, 페인은 이 책에서 부가 개인이 생산한 게 아니라 사회적으로 생산된 것이라고 말한다.

> 개인을 사회에서 분리한 다음 마음대로 할 수 있는 섬이나 대륙을 주면, 그에게는 동산권이 있을 수 없다. 그는 부자가 될 수 없다… 한 사람이 자기 손으로 생산한 이상으로 축적한 모든 것은 그가 사회에서 살아가는 데서 온 것이다. 정의의 원칙으로 보나 감사의 원칙으로 보나 문명의 원칙으로 보나, 그가 축적한 일부는 모든 것을 만든 사회에서 온 것이다.[2]

역사를 살펴보면, 우리의 가슴을 벅차게 하는 온갖 종류의 좌파 인물들이 있다. 영국의 대표적인 농민 혁명가 존 볼John Ball은 1381년에 노동자의 권리를 옹호하는 유명한 연설을 했다. "모든 사람은 본래 비슷하게 창조됐습니다. 우리의 굴레와 예속은 못된 인간의 부당한 억압에서 시작됐습니다."[3] 사람들은 1215년의 마그나카르타Magna Carta는 기억하지만, 1217년에 발표한 삼림헌장Charter of the Forest은 모른다. 이 헌장은 모두가 공유지를 공유할 권리를 주창했다. 삼림헌장은 집단 소유된 부를 사람들이 공유할 적극적 권리를 부여했다는 점에서 급진적이었다. 우파가 이 헌장을 기억하지 못하는 건 놀랄 일이 아니다. 미국변호사협회ABA는 다음과 같이 이 헌장을 소개한다.

이 헌장은 17개 조로 구성된다. 각 조는 자유로운 남성과 여성이라면 누구나 과일을 딸 권리, 건물을 짓는 등의 목적으로 나무를 벨 권리, 주방 용기를 만들거나 집을 짓기 위해 땅을 파고 흙을 이용할 권리, 가축을 방목할 권리, 낚시할 권리, 연료용 토탄을 채취할 권리, 물을 이용할 권리, 벌꿀을 채취할 권리 같은 기본적인 것을 비롯해 생계에 필요한 모든 것을 공유지에서 얻는 식으로 자유의지에 따라 일할 영구적 권리를 천명한다. 이 헌장은 평민에게 원자재와 생산수단을 획득할 권리를 부여하고 노동할 권리를 구체적으로 명시했다는 점에서 우리 역사상 가장 급진적인 것이다.[4]

1600년대 영국에서 디거스는 농업적 코뮌을 추구했고, 수평파는 '세속 공화국, 상원 폐지, 법 앞의 평등, 보통선거권, 자유무역, 검열 폐지, 언론 자유, 자신이 선택한 종교(혹은 무교)의 신앙생활을 할 절대적 권리'를 요구했다.[5] '노동계급이 주축이 된 최초의 대중운동'인 1800년대 차티스트운동은 보통선거권을 비롯해 노동하는 사람들의 정치적 권리를 요구했다.[6]

19세기에는 마르크스 이전과 이후를 막론하고 기성 경제구조를 강력히 비판하는 매력적인 사회주의 철학자가 많았다. 영국의 로버트 오언Robert Owen은 새로운 공장 체제를 구상했고, 그 영향으로 북아메리카에 '오언식' 유토피아적 공동체가 생겨났다.[7] 바다가 레모네이드로 바뀐다는 주장으로 유명한 샤를 푸리에는 동조자들이 코뮌을 세우도록 이끌었다. 이 코뮌이 빠른 속도로 쇠락했다는 사실은 그리 놀랍지 않다. 레프 톨스토이Lev Nikolaevich Tolstoy는 사회주의적 무정부주의자였고, 조지 버나드 쇼George Bernard Shaw는 고전 희곡을 쓰지 않는 시간에 《지적인 여성을 위한 사회주의·자본주의 안내서The Intelligent Woman's Guide to Socialism and Capitalism 》같은 책을 썼다. (쇼는 여성이 급진 사상을 훨씬 잘 받아들일 거라고 생각했지만, 지금 보면 견디기 힘들 만큼 생색내는 내용이 많다.)

유럽의 여러 국가 정부에서는 사회주의적 정치가가 실질적 역할을 담당했다. 그들은 사회복지 정책 수립을 도왔고, 군국주의와 식민주의에 반대했으며, 작업장이 더 안전하고 덜 착취적인 곳이 되도록 산업을 통제하고 관리했다. 20세기 초에 프랑스 사회당PS은 매우 인상적인 개혁 세력이었으며, 프랑스를 더 인간적인 곳으로 만든 위대한 정치가들을 배출했다. 독일 사회민주당SPD은 나치 정부가 불법화하기 전에 수십 년 동안 위대한 혁명적 사회주의자 로자 룩셈부르크Rosa Luxemburg 와 위대한 수정주의자 에두아르트 베른슈타인Eduard Bernstein 을 배출했을 뿐만 아니라, 정치에서 여성의 역할을 확대하고 노동조건과 작업장의 안전을 개선하고 교육과 문화 정책을 제시하고 아동노동을 없애고 사회보장을 확대하는 등 매우 인상적인 평등주의적 개혁을 이뤘다.[8] 오늘날 유럽을 사회민주주의적이라고 할 수 있다면 여러 세대의 사회주의자들이 사회민주주의에 이르는 길을 닦기 위해 성공적인 투쟁을 벌여온 덕분이다.

마르크스의 교훈

카를 마르크스는 역사상 가장 유명한 사회주의자로, 결코 간단히 치부할 수 있는 인물이 아니다. 모든 사회주의자가 마르크스주의자는 아니고 마르크스주의자와 비마르크스주의 사회주의자가 서로 격론을 벌이지만, 그와 상관없이 마르크스의 저작은 매우 중요하다. 마르크스의 주장은 신빙성을 잃었다거나 20세기 공산주의 정권의 실상은 마르크스가 틀렸음을 보여주는 증거라는 이야기가 있지만, 중요한 사회학자와 경제학자는 마르크스가 무시할 수 없는 지적 영향력을 행사한 인물임을 인정한다. 자본주의를 옹호한 대표적 학자 조지프 슘페터Joseph Schumpeter는 마르크스를 중요한 예언자, 교사, 사회학자라고 했으며 마르크스의 걸작 《자본론Das Kapital》이 "미완성인 부분도 있고 성공적인 공격으로 쓸모없어진 부분도 있지만, 여전히 우리 앞에 우뚝 솟아 있다"[9]고 말했다.

　마르크스는 많은 저술을 남겼으며, 그의 사상은 폭넓고 깊이 있다. 그중에는 오늘날 적용할 수 있는 것도 있고 그렇지 않은 것도 있는데, 이는 그의 저작이 19세기 산업자본주의를 대상으로 한 사실을 고려하면 충분히 이해할 수 있는 일이다. 그러나 그가 높은 평가를 받는 핵심적인 이유는 경제가 사회구조를 결정하는 방식과 아무도 원치 않는 결과를 초래하는 자본주의 경제법칙의 작동 방식을 누구보다 잘 이해했다는 데 있다. 그는 자본가와 노동자의 갈등과 상품 생산방식의 변화가 인간관계에 어떤 식으로 영향을 미칠 수 있는지 탁월하게 설명했다. 짐 시다니우스Jim Sidanius와 펠리시아 프라토Felicia Pratto는 《사회적 지배Social Dominance》에서 마르크스의 학설을 다음과 같이 요약한다.

　　마르크스주의 이론은 자본주의 사회란 기술과 생산도구가 생산하는 경제적 잉여가 그 기술의 소유자와 실제로 부를 생산하는 사람에게 불평등하게 분배되는 위계적 사회체제라고 주장한다… 마르크스주의는 생산수단에 대한 지배력과 통제권을 가진 사람이 권력과 통제력을 거의 갖지 못한 사람을 착취하게 된다고 주장한다… 이 소유자는 노동자를 희생시켜서 거의 언제나 자신에게 이익이 되도록 경제적 거래를 구조화할 수 있다. 더욱이 소유자는 경제적 생산수단(예를 들어 제조업)뿐만 아니라 지적·문화적 생산수단(예를 들어 대중매체, 대학)도 소유한다. 이렇듯 지배계급은 지적 생산의 주요 거점을 통제하기 때문에 공적 담론에서 쓰일 수 있는 개념과 공적 담론이 형성되는 방식에 영향을 미칠 엄청난 힘이 있다. 이 경제적·지적 힘은 국가기관에 대한 정치적 권력과 통제력으로도 전환된다. 마르크스주의자가 보기에 지배계급은 국가를 완전히 통제하기 때문에 국가는 '지배계급의 집행위원회'다.[10]

앞 장 내용에 비춰볼 때, 이는 확실히 맞는 말 같다. 마르크스는 자본주의가 어떤 식으로 노동자의 인간성을 파괴하고 노동자를 고용주의 이윤을 위해 존재하는 대체 가능한 부품으로 만드는지 알았다. 그는 다음과 같이 썼다.

노동자의 존재는 다른 모든 상품의 존재와 동일한 조건에 놓인다. 노동자는 상품이 되고, 운이 좋으면 구매자를 만날 수 있다. 노동자의 삶을 좌우하는 수요는 부자와 자본가의 자의恣意에 달렸다.[11]

마르크스는 인간 노동이 생산과정에서 임금보다 훨씬 많은 가치를 생산하는 방식으로 착취된다는 것을 통찰했다. 사람이 어떤 방식으로 노동에서 소외되는지도 보여줬다. 소외된 노동은 자기 집을 위해 책꽂이를 만드는 것과 책꽂이 공장에서 일하기 때문에 책꽂이를 만드는 것의 차이를 설명한다.

> (소외된 노동자는) 자신을 긍정하지 않고 부정하며, 행복하지 않고 불행하며, 자신의 육체적·정신적 에너지를 마음껏 발휘하는 게 아니라 신체를 쇠약하게 만들고 정신을 망가뜨린다. 그러므로 노동자는 일에서 벗어나야 자신과 함께라고 느끼며, 일할 때는 자신을 떠나 있다고 느낀다. 그는 노동하지 않을 때는 집에 있는 것처럼 편안하고, 노동할 때는 편안하지 못하다. 그러므로 그의 노동은 자발적인 게 아니라 강요된 것, 즉 강제 노동이다. 그 노동은 욕구의 충족이 아니라 노동 이외 욕구를 충족하기 위한 수단일 뿐이다. 신체나 그 밖의 강제가 없어지자마자 노동이 페스트처럼 기피된다는 사실이야말로 그에게 노동이 낯선 것이라는 사실을 보여준다.[12]

마르크스는 분명한데 별 주목을 받지 못하는 경제적 사실을 이야기한다. 그는 우리가 어떤 식으로 체제에 포획되는지, 왜 '선량한' 사람이 기업의 이사가 돼도 기업을 바꿀 수 없는지 보여준다. 우리가 어떻게 세상을 상품의 집적으로 보고, 상품 생산에 들어간 노동을 보지 못하는지 보여준다. 마르크스의 저술 중에는 난해한 것도 있지만, 시적이면서 이해하기 쉬운 것도 있다. 마르크스의 저술은 사물을 있는 그대로 보여주면서 강렬하고 독창적인 언어로 핵심을 찌른다. 일례로 《루이 보나파르트의 브뤼메르 18일Der achtzehnte Brumaire des Louis Bonaparte》에 나오는 유명한 문장을 보라.

인간은 자신의 역사를 만들지만 자신이 원하는 대로 만들진 못한다. 그들은 자신이 선택한 상황에서 역사를 만드는 게 아니라 과거부터 주어진 상황에서 역사를 만든다. 모든 앞선 세대의 전통은 악몽처럼 산 자의 머리를 짓누른다.[13]

이 문장은 몇 시간이고 곱씹어볼 위대한 통찰을 담고 있다. 과거는 우리의 행위를 어떻게 제약하는가? 우리가 선택하지 않은 상황에서 '우리의 역사를 만들' 힘이 과연 우리에게 있는가?

마르크스는 종교는 아편이라는 유명한 말도 남겼다.

종교적 고통은 현실적 고통의 표현이자 현실적 고통에 대한 저항이다. 종교는 억압받는 자의 한숨, 잔인한 세상 속의 심장, 비인간적인 조건 속의 혼이다. 종교는 인민의 아편이다. 환각적 행복인 종교의 폐지는 곧 현실적 행복에 대한 요구다. 사람에게 자기 조건에 대한 환각을 버리라고 요구하는 것은 환각이 필요한 조건을 제거하라고 요구하는 것이다. 그러므로 종교 비판은 종교라는 후광을 만드는 저 눈물의 골짜기에 대한 비판이다.[14]

이 말은 종교를 마약으로 치부하는 게 아니다. 종교가 절실한 처지에 놓인 사람에게 강력하고도 중요한 무엇을 어떤 식으로 제공하는지에 대한 깊이 있는 통찰이다. 마르크스가 문제라고 보는 건 종교가 아니라 종교가 필요하게 만드는 조건이다. 마르크스의 저술은 일상적 현상을 새로이 들여다보게 만드는 독창적인 주장을 담고 있다.

사회와 경제에 대한 마르크스의 분석은 모든 좌파가 중요한 것으로 평가하지만, 마르크스는 정치적 행동에 대해서 제한된 언급만 할 뿐이다. 마르크스 시대에도 프루동과 바쿠닌 같은 무정부주의자는 일종의 강령 같은 마르크스의 믿음에 어느 정도 권위주의적 경향이 있다고 보고 예리한 비판을 가했다. 프루동은 마르크스에게 보낸 서한에서 "제발 사람들에게 교의를 주입하려고 하지 맙시다… 우리를 새로운 종교의 사도로 만들지 맙시다"[15]라고 경고했다. 프루동은 당대 공산주의자가 "개인은 본질적으로 집단에 종속된다는 독단적이고 권위주의적이고 독재적이고 국가적인 믿음"[16]을 가진 "국가권력의 광적 지지자들"[17]이 되고 있다고 말했다. 역사는 프루동의 우려가 옳았음을 보여준다. 마르크스주의 추종자는 개인적 자유의 중요성을 간과했고, 자신이 믿는 사상에 교조적인 태도를 고수했다. 자유주의적 사회주의자 머레이 북친Murray Bookchin은 〈들어라, 마르크스주의자여!Listen, Marxist!〉라는 신랄한 에세이에서 마르크스의 사상은 "혁명적 사상에 지속적으로 공헌해왔지만 모든 것을 집대성한 100년 전의 해방적 이론은 지금에 와서 오히려 구속복이 됐으며, 1840~1880년에 가장 큰 이론적 공헌을 한 사람이 자본주의의 변증법 전체를 '예견'할 수 있었다는 건 터무니없는 생각"[18]이라는 점을 기억해야 한다고 했다. 중요한 건 '마르크스주의자'가 되는 게 아니라 마르크스에게서 가치 있는 건 취하고 가치 없는 건 버릴 줄 아는 독립적인 사상가가 되는 것이다.

　사회주의자 가운데 마르크스를 읽지 않은 사람은 사회주의자가 아니라고 생각하는 이들이 있다. 나는 그렇게 생각하지 않는다. 이는 아이작 뉴턴Isaac Newton을 읽지 않은 사람은 물리학자가 아니라거나, 유클리드Euclid를 읽지 않은 사람은 삼각형에 대해 말할 수 없다는 이야기와 다름없다. 마르크스가 사회주의 사상사에서 가장 큰 영향을 미친 인물이고, 그의 사상이 좌파의 운동과 사상에 상당한 영향을 미친 것은 부정할 수 없는 사실이다. 마르크스를 빼놓고 사회주의의 역사적 발전을 설명할 수는 없다. 그러나 사회주의적 견해에 이르기 위해 반드시 마르크스를 읽어야 하는 건 아니다. 논리적으로 생각하면 그리 어렵지 않게 사회주의적 견해에 도달할 수 있기 때문이다. 마르크스가 왜 중요하고 영향력이 있는지 아는 것은 물론 중요하지만, 인간 해방의 기획을 모색하기 위해 《자본론》이라는 난해한 책을 반드시 읽어야 하는 건 아니다.

자유주의적 사회주의자

1920년에 소련을 방문한 엠마 골드만은 희망에 차 있었다. 볼셰비키 혁명이 제정 러시아에서 억압적인 차르 체제를 쓸어버린 뒤였기에, 많은 좌파 인사와 마찬가지로 골드만도 혁명적 노동자의 국가를 볼 생각에 설렜다. 그러나 레닌Vladimir Lenin 정부에서 국가가 운영되는 모습을 보고, 골드만의 설렘은 혐오로 바뀌었다. 그녀는 "페트로그라드Petrograd° 사람들이 걸어 다니는 모습은 살아 있는 시체 같았다. 이 도시는 식량과 연료가 부족해 서서히 무너지고 있었다. 섬뜩한 죽음이 도시의 심장을 향해 손을 뻗치고 있었다"[19]고 했다. 물론 모든 걸 공산주의 정부 탓으로 돌릴 순 없었다. 소련은 당시 내란의 소용돌이에 있었기 때문이다. 하지만 그녀는 얼마 안 있어 소련에 경찰의 만행과 부

○   오늘날의 상트페테르부르크.

패, 기본적 자유 제한 등이 만연한 것을 알아차렸다. 관료제는 그녀를 숨 막히게 했다. "못 1파운드를 구하기 위해 10~15개 사무실에 서류를 내야 했다. 침대 시트와 베갯잇 몇 장, 접시 몇 개를 얻기 위해 며칠을 허비해야 했다."[20] 노동자가 국가의 운영을 책임지는 것으로 보이지 않았다. 골드만은 볼셰비키와 만나 대화한 뒤, 그들이 그녀가 생각하는 것과 같은 자유를 실현하기 위해 싸우지 않는다고 확신했다.

> 내가 연약한 여성을 거리로 내몰아 삽으로 눈을 치우게 하는 것은 야만적인 일이며 그 여성이 부르주아였다고 해도 그들 역시 인간이며 그들의 신체적 건강 상태를 고려해야 한다고 강조하자, 한 공산주의자가 내게 말했다. "부끄러운 줄 아시오. 당신은 오래된 혁명가지만 너무 감상적이오." 간단히 말해 나는 볼셰비키가 자신들만이 인류를 구원할 운명을 짊어지고 있다고 믿는 사회적 청교도라는 사실을 알게 됐다.[21]

불의를 묵과할 수 없던 골드만은 레닌을 만나 자신의 우려를 전했다. 그녀는 레닌에게 동지인 무정부주의자들이 수감된 이유를 묻고, 언론의 자유가 어떤 상태인지 알아보라고 말했다. 레닌은 언론의 자유는 부르주아적 개념이며, 혁명기에는 언론의 자유가 있을 수 없다고 답했다. 골드만은 큰 충격을 받았다.

철학자 버트런드 러셀도 레닌을 만났을 때 비슷한 경험을 했다. 러셀은 레닌의 겸손함에 깊은 인상을 받았지만 독단적 태도에는 당혹스러웠다. 나중에 그는 소련 방문에 대해 이야기하면서 다음과 같이 말했다. "나는 공산주의자로서 러시아에 갔다. 그러나 아무것도 의심하지 않는 사람들과의 만남은 공산주의 자체에 대한 의심이 아니라 공산주의를 위해 많은 사람에게 주저없이 고통을 줄 만큼 교리를 굳건히 신봉하는 정신에 대한 의심을 1000배가량 증폭시켰다."[22]

러셀이나 골드만은 좌파 정치를 포기하지 않았다. 골드만은 삶의 끝자락에도 내전 중인 스페인으로 가서 무정부주의자를 도왔고, 러셀은 90대에도 대표적인 반전운동가로 활동했다. 그러나 둘 다 자유를 평등만큼이나 중시했으며, 자유를 제한하는 사회를 용인할 수 없었다. 다시 말해 골드만과 러셀은 자유주의적 사회주의자였다.

미국인은 자유주의적 사회주의가 형용모순이라고 생각한다. 원래 자유주의자는 정부를 싫어하고 자본주의를 사랑하지만, 사회주의자는 정부를 좋아하고 자본주의를 싫어하므로 둘은 정반대라는 것이다. 이는 사실이 아니다. 자유주의적 사회주의자는 정부와 자본주의 둘 다 싫어한다. 정확히 말해 자유주의적 사회주의자는 자본주의 대 공산주의라는 이분법을 거짓이라고 본다. 자유주의적 자본가가 약속하는 자유는 환상이며, 경제적·사회적 위계가 존재하는 한 밑바닥에 있는 사람은 자유롭지 않다고 본다. 동시에 그들은 아무도 억압적인 관료제에서 살고 싶어 하지 않으며, 모든 사람을 똑같이 불행하게 만드는 방식으로는 불평등 문제를 해결할 수 없다고 본다.

자유주의적 사회주의자는 사회주의에 대한 논의에서 종종 배제된다. 마르크스주의적 사회주의자는 마르크스주의에 대한 자유주의적 사회주의자의 비판이 부담스럽고, 자본가와 온건 중도파는 모든 사회주의자를 스탈린주의자로 몰아가고 싶어 하기 때문이다. 하지만 마르크스 시대에는 사회주의와 자유의 관계를 둘러싼 토론이 활발했다. 무정부주의자 미하일 바쿠닌은 '프롤레타리아트 독재'가 수립되더라도 여전히 같은 지팡이로 사람을 때리면서 이름만 '인민의 지팡이'라고 바꿔 부를 것이라며 마르크스와 종종 언쟁을 벌였다. 바쿠닌은 관료제와 중앙 집중적 권력을 거부하지 않을 경우, 사회주의에 헌신하는 것이 초래할 결과에 대해 다음과 같이 경고했다.

> 진짜 과학자와 학자와 진짜인 척하는 과학자와 학자라는 새로운 계급, 새로운 위계가 존재할 테고 세상은 지식의 이름으로 지배하는 소수와 무지한 다수로 나뉠 것이다. 무지한 무리에게 화가 닥칠지니!… 마르크스의 프로그램이 내세우는 민주적이고 사회주의적인 문구와 약속의 배후에는 모든 국가의 독재적이고 야만적인 본질을 구성하는 요소의 총체로서 국가가 있다.[23]

바쿠닌은 자유주의적 사회주의자의 정신을 한마디로 표현했다.

> 우리는 사회주의 없는 자유는 특권이자 불의고, 자유 없는 사회주의는 노예 상태이자 야만 상태라고 확신한다.

사회주의 없는 자유는 최고경영자의 지배고, 자유 없는 사회주의는 관료의 지배임을 어렵지 않게 파악할 수 있다. 그러나 자유주의적 사회주의자는 부당한 법을 서슴없이 비판하기 때문에 대개 새로운 권력 체제가 들어서면 결국 총살형을 당한다.

자유주의적 사회주의자의 정신은 원칙에 대한 일관된 헌신이다. 토머스 페인은 1789년 혁명을 지원하러 프랑스로 갔다. 그러나 페인은 사형 반대론자였기에 프랑스 왕의 처형에 반대했다. 그는 자기편을 만들지 못했고 결국 바스티유Bastille에 갇혔다. 페인은 원칙과 일관성을 끝까지 견지한 바람에 거의 모든 사람에게서 고립된 채 경멸 속에 무일푼으로 죽었다.

자유주의적 사회주의는 오랫동안 소수파였지만, 충분한 찬사를 받을 만한 인간적인 사상이다. 자유주의적 사회주의는 권력을 사용하는 것이 언제 정당하고 정당하지 않은지, 어떤 자유가 중요한지, 민주주의가 정말 무엇을 의미하는지 등 어려운 질문을 생각해보게 한다. 자유주의적 사회주의는 '오믈렛을 만들려면 달걀 몇 개는 깨뜨려야 한다'거나 '가장 적게 통치하는 정부가 가장 좋은 정부다' 같은 상투적인 문구를 제시하기보다 몇 가지 훌륭한 원칙을 고수한다. 자유주의적 사회주의는 급진적 사회주의와 급진적 자유주의를 아무런 훼손 없이 결합한다.

네 이웃을 사랑하라: 기독교 좌파

예수께서는 "네가 완전한 사람이 되려거든 가서 너의 재산을 다 팔아 가난한 사람들에게 나누어주어라. 그러면 하늘에서 보화를 얻게 될 것이다. 그러니 내가 시키는 대로 하고 나서 나를 따라오너라" 하셨다.

〈마태오의 복음서〉 19장 21절

"너희는 하느님과 재물을 아울러 섬길 수 없다."

〈마태오의 복음서〉 6장 24절

2부 | 사회주의는 옳다

예수는 물질적 소유를 그리 좋아하지 않았다. 진복팔단("마음이 가난한 사람은 행복하다. 하늘나라가 그들의 것이다"와 "부요한 사람들아, 너희는 불행하다. 너희는 이미 받을 위로를 다 받았다")을 중시해 평등주의를 기독교의 책무로 보는 오랜 전통을 가진 사회주의가 있다. 좌파 기독교 작가 엘리자베스 브루닉Elizabeth Bruenig은 "신은 같은 진흙으로 부자와 빈자를 만드셨다"(성 아우구스티누스Aurelius Augustinus의 말)고 가르치기 때문에 기독교는 애초부터 모든 이가 공유하는 세계를 사적 소유로 나누는 것에 회의적이었으며, 가톨릭교회는 가난한 이에게 손해를 끼치면서 자신에게 합당한 것 이상을 모으는 부자를 경계할 것을 촉구했다고 말했다.[24]

사회주의적 신학자 데이비드 벤틀리 하트David Bentley Hart는 성경에 좌파는 물론 공산주의적 주장과도 들어맞는 내용이 많으며, "성직자와 신학자 중에는 신약성경은 부가 아니라 부의 남용을 비난할 뿐이라고 쉽게 단언하는 사람이 늘 존재하지만, 터무니없는 해석을 하지 않는 한 신약성경에는 그런 주장을 뒷받침하는 구절이 하나도 없다"[25]고 말했다. 많은 기독교인은 좌파가 아니라 우파며, 성경의 가르침을 이용해 엄청난 부의 축적을 정당화한다('번영 복음 교단'이나 돈을 위해 하느님을 파는 방송 선교사를 보라). 그렇다고 기독교 내 좌파 사상을 간과해선 안 된다.

도로시 데이Dorothy Day(1897~1980)는 가톨릭일꾼운동Catholic Worker Movement을 조직하고 기독교적 무정부주의 입장에서 반전 평화주의, 경제적 평등, 시민권을 옹호하는 등 사회정의를 추구하는 가톨릭교도 사이에서 전설적인 인물이다.[26] 데이는 시민 불복종을 실천하다 숱하게 체포됐으며, 성경의 가르침을 가톨릭교회가 해석하는 것보다 진지하게 받아들였다. 그녀는 지역 사제와 주교의 편견보다 산상수훈을 존중하는 기독교인으로 살았으며, 그녀가 보여준 도덕적 용기 때문에 지금까지 존경받는다. 데이의 유산을 없애고 급진주의를 폄하하려는 시도가 있었다. 가톨릭 잡지 《크라이시스Crisis》는 "국가가 개인의 권리를 침해하는 것과 복지 체제의 위험성을 이야기했다"[27]는 점에서 그녀가 보수주의자였다고 주장해왔다. 하지만 데이가 그런 이야기를 한 것은 보수주의자가 아니라 무정부주의자였기 때문이다. 경제를 바라보는 시각이 순전히 사회주의적이진 않았지만, 그녀가 한 말은 자본주의를 어떻게 생각하고 있는지 잘 보여준다.

> 나는 빈자가 많은 것은 하느님의 뜻이 아니라고 확신한다. 계급 구조는 우리가 만들고 동의한 것이지 하느님의 것이 아니다. 계급 구조는 우리가 만들었고, 바꾸는 것도 우리에게 달렸다. 그렇기에 우리는 지금 혁명적 변화를 촉구하는 것이다… 우리는 체제를 바꿔야 한다. 공산주의자에게 "우리를 조종하려고 음모를 꾸민다"고 비난하는 정부가 아니라 뉴욕의 회칠한 무덤 같은 방에서 이 고통을 만드는 부패하고 타락하고 악취를 풍기는 산업자본주의를 뒤집어야 한다.[28]

이들 외에도 매력적인 기독교 사회주의자가 많다. '충성 서약Pledge of Allegiance'을 쓴 프랜시스 벨러미Francis Bellamy도 그중 한 명이다. 세계산업노동자동맹IWW과 가톨릭일꾼운동의 일원인 애먼 헤나시Ammon Hennacy는 급진 좌파적 노동 정치와 기독교 신학을 결합한 철학을 바탕으로 솔트레이크시티Salt Lake City에 '조 힐의 환대의 집Joe Hill House of

Hospitality '이라는 사회복지 센터를 세웠다.[29] 레프 톨스토이는《신의 나라는 네 안에 있다 Царство Божие внутри вас》에서 급진적인 종교적 메시지를 통해 가난, 기근, 감옥, 교수대, 군대, 전쟁으로 가득 찬 이 사회질서를 고발하고, 반전 평화주의를 받아들일 것을 촉구했다.[30] 페루의 구스타보 구티에레스 Gustavo Gutiérrez [31]를 비롯한 해방신학자는 가톨릭의 전통적인 가치를 마르크스주의적 분석과 결합해 '가난한 자를 위한 우선적 선택'을 기독교적 명령으로 발전시켰다. 라틴아메리카에서 번성한 해방신학은 미국의 흑인 해방신학과 팔레스타인 기독교인 특유의 해방신학으로 이어졌다. 지금도 자본주의를 비판하면서 "인권은 테러리즘, 탄압, 암살뿐만 아니라 거대한 불평등을 만드는 불공정한 경제구조에 의해서도 침해되고 있다"[32]고 말하는 프란치스코 교황 Pope Francis 의 목소리에서 해방신학의 메아리를 들을 수 있다.

미국의 자생적 사회주의

흔히 사회주의 전통이 없다는 점에서 미국은 유럽과 다르다고 한다. 베르너 좀바르트 Werner Sombart 는 1906년《왜 미국에는 사회주의가 없는가? Warum gibt es in den Vereinigten Staaten keinen Sozialismus?》를 출간했다. 이 질문에 대한 응답으로 거의 100년쯤 뒤에 시모어 마틴 립셋 Seymour Martin Lipset 과 게리 울프 마크 Gary Wolfe Mark 가《미국에서는 쓸모가 없었다: 미국에서 사회주의가 실패한 이유 It Didn't Happen Here: Why Socialism Failed in the United States 》라는 책을 출간했다. "미국에서는 사회주의가 실패했다"는 이야기를 흔히 들을 수 있다. 사회주의자가 미국 정치에서 중요한 세력이 되지 못했다는 뜻이라면 맞는 말이다. 그러나 미국에도 비록 잠시지만 활력 넘치는 사회주의 운동이 존재했다는 사실을 간과해선 안 된다.

100년 전에 미국에서 사회주의가 정점이었을 때, 사회당은 340개 도시에 1200개 지부가 있었다.[33] 미국의 절반이 넘는 지역에서 사회주의자 하원 의원 두 명, 사회주의자 주 의원 수십 명, 사회주의자 시장 130여 명이 있었다. (워싱턴대학교University of Washington에 사회주의의 놀랄 만한 전국적 확산을 보여주는 지도가 있다.[34]) 사회당은 특히 미국 중서부에서 좋은 성과를 거뒀었는데, 이는 "중서부에서는 지나치게 왼쪽으로 가면 승리할 수 없다"[35]는 태미 더크워스Tammy Duckworth 상원 의원의 말을 무색케 한다.

유진 데브스가 대통령 선거에 출마했을 때 감방에서 선거운동을 할 수밖에 없었는데도 100만 표 이상을 얻었다는 사실은 의외로 많은 사람이 알고 있다. 그런데 실제로 공직에 취임한 사회주의자에 대한 이야기는 거의 찾아볼 수 없다. 이는 안타까운 일이다. 왜냐하면 그런 이야기는 사회주의에 의해 제기된 비판적 질문에 답하는 데 도움이 될 수 있기 때문이다. 사회주의자가 책임 있는 자리에 앉으면 사회주의가 재앙이 될까? 사회주의자는 자유를 박살내고 우리의 취약한 제도를 파괴할 이데올로기에 사로잡힌 허황된 유토피아주의자인가? 미국에서 사회주의적 정치 세력은 어떤 모습일까?

비록 지방에 국한됐지만, 미국은 사회주의적 정치 세력을 경험한 적이 있다. 밀워키Milwaukee의 역대 시장 가운데 세 명이 사회주의자다! 그들이 재임하는 동안 밀워키는 악몽같이 섬뜩한 유혈혁명이 일어난 도시가 됐는가?

그런 일은 일어나지 않았다.

> 사회주의자가 시장으로 있는 동안 밀워키는 우수 지자체로 명성
> 이 높았다. 사회주의자 시장은 시 정부에 공동선을 촉진할 책임,
> 특히 노동계급의 필요에 봉사할 책임이 있다고 생각했다. 그들은
> 오늘날에도 많은 사람이 찾는 호숫가를 따라 아름다운 녹지 공간
> 과 휴양지, 공원을 세웠다. 그들은 연방 정부가 최저임금제를 채택
> 하기 28년 전에 모든 시민의 최저임금을 올렸고, 지자체 노동자의
> 노동시간을 하루 8시간으로 정했다. 그들은 아이들을 위한 공교육
> 을 옹호했고, 훌륭한 도서관을 지었고, 레크리에이션 프로그램을
> 후원했으며, 가로등과 채석장, 쓰레기 처리장, 정수 시설 등을 시
> 영 사업으로 만들었다.[36]

사회주의자 시장 세 명 가운데 대니얼 호언Daniel Hoan은 24년간 재
직할 만큼 인기가 높았다. 호언은 1936년 《타임》의 표지를 장식했으
며, 《타임》은 호언의 시 정부에서 "밀워키는 미국에서 가장 잘 운영되
는 도시가 됐다"[37]고 말했다. 밀워키는 전국에서 안전하고 건강한 도
시 중 하나로 선정돼 많은 상을 받았고, 미국의 도시 가운데 영아 사
망률과 전염병 발생률이 낮은 편에 속했다. 호언은 지자체의 식량 판
매를 실험하고, 시 당국의 주택 건설을 후원했으며, 공설 시장을 제공
하고 항구를 개선했으며, 밀워키 정치에서 뇌물을 추방했다.[38]

훨씬 많은 사람이 이름을 들어본 사회주의자 시장이 있다. 버니 샌
더스는 버몬트주 벌링턴의 시장으로 세 차례 재선에 성공하면서 8년간
재직했다. 벌링턴은 어떻게 됐을까? 샌더스는 샘플레인Champlain 호수

에 작은 레닌그라드를 건설했을까?

천만에. 샌더스는 버몬트주의 최대 도시(인구 3만 8000명)를 활력 넘치는 도시로 바꾸는 데 기여한 근면하고 실용적이고 유능한 시장이라는 평가를 받았다.[39]

> 오늘날 벌링턴은 경제가 번성하면서 미국에서 실업률이 낮은 곳 중 하나이자, 친환경적이고 활력 넘치고 살기 좋은 도시로 알려졌다. 벌링턴 시민들은 처음에는 샌더스에게 의구심을 품었으나, 지금은 벌링턴 시를 많은 유권자가 지지하는 새로운 방향으로 이끈 샌더스의 공로를 인정한다.

사회당이 전성기일 때도 사회당 소속 주 의회 의원은 언제나 소수였기에 대부분 표결에서 졌다. 1914년에 발표된 사회당의 입법 활동 보고서는 읽어볼 가치가 있다. 이 보고서는 여러 주에서 성공한 저강도 사회주의적 정책을 담았다. 예를 들어 위스콘신Wisconsin주에서 "두 주요 정당이 사회당 정강을 일부 채택했으며, 의회는 10년 전이라면 위원회에 결코 오르지도 못했을 법안을 통과시키고 있었다"는 내용이다.[40] 보고서에 실린 법안은 어떤 것일까?

> 1907년에는 사회주의적 법안이 많이 발의됐다. 오늘날 그 법안은 노동의 본질과 범위를 명확히 하는 데 도움을 준다. 1907년 사회주의자들은 한 회기에 72개 법안을 제출했고, 그중 15개가 최종적으로 통과됐다. 통과된 법안 중에는 다음과 같은 것이 있다. (1) 공장에서 위험한 기계 위쪽에 안전장치와 난간을 설치하도록 한 법안.

(2) 금속 연마 기계에서 나오는 금속 가루를 충분히 제거할 수 있는 송풍 장치와 통풍 장치를 설치하도록 한 법안. (3) 철도 회사는 지나친 부담 없이 일할 수 있도록 모든 기차에 충분한 승무원을 배치하도록 규정한 이른바 충분한 승무원 법안Full Crew Bill. (4) 8시간 전신 기사 법. (5) 큰 폭으로 개선된 아동노동법. (6) 정의로운 소송 과정을 보장하는 법안 몇 개. 여기서 볼 수 있듯이, 사회당 의원들은 1907년 주 의회에서 상당한 양보를 얻어내기 시작했다. 1911년 의회 회기가 끝날 때까지 의회에서 통과된 사회주의적 법안은 급격히 늘어났다.[41]

어디선가 다음과 같이 반박하는 소리가 들리는 듯하다. "그것은 사회주의가 아니다! 샌더스는 '사회주의자로서' 벌링턴의 시정을 책임진 게 아니다. 그러니 그가 시장으로 재직한 것은 사회주의와 무관하다." 오해다. 사회주의의 기본 원리에는 실용적인 거버넌스를 배제하는 어떤 것도 들어 있지 않다. '사회화된 경제'와 '사회주의적인 가치'는 다르며, 샌더스는 자신이 생각하는 사회주의적 가치에 따라 시정을 운영했다. 그는 택지 개발 업자를 고용했으며, 샘플레인 호숫가를 부자들의 호화 콘도만 들어선 곳이 아니라 모든 사람이 즐길 수 있는 '인민의 호숫가'로 만들기 위해 싸웠다.

위스콘신주 의회에서 사회당 의원이 통과시킨 법안들은 사회주의자가 아닌 의원들의 지지를 받은 것이었기 때문에 대단히 급진적인 것은 아니었다고 할 수 있다. 하지만 그 법안은 경제가 제 기능을 못하고 일반적인 노동자에게 해를 끼친다는 사회주의자의 확신에서 나온 것이었다. 그랬기 때문에 그 법안은 하루 8시간 노동, 아동노동 종식, 작업장 안전 규제 등을 지지했다. 이는 오늘날 자유주의의 대표적 정책처럼 보이지만, 그런 문제를 주요 의제로 만든 이는 급진주의자들이다. 오늘날 자본가는 하루 8시간 노동과 주 2일 휴무제를 채택한 공을 헨리 포드에게 돌리기 좋아한다. 그러나 포드가 하루 8시간 노동을 채택한 때는 급진적 노동자들이 노동 시간을 줄이기 위해 60여 년간 투쟁한 뒤라는 사실을 잊지 말아야 한다.[42] 사회주의자가 할 일은 사람들의 머릿속에 급진적 이념을 심는 것이다. 시간이 지나 그것은 주류가 되고 당연한 것으로 여겨진다. 그다음에는 모든 사람이 자신은 언제나 그렇게 생각했다고 말한다.

위대한 사회주의자의 명성이 오늘날까지 이어지는 나라가 있다. 예를 들어 오늘날의 복지국가 영국은 키어 하디와 어나이린 베번 같은 사회주의 정치가의 끈질긴 노력 없이는 불가능했을 것이다. 그러나 미국인은 헬렌 켈러처럼 과거 미국에 있던 비범한 인물을 기억하지 못한다.

헬렌 켈러가 누구인지는 모두가 안다. 하지만 그녀가 급진 사회주의적 정치 활동을 했다는 사실을 아는 사람은 별로 없다. 켈러는 세계산업노동자동맹 회원이자 유진 데브스의 지지자였으며 군국주의 반대자, 페미니스트, 노동조합원이었다. 그녀는 노동자의 권리를 위해 흔들림 없이 헌신적인 활동을 펼쳤다. 켈러가 쓴 글을 읽어보면, 사회주의에 강한 확신이 있다는 사실에 놀랄 것이다. 그녀가 세계산업노동자동맹을 지지하는 이유를 밝히는 구절을 보자.

부를 창출하는 자는 자신이 창출하는 모든 것에 대한 권리가 있다. 따라서 그들은 이윤을 추구하는 체제와 맞서 싸우게 된다. 그들은 노동계급에 속한 대다수 사람들이 결핍 속에 살고 고용주 계급이 사치 속에 사는 한, 타협은 있을 수 없다고 선언한다. 그들은 노동자가 한 계급으로 조직돼 지구의 자원과 생산, 분배 기구를 소유하고 임금체계를 철폐할 때까지 평화는 결코 있을 수 없다고 역설한다.[43]

나는 중학생 때 〈미러클 워커The Miracle Worker〉를 봤지만, 이런 이야기는 들은 기억이 없다. 켈러는 〈나는 어떻게 사회주의자가 되었나How I Became A Socialist〉라는 에세이에서 사람들이 자신의 남다른 인생 이야기에 관심을 보이는 것도 기쁘지만, 덕분에 사회주의라는 단어가 더 많은 신문에 실리는 게 더 기쁘다고 말한다! (아, 그녀는 신문이라는 진실 왜곡 기계의 힘을 얼마나 과소평가했는가!) 그녀는 《뉴욕타임스》에서 자신에게 원고를 청탁하고 얼마 안 있어 '한심한 붉은 깃발'을 비난하는 사설을 실은 것을 조롱하기도 했다. 켈러는 "그래 봤자 소용 없을 텐데"라고 말했다.

나는 붉은 깃발을 사랑하고 그 깃발이 우리 사회주의자에게 상징하는 것을 사랑한다. 내 서재에는 붉은 깃발이 걸려 있다. 할 수만 있다면 나는 그 깃발을 들고 《뉴욕타임스》 사무실 앞으로 행진해 모든 기자와 사진사가 그 광경을 최대한 활용하게 하고 싶다. 《뉴욕타임스》가 내 모든 것을 비난하는 바람에 나는 존중과 공감을 받을 모든 권리를 잃었고, 사람들은 앞으로 나를 의심의 눈으로 바라볼 것이다. 그런데도 《뉴욕타임스》 편집자는 내가 글을 써 보내기 바라고 있다![44]

켈러는 그녀의 좌파 정치가 신체적 장애의 산물이라는 《브루클린
이글Brooklyn Eagle 》의 기사에도 꿈쩍하지 않았다. 이 기사에 켈러는 유
쾌하면서도 통렬한 답장을 보냈다. 다소 길지만 인용해보겠다.

《브루클린이글》은 나와 사회주의와 관련해 "헬렌 켈러의 실수는
그녀의 발전의 뚜렷한 한계에서 나오는 것이다"라고 말한다. 몇 년
전 나는 《브루클린이글》의 편집자 맥켈웨이 McKelway 씨를 소개받
았다. 둘 다 뉴욕에서 맹인을 위한 회의에 참석한 뒤였다. 당시 그
는 내게 엄청난 찬사를 늘어놓았다. 그가 한 말을 떠올리면 지금도
낯이 뜨거울 정도다. 그러나 내가 사회주의를 지지하자, 그는 이제
와서 나와 대중에게 내가 맹인이고 농인이라서 실수하기 쉽다는
걸 잊지 말아야 한다고 말한다. 그의 말이 맞다면, 그를 만난 뒤 몇
년 동안에 내 지능이 떨어진 모양이다. 낯 뜨겁지 않은가?… 멍청
하기 짝이 없는 《브루클린이글》이여! 여성에게 돼먹지 않게 구는
무례하기 짝이 없는 새여!…《브루클린이글》은 그들을 후원하면
서 귀와 눈을 가리는 산업적 독재를 우리가 공격하지 않으면, 그런
태도를 계속 견지하기만 하면, 빈곤에 따른 불행을 막으려는 우리
일을 기꺼이 도울 모양새다. 《브루클린이글》과 나는 전쟁 중이다.
나는 《브루클린이글》이 대변하고 해명하고 후원하는 이 체제를
싫어한다. 싸움은 공정해야 한다. 《브루클린이글》이 내 생각을 공
격하고 사회주의의 목적과 주장에 반대하는 것은 괜찮다. 그러나
나와 독자에게 내가 보거나 들을 수 없다는 사실을 상기시키는 것
은 공정한 싸움도, 제대로 된 논증도 아니다. 나는 읽을 수 있다. 시
간만 있으면 나는 영어, 독일어, 프랑스어로 된 모든 사회주의 책

을 읽을 수 있다. 《브루클린이글》의 편집자가 그런 책을 몇 권이라도 읽는다면, 그는 더 현명한 사람이 되고 더 나은 신문을 만들 수 있을 것이다. 나는 내가 가끔 생각하는 사회주의 운동에 대한 책을 쓰면 제목을 뭐라고 할지 정했다. 그 책의 제목은 산업적 시각 장애와 사회적 청각 장애가 될 것이다.[45]

미국은 민중을 선동하는 데 뛰어난 능력을 발휘한 노동운동가 메리 해리스 '마더' 존스Mary Harris 'Mother' Jones 같은 특출한 여성 사회주의자도 배출했다. '마더' 존스는 아동노동자 수백 명을 이끌고 시어도어 루스벨트Theodore Roosevelt 대통령의 여름 별장까지 행진 시위를 벌이고 대통령 면담을 요구했다.[46] (면담은 거부당했다.) 수많은 유색인 사회주의자도 빼놓을 수 없다. 부당하게도 이중 많은 수는 오늘날 기억되지 못한다. 아프리카계 미국인 최초의 사회주의자로 알려진 피터 클라크Peter Clark는 학생들에게 토머스 페인에 관해 이야기했다는 이유로 교직에서 쫓겨났으며 노예 폐지론자, 노동조직가, 교사, 신문 편집자로 활동했다. (클라크는 "사회주의가 무엇을 내놓든 오늘날 그래프턴Grafton, 볼티모어, 피츠버그Pittsburgh에서 보는 것 이상으로 무정부주의적인 것을 내놓을 순 없다"고 했다.[47]) 동료 사이에서 '검은 소크라테스'로 불린 허버트 해리슨Hubert Harrison은 할렘 르네상스의 핵심 인물이었으며, 급진적인 인종 의식을 급진적인 계급의식과 결합한 것으로 유명하다.[48] 전설적인 가수이자 배우, 변호사, 축구 선수인 폴 로브슨Paul Robeson은 정치적 좌파라는 이유로 블랙리스트에 올랐다. 로브슨은 전 세계 노동자와 진정한 연대를 느꼈고, 영국에 망명했을 때는 파업 중이던 웨일스Wales 광부들과 지속적으로 유대 관계를 발전시켰다.[49] 엘라 베이커

Ella Baker는 민권운동에 급진적 민주주의를 도입했고,[50] 프레드 햄프턴 Fred Hampton은 흑표당의 정치화를 시도했으며 미국연방수사국FBI에 의해 침실에서 사살되기 전에는 시카고 거리의 평화를 위해 갱들의 다툼을 중재했다.[51] 전설적인 흑인 좌파 학자 앤절라 데이비스는 지금까지 50년이 넘는 세월 동안 인종차별과 자본주의에 맞서 싸우다 로널드 레이건의 명령으로 캘리포니아대학교 로스앤젤레스캠퍼스UCLA 교수직에서 해임된 일로 유명하다. 여기서 언급한 인물은 각기 전기 한 권으로 기록할 만한 삶을 살았다.

* * *

켈러, 클라크, 데이비스 같은 개인만큼이나 중요한 것이 세계산업노동자동맹 같은 단체에 속한 이름 없는 회원과 조금이라도 나은 조건을 얻기 위해 소규모 투쟁을 벌인 수많은 급진적 노동조직가다. 사회운동을 구성하는 것은 주변 사람의 삶을 향상하기 위해 쉴 새 없이 헌신하는 보통 사람이다. 이를테면 1919년 시애틀 총파업 당시, 전 산업 부문에서 노동자 수만 명이 항의 표시로 일제히 일손을 멈췄다.[52]

많은 것이 이런 사람들의 투쟁으로 얻어졌다. 그들은 하루 8시간 노동을 쟁취했다. 사회보장, 작업장 안전기준, 최저임금제 등도 그들이 쟁취한 것이다. 이 '보통의' 삶 가운데 하나를 알고 싶다면 마틸다 라비노위츠Matilda Rabinowitz의 《이민자 여성, 급진적 여성Immigrant Girl, Radical Woman》을 읽어볼 것을 권한다.[53] 라비노위츠는 10대 시절이던 1900년, 우크라이나에서 미국으로 와 여성용 블라우스 제조 공장에서 일을 시작했다. 그녀는 힘들게 살면서도 여성의 평등과 노동자

　　　　　　　　　　　　　　　2부 | 사회주의는 옳다

의 권리를 위해 할 수 있는 모든 것을 했다. 라비노위츠는 파업 노동자를 위해 부엌에서 음식 만드는 일을 총괄하고, 소송을 위한 모금을 하고, 파업 사무실을 운영하는 과정에서 수차례 체포됐다. 라비노위츠를 비롯해 드러나지 않는 일을 묵묵히 한 수많은 사람은 우리에게 본보기가 될 뿐만 아니라 책임도 남겼다.

사회주의 역사를 훑어보면 오늘날의 정치에 대한 수많은 교훈을 얻을 수 있다. 흑표당의 10대 강령은 지금 시대엔 맞지 않지만, 인간다운 주거와 완전고용, 경찰 폭력 종식 등은 여전히 공감을 자아낸다. (이 강령에는 독립선언문에서 가져온 것도 있다. "우리는 다음을 자명한 진리로 여긴다. 모든 인간은 평등하게 창조됐다.") 사회주의에서 교훈을 얻어 만든 유익한 모델은 국민보건서비스를 도입해 대중의 엄청난 지지를 받은 전후 영국 노동당 정부부터 멕시코 치아파스Chiapas주 원주민 사이에 진정한 자유주의적 사회주의를 세운 사파티스타까지 전 세계에서 찾아볼 수 있다. 확실하게 '사회주의자'로 불리는 사람들만 볼 필요는 없다. 노예 폐지론자 존 브라운John Brown에서 군 내부 고발자 첼시 매닝Chelsea Manning까지 옳지 않다고 생각한 일에 용기 있게 반대하고 저항한 사람도 잊지 말아야 한다.[54] 역사에는 우리가 절망적이라고 느끼거나 좌절할 때마다 사표로 삼고 가르침을 얻을 수 있는 인물이 수두룩하다.

* * *

사회주의적 좌파의 위대한 유산은 미국을 비롯해 세계 도처에 있다. 사회주의의 역사는 많은 사람이 생각하는 것과 달리 권위주의적 체제로 점철된 장구한 역사가 아니다. 사회주의의 역사는 뒷날 공공 정책으로 실현된 계획을 만들고, 학교와 도서관을 세우고, 모두가 존엄한 삶을 동등하게 누릴 자격이 있다는 생각을 실현하려고 한 노동 운동가와 지식인의 역사다. 그들의 생각은 이제 상식이 됐지만, 헌신적인 사회주의자들이 없었다면 우리는 지금처럼 살지 못할 것이다. 사회주의자는 지적이고 인간적이고 명예로운 전통에 몸담고 있다.

사회주의를 소련과 동일시하는 사람들은 역사를 선택적으로 서술한다. 역사의 진정한 교훈을 알기 위해서는 자신의 이데올로기적 목적에 맞는 역사의 편린이 아니라 전체 역사를 봐야 한다. 역사를 보면 사회주의가 미국에 좋을지 아닐지 알 수 있다고 이야기하면서 정작 미국 사회주의 역사는 들여다보지도 않는 사람들이 있다. 미국에는 분명히 사회주의자가 있었고, 그들은 미국을 좋게 만드는 데 기여했다. 그들은 부정한 독재자가 아니었다. 그들은 좋은 사람이었고, 더 공정한 나라를 만들기 위해 권력의 균형을 바꾸려고 노력했다.

역사에서 수많은 사회주의자를 삭제할 경우에만, 사회주의를 소련이나 베네수엘라와 동일시할 수 있다. 크로포트킨, 골드만, 로자 룩셈부르크, 프레드 햄프턴, 토니 벤Tony Benn은? 아우구스트 베벨August Bebel이나 장 조레스Jean Jaurès 같은 유럽의 위대한 사회주의자는? 이들은 온건주의자가 아니라 당대 여론에 맞선 급진주의자다. 베벨은 독일이 서아프리카에서 자행한 야만적인 대량 학살에 반대한 유일한 정파를 이끌었고 인종차별을 혐오했다. 조레스는 수백만 명의 목숨을 앗아간 무의미한 전쟁°에 반대한다는 이유로 살해됐다. 미국도 마찬가지

○   1차 세계대전을 뜻한다.

다. 1차 세계대전에 반대해 병역법을 거부하다가 감옥에 갇힌 데브스는? 1차 세계대전이라는 국가주의적 대학살에 반대했다는 이유로 하원에서 의석을 거부당한 최초의 사회주의자 하원 의원 빅터 버거Victor Berger는? 베를린의 거리에서 나치와 싸운 사회주의자, 스페인에서 프랑코Francisco Franco 체제를 막으려다 쓰러져간 사회주의자, 베트남전쟁을 멈추기 위해 필사적으로 노력한 사회주의자는? 20세기 위대한 인도주의자 마틴 루서 킹, 마하트마 간디Mahatma Gandhi, 국가의 억압적 통치와 전체주의에 가장 강력히 반대한 조지 오웰도 자본주의를 단호히 비판했다. 사회주의의 '역사'를 살펴보고자 한다면, 인민의 이름으로 통치한다면서 사회주의라는 미명 아래 모든 야만적 행위를 정당화한 독재자만 들여다봐선 안 된다. 사회주의자는 언제나 압정에 신음하는 자들의 인도적 대변자였다. 우리는 그들이 우리의 도덕적 상상력을 넓혀줌으로써 세계를 더 좋게 만드는 데 기여했다는 사실을 인정해야 한다.

8장

불가능한 것을
요구하라

"나는 사회주의가 유일한 대답이라고 확신하며 모든 동지에게 이 투쟁을 승리로 이끌 것을 촉구한다."

말랄라 유사프자이 Malala Yousafzai, 32차 파키스탄마르크스주의자대회 성명

지금까지 우리는 몇 가지 기본 원리, 유토피아적 충동, 사회주의라는 용어의 분명한 이해, 오늘날 좌파가 이어가는 위대한 전통의 중요성 등을 살펴봤다. 하지만 정치의 실천적 측면에 대해서는 별로 다루지 않았다. 그렇다. 우리 사회주의자에게는 건전한 도덕적 충동도, 훌륭한 철학도, 과거 사회주의자가 제공한 훌륭한 길도 있다. 하지만 계획도 있을까?

사회주의자는 훌륭한 계획이 아주 많다. 오늘날 사회주의자는 대체로 유토피아주의냐 실용주의냐, 개혁이냐 혁명이냐 하는 논쟁에 너무 깊이 빠지는 걸 경계한다. 그들은 둘 다 필요하다는 걸 잘 안다. 사회주의자는 아주 다른 세상을 꿈꿔야 하는 동시에, 자신이 지금 사는 세상을 면밀히 살펴 단기적인 정치적 목표를 세울 만큼 현실적이어야 한다.

일부 사회주의자는 실용주의라든가 '현실적일 것' 등의 말을 하는 사람에게 여전히 의심의 눈초리를 보낸다. 정상적인 반응이다. 오랫동안 '현실적일 것'은 '거의 아무것도 하지 않음'이나 '걸음마 단계에 있다는 것'을 의미했기 때문이다. 마틴 루서 킹은 항상 백인 자유주의자들에게 천천히 갈 필요가 있다는 말을 들었다. 〈버밍행 감옥에서 온 편지Letter from Birmingham Jail〉는 급진주의자에게 천천히 갈 필요가 있

다고 좋은 뜻으로 충고했을 온건주의자를 겨냥한 글이라고 할 수 있다.[1] 중대한 사회 변화를 추구하려던 사람들은 하나같이 비현실적인 생각이라는 말을 들었다. 사회주의자가 된다고 할 때는, 당신이 생각하는 목표가 실현 불가능하다는 말을 들어도 굴하지 않고 뚝심 있게 밀고 나가는 태도가 중요하다. 영국 노동당이 사회주의자 제레미 코빈을 대표로 뽑았을 때, 대다수 언론은 정치적 자살이라고 떠들어댔다. 하지만 결과는 정반대였다. 다음 선거에서 노동당은 전례 없이 많은 표를 얻었다. 코빈이 제시한 사회주의적 의제는 인기가 없던 이전 대표들의 소심한 '새로운 노동당' 자유주의보다 훨씬 대중의 마음을 사로잡았다.[2]

거의 모든 야심적인 시도에는 실용적이기를 거부하는 태도, 가능한 것에 대한 중론을 받아들이지 않는 태도가 적잖이 있게 마련이다. 당신이 실패하기를 바라는 사람은 (당신이 하는 일에 공감하지 않기 때문에) 당신이 실패할 수밖에 없다는 생각을 갖게 하려고 한다. 당신이 하는 일에 공감하는 사람도 위험 회피 경향이나 과도한 회의주의 때문에 기회를 놓칠 수 있다. 나는 지나치게 비현실적인 사람의 말은 신경 쓰지 않는다. 정치에서 앞으로 어떤 일이 일어날 거라고 단언하는 사람들이 있는데, 이는 대개 억측에 지나지 않는다. 정치학자와 통계학자를 비롯한 각종 전문가들은 도널드 트럼프가 대통령이 되는 일은 절대 없을 거라고 단언했지만, 트럼프는 대통령이 됐다. 정치적 현실은 급변하기 때문에 당신이 일어났으면 하고 바라는 일을 선택해 그 일이 실현되도록 최선을 다해야 한다. 무정부주의의 오랜 구호는 진실을 담고 있다. "불가능한 것을 요구하라."[3]

2부 | 사회주의는 옳다

우리는 자본주의에 살고 있다. 자본주의의 힘은 너무 강력해서 도 저히 벗어날 수 없어 보인다. 그러나 왕의 절대 권력도 그렇게 보 였다. 어떤 권력이든 인간의 저항으로 바꿀 수 있다.

어슐러 르 귄

장기 목표는 야심적이어야 한다. 그러나 단기 목표는 특정한 시간과 장소의 구체적 필요에 기초해야 한다. 일을 제대로 처리해 지금여기 사는 사람들의 삶을 실질적으로 개선할 수 있어야 한다.

실용주의와 유토피아주의를 성공적으로 결합한 사례로 미국민주사회주의자들을 들 수 있다. 미국민주사회주의자들은 "우리 정부와 경제의 많은 구조는 근본적으로 바뀌어야 한다"[4]고 주장하고, 이윤과 착취, 인종차별, 성차별, 사회적 위계가 없는 사회를 추구한다. 이는 대단히 야심찬 목표다. 그러나 미국민주사회주의자들은 "내일 당장 자본주의의 종말을 볼 수 있을 것 같지는 않다"면서 그러니 "기업의 권력을 약화하고 노동자의 힘을 강화할 개혁을 위해 오늘 투쟁한다"고 말한다. "단기적으로 보면 사기업을 없앨 순 없지만, 그들을 더 강한 민주적 통제 아래 둘 수 있다." 그렇다. 완벽한 민주사회주의를 당장 실현할 순 없겠지만, 세상을 더 사회주의적이고 민주적으로 만들 순 있다. 메디케어 포 올을 실현하기 위한 투쟁은 이런 합리적 급진주의를 잘 보여준다.

미국의 헬스케어가 제대로 기능하지 못한다는 건 누구나 알고 있다. 기본적인 의료 서비스만 받는 데도 터무니없는 돈을 내야 한다. 5분 이용에 900달러나 그 이상을 내야 해서 다치거나 아픈 사람이 앰뷸런스를 부르지 못하게 할 정도니 말해 무엇 하겠는가.[5] 모두 알고 있듯이 "미국은 가장 값비싼 헬스케어 체제를 갖췄으면서도 보건 의료 제도의 질적 수준, 효율성, 돌봄 접근성, 평등, 건강한 삶 등에서 11개 선진국 가운데 꼴찌다".[6] 건강보험개혁법ACA이 시행됐지만, 여전히 미국인 중 25퍼센트는 돈이 없어서 필요한 치료를 거부할 수밖에 없다. 미국인이 의료비 지불을 위해 해마다 대출하는 금액은 무려 880억 달러에 이른다.[7] 의료보험 회사는 사람들에게 제대로 된 돌봄 서비스를 제공하지 않음으로써 수익을 올리고, 서비스 절차를 번거롭게 만들어 사람들의 접근을 막는다. 우리는 사람들이 병이 아니라 의료비 청구서가 자기 삶을 망가뜨릴 것임을 잘 알기에, 병에 걸리는 데 공포를 느끼는 나라에 살고 있다.

좌파는 이 문제에 분명하고 효율적인 해결책이 있다. 민영 의료보험을 없애고 모든 사람이 가입하는 공적 보건 의료 체제를 만들면 된다.[8] 헬스케어를 보험료와 고용주의 부담금이 아니라 조세수입으로 운영해서 '의료 서비스를 필요할 때 무료로' 받을 수 있게 하면 된다. 헬스케어 비용 지불을 이윤을 목적으로 하는 여러 보험회사에 나눠 맡기지 않고 일원화된 체제가 관장하는 단일 보험자 체제는 전 세계 많은 나라에서 성공적으로 운영되고 있다. 선진국 가운데 이 체제를 도입한 나라들은 미국보다 건강지표가 좋을 뿐만 아니라 이윤 동기를 제거하고 정부에 비용 협상력을 더 부여해 돈도 절약하고 있다. 메디케어 포 올은 더 공정하면서 비용이 덜 드는 의료 서비스를 가져다줄 것이다. 공중 보건학자 압둘 엘사예드와 마이카 존슨Micah Johnson은 그것이 간단하다고 썼다. "우리 가운데 너무 많은 사람이 헬스케어를 받지 못하고 있다. 우리는 엄청나게 많은 돈을 의료비로 지출하지만 의료 서비스에 전혀 만족하지 못한다. 메디케어 포 올은 이 세가지 문제를 한꺼번에 해결해줄 수 있다."[9]

메디케어 포 올은 의료 서비스에서 이윤 동기를 제거하지도 병원을 공적 소유로 만들지도 않는다는 점에서 '충분히 사회주의적'이라고 할 순 없다. 메디케어 포 올은 사회주의적 의료 체제가 아니라 사회주의적 보험 체제다. 즉 정부는 치료에 관여하지 않고 지불 방식만 관리한다. 영국에는 국민보건서비스가 운영하는 사실상 사회주의적인 병원을 정부가 소유하고 있는데, 이 모델은 인기가 높다. 신자유주의 정부가 예산을 삭감하는 바람에 국민보건서비스가 제공하는 돌봄의 질이 많이 떨어졌는데도 4분의 3이 넘는 영국인이 현행 의료 서비스 형태를 유지하기를 원하고, 국민보건서비스의 핵심 원칙은 영국인 가운데 91퍼센트의 압도적 지지를 받고 있다. 커먼웰스펀드 Commonwealth Fund가 효율성과 성과를 기준으로 헬스케어 체제를 평가한 결과, 영국의 국민보건서비스는 11개 선진국 가운데 1위였다(미국은 이론의 여지 없는 꼴찌였다).[10]

미국민주사회주의자들 같은 그룹은 당연히 대기 시간이 엄청나게 길거나 진료 거부가 많지 않게끔 건강보험 기금을 적절한 수준으로 유지한 영국의 국민보건서비스 같은 체제를 선호할 것이다. 의도하진 않았지만, 미국에도 사회주의적인 헬스케어 체제의 전 단계라고 할 만한 것이 있다. 메디케어°는 미국 최대 보험으로 대단히 인기가 있다. 65세 이상 미국인 가운데 거의 90퍼센트가 메디케어를 자신과 가족에게 "매우 중요하다"고 이야기할 만큼 긍정적으로 평가한다.[11] 이런 제도를 노인에게만 적용할 이유는 없지 않은가.

○ 65세 이상 노인을 위한 전국적인 의료보험 제도.

메디케어 포 올은 급진적이거나 유토피아적인 계획이 아니다. 이를 시행할 경우 미국은 정치적 급진주의로 유명하지 않은 캐나다와 얼추 비슷한 의료보험제를 갖게 될 뿐이다. 의료 서비스는 그대로 두고 비용 지불 방식만 바꾸는 것이다(보험료가 세금으로 바뀌고, 보험은 사적인 것에서 공적인 것이 된다). 불필요하게 이윤 극대화를 추구하는 보험회사로 들어갈 돈을 공적 기구로 들어가게 해서 사람들이 돈을 절약할 수 있도록 회계를 변경하는 것이다.[12] 노벨상을 받은 경제학자 케네스 애로Kenneth Arrow는 좌파가 아닌데도 헬스케어 시장에서 "보험 비용을 낮게 유지하는 데는 정부가 민간 부문보다 낫다"고 단언했다.[13] 메디케어 포 올은 모든 사람이 똑같이 돌봄을 받아야 하고, 서로 도울 의무가 있다는 사회주의의 핵심 원칙을 구현하는 제도다. 이것이 미국민주사회주의자들이 주요 운동 가운데 하나로 메디케어 포 올을 밀어붙이는 이유다.

미국민주사회주의자들은 워싱턴주의 프라밀라 자야팔Pramila Jayapal 의원이 발의한 메디케어 포 올 법안에 서명하도록 하원 의원들을 압박하고 있다. 미국민주사회주의자들 뉴올리언스 지부에 속한 회원 수백 명은 지역의 유권자를 찾아다니며 헬스케어에 대해 설명하고, 유권자가 하원 의원들에게 전화해 법안 지지를 요청하도록 권유한다. 미국민주사회주의자들 지역 조직책은 정기적으로 '의료박람회'를 연다. 누구나 박람회에 찾아와서 혈압을 재고, 혈당검사를 하고, 의료 서비스를 무료나 저비용으로 받을 방법에 대한 정보를 얻고, 의료비에 따른 빚을 청산하는 데 도움을 받을 수 있다. 미국민주사회주의자들은 박람회를 통해 사람들을 직접 도울 뿐만 아니라, 더 많은 사람에게 문제와 해결 방안을 알리는 일도 한다.

메디케어 포 올을 추진하는 운동이 성공할지는 아직 분명하지 않다. 메디케어를 전 국민으로 확대하면 많은 것을 잃을 민간 보험회사들이 이 법의 통과를 막기 위해 필사적으로 로비에 나설 것이기 때문이다. 그러나 메디케어 포 올은 지금 여기서 사회적 불평등을 해결할 현실적인 해법이다(많은 선진국에서 이런 제도를 실시하는데, 미국은 안 될 이유가 어디 있는가).

* * *

좌파주의자는 종종 비현실적인 몽상가로 치부되지만, 흥미롭게도 지난 몇 년간 사회적·경제적 문제의 가장 구체적인 해결책은 좌파에게서 나왔다. 메디케어 포 올은 모든 사람이 헬스케어를 받을 수 있게 보장하기 위한 현실적인 방안이다. 그것은 보편적 헬스케어의 재원을 성공적으로 조달하는 방식에 대한 여러 나라의 경험적 지식을 바탕으로 하고 있다. 하지만 좌파가 제시하는 바람직하면서 현실성 있는 계획이 메디케어 포 올만 있는 건 아니다.

버니 샌더스가 2016년에 제시한 의제를 살펴보면 대단히 단도직입적이라는 사실에 놀랄 것이다. 이를테면 최저임금 15달러와 대학 등록금 무료는 그저 '바꾸겠다'는 모호한 공약이 아니라, 특정한 결과를 제시하는 구체적 약속이다. 지키지 않을 경우 얼렁뚱땅 넘어갈 수 있는 공약이 아니라 최저임금을 올리든가, 올리지 않든가 둘 중 하나를 선택해야 하는 약속이다. 《버니 샌더스, 우리의 혁명 Our Revolution》은 자세히 볼 가치가 있다. 이 책의 거의 절반은 대표적인 사회운동의 기록이다. 이 책은 대부분 샌더스가 제안하는 '새로운 미국을 위한 의제'

를 다룬다. 그가 제시하는 의제는 다음과 같이 명확하다.

- **전 국민을 위한 대학 법** 이 법이 통과되면 각 주는 주립대학 등록금 무료 실현에 드는 총비용의 두 배를 연방 자금으로 받는다.

- **연방 학자금 대출 금리 인하** 샌더스는 아직 갚지 못한 학자금 대출을 탕감하는 훨씬 더 전면적인 조치를 계속 제안해왔다.

- **영리 목적 학교에 대한 규제 강화** 지키지 못할 약속을 내걸어 거액을 챙기고 쓸모없는 학위를 주는 영리 목적 학교를 엄중히 단속할 것이다.

- **화석연료 산업에 대한 연방 보조금 지급 종료** 미국 정부는 석유와 가스 회사의 활동이 대재앙급의 기후변화를 초래하는데도 해마다 그 회사에 수십억 달러를 지급하고 있다.

- **기후 보호와 정의 법** 이 법이 통과되면 탄소 배출세가 부과되고, 이 세금은 미국인을 위해 쓰일 것이다. 샌더스는 줄곧 탄소 배출세를 훨씬 뛰어넘는 조치를 주장해왔다. 그는 기후변화에 대처하기 위한 16조 달러 규모의 종합 계획을 제시했다.

- **공유지에서 석유와 가스, 석탄 추출을 허가한 연방 임대차계약을 갱신하지 않고 종료.**

- **정의는 비매품 법** 이 법이 통과되면 연방 정부는 민영 교도소와 계약할 수 없다.

- **경찰이 구금·체포하는 과정에서 발생한 모든 죽음을 법무부가 조사.**

- **금융 개혁 조치** 파생 상품에 대한 새로운 규제, 상업은행과 투자은행 분리, 투기에 대한 과세, ATM 수수료 상한선 부과, 우체국에서 저렴한 은행 서비스 같은 조치를 시행할 것이다.

- **가족법** 이 법이 통과되면 노동자는 유급 간호 휴가와 유급 병가 12주를 보장받는다.

- **보편적인 아동 돌봄 프로그램 도입.**

- **피고용인 소유 은행 설립** 이 은행은 노동자가 단체로 자기가 일하는 회사를 사들여 협동조합으로 바꿀 수 있도록 대출해줄 것이다.

지금까지 제시한 의제는 극히 일부에 지나지 않는다. 《버니 샌더스, 우리의 혁명》이 재미있는 책은 아니다. 하지만 이 책은 불평등이 삶을 해치는 다양한 방식과 삶을 향상하기 위해 연방 정부가 할 수 있는 간단한 조치에 대해 통계 수치를 들어가며 자세히 서술한다.

대표적인 사례로 유급 가족 간호 휴가를 들 수 있다. 지금도 무급 휴가는 많은 노동자에게 보장된다. 하지만 저축이 있는 사람만 의미

있는 무급 휴가를 보낼 수 있다. 월급으로 근근이 먹고사는 사람은 아이가 태어나도 거의 바로 직장에 돌아가야 한다. 부모와 태어난 아기 모두에게 잔인하기 그지없는 일이다. 가족은 당연히 함께 시간을 보낼 수 있어야 한다! 미국은 유급이나 무급을 가리지 않고 휴가 보장을 거부하는 데서 단연 독보적이다. 반면에 휴가를 1년 이상 보장하는 나라도 있다.

이 문제의 해결은 간단하다. 관련 법을 통과시키면 된다. 충분히 통과될 수 있는 법이고, 실제로 지구상에서 가장 부유한 미국을 제외하고 거의 모든 나라에서 통과됐으며 지금도 통과되고 있는 법이다. 그런데도 미국에서는 좌파만 이 법을 긴급하다고 생각하는 것 같다. 왜 그토록 많은 미국 젊은이가 자신을 사회주의자라고 말하는지 알고 싶은가? 그들은 아이를 가질 만한 경제적 여력이 없는데, 버니 샌더스가 그 문제에 대한 현실적 해결책을 제시하는 몇 안 되는 정치가 중 하나이기 때문이다.

사회주의자는 가장 야심적인 해결책을 모색하는 사람이다. 좌파의 공공정책개발연구소People's Policy Project를 설립한 맷 브루닉은 아동 빈곤을 종식하고, 각 가정이 자녀를 잘 기르는 데 필요한 것을 갖출 수 있도록 보장하는 종합 대책을 내놓았다. 여기에는 유급 휴가 36주, 무료 공립 아동 돌봄 센터, 3~5세 미취학 아동 무상교육, 26세 이하 모든 사람을 위한 메디케어, 부모에게 매달 아동 수당 300달러 지급 등이 포함된다.[14] 돈이 많이 들고 노동 집약적인 일이라서, 정부의 지원이 없을 경우 수백만 명에 이르는 아이들이 빈곤에 방치될 수밖에 없다.

이 계획은 충분히 실현 가능하다. 다른 나라에서는 이런 계획이 이미 시행되고 있다. 대다수 서유럽 국가는 형태는 다르지만 부모에게

2부 | 사회주의는 옳다

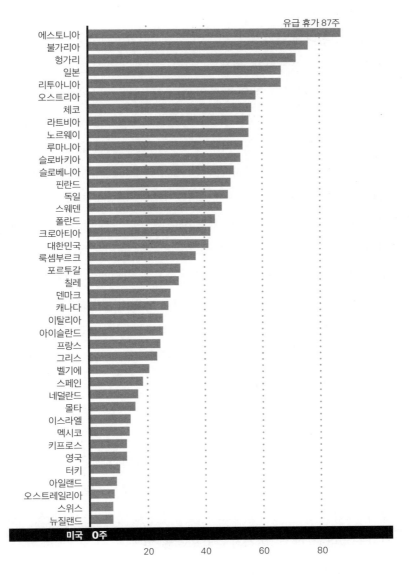

41개국의 필수 유급 가족 휴가

유급 휴가 87주

에스토니아
불가리아
헝가리
일본
리투아니아
오스트리아
체코
라트비아
노르웨이
루마니아
슬로바키아
슬로베니아
핀란드
독일
스웨덴
폴란드
크로아티아
대한민국
룩셈부르크
포르투갈
칠레
덴마크
캐나다
이탈리아
아이슬란드
프랑스
그리스
벨기에
스페인
네덜란드
몰타
이스라엘
멕시코
키프로스
영국
터키
아일랜드
오스트레일리아
스위스
뉴질랜드

미국 0주

20   40   60   80

출처: 퓨리서치센터Pew Research Center. 2015년 현재 출산 휴가, 육아 휴가, 가족 휴가를 모두 포함한 자료.
https://www.pewresearch.org/fact-tank/2016/09/26/u-s-lacks-mandated-paid-parental-leave/

기본 소득을 지급하는 식으로 일종의 아동 수당을 지급한다. 연구 결과에 따르면, 부모에게 자녀 양육 보조금을 지급하는 것만으로 가족의 삶이 엄청나게 달라진다. 빈곤이 줄고, 건강이 개선되고, 아이들의 학업 성취도가 높아지고, 평생 소득이 증가한다.[15] 이런 계획이 도덕적으로 바람직하다는 것은 이론의 여지가 없다. 현실적인 차원에서 봐도 국가가 새로운 세대의 젊은 사상가와 혁신가를 길러내고자 한다면 집이 없거나 몸이 아프거나 부모와 시간을 보낼 수 없는 아이들이 있어선 안 된다. 생물학자 스티븐 제이 굴드Stephen Jay Gould는 자신은 아이슈타인의 뇌를 해부하는 것 같은 일보다 "재능이 비슷한 사람들이 목화밭과 노동 착취 공장에서 일하다 죽는다는 부정할 수 없는 사실에" 관심이 있다고 말했다. 사람들이 잠재력을 완전히 펼치는 것을 보고 싶으면, 제대로 양육하고 청년을 충분히 지원해야 한다.

하나같이 비현실적인 이야기잖아? 좋은 이야기지만, 필요한 재원을 어떻게 마련할 건데? 주목받지 못할 뿐, 좌파는 이런 질문에 구체적인 답변을 내놓고 있다. 예를 들어 정치경제연구소PERI는 200쪽에 달하는 《메디케어 포 올을 위한 경제적 분석Economic Analysis of Medicare for All》에서 모든 미국인에게 단일 보험자 건강보험single-payer health insurance을 제공하기 위한 재원 조달 방법을 구체적으로 제시한다.[16] 이 연구소는 의료 서비스의 질을 유지하면서도 사람들의 돈을 절약할 정책이 실현 가능하다고 주장한다. 경제학자들은 이 연구가 제대로 수행된 것인지 논쟁할 수 있겠지만, 이 정책에 필요한 재원 조달에 대해 생각하는 사람은 하나도 없다는 식으로 말하진 않았으면 좋겠다.

어느 나라든 좌파 정책은 다른 나라에서 성공한 정책을 자국의 상황에 맞게 적용한 것이다. 그러니 유럽 이런저런 나라들이 사회주의냐 아니냐를 둘러싸고 벌어지는 한심한 토론은 중요한 사실을 놓친다. 그런 유럽 국가에 사는 사람들은 정부가 국민의 삶을 더 편안하게 하는 정책을 시행하는 덕분에 미국인보다 건강하고 행복한 삶을 영위하고 있다는 사실 말이다. 영국인은 국민보건서비스를 포기하고 싶어 하지 않고, 스웨덴 사람은 가족 친화적인 휴가 정책을 사랑한다. 그 정책이 사회주의인지 아닌지는 중요하지 않다. 그 정책이 더 공정한 사회에 다가가는 데 도움이 된다는 점이 중요하다.

좋은 생각들

좌파는 늘 바람직하고 유익한 계획을 위해 노력한다. 예를 들어 그린 뉴딜은 기후변화 문제를 해결하기 위한 노력의 산물이다. 민주당과 공화당은 수십 년간 기후변화 문제에 갈피를 잡지 못하고 허둥댔다. 공화당은 대체로 부인했고, 민주당은 중요한 문제라는 건 인정하지만 그와 관련해 무슨 일이든 해야 한다는 생각은 없었던 것 같다. 기후변화에관한정부간협의체IPCC는 갈수록 심각한 내용을 담은 보고서를 계속 발표했고, 수만 명에 이르는 과학자는 너무 늦기 전에 잘못된 길에서 벗어나야 한다고 경고했다. 하지만 의회는 이 문제에 관심이 없어 보였다.

그린 뉴딜은 지극히 실용적인 생각에서 나온 결과다. 그린 뉴딜은 알렉산드리아 오카시오코르테스 하원 의원이 제출한 결의안으로, 추구하는 목표를 분명히 천명하고 있다.

- 모든 공동체와 노동자를 위한 공정하고 정의로운 변화를 추진해 온실가스 배출 0을 달성한다.
- 높은 임금을 지급하는 일자리 수백만 개를 만들고, 모든 미국인에게 번영과 경제적 안정을 보장한다.
- 21세기의 문제들에 지속적으로 대처할 수 있게 미국의 기반 시설과 산업에 투자한다.
- 미래 세대를 위해 모든 미국인에게 깨끗한 공기와 물, 기후와 공동체의 복원, 건강한 음식, 쉽게 접근 가능한 자연, 지속 가능한 환경 등을 보장한다.
- 다양한 원주민, 유색인종 공동체, 이주민 공동체, 탈공업화된 공동체, 인구가 줄어든 농촌 공동체, 빈민, 저소득 노동자, 여성, 노인, 노숙인, 장애인, 청년 등이 현재 당하는 억압을 제거하고 미래의 억압을 예방하며, 역사적으로 존재한 억압의 상처를 치료해 정의와 평등을 고취한다.[17]

그린 뉴딜 결의안은 아주 좋은 출발점으로 보인다. 이는 목표를 선언한 것뿐이지만, 온실가스 배출 0 같은 목표는 지극히 명확하다. 이런 목표는 계획을 세우는 데 필요하다. 어떻게 할지 생각하기 전에 무엇을 할지 생각해야 하는 법이다. 컬럼비아대학교Columbia University 지구연구소Earth Institute의 스티브 코헨Steve Cohen이 말했듯이, 프랭클린 루스벨트Franklin Roosevelt 대통령의 뉴딜은 애초에 "경제 발전을 가로막는 구체적인 문제에 대한 임시변통 정책이었다… 종합적인 기본 계획이 없었고, 많은 구상이 실패로 돌아갔으며, 시험적 시행 기간이 지나자 그대로 종결된 구상도 있었다". 그러나 "사회보장제도라든가 증권거

래위원회sec의 주식시장 규제 같은 구상은 미국의 영구적인 제도가 됐다".[18] 시작할 때 계획은 다소 모호해도 괜찮다. 어떻게 해야 온실가스 배출량 0에 이를지 예측 불가능하기 때문이다. 일단 시도해봐야 무슨 일이 일어날지 알 수 있다.

기후변화에관한정부간협의체는 훌륭한 지침을 제공한다. 우리는 온실가스 배출이 줄거나 0이 되게 전력 생산방식을 바꾸고, 식량 체계를 바꾸고, 교통수단을 전기화하고, 엄청나게 많은 나무를 새로 심고, 일상생활을 에너지 효율적으로 만들 수 있는 현명한 도시계획을 수립해야 한다. 로스앤젤레스Los Angeles 시민들은 교통 체증 때문에 매일 몇 시간씩 시동을 켠 채로 옴짝달싹 못 한다. 사람들의 시간과 지구의 탄소 배출 처리 능력을 엄청나게 낭비하는 일이다. 잘 계획된 도시라면 그런 일은 일어나지 않을 것이다.

우리는 그린 뉴딜이 시작 단계일 뿐이라는 사실을 알아야 한다.[19] 탄소 배출 0에 이르는 기술적으로 가장 현실성 있고 비용 효율적인 방안이 무엇인지 활발한 공개 토론이 필요하다. 탄소세 같은 간단한 방안부터 시작하면 좋을 것이다. 내 생각에 탄소 배출에 세금을 부과하는 것은 배출된 탄소에 따른 지구의 피해에 책임을 묻는 아주 좋은 방법이다. 미국은 전 세계 선진국 가운데 탄소세가 없는 유일한 국가다. (이는 대단히 무책임한 일일 뿐만 아니라, 다른 국가들이 미국을 이기적인 놈들의 집단이라고 생각하게 만드는 일이다.[20]) 하지만 가장 중요한 점은 이런 토론이 정치적 합의를 바탕으로 진행돼야 한다는 것이다. 이런 기획을 시작해야 한다는 걸 우리 모두가 알고 있으니 말이다. 이제 그 기획에 대해 알아보자.

오늘날 흥미로운 정책 제안은 모두 좌파에서 나오고 있다. 공화당 지지자는 몇 년 동안이나 오바마케어 철회 방안을 모색했지만, 그것을 대체할 만한 정책은 없었다. 나는 자유 지상주의적 입장을 견지하는 케이토연구소Cato Institute 소속 경제학자에게 자본주의가 어떻게 기후변화 문제를 다룰 수 있겠느냐고 공개적으로 질문한 적이 있다. 그는 대답하지 못했다. 대신 내 질문을 무시하면서 그런 경고를 '지나치게 비관적인 것'[21]이라고 생각하는 사람이 많다고 말했다. 그의 말은 벤 샤피로가 빈곤 문제 해결책으로 제시한 것과 같다. 샤피로는 빈곤 문제에 대한 질문을 받자, 고등학교를 졸업해 정규직으로 취직해 결혼하면 가난하지 않을 거라고 말했다.[22] 맞는 말이다. 최저임금을 받는 정규직 사원은 원칙적으로 빈곤선 위쪽에 있기 때문이다. 하지만 대다수 가난한 사람은 아이, 노인, 병자와 이들을 돌보는 사람이다. 가난한 사람 가운데 3분의 1이 아이다. 아동노동과 조혼의 부활을 원하는 게 아니라면, 아이들에게 결혼하고 취직하라는 말은 거의 코미디다.[23]

물론 2020년 민주당 대통령 후보 경선에 출마한 엘리자베스 워런 Elizabeth Warren 같은 사람도 있다. 그녀가 내놓은 정책을 보면 불의를 합리화하지 않고 해결하기 위해 정직하게 노력한다는 걸 알 수 있다. 워런은 사회주의자가 아니지만 월가와 관련된 구체적인 형사법을 제안했으며, 반트러스트법에 의거해 거대 기술 독점기업을 분할하고, 형편이 어려운 부모들을 위해 연방 기금으로 보편적 아동 돌봄을 제공하고, 저렴한 새 주택 건설에 수십억 달러를 투자하고, 연방 정부가 농업 관련 거대 기업 대신 소농을 지원하도록 하겠다는 공약을 내걸었다.[24] 워런은 빈곤 문제가 나오면 구렁이 담 넘어가듯 대충 이야기하고 끝내는 게 아니라 자신이 생각하는 구체적인 해결 방안까지 제시한다.

좌파 사람들이 미흡하고 다듬을 필요가 있는 제안을 밀어붙이는 모습은 흥미진진하다. 내가 1부에서 소개한 현실을 접한 사람이라면 따뜻한 이불 속에 파묻혀 있고 싶을 것이다. 그 문제 가운데 많은 것이 불가능해 보이고, 설사 해결하려 한다고 해도 어디부터 시작해야 할지 막연하기 때문이다. 일단 우리가 할 수 있는 일은 우리 계획을 널리 알리는 것이다. 그러면 무력감과 절망감이 조금이나마 줄어들 것이다. 그다음에는 두 방안을 놓고 어느 것이 나을지 활발한 토론을 시작하는 것이다(두 방안 중 어느 것이 '진정한 사회주의'인지 격론을 벌이는 일은 없었으면 좋겠다).

좌파의 여러 분파가 제안하는 정치적·경제적 개혁 가운데 몇 개만 살펴보자. 이 개혁 중에는 급진적이지 않은 것도 있는데, 이는 좌파가 추구하는 가치를 실천에 옮길 방법을 구체적으로 생각하기 시작했음을 보여주는 징표다.

구조적 개혁

민주주의가 피지배자의 권력 참여라고 한다면, 미국은 지극히 비민주적이다. 선거는 많이 하지만 일반 시민이 지금 세상이 굴러가는 방식에 의미 있는 목소리를 내지 못하게 막는 장애물이 수두룩하기 때문이다. 이를 개선할 방법이 있다. 정부 권력이 실행되는 과정을 재조정하면 된다. 이런 '구조적' 개혁에 대해 살펴보자.

- **워싱턴 D.C.에 주의 지위를 부여하자** 대다수 미국인에게는 하원 의원 한 명과 상원 의원 두 명이 있지만, 워싱턴 D.C. 주민은 '대표 없는 과세' 아래 있다. 워싱턴 D.C. 주민에게 자신을 대표하는 하원 의원이 없는 현재 규정은 대의민주제의 기본 원칙에 위배된다.

- **투표를 더 쉽게 만들자** 현재는 투표권이 있는 사람도 몇 달 전에 신청서를 내지 않으면 투표할 수 없다. 왜 반드시 유권자 등록을 해야 하는가? 투표권이 있는 사람이라면 누구나 그냥 가서 투표할 수 있어야 한다. 유권자 자동 등록제를 시행하는 주도 있는데, 모든 주가 이 제도를 시행해야 한다. 다른 방안도 있다. 먼저 직장인이 투표하기 쉽게 선거일을 공휴일로 지정해야 한다. 그리고 중죄인이라도 형기를 마치는 즉시 자동으로 선거권이 회복되게 해야 한다(그들이 받는 벌은 형기를 채운 것으로 종결돼야 한다). 진정한 민주주의라면 현재 수감된 사람과 외국인까지 모든 사람이 투표할 수 있어야 한다. '성인의 참정권'은 유권자와 비유권자를 가리지 않고 모두가 무조건 결정권이 있다는 뜻이다. (과연 몇 살부터 '성인'이라고 할 수 있는지 따져봐야 하며, 이런 의미에서 10대도 결정권을 행사할 수 있게 투표 연령 낮추기를 고려할 필요가 있다.)

• **선거를 더 공정하게 만들자** 출마한 후보들이 선거 자금을 마련하는 데 많은 시간을 쓰는 것은 불합리하다. 나는 샌더스에게서 이틀에 한 번씩 '우리에게 27달러를 더 주실 수 있습니까?'라는 이메일을 받는다. 선거 자금 모금은 핵무기 경쟁처럼 강도를 더해왔다. 2017년 조지아_Georgia_주 하원 의원을 뽑는 한 선거구에서는 공화당과 민주당 후보들이 선거 자금으로 각자 2500만 달러 이상 썼다. 이 선거구에 사는 한 유권자는 내게 자신이 양당 후보에게서 받은 고급스러운 재질의 홍보물 수백 통을 보여줬다.[25] 외부 기부금을 금지하고 각 후보의 선거 자금으로 정부가 일정액을 제공하면 재력이 뒤지는 후보도 당선 가능성 있는 경쟁자가 될 수 있고, 미친 듯한 기부금 모금 전쟁도 사라질 것이다. 돈이 아니라 표가 중요하다. 당신이 지지하는 후보가 있더라도 당신의 돈이 홍보물 인쇄 같은 데 쓰여 버려지게 해선 안 된다.

• **선거인단 제도를 폐지하자** 가장 많은 표를 얻은 후보가 승리해야 한다는 건 기본적인 원칙이지만, 미국 대통령 선거에는 해당하지 않는다. 지난 대통령 선거 일곱 번 중 여섯 번에서 민주당 후보가 공화당 후보보다 많은 표를 받았다. 1992년부터 현재까지 공화당 후보가 표를 더 받은 선거는 조지 부시가 존 케리에게 승리한 2004년뿐이다. 그러니 민주당원이 불만의 목소리를 내는 건 당연하다. 게임의 규칙이 어느 한쪽에 불리하다면 그 규칙은 바꿔야 한다.

- **연방 대법원을 확대하자** 연방 대법원이 정치적이라는 건 누구나 아는 사실이다.[26] 이는 행정적·입법적 활동에 대해 판단하는 정부 기관이 이 당이나 저 당에 장악될 수 있다는 뜻이다. 연방 대법원 판사는 종신직이다. 이는 30년 전에 인민의 의지를 대변하던 법관이 30년 뒤에 만들어진 법의 존폐를 결정할 수도 있다는 말이다. 연방 대법원 판사의 임기를 제한하고, 연방 대법원이 전체 국민의 정치적 성향을 대략적으로라도 대표할 수 있도록 판사의 수를 늘려야 한다. 그러면 미국에서 민주적이지 않은 기구 가운데 하나인 연방 대법원에 그나마 좀 더 존재 이유가 생기지 않을까.[27]

- **순위 선택 투표제를 시행하자** 미국에서 제삼당이 성장할 수 없는 이유 중 하나는 사람들이 '방해' 후보에게 투표하기를 원치 않기 때문이다. 이런 일을 방지할 방법이 있다. 세 후보가 있을 경우, 유권자에게 1순위부터 3순위까지 선택하게 한다. 어느 유권자가 1순위로 선택한 후보가 떨어지면 그 표는 2순위로 선택한 후보에게 가고, 2순위로 선택한 후보가 떨어지면 그 표는 3순위로 선택한 후보에게 가도록 한다. 이를테면 진보주의자가 1순위로 랠프 네이더Ralph Nader를 선택했는데, 네이더가 패배하면 그 표는 앨 고어Al Gore에게 가는 식이다. 이랬다면 앨 고어는 2000년 선거에서 패배하지 않았을 테고, 이라크 전쟁도 막을 수 있었을 것이다.

- **법적 권리를 보호하자** 이론상으로 법원은 법을 지키기 위해 존

재한다. 그러나 실제로 많은 정당한 법적 요구가 법조문에 대한 형식적 자구 해석에 따라 기각된다. 기업은 교섭 능력을 이용해 사람들이 자신의 권리를 포기하는 계약에 서명하고, 법정이 아니라 기업이 선택한 사적 중재인에 의한 문제 해결에 동의하게 만든다.[28] 법원은 정당한 요구를 인정하지 않으려고 말도 안 되는 이유를 댄다. 코닉Connick 대 톰프슨Thompson 사건을 보자. 억울하게 유죄판결과 사형선고를 받고 14년 동안 감옥살이한 루이지애나Louisiana 사람 톰프슨이 무죄 증거를 은닉한 검사를 상대로 제기한 민사소송에서 뉴올리언스 배심원단은 톰프슨에게 1400만 달러를 지급하라고 평결했다. 연방 대법원은 판사들의 정치 노선을 고려할 때 충분히 예상 가능한 5 대 4로 배심원단의 평결을 기각하면서 검찰 측에는 심각한 위법행위에 대한 책임이 없다고 선고했다.[29] 월마트Wal-Mart 대 듀크스Dukes 사건에서도 연방 대법원은 월마트에서 일하며 광범위하게 성차별을 받았다고 주장하는 여성들의 집단소송을 기각했다.[30] 연방 대법원은 피해를 당한 집단이 가능한 한 집단소송을 제기하기 어렵게 만드는 장벽을 구축했다(역시 5 대 4로). 미국의 사법 체제는 복잡한 관료주의와 형식주의적 규칙이 얽힌 거미줄 같아서, 사람들은 종종 어떤 것에 대한 법적 권리가 있는데도 누릴 수 없다. 미국에서 횡행하는 임금 사취가 대표적인 사례. 고용주는 해마다 피고용인에게 돌아가야 할 500억 달러를 주지 않고 있지만, 노동자는 자신의 권리를 행사할 현실적 방법이 없다.

이런 '구조적 개혁'은 분명히 정치적 좌파의 이익을 지지하는 당파적인 것이라고 주장하는 사람이 있을 것이다. 맞는 말이다! 대다수 미국인이 좌파를 선호하니 말이다. 우리 정치체제는 더 공정하고 포괄적으로 만들수록 덜 보수적이 될 것이다. 그리고 마침내 민주주의 체제는 결국 실질적으로 민주적인 체제가 될 것이다.

연방헌법의 문구를 금과옥조로 생각하면서 연방헌법의 구조적 개혁에 반대하는 사람에게 한마디 하지 않을 수 없다. 미국 헌법이 전혀 정당하지 못한 문서라는 점을 생각하면, 미국 헌법을 금과옥조로 여겨 애지중지하는 태도는 우습기 짝이 없다. 미국이 건국할 때 여성, 아프리카계 미국인, 아메리카 원주민이 인구의 대다수였는데 그들은 헌법의 입안과 비준에 참여하지 못했다. 통치의 기본 규칙이 '우리 인민들'과 협의 없이 세워진다면, 인민이 그 규칙을 존중할 의무가 있을까? 물론 우리는 우리가 만들지 않은 법을 준수한다. 그러나 법은 유용한 도구 이상일 뿐이며, 필요하면 갱신하고 바꿔야 한다.

경제적·사회적·정치적 변화

통치 절차에 대한 개혁은 상당히 흥미롭지만, 이제 더 실질적인 성격의 정치적 변화와 좌파가 지지하는 경제에 대해 간략히 살펴보자.

- **조합원 수를 늘리자** 노동조합은 대단히 중요하다.[31] 노동조합은 노동자에게 더 좋은 직장 생활을 위한 훨씬 뛰어난 협상력을 제공한다. 노동조합이 있으면 더 나은 임금과 수당을 받을 수

있다. 노동조합은 법으로 보장되지 않은 노동자의 권리가 포함된 계약을 요구할 수도 있다. (예를 들어 법적으로 고용주는 외모가 마음에 들지 않는다는 이유로도 피고용인을 해고할 수 있지만, 노동조합 계약에서 고용주는 노동자가 실제로 잘못했을 경우에만 해고할 수 있다.) 지금은 노동조합을 결성하는 절차가 대단히 복잡하지만, 그 절차를 간소화하는 근로자자유선택법안EFCA이 의회에 제출된 상태다. 이 법안에 따르면 노동자 다수의 서명을 받은 노동조합은 의무적으로 결성돼야 한다. (버락 오바마는 근로자자유선택 법안을 통과시키겠다고 약속했으나, 대통령이 되고 나서 까맣게 잊어버렸다.[32]) 이 법안이 통과되면 큰 도움이 될 것이다. 고용주는 노동조합 결성을 막기 위해서라면 무자비한 전략도 서슴지 않기 때문이다.[33] (고용주가 노동조합 결성을 막기 위해 필사적이라는 건 노동조합이 회사 내 권력을 재분배할 수 있다는 뜻이다.) 반노조법은 폐기돼야 한다. 이를테면 노동권리법은 폐기돼야 하고, 한 회사 노동조합원이 다른 회사 노동조합원의 파업을 지지해 벌이는 동조 파업은 결코 금지돼선 안 된다.[34] 노조 지도부도 관료적이고 위계적인 면이 있지만, 이것이 노동조합의 존재를 반대하는 논거가 될 순 없다. 이는 오히려 노조 지도부가 노조원의 의지를 대표하는 민주적 노동조합의 필요성을 뒷받침하는 논거다.[35]

- **사업장을 더 낫게 만들자** 사회주의자는 일상생활 속 '정치' 가운데 많은 것이 일하는 데서 이뤄진다는 것을 잘 알기 때문에 사업장에 관심이 높다. 좌파가 내놓는 제안 중 많은 것은 일하

는 사람에게 직장에서 더 많은 권력을 부여하는 것과 관련이 있다. 예를 들면 엘리자베스 워런은 기업 이사회에 의무적으로 노동자를 포함하도록 하는 법을 제안했다. 독일은 이런 법을 이미 시행하고 있으며, 그 결과 단기 실적 위주의 기업 의사 결정 감소, 임금격차의 급격한 감소, 생산성과 혁신에서 긍정적인 성과를 가져오고 있다.[36] 경제학자 리처드 울프는 기업 경영의 근본적 재구성을 추구하는 노동자 직접 경영 참여Worker Self-Directed Enterprises 모델을 만들었다.[37] 영국의 존루이스백화점 체인부터 스페인의 몬드라곤 협동조합까지 전 세계의 노동자 소유 대기업도 주목할 필요가 있다.[38]

• **일자리 혹은 보편적기본소득UBI을 보장하자** 지금 좌파는 모든 개인에게 확실한 소득을 보장하기 위한 두 가지 계획을 놓고 활발히 토론하고 있다. 첫째, 일자리 보장이다. 이 계획에 따르면 일할 생각이 있는 사람은 누구나 연방 정부에 일자리를 요구할 수 있고, 연방 정부는 노인을 위한 음식 배달하기, 주립 공원 청소하기, 거대 희귀 동물 씻기기 같은 일을 신청자에게 제공한다. 결국 누구나 항상 일자리를 가질 수 있다. 둘째, 모든 사람에게 무상으로 기본 소득을 주는 것이다. 보편적기본소득을 주장하는 사람은 굳이 일자리 보장을 요구할 필요가 없다고 생각한다. 2020년 민주당 대선 후보 경선에 출마한 앤드루 양Andrew Yang은 모든 미국인에게 해마다 1만 2000달러를 제공하면 저소득 지역의 경제가 활성화되고, 스트레스가 줄어들고, 건강 상태가 좋아지고, 창조성과 혁신이 늘어나고, 매달 돈 부

족에 시달리는 일이 상당히 줄어들 거라고 주장했다.[39]

- **부자가 세금을 제대로 내게 만들자** 미국의 세법은 많은 면에서 부자에게 유리한데, 트럼프 행정부의 관대한 감세 정책 덕분에 부자는 더 많은 혜택을 누리고 있다. 좌파 성향 경제학자들은 불평등을 완화할 수 있는 부유세와 금융 거래세를 도입하자고 제안해왔다. 상속세를 올리면 지배층의 수 세대에 걸친 부의 축적을 막을 수 있다. 공화당이 '사망세death taxes'라고 부르는 유산세estate taxes°는 공정한 세금에 속한다. 유산세는 살아 있지 않은 사람에게 부과하는 세금인 데다, 재산 형성에 아무런 기여도 하지 않은 사람이 막대한 유산을 받을 '자격'이 있는 이유를 찾기 힘들기 때문이다. 세법을 신설하는 것도 중요하지만, 현재 있는 세법을 제대로 집행하는 것도 중요하다. 글로벌 세금 집행 기구를 설치하자고 하면 오웰식 세계가 연상될 수도 있겠지만, 자본가가 사회를 위해 자기 소득을 일부 내놓지 않으려고 돈을 해외로 빼돌리는 일은 막아야 한다. 금융 저널리스트 제시 에이싱어Jesse Eisinger와 폴 키엘Paul Kiel은 부자는 최고 수준의 법률가와 회계사를 고용하는 데 거의 무한정으로 보이는 돈을 쓸 수 있고, 연방 국세청IRS 조사관조차 몇 년이 걸려야 거래의 실상을 파악해 위법적이라는 걸 밝혀낼 만큼 복잡하고 고도로 정치한 전략을 구사해 세법을 자신에게 유리

° 사망자의 재산에 대해 재산 분배가 시행되기 전에 피상속인의 유산 자체를 과세 대상으로 부과하는 세금.

하게 왜곡할 수 있기 때문에 연방 국세청이 그들에게서 못 받은 세금을 거둬들이려는 시도는 실패한다고 말한다.[40] 그리하여 연방 국세청은 다 받아낼 생각을 포기하고 일부만 받는 것으로 끝내곤 한다. 이를테면 받아내야 할 세금이 수십억 달러라면 수백만 달러를 받는 것으로 합의를 본다. 무슨 말이 필요하겠는가. 법이 제대로 집행되도록 만들어야 한다.

• **공동체토지신탁CLT을 설립하자** 이는 아주 멋진 생각이다. 지역의 토지신탁이 주택을 산 다음, 토지는 팔지 않고 주택만 거래할 수 있게 하자는 것이다. 주택 소유주는 주택만 소유하고, 토지 소유권은 토지 신탁이 갖는다. 이렇게 되면 집을 언제나 안정적인 가격으로 구할 수 있다. 이 제도는 법적 구조가 독특해서 처음엔 이해하기 힘들 수 있다. 하지만 미국에만 공동체토지신탁이 225개 있을 만큼 여러 곳에서 성공을 거둔 제도다.

• **학교를 평등하게 만들자** 가난한 지역의 학교는 가난하고 부유한 지역의 학교는 부유해야 할 까닭이 있는가? 오히려 정반대여야 한다. 학교 밖에서 가장 불리한 처지에 있는 학생이 학교에서 가장 많은 지원을 받아야 한다. 그만큼은 아니라 해도 최소한 학교 기금은 같은 수준이 돼야 한다. 부모가 누구고 어디에 사는지에 따라 아이가 학교에서 차별 대우를 받는다는 건 가슴 아플 정도로 불공평한 일이다.

이는 시작에 불과할 뿐, 할 수 있는 일이 훨씬 더 많다. 이를테면

2부 | 사회주의는 옳다

공공정책개발연구소가 제안한 사회자산기금Social Wealth Fund은 정부가 자산을 구입해 그 자산에서 얻은 수익을 모든 사람에게 배당금 형태로 똑같이 분배한다. 수익성이 없는 약을 연구하는 데 자금을 제공하거나, 중국과 유럽에서 볼 수 있는 고속철도망을 건설하는 등 대규모 공적 투자도 생각해볼 수 있다. 세입자 단체를 조직해 부도덕한 건물주와 맞서 싸우는 세입자의 권리를 보호한다거나, 소비자 구매 협동조합을 결성해 독점기업에게 반격하는 방법도 있다. 위키피디아 같은 실험을 통해 사람들이 함께 결정하고 모두가 공동체 프로젝트에 기여하는 진정한 민주적 플랫폼을 만들 수도 있다.

흑인의 생명도 소중하다

흑인의생명도소중하다BLM에 대해 잘 모르는 사람들은 이 운동을 경찰의 폭력 행위나 직권남용과 관련된 것으로 생각하기 쉽다. 경찰의 위법적 폭력 행위로 에릭 가너Eric Garner, 샌드라 블랜드Sandra Bland, 필란도 카스티야Philando Castile 등 흑인이 죽었을 때마다 이 운동이 부각됐기 때문이다. 하지만 이 운동은 경찰을 개선하는 수준에 그치지 않는다. 흑인생명을위한운동M4BL은 많은 분야와 삶의 모든 영역에 걸쳐 미국 내 인종적 불의를 해결하기 위한 포괄적 강령을 제시했다. 그 가운데 사법제도와 관련된 예를 몇 가지 살펴보자.

- 보석, 벌금, 변호사 수수료, 법원 추징금, '피고가 비용을 부담하는' 사법절차 등 폐지.

- 사형 폐지.
- 무관용 학교 정책 폐지, 학생 체포 금지, 학교 경찰 폐지, 경찰에 제공하는 자금과 징벌적 학교 규율 재편.
- 연방과 주, 지방에서 단속과 감금에 쓰이는 자금을 교육, 회복적 사법 서비스, 고용 프로그램 같은 장기적 안전 관리 전략 쪽으로 재배치.
- 소급적 비범죄화, 즉각 석방, 모든 마약 관련 위법 행위와 매춘에 대한 기록 삭제, '마약과의 전쟁'이나 매춘의 범죄화로 발생한 피해를 이 정책으로 절감된 예산과 늘어난 세입을 이용해 성과 마약 때문에 피해를 본 사람을 지원하는 회복적 서비스, 정신 건강 서비스, 직업 프로그램 등에 재투자하는 방법으로 배상.
- 파괴적인 치안 유지 활동으로 가장 많이 피해를 본 공동체가 경찰관을 고용하거나 해고하고, 징계처분을 내리고, 예산과 정책을 통제하고, 유관 기관 정보를 소환하는 등의 힘을 갖도록 보장하는 식으로 직접민주주의적 공동체가 지방과 주, 연방의 법 집행기관을 통제.[41]

흑인생명을위한운동 강령은 전문을 읽어볼 것을 권한다. 이 강령은 미국 내 인종적 불균형에 관한 유명한 통계를 제시하면서 합리적인 사람이 어느 정도 정의롭다고 생각할 만한 수준에 도달하는 데 필요한 과감하고 구체적인 조치를 제안한다.

정체성과 '교차적' 접근법

　서로 다른 인간 집단은 필요도 다르다. 판매한 노동에 따라 보상을 받는 사회에서 나이 든 사람은 나이에 따른 어려움에 직면한다. 트랜스젠더는 배척, 괴롭힘, 폭력, 고용 차별 등에 직면한다. 장애인은 능력이 다른 사람들의 필요는 고려하지 않고 비장애인을 중심으로 설계된 세상에 살아야 한다. 정책을 설계할 때 '집단 이익'을 무시하는 것은 무책임한 일이다. 공공 정책은 모든 사람에게 똑같은 영향을 미치지 않는다.

　추상적인 평균적 인간의 필요가 아니라 모든 사람의 현실적 필요를 고려하는 의제를 만들어야 한다. 그런데 '무엇을 해야 할지' 고려할 때 자신이 속하지 않은 집단의 이익은 빼놓기 쉽다. 사람들이 '주변화된marginalized'이라는 추상적 단어를 굳이 쓰는 이유는 논의 과정에서 항상 끝자락으로 밀려나는 이들이 있기 때문이다. 우리가 고려해야 할 몇몇 중요한 하위 집단을 살펴보자.

- **트랜스젠더**　주류 언론은 화장실 문제와 관련해서만 트랜스젠더에 관심을 보인다. 그러나 트랜스젠더와 관련된 중요한 쟁점은 이밖에도 많다. 이들은 주거와 고용에서 차별을 받는다. 실제로 많은 트랜스젠더가 집을 구하지 못한다. 트랜스젠더는 자신에게 대놓고 적대적인 사회에 살며, 자살 가능성이 놀랄 만큼 높다. 국립트랜스젠더평등센터NCTE는 학교 내 차별 금지부터 젊은 트랜스젠더 지원까지 트랜스젠더를 보호하고 지원할 정책을 제안한다. 모든 사람의 권리를 중요하게 생각하는

좌파주의자라면 트랜스젠더의 정치적 문제를 부차적인 것으로 치부할 수 없다.

• **원주민** 원주민은 정책 관련 논의에서 거의 항상 제외되지만, 매우 시급한 문제다.《로스앤젤레스타임스Los Angeles Times》는 "아메리카 인디언의 땅과 권리를 회복하려는 노력과 배치되는 트럼프 행정부의 화석연료 대기업 지원 계획을 보면서, 부족 지도자들은 정부가 (아메리카 인디언에) 거의 관심이 없다는 데 충격을 (받았다)"[42]고 보도했다. 원주민 부족의 영토와 주권은 미국 정부의 통제적 후퇴 정책으로 위협받고 있다. 다코타액세스파이프라인DAPL 시위에서 볼 수 있듯이, 원주민은 세월이 흐르면서 얼마 남지 않은 자신의 역사적 영토에 대한 통제권을 유지하기 위해 힘들게 싸워야 한다. 높은 빈곤율과 낮은 기대 수명을 초래한 원주민 공동체에 대한 장기적 투자 부족 문제는 말할 나위도 없다.

• **이민자** 정식으로 인정받은 이민자든 아니든, 이민자가 되는 건 2등 시민이 되는 것보다 나쁘다. 2등 시민은 어찌 됐건 시민이기 때문이다. 이민자는 투표권이 없는데, 이는 그들이 법의 적용을 받으면서도 '대표 없는 과세' 아래 있다는 의미다. 내 동료 브리아나 레닉스Brianna Rennix가《커런트어페어스》에 실린 논평에 썼듯이, 대다수 사람이 잘 모르지만 미국의 이민 제도는 자의적이고 잔인하다. 가족을 떼어놓고 불합리한 법률들을 집행해 삶을 파괴한다.[43] 민주당과 공화당 모두 '국경 안보'의

필요성을 이야기하면서 이민자를 착취, 두려움, 관료제의 늪에 빠지지 않게 하는 방안에는 별 관심을 보이지 않는다. 반면에 좌파는 신속 추방 명령 폐지, 이민 수속 시 변호사의 도움 보장, 비호 요구에 필요한 절차상 규칙 완화, 불법적인 이민 행위를 기소 대상에서 제외 등 현실성 있는 인도주의적 계획을 주장한다. 이민을 지지하는 사람들은 최근 '사람들을 강제 추방하는 조치를 멈추라'는 뜻으로 볼 수 있는 '이민세관집행국을 폐지하라'는 요구를 내세우기 시작했다. 하지만 어느 정도 공정한 이민 제도라고 할 만한 것에 도달하기까진 갈 길이 너무 멀다.[44]

- **세계의 나머지 전부** 이상한 일이다. 민족주의가 미국 좌파에도 만연하다. 우리는 미국에서 일자리를 잃은 노동자 이야기는 많이 하지만, 중국과 방글라데시, 러시아, 온두라스의 노동자 이야기는 거의 하지 않는다. 좌파에 속한 사람들이 미국의 마약법이 초래한 결과를 이야기할 때, 그들이 말하는 것은 미국 감옥에 수용된 사람들일 뿐 마약 거래에 수반되는 폭력으로 해마다 살해되는 멕시코의 수만 명이 아니다.[45] 이라크 전쟁을 반대하는 사람은 이라크인의 죽음보다 미국 군인의 죽음을 훨씬 많이 거론하고, 자유주의적인 이민 지지자도 대체로 이민자들이 우리와 우리 경제에 어떤 이익이 될지 이야기한다. 사우디아라비아는 미국의 지원 아래 수년간 예멘을 폭격해 전 세계에서 최악의 비인간적 상황을 만들었지만, 미국에서 이에 대해 논의한 적은 거의 없다.[46] 이런 자국 중심적 사고는 도덕

적으로 정당화될 수 없다. 모든 사람이 도덕적으로 동등한 가치가 있다면, 그들이 어느 나라 사람이냐와 상관없이 그런 것이다. 세계적 빈곤은 미국의 빈곤만큼 중요하고, 세계적 노동권은 미국의 노동권만큼 중요하다.[47] 사회주의 핵심 원칙을 중시하는 사회주의자는 민족주의를 거부하면서 나라와 상관없이 어디서든 노동자의 이해관계에 주목한다. 사회주의가 괜히 '만국의 노동자여, 단결하라'는 구호를 내건 게 아니다. 노동자가 절박한 처지로 내몰리는 국가에서 자본가의 착취를 막으려면 한 국가에 국한되지 않고 서로 결합된 세계적 사회주의 운동이 필요하다.[48]

- **인간 외 동물** 거대 산업의 형태로 동물을 죽이고 먹는 데는 범상치 않은 도덕적 문제가 있지만, 사람들은 이 문제를 외면하다시피 한다. 글렌 그린월드Glenn Greenwald가 최근에 《커런트어페어스》와 한 인터뷰에서 말했듯이, "당신은 자신이 중시하는 동물과 그렇지 않은 동물간에 도덕적 차이가 있다고 생각할 수 있다. 하지만 그런 차이가 존재하지 않는다는 것은 조금만 생각해봐도 알 수 있다".[49] 개를 대량으로 학대하고 죽이면 국가적 망신이 되지만, 돼지를 대량으로 학대하고 죽이는 건 푸드 시스템의 일부로 당연시된다. 동물 복지가 중대하고 시급하다고 생각하는 사람이라면 나를 포함해 누구든 동물 복지에 정치적 우선순위를 두고 싶을 것이다. 공직에 출마하는 후보는 이 문제와 관련된 질문을 받을 테고, 그런 점에서 지금은 우리 뜻을 관철할 아주 좋은 기회다. 제이시 리스Jacy Reese가

《공장식 사육의 종말The End of Animal Farming》에 썼듯이, 오늘날에는 역사상 유례를 찾아볼 수 없는 규모로 도축이 이뤄지고 있지만 언젠가는 살아 있는 동물에게서 고기를 얻는 일이 완전히 사라질 날이 올 것이다.[50] ('실험실에서 길러진'이라는 말은 오해를 불러일으키는 표현이다. '공장에서 만들어진'이 적절한 표현이다.) 버거킹이 동물을 죽이지 않으면서 그 어느 때보다 고기 맛에 가까운 '임파서블 버거'°를 팔기 시작했다는 흥미로운 뉴스가 있었다. 정치적 후보들이 동물 보호 문제에 더 적극적으로 관심을 갖도록 압력을 넣을 필요가 있다.[51]

* * *

지금까지 자기 집단의 이익만 중시하는 사고가 어떤 결과를 초래할 수 있는지 살펴봤다. '정체성 정치'도 그런 사고에 속할까?

좌파와 우파 모두 정체성 정치를 비판하지만, 나는 정체성 정치가 정확히 어떤 것이라고 자신 있게 말할 수 없다. 《내셔널리뷰》의 데이비드 프렌치David French는 정체성 정치를 '피부색이 도덕 행세를 하는' 정치, '흑인은 인종차별주의자가 될 수 없는'[52] 정치라고 말한다. 벤 샤피로는 정체성 정치를 이야기하면서 계급제도의 밑바닥에 있는 이성애자 백인 남성을 포함해 자기 의견의 가치가 자신이 속한 집단의 희생자 수에 달렸다고 생각하는 사람 이야기를 한다.[53] 자유주의자 데이브 루빈Dave Rubin은 "정체성 정치는 각자의 가장 중요한 특성이

°   패티 재료로 동물성 단백질을 사용하지 않는 버거.

우리 생각이 아니라 타고난 속성이라고 생각할 경우에만 작동한다"[54]고 말했다.

타고난 속성은 매우 중요할 수 있지만, '가장' 중요하다고 볼 이유는 없다. 이는 분명한 사실이다. 피부색이 도덕 행세를 해선 안 된다는 말은 맞다(피부색에 대해 구역질 나는 믿음을 가진 보수주의자가 얼마나 많은가). 하지만 피부색을 등한시하는 색맹 정치는 집단 정체성이 사람들의 삶에 가져오는 결과를 알아보지 못한다.

정체성 정치에 대한 좌파의 비판은 좀 더 진지하게 생각해볼 필요가 있다. 광범위한 사람이 참여하는 전통적인 정당정치에서 떨어져나간 사람이 배타적인 정치적 동맹을 형성하면 결국 공동 이익을 위한 정치적 투쟁이 더 힘들어지고 좌파는 분열된다. 정치학자 아돌프 리드 주니어Adolph Reed Jr.는 정체성의 프리즘을 통해 보면 많은 문제에 책임이 있는 경제적 원인을 놓치기 쉽다고 강력히 비판했다. 그는 우리의 정치가 '인종차별 반대'에만 매달리면 인종적 건강 불평등에 대한 투쟁은 영리 목적의 헬스케어를 없애려는 투쟁을 제외하고는 현실적으로 성공할 수 없다는 사실을 못 보게 된다고 지적한다.[55]

역설적이게도 정체성 정치를 주장하는 좌파와 오랫동안 연결돼온 교차성 개념이 정체성 정치의 이런 문제점에 해결책이 될 수 있다. 교차성은 다소 전문적인 용어지만 현실을 기술하기에 매우 적절한 개념이다. 이 개념은 서로 다른 억압이 어떻게 교차하고 중첩되고 분기할 수 있는지 이해하는 데 큰 도움을 준다. 예를 들어 중산계급에 속한 백인 여성은 직장에서 성희롱을 당할 수 있고, 부유한 흑인 남성은 경찰에게 검문검색을 당할 수 있고, 노숙하는 백인 남성은 인종적으로 차별받지 않고 여성에 비해 성폭력을 당할 가능성이 적다는 의미에선 특권이 있겠지만, 기본적인 의료 서비스를 받을 돈은 없을 것이다. 이 개념을 제안한 킴베를레 윌리엄스 크렌쇼Kimberlé Williams Crenshaw도 당신이 피억압 집단에 하나 이상 속할 경우 어려움은 증폭되고, 특히 흑인 여성의 경우에 교차적 경험은 인종차별과 성차별을 합친 것보다 많으며, 각자 자기 집단의 이익에 치중하는 운동에 의해 종종 방치된다고 강조했다.[56] 흑인 남성이 가부장제 때문에 흑인 민권 단체를 지배하고 부유한 백인 여성이 인종차별 때문에 페미니스트 단체를 지배한다면, 도대체 흑인 여성의 목소리는 누가 대변할까?

* * *

미디어 회사 프레이거유PragerU가 만든 〈교차성이란 무엇인가?What Is Intersectionality?〉라는 영상에서 샤피로는 교차성의 개념을 '무의미한 말'이라고 일축한다.[57] 그는 흥미롭게도 교차성이 정체성을 기반으로 한 분리를 극복하는 데 유용한 이유를 이야기한다. 그는 교차성은 다양한 희생자 정체성이 교차하는 지점에 초점을 맞춤으로써 하나 된 '우리' 대 '그들'이라는 패러다임, 즉 힘을 합쳐 억압자에 맞서는 피억압자 패러다임을 만든다고 비판한다. 그는 이것이 오늘날 팔레스타인 연대 행진에서 레즈비언 행동주의자를 볼 수 있는 이유라고 지적한다. 하지만 그가 든 예는 오히려 교차성이야말로 정체성 정치 문제에 대한 해결책임을 보여준다. 교차성은 사람들이 어떤 공통점이 있는지, 억압이 모든 인종과 젠더의 다른 사람에게 얼마나 다양한 방식으로 영향을 미치는지 알게 해준다.

미시간 주지사 선거에서 압둘 엘사예드의 선거운동 정책위원장으로 일한 리아나 건라이트Rhiana Gunn-Wright는 정책 입안자들이 인종 문제와 계급 문제를 해결하는 정책을 만드는 데 교차성 개념이 도움이 될 수 있다고 말했다. "교차성 분석은 체계가 모든 정체성을 무시하거나 하나의 정체성만 염두에 두고 만들어지는 방식에 대한 것, 따라서 정체성의 교차점에 사는 사람들을 무시하는 방식에 대한 것이었다. 일반적으로 사람들은 인종이 사회문제일 뿐, 경제학이나 재생산 정의正義 혹은 사법 정의와 무관하다고 생각한다."[58] 교차성은 건라이트의 그린 뉴딜 프로젝트에 스며들어 있다. 그녀는 그린 뉴딜이 미국의 경제적 번영 과정에서 오랫동안 제 몫을 받지 못해온 사람에게 이익이 될 수 있는 방향으로 녹색 투자 계획을 세워 환경문제와 인종적 정의 문제를 해결하려는 시도라고 말한다. 교차성은 우리가 거짓 이분법을 거부하는 데 도움을 줄 수 있다. 우리는 특정 이익과 보편적 이익 가운데 어느 한쪽만 고려할 필요가 없다. 우리는 둘 다 이해할 수 있고 이해해야 한다.

* * *

해야 할 일은 천지에 널렸고, 진보주의자의 머릿속에는 각종 구상과 제안이 가득하다. 그러나 현실에서 실천하고자 할 때, 특히 명심할 것이 하나 있다. 미래는 인류를 위해 가장 좋은 것의 목록을 만드는 사회주의적 지식인이 설계할 수 있는 것이 아니다. 민주주의는 사람들이 스스로 선택한다는 의미고, 좋은 계획은 건전하고 집단적인 숙고에서 나온다. 책상물림 전문가 집단이 모든 것을 해결하는 테크노크라시는 생각만 해도 끔찍하다. 여러 가지 이유가 있지만, 무엇보다 전문가는 자신의 결정에 영향을 받는 사람들과 협의하지 않는 한 좋은 결정을 내리는 데 필요한 자료를 얻을 수 없기 때문이다. 개인적으로 나는 정치 토론이 활발한 문화를 보고 싶다. 생각이 다른 사람들이 카페를 가득 채우고 열정을 다해 끝장 토론을 벌이는 모습을 보고 싶다. 모든 사람이 정치 활동에 참여할 필요는 없다. 하지만 모든 사람은 열정적으로 정치 토론을 벌이는 사람들이 어떤 문제에 해결책을 제안하면 최소한 누군가는 그들의 말에 귀 기울일 거라는 믿음이 있어야 한다.

9장

길이 안 보여도
어떻게든 해내기

개혁가는 정치에서 오래 살아남을 수 없다. 개혁가는 잠시 뭔가를 보여줄 순 있지만 결국 빠른 속도로 추락한다. 정치는 식료품 가게나 약국만큼 끈기가 필요한 일이다. 훈련해야 하고, 그렇지 않으면 실패한다. 정치인은 공이 울릴 때마다 싸우러 일어서는데 개혁가는 1라운드나 2라운드에서 쓰러지고 마는 이유를 이제 알겠는가? 정치인은 항상 훈련하고 경기와 관련된 모든 것을 상세히 아는 반면, 개혁가는 아무런 훈련도 하지 않고 싸우러 가기 때문이다.

윌리엄 리어던William L. Riordon, 《태머니홀°의 플런킷Plunkitt of Tammany Hall》

정치 활동 계획이 없으면 밝은 내일을 위한 아무리 놀라운 청사진이 있어도 소용없다. 정치가 있고 나서 정책이 있다. 세력을 구축한 뒤에 법을 만들 수 있다는 뜻이다. 태머니홀의 노련한 막후 정치가 윌리엄 리어던이 1905년에 말했듯이, 단지 '개혁가'일 뿐인 사람은 정치에서 아무 성과도 거두지 못한다. 개혁은 좋은 생각일 수 있지만, 좋은 생각이 저절로 실행되진 않는다. 좋은 생각을 실행하려면 싸워야 한다.

좌파는 정치적·경제적 권력을 바꾸기 위해서 해야 할 일을 열심히 생각할 필요가 있다는 말이다. 또 '권력'이 무엇인지, 어디서 오는지 같은 어려운 질문을 자신에게 던져야 한다는 뜻이다. 버니 샌더스가 백악관에 입성한다고 세상이 바뀌진 않겠지만, 이는 분명 놀라운 일

○ 18세기 말에 사교 단체로 시작해 20세기 초까지 뉴욕 시의 정치를 지배하다가 1967년에 해산된 민주당 내 파벌 기구.

일 것이다.

　노동운동 조직가 제인 매클리비Jane McAlevey는 건전한 전략을 발전시키려면 '구조적인 권력 분석'이 필요하다고 역설한다. 매클리비는 좌파가 조직보다 동원에 주력하는 우를 범해왔다고 본다.[1] 둘은 어떤 차이가 있는가? 동원은 헌신적인 활동가들이 시위에 나서서, 즉 자기 편 바깥에서 자신들의 주장을 지지할 사람을 확보하는 것이다. 이와 달리 조직은 전에 없던 구조를 세우는 것을 뜻한다.

　직장에서 '조직'을 만들고자 하는 사람들은 무에서 시작할 수밖에 없다. 노동운동 조직가는 노동조합에 가입시킬 모든 사람의 목록을 만든다. 벽에 붙인 커다란 종이에 그들의 이름을 적고 한 명씩 찾아가 설득하기 시작한다. 그들의 목적은 직장 내 모든 사람이 자신들과 함께하도록 만드는 것이다. 이는 믿을 수 없을 만큼 오랜 시간이 걸리는 일이다. 노동조합을 만들면 어떤 이익이 있는지 설득하기 위해선 동료 노동자와 오래 대화해야 한다.

　당신이 조직을 만든다고 해보자. 당신은 자기편이 아닌 사람들을 설득해 당신과 함께하도록 만들어야 한다. 그러자면 당신의 목표를 공유할 생각이 있어 보이는 사람들의 세계에 대해 생각하고, 그들이 당신의 목표에 무관심하거나 적대적인 데서 지지하는 쪽으로 돌아서도록 하기 위해 무엇이 필요한지 열심히 생각해야 한다. 이 과정에서 노동조합에 의구심을 품고 가입을 망설이는 사람과 대화해야 하는 불편이 있겠지만, 당신이 중시하는 가치를 버리거나 상대방과 타협할 필요는 없다.

　민주당은 사람들을 어떻게 자기편으로 만들지에 대해 오랫동안 관심이 없었다. 실제로 모든 미국인은 특정한 이데올로기가 있고, 정치

활동을 하는 사람이 할 일은 집토끼를 확보하는 것이라는 생각이 사람들 사이에 퍼져 있다. 물론 집토끼를 확보하는 것도 중요하지만, 정치적 현실은 고정된 것이 아니다. 사람들은 새로운 것을 보고 믿을 만한 친구나 동료와 대화를 나누면서 언제든 생각을 바꿀 수 있다. 그러니 우리는 두 가지 질문을 해야 한다. 첫째, 현실의 정치 상황을 고려할 때 어떻게 움직여야 하는가? 둘째, 현실의 정치 상황을 어떻게 바꿀까?

중도 진영은 미국의 유권자에게 민주사회주의적 이념은 너무 급진적이라고 오랫동안 주장해왔다. 바꿔 말해 그들은 민주당이 좌파 인사를 후보로 내면 조지 맥거번George McGovern을 내세운 1972년처럼 선거에서 완패할 거라고 주장한다. 이 논리에 따르면, 민주당은 주류가 좋아할 만한 의제를 내야 한다. 빌 클린턴은 범죄의 엄정한 처벌, 기성 복지 제도의 철폐, 사형의 가속화, 결혼보호법DOMA 서명 등 공화당의 의제를 많이 받아들여 놀라운 정치적 성공을 거두고 높은 인기를 누렸다. 클린턴이 부자의 세금을 올릴 수 있었던 것은 다른 문제들에서 '실용적인' 태도를 보였기 때문이라는 분석이 있었다.

클린턴의 성공과 맥거번의 실패만 보고 '왼쪽으로' 치우치면 정치적으로 불리하다고 쉽게 단정해선 안 된다. 세상은 그렇게 단순하지 않다. 도널드 트럼프는 대놓고 극단적인 입장을 취했지만 결국 백악관에 입성했다. 전성기의 뉴딜 자유주의는 프랭클린 루스벨트가 죽지 않았다면 영원히 대통령으로 선출될 수 있었을 만큼 전폭적인 지지를 받았다. 정치란 중위 투표자°를 찾아, 내 메시지를 받아들이도록 하는 거라고 쉽게 생각하는 사람들이 있다. 하지만 그 경우 애초

○ 모든 투표자를 일정한 기준에 따라 한 줄로 세운다고 가정할 때, 한가운데 있는 투표자.

에 유권자의 믿음이 어떻게 형성되는지를 알 수 없다.

오래전부터 보수주의자는 여론을 형성해야 할 필요성을 잘 알았다. 우파의 입장은 혐오감을 불러일으키고(10장을 보라) 대다수 사람이 거부하기 때문에, 우파는 미국이 좌파적인 경제정책을 시행하지 못하게 하려고 심혈을 기울여왔다. 나중에 연방 대법원 판사가 되는 루이스 파월Lewis Powell은 1971년 상공회의소에 제출한 악명 높은 메모에, '기업에 대한 공격이… 사람들에게 먹혀들고 있다'면서 '대중을 상대로 할 수 있는 일이 어떤 것이 있는가?'[2]라고 적었다. 파월은 미국의 기업인은 '일반 대중의 머릿속에 없는 존재'라면서 기업은 비판자를 향해 적극적으로 반격에 나서야 한다고 했다. 그는 대학에 친기업적 교수를 앉히고, 끊임없이 책을 펴내고, 모든 정치적 싸움터에서 기업을 강력히 지지하고, 기업에 반대하는 사람은 모두 정치적으로 응징해야 한다고 주장했다.

파월의 메모가 얼마나 영향력을 발휘했는지는 지금도 논의 중이지만, 1960년대에 활발한 활동을 펼친 좌파 정치 때문에 당황한 자본가의 생각을 대변한 것이라는 점은 분명하다.[3] 보수주의자는 이후 몇 년에 걸쳐 자신의 생각을 뒷받침하는 싱크탱크, 법률 단체, 로비 그룹 등으로 구성된 거대한 네트워크를 만들었다. 오늘날 자유방임적 경제정책을 지지하는 무수한 논문이 미국기업연구소AEI, 헤리티지재단Heritage Foundation, 케이토연구소, 메르카투스센터Mercatus Center, 후버연구소Hoover Institution, 경쟁기업연구소CEI, 미국경제교육재단Foundation for Economic Education 같은 기관에서 쏟아져 나온다. 터닝포인트USA Turning Point USA, 전미자유수호청년단Young Americans for Freedom 같은 대학 단체는 보수주의 학자가 작은 대학에 가서 강연할 수 있도록 거액의 강연료를 지불하고 학생 자치회 선거에 '검은 돈'을 보내기도 한다.[4] 미국입법교류위원회ALEC는 공화당이 장악한 주 의회가 통과시킬 수 있도록 전형적인 친기업 법안을 작성해 넘겨주고, 연방주의자협회Federalist Society는 새로운 세대의 보수적인 법학자와 검사, 변호사를 훈련하고 후원한다. 좌파에는 이런 단체와 견줄 만한 게 전혀 없는 상황에서 미국 전역의 입법자와 공직자 수천 명이 우익 단체와 제휴하고 있다.[5]

우파 싱크탱크가 내놓는 '연구 성과'가 대개 형편없는 수준인데도《월스트리트저널》은 '최신 연구'에 따르면 X 혹은 Y라는 식의 기사를 내보낸다.[6] 폭스뉴스Fox News는 훨씬 더 형편없는 연구도 기사로 낸다.[7] 수준 미달의 연구를 하고 그것을 뉴스로 내보내는 데는 그만한 이유가 있다. 어떤 논증이든 일단 사람들이 읽게 하면 그에 동의할 가능성을 높일 수 있기 때문이다. 미디어를 우파의 주장으로 뒤덮으면 여론을 우파가 원하는 방향으로 이끌 수 있기 때문이다.[8] 여러 연구에 따르면, 어떤 지역에서 폭스뉴스를 보게 하면 주민을 우경화할 수 있다고 한다.[9] 프레이거유가 제공하는 〈좌파는 모든 것을 파괴한다The Left Ruins Everything〉〈정부는 헬스케어를 해결할 수 없다Government Can't Fix Healthcare〉〈장벽을 세워라Build the Wall〉〈당신이 화석연료를 사랑해야 하는 이유Why You Should Love Fossil Fuel〉같은 보수적인 유튜브 영상을 수백만 명이 봤다.[10] 이런 영상의 시청 횟수는 모두 합해 20억 뷰가 넘는다. 프레이거유 웹사이트에 들어가면 매초 시청 횟수가 올라가는 것을 볼 수 있다.

이런 기획이 성공하는 데는 어마어마한 돈이 큰 역할을 한다. 코크 형제가 이름에 '기업'과 '자유'가 들어간 단체에 상당한 재산을 쓴다는 이야기는 결코 음해가 아니다. 좌파는 쓸 돈이 훨씬 적기도 하지만, 미국의 이데올로기적 방향을 왼쪽으로 이끌려는 시도를 별로 하지 않는다.

유튜브를 보라. 파시스트 천지다.[11] 댓글에 관대한 회사 방침과 10대에게 갈수록 극단적이고 편협한 정치적 정보를 추천하는(내가 매우 싫어하는) 알고리즘 덕분에, 극우파는 유튜브 플랫폼에서 강한 영향력을 행사하면서 많은 젊은이를 자기편으로 끌어들였다.[12] 브라질에서의 청년 유튜버들의 영향력에 관한 기사에서 〈버즈피드BuzzFeed〉°는 우경화된 10대가 유튜브에서 자신의 이데올로기를 구축하면서 무시할 수 없는 정치 세력이 됐다고 주장한다.[13] 이 기사는 유튜브의 정치가 현실 세계의 정치가 될 경우에 일어날 수 있는 놀라운 결과를 제시한다.

좌파의 대응은 실망스러운 수준이다. 좌파 쪽에는 15년 넘게 이어온 온라인 뉴스 쇼 〈더영턱스The Young Turks〉를 제외하면 주목할 만한 유튜브 채널이 몇 개 되지 않는다. 가장 성공한 채널은 나탈리 윈Natalie Wynn의 〈콘트라포인츠ContraPoints〉다. 윈은 다채로운 의상, 호화스러운 세트, 위트, 열정, 약간의 초현실주의 등을 이용해 인종, 젠더, 경제에 관한 보수적 주장의 정체를 폭로한다(윈이 제작한 영상은 대개 그녀가 특이한 복장을 한 또 다른 자신과 논쟁을 벌이는 구도를 취한다).[14] 윈은 집에서 혼자 〈콘트라포인츠〉를 만든다. 그녀의 채널은 우파적 사고에 빠지기 쉬운 10대를 끌어들이는 성과를 거두고 있는데, 그 일을 아무 도움도 없이 혼자 해낸다. 하지만 좌파 유튜버 중 1위인 그녀

° 2006년에 뉴욕에서 만든 뉴스·엔터테인먼트 웹사이트.

2부 | 사회주의는 옳다

가 만든 영상 가운데 시청 횟수가 가장 많은 것도 프레이거유가 제공하는 웬만한 영상보다 시청 횟수가 적다.[15]

　그래도 오늘날 좌파 미디어는 어느 때보다도 활기찬 편이다.《자코뱅》은 해마다 독자가 늘어나고, 책과 팟캐스트로 영역을 확장했으며, 학술지《카탈리스트Catalyst》와 영국에 기반을 둔 잡지《트리뷴Tribune》도 발행한다. 크라우드 펀딩 서비스 패트리온Patreon 1위를 기록하는 팟캐스트 〈차포트랩하우스〉는 격정적이고 예리하고 유쾌하고 철저히 좌파적이다. 오어북스OR Books, 버소출판사Verso Books, 헤이마켓북스Haymarket Books, 에이케이프레스AK Press, 제로북스Zer0 Books 같은 좌파 출판사는 좌파 정치에 관한 학술서와 입문서를 낸다. 사회주의자는 주류 미디어에도 진출하고 있다. 사회주의적 견해를 공개적으로 피력하는 엘리자베스 브루닉은《워싱턴포스트Washington Post》의 칼럼니스트로 활약하고, 일부 좌파주의자는 폭스뉴스 프로그램에 출연해 공격적인 인터뷰어에게 맞받아치면서 자기 입장을 성공적으로 방어한다.[16] 소규모 급진 잡지나 마르크스주의적 독서 그룹뿐만 아니라 모든 곳에서 좌파의 의제를 다룬다. CNN은 미국민주사회주의자들에 속한 인사들을 소개하고, 복스Vox는 사회주의자에 대한 기사를 싣고, 알렉산드리아 오카시오코르테스는 〈더투나잇쇼The Tonight Show〉에 출현하며, NBC는 "(미국민주사회주의자들의) 의제는 무엇입니까?"라고 묻는다.[17]

* * *

　생각을 퍼뜨리는 것만으로는 충분하지 않다. 우리에겐 정치조직이 필요하다. 좌파 후보의 정계 진출은 변화가 담론장에 국한된 것이 아님을 보여준다. 지금 연방의회에는 미국민주사회주의자들에 가입한 의원이 두 명 있다. 미국민주사회주의자들은 5만 명이 넘는 진성회원을 거느린 조직으로 성장했다. 2018년 중간선거에서는 미국민주사회주의자들의 후원을 받은 후보 가운데 연방의회 2명, 주 의회 8명, 시의회와 당내 위원회, 교육위원회, 지역 자문 위원회 등에 수십명이 당선됐다. 또한 콜로라도Colorado주의 페이데이론payday loan ° 규제, 캘리포니아주 애너하임Anaheim의 최저임금 인상 등 미국 전역에서 미국민주사회주의자들의 후원 아래 약 40개의 주민투표 발의가 이뤄졌다.

'월가를 점거하라' 운동 동안 많은 활동가는 선거 정치에 합류하는 것을 강력히 반대했다. '권력은 요구하지 않으면 아무것도 양보하지 않는다'는 프레더릭 더글러스의 유명한 문구에 맞서 '요구하지 않음'을 시위 구호로 채택할 정도였다. 샌더스와 오카시오코르테스, 그 밖에 사회주의자들의 선거운동 덕분에 선거 정치는 전보다 훨씬 활력이 넘치는 것 같다. 제도권의 민주당은 쇠약한 기미를 보이고 있고 새로운 세대의 좌파 활동가에게 밀려날 때가 된 듯하다.

장차 사회주의자는 민주당 지지세가 강한 선거구뿐만 아니라 하원과 상원, 버몬트주 덕스베리Duxbury 시의 들개 포획인 선거까지 모든 선거에 후보를 내보내려고 노력해야 한다.[18] 사회주의자는 권력의 자리를 두고 민주적 경쟁을 하는 곳이라면 어디든 후보를 내야 한다.

왜 사회주의자들이 승산이 있는 곳에만 출마하면 안 되는가? 몇

° 고금리 단기 대출 상품.

가지 이유가 있다. 첫째, 많은 선거에서 사회주의자가 출마하지 않을 경우 유권자는 사회주의자가 얼마나 많은지, 양당 가운데 마지못해 덜 나쁜 쪽의 손을 들어주는 사람이 얼마나 많은지 모를 것이다. 좌파의 주장은 미국 전역에서 지지를 받고 있다. 심지어 공화당을 지지하는 유권자 가운데 많은 수도 메디케어 포 올을 지지한다고 공공연히 밝히고 있다. 하지만 사람들은 투표용지에 이름이 오른 후보 중에서만 선택할 수 있다. 둘째, 선거는 승리하기 위한 것만이 아니라, 정치적 인프라를 구축할 기회이기도 하다. 선거운동을 할 때는 선거가 아니라면 만나지 않았을 사람도 영입한다. 영입된 사람은 인맥을 구축하고 선거운동 계획을 세우고 집단을 형성한다. 유진 데브스는 자신이 승리하리라고 생각해서 대통령 선거에 수차례 출마한 게 아니다. 대통령 선거가 대중에게 사회주의를 알릴 기회였기 때문에 출마한 것이다. 승리를 목표로 한다고 해도 그 목표가 반드시 이번 선거에서의 승리는 아니다. 적절한 정치적 순간이 찾아왔을 때 이용하기 위해 자신의 이름과 생각을 알리고 지지자 네트워크를 조직하기 위해 출마하는 것일 수도 있다. 버니 샌더스는 1970년대에 주의 공직에 여러 번 출마했으나, 총 투표수의 10퍼센트도 얻지 못했다. 하지만 그는 서서히 정치적 네트워크를 만들었고 결국 상원 의원에 당선됐다.

평소 정치에 전혀 관심이 없던 사람도 선거운동을 보면서 자신들을 하나로 묶어주는 정신적 대변자를 발견한다. 이런 식으로 시작된 정치화는 선거가 끝나고도 사람들을 계속 묶어줄 수 있다. 2016년 샌더스가 민주당 대선 후보로 출마하면서 이런 일이 발생했다. 샌더스의 선거운동을 보고 힘을 얻은 많은 미국인이 미국민주사회주의자들과 그 밖에 풀뿌리 단체에 가입했다. 지금 그들은 선거에 그치지 않고 노동조합 조직, 저가 주택, 이민자의 권리 등 매우 폭넓고 다양한 문제들을 해결하기 위해 조직적으로 활동하고 있다.

샌더스가 대통령 선거에서 제시하는 의제들이 기업계의 선전 공세에 맞서 조금이라도 성공할 가능성이 있으려면, 선거 때만 결합하는 조직으로 그치지 않는 풀뿌리 인프라를 구축하는 게 대단히 중요하다.

선거운동은 민주사회주의 이념에 관해 한 번도 들어본 적이 없는 사람에게 들을 기회를 제공한다. 후보자가 유권자와 나누는 모든 대화는 유권자에게 사회주의자는 말을 건넬 정도로 내게 관심이 있다는 인상을 줄 것이다. 미국민주사회주의자들 회원으로서 메릴랜드 Maryland주 하원 의원에 당선된 본 스튜어트Vaughn Stewart는 자신이 유권자의 호감을 산 가장 중요한 원인은 말을 건넨 것이라고 했다.[19] 스튜어트는 유권자에게는 이념보다 개인적 친밀감이 중요하다고 생각한다. 후보가 유권자의 집을 방문해 뭐가 필요한지 물어본다면 표를 얻을 가능성이 높아지겠지만, 아무도 유권자의 집을 찾지 않는다면 후보는 십중팔구 표를 얻지 못할 것이다.

더욱이 많은 경우 어떤 선거구에서 승리할지 예측하기란 매우 어렵다. 민주당이 휴스턴의 법관 선거에서 압승하면서 민주사회주의자 한 명이 법관으로 선출됐다. 그런데 휴스턴은 불과 얼마 전까지 '사형수의 수도'로, 어느 도시보다도 많은 사람을 사형수 감방에 보낸 도시다.[20] 미국민주사회주의자들 후보가 모든 경쟁 가운데 10퍼센트만 승리한다 해도, 그들이 거둔 승리가 요행일 뿐이라 해도 그들의 당선은 정부에서 좌파의 대표성을 크게 향상시킬 것이다.

　사회주의자가 선거에 출마해 승리하는 건 매우 중요하지만, 좌파 조직의 강력한 네트워크 없이 승리는 불가능하다. 다행히 친절하고 정열적이고 헌신적인 사람들이 모여 놀라운 일을 해내는 훌륭한 집단이 많다. 좌파의 이념을 내건 많은 단체가 구체적으로 어떤 일을 해내고 있는지 간략히 살펴보자.

- **정의를추구하는민주주의자들**Justice Democrats　이 단체는 기업의 정치활동위원회PAC °나 로비스트의 돈을 받지 않으면서 메디케어 포 올과 그린 뉴딜을 지지하는 진보적인 민주당원이 공직에 선출되게 하기 위해 일한다. 기존 민주당원에 위협이 될 만큼 강한 좌파 단체로 성장하고 있다.

- **캘리포니아간호사협회**CNA　이 단체는 2016년에 대규모 노동조합 가운데 최초로 샌더스 지지를 선언했다. 다른 많은 노동조합보다 급진적인 입장을 취한다. 노동조합 조직 활동 외에 선거 때 후보에게 다양한 방법으로 자신들의 관심사를 알리고, 지지를 얻기 위한 활동을 적극적으로 벌이며 메디케어 포 올 운동을 이끌고 있다.

○　특정 이익 단체가 자신들의 정치적·사회적 목표에 맞는 후보자를 당선시키거나 목표에 맞지 않는 후보자를 떨어뜨리기 위해 만든 선거운동 단체.

- **유럽민주화운동**DiEM25 많은 유럽인이 유럽연합에 회의적이고, 유럽연합이 자국의 권리를 유린하며 자신들과 상관없는 관료 조직이라고 본다. 유럽연합에 대한 염증으로 발생한 대표적인 사건이 영국의 '브렉시트'다. 유럽민주화운동은 이와는 다른 길을 추진하기 위해 세운 단체로, 영국처럼 유럽연합에서 탈퇴하기보다 유럽연합의 지배 구조를 개혁해 다국적 노동조합의 우위를 뒷받침할 길을 모색한다. 유럽이 직면한 주요 문제에 대처할 방법과 관련 의제를 제시하고, 홍보 활동을 펼치며 정책 문서를 발행하고 정치적 후보를 길러낸다.

- **드림디펜더즈**Dream Defenders 트레이본 마틴Trayvon Martin이 살해된 후 플로리다에서 결성된 단체로, 유색인 청년들이 직면한 문제를 다룬다. 유권자 등록 운동을 하고, 입법자에게 로비하고, 감옥과 경찰 폐지를 촉구하고, 자유의 새로운 비전을 제시하는 문서를 작성하는 등의 활동을 한다.[21]

- **잭슨협동조합**Cooperation Jackson 이 단체는 남부 최초로 대규모 협동조합 네트워크를 결성하기 위해 세워졌다. 잭슨Jackson 시의 초크웨 루뭄바Chokwe Lumumba 시장이 추진하는 운동과 연결돼 있다. 루뭄마는 자치단체의 합리적 거버넌스를 협동조합과 반反빈곤 정책의 확장과 결합해 '미국에서 가장 급진적 도시'를 만들려는 운동을 펼친다.

- **아사타의딸들**Assata's Daughters 2015년 시카고에서 세운 단체로 흑

인 해방, 감옥과 경찰 폐지 등을 위해 투쟁하는 젊은 흑인 여성, 팸femme °, 젠더 비순응적인 사람들이 모였다. 식사, 세면 용품, 멘토링, 취업 알선 등을 포함해 젊은 흑인을 위한 정치교육, 집중적인 조직화 교육을 하고 선별된 사람에 대한 지원 계획과 주급도 제공한다.

• **남부인권센터**Southern Center for Human Rights 1976년 성직자와 활동가들이 세운 단체로, 구치소와 교도소의 열악한 조건을 개선하는 데 앞장선다. 사형수를 대변하고, 모든 사람이 변호사의 도움을 받을 권리를 확실히 누릴 수 있도록 보장하며, 불법적이고 위헌적이고 비인간적인 형사상·사법적 관행과 싸우고, 빈곤의 범죄화를 막기 위한 일을 한다. 남부인권센터는 연방 대법원에 올라간 사형 사건 5건에서 승소했고, 구치소와 교도소의 중요한 개혁을 이뤘으며, 연방의회에서 증언한 것을 포함해 사법제도의 문제점을 알렸다. 지금까지 이야기한 것은 그들이 한 일의 극히 일부다.

• **모럴먼데이**Moral Mondays 윌리엄 바버William Barber 목사가 이끄는 이 단체는 풀뿌리 좌파 정치를 통해 보수주의적인 노스캐롤라이나North Carolina주 정부와 싸우고 있다. 노스캐롤라이나의 공화당 주지사를 몰아내고 압도적 다수 의석으로 주 의회를 장악하던 공

○ 한국성적소수자문화인권센터의 용어 설명에 따르면, 팸은 여성적인 역할을 하는 레즈비언을 가리키는 은어다. 반대말은 부치butch다.

화당의 지배를 종식시켰다고 인정받을 만큼 큰 성공을 거뒀다.

- **아워레볼루션**OR　진보적인 정책과 진보 후보를 지지하고 지속적으로 힘을 실어줄 목적으로 샌더스의 선거운동 이후 설립된 정치활동위원회다. 오카시오코르테스, 러시다 털리브Rashida Tlaib, 프라밀라 자야팔 등을 비롯해 미국 전역에서 시의원, 주의원, 연방 의원 선거에 출마한 많은 후보를 지원하며, 주목할 만한 성과를 거두고 있다.

- **선라이즈무브먼트**Sunrise Movement　2017년에 세운 이 단체는 시위, 연방의회 의원을 상대로 한 로비, 특정 후보 지지 선언 등 다양한 방법을 동원해 기후변화와 관련된 조치를 지지한다. 선라이즈무브먼트 회원들은 민주당 하원 의원에게 거침없이 도전장을 내밀어 전국적인 주목을 받았고, 낸시 펠로시Nancy Pelosi 의 사무실에서 연좌 농성을 했으며, 다이앤 파인스타인Dianne Feinstein과 공개적으로 설전을 벌이기도 했다. 이 일로 파인스타인은 많은 사람에게 세상의 변화를 따라가지 못하면서 거들먹거리기만 하는 인물이라는 인상을 남겼다.

- **이모칼리노동자연합**CIW　1993년에 창설한 인권 단체로, 사업장에서 자행되는 젠더 기반 폭력과 인신매매에 맞서 싸운다. 노동자 교육 프로그램과 제삼자 사업장 모니터링 확립에 결정적 역할을 했다. 미국 남동부 농장의 노예 노동 실태를 폭로하고 조사했으며, 농장주를 기소하는 데 기여했다. 1990년대 이후

지금까지 1200명에 이르는 농장 노동자가 자유를 찾는 데 도움을 주고, 대규모 식품 기업과 협상을 벌여 농장 노동자에게 적정한 임금 지불 계약을 맺게 했다.

• **프로비던스학생연합**Providence Student Union　2010년 로드아일랜드Rhode Island주 프로비던스Providence 시에서 만든 단체로, 학생 권리 보장 운동을 한다. 이 단체는 두 가지 이유에서 인상적이다. 첫째, 고등학생이 주도하는 학생 연합이다. 둘째, 학교 폐쇄와 교과과정 개편을 저지하고 졸업 요건을 개정하는 등 의미 있는 승리를 거뒀다. 미국의 고등학생이라면 누구나 '학생 권리 장전'을 쟁취하기 위한 이들의 운동에서 교훈을 얻을 수 있다.

• **카우사자스타**CJJC　오클랜드Oakland에 기반을 둔 단체로, 세입자와 이민자의 권리를 보장하기 위한 여러 입법과 소송에서 승리했다. 인종차별적 사법제도를 비롯해 흑인이 직면한 문제를 중심으로 조직적 활동도 벌이고 있다.

중요한 것에 초점을 맞추기

앞서 소개한 집단들은 옳은 생각을 갖고 있다. 그렇다면 나머지 우리는 정치적으로 행동할 때 무엇을 염두에 둬야 할까?

첫째, 뭔가에 집중하기 힘든 지금 같은 시대에는 중요한 것에 초점을 맞춰야 한다. 지구상에는 1초 동안 수많은 일이 일어난다. 주의를 집중할 시간과 에너지는 한계가 있으니, 무시할 것과 생각할 것을 정해야 한다. 그렇지 않으면 신문과 케이블방송 뉴스가 중요하다고 결정한 것만 생각하게 될 텐데, 그것은 사실 별것 아닐 가능성이 높다.

그러니 가장 중요한 것에 주의를 집중해야 한다. 도널드 트럼프가 자신의 소득 신고 공개를 거부했다거나, 백인 민족주의자의 트윗을 리트윗했다거나, 자기 아버지가 독일 태생이라고 거짓말했다거나, 오리진스origins라는 단어를 계속 '오렌지즈oranges'²²라고 발음했다는 사실 등은 흥미로운 일일 수 있고 어쩌면 중요한 일인지도 모른다. 그러나 기후변화, 학자금 대출, 드론 공격, 이민 등에 대한 트럼프 행정부의 조치가 훨씬 더 중대하다. 샌더스를 좋아하건 싫어하건(나는 좋아한다), 그는 삶에 실질적으로 영향을 미치는 것을 포착하는 능력이 뛰어나다. 당신은 병원에 갈 돈이 있는가? 당신은 직장에서 부당한 대우를 받지 않는가? 당신은 빚더미와 싸우지 않는가? 샌더스가 지겹다는 생각이 들 만큼 같은 주장을 반복하는 것은 사실이지만, 이는 메시지 전달 측면에서 효과적이다. 당신이 헬스케어, 빚, 군비 확장 등에 관한 이야기를 계속하면, 당신이 관심 있는 것이 뭔지 모두가 알게 될 것이다.

정치가 연속극이 돼선 안 된다. 물론 정치를 오락거리로 치부하고 싶을 수도 있다. 테드 크루즈나 벳시 디보스처럼 실소를 자아내게 할 만큼 역겨운 인물이 가득한 요즘 같은 때는 더 그럴 것이다. 그러나 '트럼프 쇼'에 몰두하거나 트럼프와 러시아의 내통과 관련해 새로운 가십성 뉴스가 있는지 알아보기 위해 날마다 TV나 라디오 앞에 있으면, 정부의 자원을 이용한 세계 개선이라는 정치의 목적을 잊게 된다.

좌파가 성공하기 위해 몇 가지 명심해야 할 일이 있다. 자신들이 목표로 삼은 것이 무엇이고 왜 목표로 삼는지 객관적으로 성찰하고, 그 목표를 달성하기 위한 전략을 세워야 한다. 모든 사람과 잘 지내려고 노력하고, '빅 텐트'를 만들려고 노력하고, 전도유망한 많은 좌파 운동을 파멸로 이끈 내부 분열을 피하려고 노력해야 한다. 독단은 피하고 생각은 솔직해야 한다. 사람들에게 도움을 주고 모두가 이해할 수 있는 의제가 있어야 한다. 노동조합이 경직되고 무능한 간부가 아니라 노동자가 운영할 수 있도록 집단의 민주적 운영을 보장해야 한다. 전국 정치뿐만 아니라 주와 지방의 문제에도 관심을 쏟아야 한다. 미국민주사회주의자들 후보의 성공에서 볼 수 있듯이, 지방에서 승리하기가 더 쉽다. 민주당은 워싱턴 밖에서 인프라를 구축하는 데 실패해 오바마 재임 기간 동안 중간선거 때마다 참패했다.

아돌프 리드 주니어는 좌파에게 '화물 숭배' 정치를 경계하라고 촉구했다.[23] 잘 알려졌듯이 화물 숭배는 태평양 여러 섬에 사는 원주민이 갖고 있던 믿음이다. 그들은 임시 활주로와 대나무로 된 관제탑을 만들면 비행기가 화물을 싣고 올 거라고 믿었다. 하지만 공항처럼 보이는 것과 진짜 공항을 만드는 건 다르다. 마찬가지로 정치적 행위처럼 보이지만 사실은 정치적 행위가 아닌 일을 하지 않도록 주의해야 한다. 실질적인 일을 하지 않고도 뭔가를 이룬 것처럼 보이게 할 수 있다. 이를테면 사람들의 삶의 조건은 바꾸지 않으면서 깃발만 흔들어댈 수도 있고, 광장에 수많은 사람을 끌어모을 수도 있다. 정치처럼 보일 뿐 사실은 정치가 아닌 뭔가를 행하지 않기 위해선 늘 질문해야 한다. 이 일이 실제로 사람들의 삶에 무엇을 가져다줄까? 이 일을 하면 힘 있는 사람과 힘없는 사람의 균형이 어떻게 바뀔까? 이 일이 지금 가장 중요한가? 우리는 목표를 현명하게 추구하는가?

미국의 좌파는 어느 때보다도 유리한 상황이다. 성과가 더 많은 성과로 이어지고, 조직이 만들어지고, 새로운 사람이 합류하고 있다. 사람들은 열정에 차 있고 낙관적이다. 샌더스와 오카시오코르테스를 비롯한 사회주의자 몇 명이 공직에 선출되자, 미국의 모든 정치적 담론이 좌파 쪽으로 이동했다. 샌더스 100명, 오카시오코르테스 100명이 있는 날을 상상해보라. 다음 세대는 할 일이 많다.

* * *

지금까지 논의한 내용을 정리해보자. 우리는 분노가 도덕적으로 필요하다는 사실을 발견했다. 감옥과 사업장, 교전 지역을 들여다봤고, 인간 조건을 근본적으로 개선하기 위해 행동하지 않는 것은 부끄러운 일임을 깨달았다. 현대 정치·경제 체제에 회복 불가능하게 망가진 부분이 있는 것을 봤다. 그러고 나서 우리를 옳은 방향으로 안내할 원칙과 열망을 제시하는 사회주의와 만났다. '사회주의'를 자처하는 독재국가의 부끄러운 역사가 있기는 해도 사회주의가 얼마나 명예로운 전통을 갖고 있는지 살펴봤다. 자유를 사랑하는 것과 평등을 사랑하는 것 사이에는 아무런 모순도 없다는 것, 자유주의적 사회주의자는 위계가 없을 때 사람들이 더 자유롭다는 걸 항상 알고 있었다는 것도 살펴봤다. 유토피아적 사고에는 잘못된 점이 없다는 것도 깨달았다. 유토피아적 사고는 상상력을 자극하고, 우리가 진정으로 원하는 것을 더 잘 이해할 수 있게 해주기 때문이다. 우리는 좌파가 공평무사한 몽상가들이 아니라는 것도 알았다. 그들은 사람들의 삶을 개선하는 제도를 발전시키고, 끔찍한 신자유주의적 현재에서 벗어나 밝은 사회주의적 미래로 갈 전략을 진지하게 모색하고 있다.

당신은 합리적인 사람이므로 지금쯤 좌파가 되기 위한 일을 하느라 여념이 없을 것이다. 당신은 미국민주사회주의자들에 가입하고, 직장에 노동조합을 만들려고 노력하며, 협력을 실천하고, 《자코뱅》《디센트Dissent》《커런트어페어스》를 구독할 것이다. 그러나 세상을 보는 견해는 좌파주의만 있지 않다. 보수주의와 자유주의도 검토할 가치가 있다. 좌파는 왜 많은 사람이 받아들이는 이데올로기를 거부하는가? 그 이데올로기에 무슨 문제가 있는가? 모든 정파가 서로 공격하지 않고 화합하면서 살 순 없는가? 초당적 협력, 일치단결 등은 어디로 사라졌는가?

인정한다. 사회주의자는 일치단결을 높이 평가하지 않는다. 우리 자유주의적 사회주의자는 언론 자유와 공개 토론을 굳게 믿지만, 궁극적으로 모든 사람이 적어도 기본적인 것은 우리가 보는 대로 보기를 바란다. 우리가 편협해서가 아니다. 정치에 대한 보수주의적이고 자유주의적인 접근법에 기본적으로 문제가 있고, 그 접근법을 극복하면 모두의 삶이 더 나아질 것이기 때문이다.

3부에서는 우리 사회주의자가 현재의 지배적인 정치적 경향을 왜 가망 없다고 보는지, 왜 사회주의자는 타협할 수 없는지 설명할 것이다. 먼저 보수주의자와 자유주의자가 사회주의자를 향해 터뜨리는 불평을 알아보고, 흔히 제시되는 반反사회주의적 주장에 몇 가지 답변을 제시할 것이다.

3부

이데올로기 따져보기

10장

천박한
보수주의

당신이 이야기하는 대중이란 게 발밑에서 짓이겨지는 진흙, 따뜻함을 누릴 자격이 있는 자를 위해 태워질 연료 외에 도대체 무엇인가?… 자기 생각도, 자기 꿈도, 자기 의지도 없이 그저 먹고 자고 남들이 그들의 곰팡이 슨 두뇌 속에 쑤셔 넣은 말이나 지껄여대는 보잘것없고 왜소하고 무력한 영혼 외에 무엇인가? 내가 아는 한, 모두를 위한 정의만큼 나쁜 불의는 없다. 사람은 원래 평등하게 태어나지 않는다. 나는 왜 사람을 평등하게 만들고 싶어 하는지 이해할 수 없다. 더욱이 나는 저 사람들을 대부분 몹시 싫어한다.

아인 랜드, 《우리는 살아 있다We the Living》(초판)[1]

현대 정치 이론이 추구하는 평등주의적 이상은 인간을 구별하는 차이를 경시한다. 어떤 사람이 사회생활의 어떤 측면에서 다른 사람보다 우월하다는 말은 입 밖에 내선 안 될 말이 됐다… 이전에 바람직한 의미로 쓰이던 구별이라는 단어가 이제는 거의 늘 경멸적 의미로 쓰인다.

찰스 머레이 · 리처드 헤른스타인Richard J. Herrnstein, 《종형 곡선The Bell Curve》

"아무도 여러분이 꿈을 실현하는 것을 가로막을 만큼 여러분에게 신경 쓰지 않습니다… 나는 여러분에게 신경 쓰지 않습니다. 아무도 여러분에게 신경 쓰지 않습니다… 이는 자유국가에서 실패할 경우, 그 책임이 본인에게 있다는 뜻입니다."

벤 샤피로, 캘리포니아대학교 버클리Berkeley캠퍼스 연설

체질상 나는 '보수주의자'다. 영국의 보수주의 철학자 마이클 오크숏Michael Oakeshott은 보수주의자라는 단어를 일종의 기질적 선호를 가리

키는 것으로 이해한다고 말했다. 그는 보수적인 건 "미지의 것보다 익숙한 것을, 아직 시도되지 않은 것보다 시도된 것을, 불명확한 것보다 사실을 선호한다는 것"[2]이라고 말했다. 나도 익숙한 걸 좋아한다. 나는 오래된 건물과 매일 반복되는 일과와 루이 암스트롱^{Louis Armstrong}의 음반을 좋아한다. 아침마다 반복하는 일상을 방해받으면 짜증이 난다. 나는 마르디 그라 축제에 가서 떡갈나무 아래 앉아 오래된 책을 훑어보고 경이로운 바다를 볼 때와 같이 전통이나 역사와 결합된 경험을 할 때 가장 큰 즐거움을 느낀다. 나도 오크숏과 마찬가지로 '아직 시도되지 않은 것'은 미심쩍다. 나는 천성이 신중하고, 모험과 거리가 멀다. 나는 무슨 일이든 안 좋게 끝날 거라고 생각한다. 내 삶과 환경이 바뀌는 걸 좋아하지 않는다.

이것이 보수주의의 전부라면 나와 궁합이 잘 맞는다. 그러나 보수주의는 앞서 말한 것 이상이다. 오크숏이 말하는 보수주의에는 익숙한 것을 선호하는 이면에 오랫동안 이어져온 주장과 해결책에 의문을 제기하기 꺼리는 태도, 사태를 객관적으로 보지 못하는 무능력이 있다. 우리 좌파는 과거의 권위에 따지고 들기 좋아하고 '고대의 지혜' 운운하지만 사실은 고대의 편견이라는 말이 더 어울리는 견해를 따르는 것이 옳은지 아니면 우리가 지금 하는 실천이 옳은지 직접 결정하기를 좋아한다. 물론 최악의 경우 마르크스의 말처럼 '현존하는 모든 것에 대한 가차 없는 비판'은 기성 제도의 중요성을 인식하지 못하고 파괴하는 결과로 이어질 수 있다. 그러나 기본적인 도덕적 원리에 따르면, 우리는 비판하기 전에 우리 사회를 들여다보고 기존의 일 처리 방식이 정당화될 수 있는지 살펴야 한다.

도덕적 진보는 그런 식으로 이뤄진다. 역사의 모든 순간에는 잔혹 행위와 불의가 존재했고, 불의를 옹호한 사람들이 있었다. 그들은 노예제가 세상의 자연적 질서고, 여성에게 적합한 자리는 집이며, '분리하되 평등하다'는 공정하고 합리적인 원칙이라고 주장했다. 시대마다 분노의 함성을 외친 사회정의의 전사들이 있었고, 근본적 변화 요구에 불쾌해하고 초조해한 사람들이 있었다. 사회정의의 전사들이 옳았고, 전통과 권위를 좇은 사람들이 틀렸다.

좌파 중에는 익숙지 않은 것에 의구심을 보이면서 유효하다고 입증된 방법만 따르는 것은 보수주의와는 거리가 먼 것이라고 생각하는 사람이 있다. 이를테면 정치학자 코리 로빈은《보수주의자들은 왜?The Reactionary Mind》에서 보수주의는 권력을 잃을 위험에 직면했을 때 나타나는 반응이라고 주장한다. 그는 역사에 다음과 같은 순간이 있다고 말한다.

> 이 세계에서 종속적인 위치에 있는 사람이 자신의 운명에 맞선다. 자신이 처한 상황에 항의하고, 편지와 탄원서를 쓰고, 운동에 가담하고, 이런저런 것을 요구한다. 그들이 추구하는 목적은 아주 작고 별개일 수 있으나, 그 목적을 요구하는 목소리는 우월한 자의 마음에 권력의 근본적인 변화에 대한 두려움을 불러일으킨다.[3]

보수주의자의 눈에 "아래에서 일어나는 민주적 운동과 독립적이고 자유로운 행위의 실천은 권력의 사적 삶을 불안하게 만드는 끔찍한 사건이다".[4] 보수주의는 "자신이 쥔 권력이 위협받는다는 것을 깨닫고 권력을 되찾으려고 시도하는 과정에서 하는 경험"[5]이다. 보수주의는 가난한 사람이 얼마라도 집단적 부를 손에 넣고자 할 때나 흑인이 백인과 동등한 신분을 확보하려고 할 때 혹은 여성이 투표권을 가지려 할 때 보이는 반응이다.

나는 이 정도로 냉소적이진 않다. 정치적 보수주의가 힘 있는 자의 이익을 옹호하는 건 맞지만, 보수적 신념을 지지하는 대다수 사람은 사실 권력을 갖지 않았다. 따라서 보수주의는 현 상태에 대한 기만적인 합리화가 아니다. 그러나 보수주의가 도덕적으로 타락한 이데올로기라는 사실은 분명하다.

내가 보수주의를 반대하는 핵심적인 이유는 어떤 형태든 보수주의에는 근본적으로 천박한 면이 있기 때문이다. 내가 볼 때 보수주의자는 자유주의자를 진실성 없이 '약자에게 과장된 동정'을 보이는 사람이라고 생각하는 경향이 아주 강하다. 그런데 괴물이 아닌 한, 곤란한 일을 당한 사람을 보면 마음 아파하는 것이 당연하지 않은가? 하지만 내가 보수주의자의 저술에서 본 것은 하나같이 남의 고통에 냉담한 정신뿐이었다.

다음은 《내셔널리뷰》의 케빈 윌리엄슨Kevin D. Williamson이 약물중독으로 황폐해지고 탈산업화된 작은 지역사회에 대해 언급한 내용 중 일부다.

> 저소득층으로 구성된 이 비정상적인 지역사회가 황폐해진 것은 자업자득이다. 그것은 경제적으로 보면 부정적 자산이고, 도덕적으로 보더라도 변명의 여지가 없다. 그러니 쓰레기 같은 과장된 가사를 노래하는 브루스 스프링스틴Bruce Springsteen 식의 싸구려 감성팔이는 집어치워라. 강철 산업의 사양화로 다 쓰러져가는 공장 도시에 가슴 아픈 척 위선을 떨지 마라. 교활한 동양인이 우리 일자

리를 훔쳐 간다는 음모론도 집어치워라… 미국의 백인 하층계급은 주요 생산물이 불행과 중고 헤로인 주삿바늘인 사악하고 이기적인 문화에 포획됐다.[6]

여기서도 공감 능력이 결여된 것을 볼 수 있지만, 특히 상대가 외국인일 땐 더하다. 앤 콜터는 《잘 가, 아메리카여¡Adios America!》에서 엄격한 국경 단속의 필요성을 주장하는 데 그치지 않고, 이민자에게 노골적인 적의를 드러낼 뿐만 아니라 사람이라면 누구나 가슴 아파할 이민자의 고통에 냉담한 태도를 보인다. 그녀의 책을 읽은 사람 중에는 내 생각에 동의하지 않는 이가 있을지 모른다. 콜터는 책에서 자신이 이 문제를 연민의 눈으로 바라본다고 말하기 때문이다. 자신은 이민자가 아니라 범죄적 이민자 때문에 희생되는 착한 미국인에게 연민을 보일 뿐이라는 것이다. 콜터는 사람들의 고통 앞에서 진정성이라고는 찾아볼 수 없는 그럴듯한 말만 해댄다. 예를 들어보자.

《채터누가타임스프리프레스Chattanooga Times Free Press 》°가 전한 바에 따르면, 피고는… 36세 롤란도 비첸테 사폰Rolando Vicente Sapon 으로 과테말라에서 온 불법체류자다. 그는 16세인 사촌 유리아 비첸테 칼렐Yuria Vicente Calel에게 미국으로 와서 함께 살자고 권했다. 그는 사촌이 미국에 오자마자 강간하기 시작했고, 둘 사이에서 태어난 딸을 성적으로 학대했다. 물론 좋은 소식도 있다. 어쨌건 그들에게는 시민권 보장용 아기가 있다![7]

○　테네시Tennessee주 채터누가에서 발행·배포하는 지역 일간지.

도대체 어떤 사람이기에 이런 말을 서슴지 않고 할까? 이 가슴 아픈 사건을 두고 어떻게 이런 농담을 할 수 있을까?

이민을 더 엄격하게 제한해야 한다고 보는 사람들은 대개 자신이 인간의 행복을 중요하게 생각한다고 강조한다. 그들에게는 미국 시민의 행복이 중요할 뿐, 그 외 사람은 본질적으로 중요하지 않은 것이 분명하다. 콜터는 불법 이민자가 저지른 범죄를 뉴욕경찰국NYPD이 조사해온 것에 불만을 터뜨린다.

> 뉴욕경찰국은 이 나라에서 결코 일어나선 안 됐을 사건을 해결하는 데 22년의 시간과 거액을 썼다. 경찰이 뉴욕 시에서 아동을 강간·살해한 불법체류 멕시코인 한 명 수사에 자원을 쏟아붓는 20여 년 동안 얼마나 많은 범죄가 해결되지 못한 채 방치됐겠는가?[8]

"이 나라에서 결코 일어나선 안 됐을." 콜터는 아동이 강간당하고 살해된 사실이 아니라, 다른 나라에서 일어났을 사건이 하필 미국에서 일어나는 바람에 우리가 범인을 잡는 데 자원을 낭비해야 한다는 사실에 분노한다. 이는 이민 관련 논의에서 흔히 볼 수 있는 태도다. 어떤 사람이 이민자가 저지른 범죄를 두고 그는 원래 미국에 있어선 안 됐을 자이므로 그런 범죄는 "결코 일어나선 안 됐다"라는 식으로 이야기할 때, 그 사람은 그런 범죄가 결코 여기서 일어나선 안 됐다고 강조하는 것이다. 살인 성향이 강한 사람을 국외로 추방한다고 해도 그 성향이 약해질까? 있는 곳과 우리가 별 관심 없는 사람이 피해자라는 사실만 다를 뿐, 그는 거기서도 살인을 저지를 것이다. 이는 전자보다 훨씬 나쁘다. 예를 들어 온두라스처럼 미국보다 신뢰할 수 없는 사법제도를 갖춘 많은 개발도상국에서는 여성이 살해되더라도 범인이 기소될 가능성이 훨씬 낮기 때문이다. 그러나 콜터 같은 사람은 자신이 주장하는 이민정책이 다른 나라에 사는 사람에게 어떤 결과를 가져올지는 전혀 관심이 없다. 그들은 미국인의 삶을 가장 중시할 뿐만 아니라, '우리' 사람들을 구하기 위해 '쟤네' 사람들을 희생시키는 정책에 문제가 있다는 생각을 전혀 하지 못한다. 이런 국수주의는 우리가 더 잘 살 수 있으면 남이 당할 끔찍한 피해는 얼마든지 외면하는 공감 능력 결여에서 비롯된다. 내가 보기에 이는 소시오패스적 상태다.

보수주의자가 쓴 글 곳곳에서 이런 천박함이나 냉담함을 볼 수 있다. 물론 보수주의적 지식인은 이런 지적에 동의하지 않을 것이다. 그들은 대개 다음과 같이 이야기한다. "아, 어리고 순진할 때는 나도 보수주의는 탐욕스럽고 냉담하고, 우파는 공감 능력이 없다고 생각했어. 세월이 지나면서 나는 현명해졌지. 보수주의가 그런 태도를 보이는 건 관심이 부족해서가 아니라, 좌파 정치가 자신들이 도우려는 사람을 오히려 해친다는 걸 잘 알기 때문이라는 사실을 깨달았어." 좌파 정책이 사람을 해치는 결과를 초래하는지는 현실 세계에서 경험을 통해 충분히 확인할 수 있는 경험적 문제다. 그런데도 저들의 말은 그럴듯하게 들린다. 하지만 자신들은 공감 능력이 결여된 게 아니라 현실적인 것뿐이라는 보수주의자의 항변과 달리, 그들은 어려운 처지에 있는 사람과 공감하는 데 많은 시간을 들이지 않을 뿐만 아니라 다른 사람의 견해를 향해 고려할 가치도 없다는 식의 모욕적 언사를 쉽게 내뱉는다.

예를 들면 2007년에 출간된《나는 왜 우파가 됐는가Why I Turned Right》

에서 유명한 보수주의자들은 자신이 어떻게 보수주의자가 됐는지 설명한다. 맨해튼연구소의 헤더 맥 도널드Heather Mac Donald는 스스로 원해서 사회적 사실을 공부하는 사람들이 늘 그렇듯이 자신도 처음에는 자유주의자였다고 말한다. 하지만 그녀는 억압에 대한 좌파의 이야기가 경험적 사실과 다르다는 걸 알게 됐다고 한다. 노숙인은 무책임했고, 경찰은 편향적이거나 혐오적이지 않았으며, 복지는 사람을 의존적으로 만들었다는 것이다. 그녀는 표범 가죽 바지, 뒷굽이 뾰족하고 높은 구두, 최신식 선글라스를 착용하고 생활 보조금을 받는 '복지 여왕'과도 만나봤다고 한다. 자신이 하는 이야기는 모두 냉정하고 엄연한 사실이지, 공감 능력 결여와는 무관했다는 것이다.

비록 맥 도널드가 사실로 제시하는 예에는 우리가 책임져야 할 게 무엇이고 남의 도움을 받는 게 왜 나쁜지에 대한 가치판단이 가득하지만, 이것이 경험적 문제라는 그녀의 말은 맞다. 하지만 그녀에게는 기본적으로 친절함이나 너그러움이 결여됐다. 맥 도널드는 좌파의 '수박 겉 핥기 식 멍청한 소리' 운운하면서 다른 많은 보수주의자와 마찬가지로, 자크 데리다Jacques Derrida 같은 이해하기 힘든 좌파 학자의 주장을 쓸데없이 어려운 말이나 늘어놓는다고 조롱한다. 하지만 좌파가 다른 사람의 견해를 알고 싶어 하지 않는다는 좌파에 대한 비난은 바로 그녀 자신에게 적용된다. 맥 도널드는 표범 가죽 바지를 입은 여성의 삶을 알고 싶어 하지 않는다. 그녀에게 표범 가죽 바지는 그 바지를 입은 여성이 장애인 보조금이 필요하다는 거짓말로 정부를 속인다는 결론을 내리기에 충분한 근거다. 너무나 많은 보수주의자가 이런 식으로 생각한다. 그들은 이민자가 어느 나라에서 오는지, 사람들이 왜 어떤 행동을 하는지 등을 이해하지 못한 채 그저 잘못된 선택을 했다는 이유만으로 그들을 심판한다.

보수주의자는 자신이 동정심이 없는 게 아니고 이성적일 뿐이라고 주장하지만, 나는 그때마다 그들에게 동정심이 결여된 것을 확인할 수 있다. 《나는 왜 우파가 됐는가》에는 맥 도널드의 증언 바로 앞에 디네시 드수자의 증언이 실렸다. 드수자는 자신의 대학 시절을 신나서 이야기한다. 그 어디서도 반성의 기미는 찾아볼 수 없다. 드수자는 보수 성향 대학 신문 《다트머스리뷰Dartmouth Review》의 편집자로 일했는데, 그때 《다트머스리뷰》는 흑인 영어를 조롱하는 〈이봐, 친구. 실상은 이렇다고Dis Sho' Ain't No Jive, Bro〉°라는 사설을 비롯해 추잡하기 짝이 없는 기사로 악명을 떨쳤다. 여기서 일한 한 기자는 게이학생연합GSA의 회의를 몰래 녹음했을 뿐만 아니라, 기사에서 회원 몇 명의 이름을 폭로했다. 이 일에 대해 《뉴욕타임스》는 다음과 같이 보도했다.

> 친구들에 따르면, (《다트머스리뷰》)에 거명된 한 (게이) 대학생은 극심한 우울증에 시달렸고 자살을 자주 입에 올렸다. 또 다른 학생은 가족에게 자신이 동성애자임을 밝히지 못하고 있었는데, 그의 할아버지는 우편으로 《다트머스리뷰》를 받아보고 그 사실을 알게 됐다.

드수자는 이 모든 일을 즐겁게 회고한다. 그는 "페미니스트와 동성애자는 단골 공격 대상이었다"고 자랑하고, 제시 잭슨Jesse Jackson의 "할

° 특유의 문법, 어휘, 액센트를 가진 아프리카계 미국인의 방언으로 쓰인 문장이다. 아프리카계 미국인들을 조롱하기 위해 의도적으로 사용한 것이다.

머니의 누드는《내셔널지오그래픽National Geographic》에 연재 중"처럼 자신들이 한 '농담'을 신이 난 듯 소개한다. 나는 드수자가 사람들을 화나게 만들고, 그들의 반응을 과민하고 자유주의적인 눈송이라는 증거로 치부하며 즐거워하는 것을 이해할 수 없다. 몇 년 뒤, 마일로 야노풀로스Milo Yiannopoulos도 같은 짓을 한다. 그는 히잡을 쓴 대학생에게 '테러리스트'라고 농담하고, 트랜스젠더와 과체중인 사람의 외모를 조롱한다.[9] 자신의 말에 화가 난 사람들이 왜 '눈송이'인지, 게이라는 사실이 신문에 폭로된 당사자나 늘 비열하고 추잡한 조롱을 받는 이슬람교도가 어떤 기분일지 이해하려는 노력은 찾아볼 수 없다.

많은 우파적 사고의 바탕에는 기본적으로 천박함이 있다. 우파에서 가장 지적인 축에 속하는 대표적 보수주의자 윌리엄 버클리 주니어William F. Buckley Jr.는 예의 바르고 점잖은데, 그도 고어 비달Gore Vidal을 '퀴어Queer'라고 불렀으며 "(비달의) 빌어먹을 상판대기를 갈겨버리겠다"는 험한 말을 내뱉었다. (미국 우파의 부활에 기여한 버클리의《내셔널리뷰》는 인종차별을 옹호했다. 버클리는 〈남부가 지배권을 가져야 하는 이유Why the South Must Prevail〉라는 사설에서 백인이 더 '우월한' 인종이므로 당연히 정치적으로 지배 세력이 돼야 한다고 주장했다.[10]) 물론 천박함은 좌파에도 많다. 그러나 적어도 휴머니즘적이고 반권위주의적인 좌파는 우파처럼 다른 사람의 고통과 불행을 대수롭지 않은 것으로 치부하거나 합리화한다든가, 그들의 문제는 그들의 잘못이므로 고통에 대한 책임도 그들이 져야 한다고 쉽게 말하지 않는다.

우파는 다음과 같이 생각한다. 슬프다면 네가 약하기 때문이다. 가난하다면 네가 어리석기 때문이다. 소외됐다면 네가 사회생활에 문제가 있기 때문이다. 뒤통수를 맞았다면 네가 제대로 알아보지 않고 계약서에 서명했기 때문이다. 끔찍한 일을 저질렀다면 네가 악하기 때문이다. 뭔가가 이해되지 않으면 네가 주의를 기울이지 않았기 때문이다. 화가 난다면 네 안에 시기심이 있기 때문이다. 감성적이라면 네가 남자답지 못하기 때문이다.

나는 이런 사고방식을 매우 싫어한다. 지금의 내 삶은 이런 사고방식과의 싸움에서 나 자신에 대한 확신을 지켜온 결과다. 내 문제가 모두 내 탓이라고 생각하기 시작하면 나 자신을 싫어할 수 있다. 내 행동에 책임지는 것도 중요하지만, 내가 어쩔 수 없는 일이 많다는 사실을 깨닫는 것도 중요하다. 나는 부모, 유전자, 신체 능력, 경제적 환경, 사회 계급 혹은 기회를 선택할 수 없다. 물론 내게 주어진 것을 어떻게 이용할지는 내가 결정할 수 있지만, 많은 사람이 희생되고 있다는 건 분명한 사실이다. 그러니 많은 사람이 희생되고 있다고 말한다고 해서 '희생자 의식意識 이데올로기'에 사로잡힌 건 아니다. 주어진 운명 때문에 온 힘을 다해도 실패할 수밖에 없는 사람에게 최선을 다하지 않았다고 말하는 건 상처에 소금을 뿌리는 짓이자, 빈곤의 고통을 넘어 죄의식과 수치심까지 들게 만드는 잔인한 짓이다. (그런데도 그들은 좌파는 사람들에게 수치심을 주는 걸 즐긴다고 주장한다!)

최악의 경우 보수주의는 어리석고 자기 연민에 빠졌다는 이유로 인류에 대한 극심한 혐오를 표출한다. 헨리 멘켄Henry L. Mencken과 아인 랜드의 글을 보라. 둘 다 대중을 비범하고 관대한 자본가의 덕을 보는 무지하고 이기적인 수혜자로 여겼다. (멘켄은 말한다. "공직에 출마한 후보가 만나는 사람은 분별력 있는 유권자가 아니다. 그는 군중을 만나는데, 군중의 주된 특징은 주장을 비교·검토할 능력이 전혀 없거나 가장 초보적인 것을 제외하곤 이해할 능력이 전혀 없다는 것이다."[11]) 1957년에 출간된 랜드의 《아틀라스Atlas Shrugged》에는 《내셔널리뷰》조차 충격받았을 정도의 독설이 가득했다. 평론가 휘태커 체임버스Whittaker Chambers는 그 책을 한 장 한 장 넘길 때마다 "가스실로—가!"라는 명령을 들을 수 있다고 말했다. 하지만 오늘날까지도 랜드의 책은 하원 의장을 지낸 폴 라이언Paul Ryan 같은 공화당 고위 관계자의 찬사를 받는다.

* * *

앨버트 허시먼Albert O. Hirschman은 《보수는 어떻게 지배하는가The Rhetoric of Reaction》에서 보수주의자의 주된 논리로 도착倒錯, 쓸모없음, 위협 가능성이라는 세 범주를 제시했다.[12] 우파의 거의 모든 논변은 이 범주 가운데 하나 혹은 둘 이상에 의거한다. X를 해선 안 된다. 자연적인 도덕 질서를 거스르는 도착적인 것이기 때문이다. Y를 해선 안 된다. 불가능한 것을 해결하려고 시간을 낭비하는 쓸모없는 짓이기 때문이다. Z를 해선 안 된다. 우리가 지금까지 발전시켜온 제도에 위협이 될 수 있기 때문이다. 허시먼의 세 범주는 거의 모든 보수적 주장의 기본적인 논리적 틀을 잘 보여준다.

이 범주는 왜 보수주의가 대체로 매우 제한적인 철학인지도 알려준다. 사회공학적 시도는 문제를 다소 과소평가하는 경우가 많으므로 주의하고 조심하라는 조언은 분명 유용한 면이 있다. 하지만 그 말은 결국 보수주의는 항상 우리에게 지금의 세상을 그냥 받아들이라고 권할 뿐이라는 말이나 다름없다. 마거릿 대처Margaret Thatcher의 유명한 말처럼 "아무런 대안도 없다"[13]고 말하는 것이나 다름없다. 그렇다면 보수주의는 결코 받아들일 수 없는 것을 받아들이라고 권유하는 절망과 비관의 철학이 되고 만다. 노예제 시대라면 보수주의는 인간에 대한 소유권은 자연 질서고, 그에 맞서 싸우는 건 헛된 일이며 문명에 위협이 된다고 말할 것이다. 오늘날 많은 사람이 사회 계급, 인종적·경제적 불평등, 기후변화, 군사화된 국경, 전쟁 등의 문제에 관해 우리가 할 수 있는 일이 없다고 말한다. 진보를 희망하는 한, 우리는 이런 생각을 거부해야 한다.

우파 쪽에서는 왜 나쁜 일이 그럴 수밖에 없는 일인지, 왜 우파와 생각이 다른 사람은 모두 사실을 감당 못 하고 불평하며 징징대는 눈송이인지 하는 이야기만 한다. 나는 그런 주장을 받아들일 수 없다. 좌파는 화를 잘 내는 편인가? 아마 그럴 것이다. 하지만 그것은 좌파가 심각한 일을 심각하게 받아들이고, 이라크 전쟁으로 50만 명이 죽었다는 뉴스를 들으면 눈앞에서 자식의 죽음을 지켜본 이라크 어머니들을 떠올리기 때문이다. 토머스 소웰Thomas Sowell은 좌파는 '스스로 돕기를 거절하는 사람을 도울 의무'가 우리에게 있다고 주장한다며 조롱한다. 이런 말을 들을 때 나는 생각한다. 하지만 우리에게는 그런 의무가 있다. 그 의무는 즐겁지 않고 많은 점에서 공정하지도 않다. 그러나 더 나은 인간이라면 짊어져야 하는 의무다. 보수주의적 사고의 적의와 비생산성은 우리에게 아무것도 주지 못한다.

* * *

이 장을 시작하면서 소개한 오크숏의 보수주의적 본능은 여전히 나름의 가치가 있다. 이런 보수주의적 본능의 긍정적 형태는 '자연보호주의'라고 부르는 게 더 적절하다. 자연보호주의자는 우리가 이

전 세대에게서 물려받은 귀중한 유산을 낭비하고 싶어 하지 않는다는 점에서 보수주의자와 비슷한 면이 있다. 자연보호주의자는 전통을 파괴하고 바꾸는 일에 조심스러워한다. 그들은 합리적 혹은 필연적 진보라는 이름으로 요구되는 갑작스럽고 광범위한 변화에 회의적이다.

유명한 박물학자이자 시에라클럽Sierra Club의 설립자 존 뮤어John Muir는 "자연경관은 야생인 한 아무것도 추하지 않다"고 생각했다.[14] 자연은 너무나 아름답기 때문에 사랑과 돌봄을 받아 마땅하다는 것이다. 뮤어와 마찬가지로 자연을 사랑한 시어도어 루스벨트는 천연자원을 보존하는 건 자손에 대한 의무라고 생각했으며, "이기적인 인간이나 탐욕스러운 기업이 당신 나라의 아름다움과 부, 신비를 벗겨내도록 내버려두지 말라"고 경고했다.[15]

이런 의미에서 보호와 보존은 자본주의와 잘 안 맞을 수밖에 없다. 자본주의에는 '창조적 파괴'를 향한 경향이 내재하기 때문이다. 진정한 보수주의란 지구를 모조리 먹어 치우는 자유 시장 페이퍼클립 맥시마이저에 완강히 저항하는 것이다. 평생 자본주의를 충실히 지지한 경제학자 프리드리히 하이에크가 〈나는 왜 보수주의자가 아닌가 Why I Am Not a Conservative〉라는 에세이를 쓴 이유 중 하나가 바로 이것이다.[16] 그는 보수주의자들이 시장의 자유를 확대하기 위해 충분히 노력하지 않는다고 생각했다. 그는 시장의 변혁적 힘을 완전히 풀어놓으면 어떤 일이 일어날지 보고 싶어 했다.

루스벨트와 뮤어가 견지한 보수주의에는 좌파가 존중할 만한 교훈이 있다. 길버트 체스터턴Gilbert K. Chesterton의 유명한 '펜스fence' 이야기는 내가 이런 보수주의 철학에서 얻은 귀중한 교훈을 잘 표현한다.[17]

체스터턴은 도로에 설치된 펜스를 보고 누군가는 '이게 왜 여기 있는 지 모르겠어. 없애버리자'고 생각할 거라고 말했다. 그는 좀 더 영리 한 사람이라면 '이게 왜 여기 있는지 모르지만, 이유를 알 때까지 치 우지 말고 두자'고 생각할 거라고 말했다. 이는 조심의 철학이다. 세 상이 왜 이 모양 이 꼴인지 이해할 때까지 내가 다 안다고 함부로 생 각하지 않도록 조심하고 또 조심해야 한다. 합리적이기만 하면 조심 은 변화를 가로막지 않는다. 조심은 겸허할 것을 권유하고, 겸허함은 우리 모두에게 이익을 가져다줄 수 있다.

11장

재수 없는
자유주의

우리는 모두 진실이 아니라는 걸 알면서도 믿을 수 있고, 마침내 그것이 거짓임이 밝혀졌을 때도 우리가 옳다는 걸 보여주기 위해 뻔뻔하게 사실을 왜곡할 수 있다. 이론상 이런 일은 무한정 반복될 수 있다. 이런 일이 중단되는 경우는 거짓 믿음이 어느 날 투쟁의 장에서 강고한 현실과 조우할 때뿐이다.

조지 오웰, 〈코앞에서 In Front of Your Nose〉, 《트리뷴》

내재한 위험을 모른 채 상황을 낙관적으로 보던 자유주의의 거짓 믿음은 2016년 11월 8일 밤 9~10시, 강고한 현실과 조우했다. 하지만 그 만남은 투쟁의 장이 아니라 케이블 뉴스에서 일어났다. 이튿날 《뉴욕타임스》는 "모두가 일찌감치 잠자리에 들었을 것이다"라고 썼다.[1] 그 참담한 결과는 처음부터 정해져 있었다는 데 모두 생각을 같이했다. 패배자의 불행을 보며 고소해하고 싶은 사람들만 잠자리에 들지 않고 있었을 것이다.

도널드 트럼프가 2016년 대통령 선거에서 승리하지 못할 거라든가, 그의 승리는 불가능하다는 게 중론이었다. 전문가들은 몇 달에 걸쳐 숫자는 거짓말하지 않는다고 단언했다. 《워싱턴포스트》의 크리스 실리자Chris Cillizza는 선거를 몇 주 앞두고 트럼프의 당선 가능성은 "0에 가까워지고 있다"고 말했다.[2] 격주간지 《뉴욕New York》의 조너선 체이트Jonathan Chait는 누군가가 미시간주에서 트럼프의 승리 가능성을 따져본다는 사실만으로도 "솔직히 화가 난다"고 말했다.[3] 프린스턴선거컨소시엄PEC의 통계학자 샘 왕Sam Wang은 힐러리 클린턴의 당선 확률이 99퍼센트라고 주장했다.[4] 2016년 10월 클린턴은 위스콘신 같은 경합 주를 제쳐놓고 애리조나와 유타Utah 등 공화당이 강력한 우위에 있는 주에서 선거운동을 시작할 정도로 승리를 확신했다. 언론은 이를 두고 '선거 판세에 대한 클린턴의 강한 확신'[5]을 보여주는 움직임이라고 말했다. 그녀의 선택에 놀란 사람은 아무도 없어 보였다. 가장 신중한 사람도 예외가 아니었다. 트럼프가 승리할 위험은 극히 낮다는 게 대다수의 생각이었다.[6]

선거 당일 밤 맨해튼의 재비츠센터Javits Center에는 축포를 울린 대포와 거기 채울 색종이 약 90킬로그램이 준비된 가운데, 클린턴 측 선거운동 관계자들이 승리 소식을 기다리고 있었다. 민주당원들은 트럼프가 무릎 꿇는 장면을 기대했다. 패배자들을 조롱하는 데 평생을 바친 자가 마침내 패배자가 되는 장면을 기다렸다. 미국은《허핑턴포스트Huffington Post》가 트럼프 관련 뉴스를 정치란이 아니라 연예란에서 다룰 만큼 어릿광대 같은 인물이 대통령이 되는 끔찍한 위험에서 벗어날 순간을 앞두고 있었다.[7] 모두가 카타르시스의 시간을 기다렸다. 온 국민은 마침내 우리에게서 너무나 많은 시간과 관심을 가져간 리얼리티 쇼 출신의 우스꽝스럽고 혐오스러운 사기꾼의 굴욕적 패배를 보면서 속이 시원하다고 말할 수 있게 됐다고 생각했다.

하지만 사태는 예상과 딴판으로 흘러갔다.

처음에는 파탄의 밤인지 분명하지 않았다. 그러나 9~10시, 예상과 달리 선거 상황실의 지도가 붉은색으로 덮이기 시작하면서 미국 전역의 자유주의자들은 위장이 뒤집히는 듯한 고통을 느끼기 시작했다. 스티븐 콜베어Stephen Colbert는 TV 생중계 도중에 "젠장, 이게 도대체 무슨 일이야?"라고 외쳤는데, 이는 당시 수백만 명의 심정을 대변

하는 말이었다.[8]

　클린턴은 그날 밤 승복 연설을 하지 않았다. 그녀는 승복 연설문을 작성하지도 않았다. 패배는 생각한 적도 없었기 때문이다.[9] 재비츠센터에 준비된 축포는 발사되지 않았다.[10] 이튿날 신문은 '충격' '충격의 역전' 같은 표현으로 뒤덮였다. 다른 나라의 반응은 훨씬 더 솔직했다. 영국의《데일리미러Daily Mirror》머리기사는〈도대체 미국인들이 무슨 짓을 한 거야?What have they done?〉였다.[11]《르주르날드퀘벡Le Journal de Québec》의 톱뉴스는〈세상에OH MY GOD!〉였다.[12] 오스트레일리아의《데일리텔레그래프Daily Telegraph》는 1면을 세 글자로 채웠다. "W.T.F."[13]

* * *

　민주당 선거운동본부는 극심한 충격을 받았다. 버락 오바마의 2008년 선거운동 책임자였던 데이비드 플루프David Plouffe는 "지금까지 살아오는 동안 내 판단이 틀린 건 이번이 처음이다"라고 말했다.[14] 민주당은 2008년 저점에 이른 경제가 살아나고 있는 데다 경험과 인물에서 트럼프의 열세가 명백해, 패배란 있을 수 없다고 생각했다. 그것은 엄청난 오판이었다.

　트럼프의 당선이 완전히 예상 못 한 일은 아니었다. 나는 2016년 2월에 민주당이 클린턴을 대선 후보로 지명하면 트럼프에게 대통령 자리를 안겨주는 일이 될 거라고 경고하는 글을 썼다.[15] 그해 7월, 마이클무어Michael Moore는 미국이 트럼프의 백악관을 향해 좀비처럼 걸어가고 있다고 경고했다.[16] 무어는 민주당이 현 상태에 안주한 나머지 몇 가지 핵심 요인을 고려하지 못하고 있다고 지적하면서 '트럼프의 승리를 예상하는 5가지 이유'를 제시했다. 러스트 벨트Rust Belt의 경제적 좌절감, 백인의 분노, 인기 없는 클린턴, 샌더스 지지자의 이탈, 단지 어떻게 될지 알아보기 위해 기성 정치에 기꺼이 수류탄을 던지는 유권자의 심리를 지칭하는 '제시 벤투라 효과Jesse Ventura effect ˚'. 결국 무어의 말이 맞았다.

클린턴 선거 캠프를 포함해 좌파의 많은 사람은 선거 당일 밤까지도 무어가 말한 요인을 제대로 파악하지 못했다. 그동안 사람들 사이에 분노와 불안이 퍼져 있었고, 자유주의의 '거품' 속에 사는 것이 사람들의 세계관에 얼마나 안 좋은 영향을 미쳤는지 공개적인 반성이 쏟아져 나왔지만, 버스는 떠난 뒤였다.

선거 결과는 전문가들의 분석과 예측의 실패 그 이상을 의미했다. 민주당이 정확한 예측에 실패해 트럼프의 당선을 허용한 것은 그들이 근본적으로 지금이라는 정치적 시간의 참모습을 이해하지 못했기 때문이다. 그들은 민주당에 대한 여론이 계속 악화된 것을 감지하지 못했다.[17] 대중의 생각을 상당히 잘 이해하는 편인 오바마에게도 트럼프의 부상은 예상치 못한 일이었다. 나는 2016년 2월 〈지금의 민주당!Democracy Now!〉이라는 라디오 쇼에서 클린턴을 지지하는 정치학 교수와 논쟁을 벌였다.[18] 그는 60퍼센트가 넘는 미국인이 미국이 나아가는 방향에 불만이 있다는 통계를 소개하면서 '유권자가 화가 났다'는 식의 이야기는 치열한 경쟁을 만들어 수익을 올리려는 미디어의 농간 때문이라고 말했다. 나는 미국인 60퍼센트가 민주당 대통령 시

˚ 전직 프로레슬링 선수 제시 벤투라는 미네소타Minnesota 주지사에 당선됐다. 민심은 기성 정치에 기대할 것이 없으면 스타성이 강한 화제의 인물에게 표를 던지는 현상을 가리키는 말이다.

절의 삶에 불만이 있는데, 민주당이 지금 대통령과 별다르지 않은 사람을 후보로 내보낸다면 선거에서 패배할 거라고 지적했다. 그 교수는 내 말을 일축하며 선거에서 기성 체제에 대한 반감은 항상 있기 마련이라고 말했다.

당시 민주당원의 귀에는 어떤 조언도 들리지 않았다. 명백한 사실을 계속 무시하고 일축했다. 예를 들어 트럼프가 예상과 달리 공화당 내 다른 경쟁자를 물리치고 대통령 후보가 됐듯이 대선에서도 놀라운 일이 있을 수 있다고 말하면, 민주당원은 온갖 이유를 들어 그런 결과는 나올 수 없다고 말했다. 연방수사국의 조사를 받는 후보를 내면 선거에서 패배할 가능성이 크다고 지적하면, 민주당원은 이메일 스캔들은 아무것도 아닌 일을 가지고 요란을 떠는 것뿐이라면서 여러 가지 이유를 들어 연방수사국의 조사가 조작됐다고 주장했다.[19]

이런 '거품'에는 그럴 만한 현실적 이유가 있었다. 주목받지 못했지만, 지난 수십 년 동안 미디어에는 변화가 일어나고 있었다. 연안에 위치한 대도시에서 언론기관들의 합병이 서서히 진행되고 지방 신문사가 매각·폐간됨에 따라, 유명한 언론인이 갈수록 자유주의적 대도시로 몰리는 일이 일어났다.[20] 이 때문에 그들이 미국에서 발생하는 일을 바라보는 시각에 왜곡이 일어났다. 경제적 불평등이 심화되면서 이런 왜곡은 더욱 심해졌다. 연안 대도시에 사는 부유한 사람은 경제적으로 여유 있기 때문에, 그들의 눈에는 미국 전체가 잘나가는 듯 보였다.[21]

오바마도 마찬가지다. 그는 2016년 10월에 《와이어드》를 객원 편집하면서 클린턴을 지지하는 대신 〈지금이 가장 살기 좋은 때Now Is the Greatest Time to Be Alive〉라는 사설을 쓰면서, "조립라인에서 청정에너지 시대의 부품이 대량생산되며 그동안 멈췄던 공장이 다시 돌아가고 있다"고 자랑했다.[22] 부정적인 면보다 긍정적인 면에 주목하는 낙관적 기조는 2016년 민주당이 내놓은 메시지들에 그대로 반영됐다. 민주당의 메시지는 오바마 행정부의 성공적 업적을 조명하는 데 초점을 맞췄다. 한편으로 트럼프를 공격하면서 다른 한편으로 오바마의 미국이 이룬 훌륭한 업적을 보여주면, 유권자가 어느 쪽이 올바른 결정인지 명백히 깨닫고 민주당에 계속 권력을 쥐여주리라는 게 당시 민주당원의 공통된 견해였다.

이는 오판이었다. '지금이 가장 살기 좋은 때'라는 주장은 전체적인 통계로 보면 틀린 말이 아니었다. 평균적으로 사람들은 더 건강하고 잘살았으며, 피로 얼룩진 끔찍한 사건들이 일어난 20세기에 비해 21세기는 너무나 멋진 시대다. 그러나 평균적 참이 반드시 모두에게 참은 아니다. 낙관적 메시지에 공감한 사람은 잘사는 이들뿐이었다. 빚과 나쁜 건강에 시달리는 사람이나 실직자에게 낙관적 메시지는 딴 세상 이야기였다.

민주당은 과거 미국의 위대함을 되찾아주겠다는 트럼프의 약속에 맞서 '미국은 이미 위대하다America Is Already Great'라는 문구가 박힌 모자까지 팔았다.[23] 이 문구가 디트로이트나 퍼거슨Ferguson, 웨스터버지니아West Virginia에 사는 사람들에게 어떻게 비쳤을까. 그들에게 이 문구는 "나의 미국은 이미 위대하다My America Is Already Great"라는 말로 들렸고, 워싱턴에 있는 민주당 지도부는 보통 사람의 삶에 대해 아무것도 모른다는 트럼프의 주장만 확인시킨 셈이었다. 트럼프는 사람들에게 문제를 해결해주겠다고 약속했는데, 민주당은 더 나은 해결책을 제시하는 대신 "무슨 문제?"라고 말한 셈이다.

* * *

2016년에 미국은 누구나 아는 골치 아픈 문제를 안고 있었다. 마약에 따른 죽음과 자살은 수십 년 만에 최고치를 기록했다. 학자금 대출과 가계 부채는 계속 늘어났다. 대침체기(2007~2008년)에 파산한 많은 가정의 경제 상황은 전혀 나아지지 않았다.[24] 적정부담보험법ACA은 건강보험에 대한 접근성을 높였지만, 비싸고 복잡한 구조적 결함이 있는 헬스케어 체제를 바꾸진 못했다. 노동조합이 계속 사라지는 바람에 노동자는 퇴직연금을 받지 못하고, 고용주의 부당노동행위에도 속수무책이었다. 많은 사람이 상황을 비관하면서 절망감에 빠져 있었다.[25]

트럼프는 이런 절망감을 이용했다. 트럼프대학Trump University°이 성공을 꿈꾸는 기업인에게 엄청난 부를 축적하는 비결을 가르쳐주겠다고 약속했듯이, 트럼프는 자신이 대통령이 되면 미국의 모든 문제를 해결할 거라고 약속했다. 그에게는 이라크시리아이슬람국가ISIS를 제거할 비밀 계획도 있었다. (이 계획은 비밀이기에 밝힐 수 없었다.) 트럼프는 워싱턴이 자신에게 관심이 없고 정부의 지원이 부족하다고 생각하는 사람에게 무슨 말을 해야 할지 잘 알았다. 그는 이슬람 극단주의자인 지하디스트와 성범죄자인 멕시코 이민자가 미국인의 삶을 위협한다는 식으로 사람들의 두려움과 편견을 자극했다. CNN부터 오바마와 클린턴까지 온갖 기관과 인간이 미국을 망쳤다고 비난하기

°   트럼프가 두 동료와 함께 세운 영리 목적의 교육 기업으로, 부동산 교육 프로그램을 운영한다. '대학'이라는 명칭이 뉴욕주 법을 위반했다는 지적을 받은 뒤 '트럼프경영연구소Trump Entrepreneur Initiative'로 이름을 바꿨다.

도 했다.

민주당은 제대로 대응할 수 없었다. 트럼프의 비난 가운데 많은 것이 사실이었기 때문이다. 트럼프가 여러 문제의 심각성을 과대 포장하고 편견으로 가득한 조롱을 일삼고 태양 아래 모든 것에 대해 거짓말을 했지만, 그는 민주당의 취약한 지점을 정확히 알았다. 민주당출신 대통령이 미국을 노동자들이 제조업 쇠락과 관련 있다고 생각하는 국제적 자유무역에 깊이 발을 딛게 만든 건 사실이다.[26] 클린턴이 미국에 재앙이 된 이라크와 리비아 개입에 부분적 책임이 있는 것도 사실이다.[27] 시카고와 멕시코 국경에서 심각한 폭력 행위가 문제가 된 것 역시 사실이다. 물론 트럼프는 현 상황을 실제보다 훨씬 심각한 재앙인 것처럼 과장했다. 트럼프의 참모 한 명은 미국인을 9·11 테러 당시 비행기에 탄 승객에 비유하며 선택지는 조종실을 탈취하는 것뿐이라는 극단적인 주장을 펼쳤다.[28] 분명 과장된 면이 있지만, 2016년 유권자의 마음에 미국이 힘을 잃었다는 메시지는 '미국은 이미 위대하다'라는 구호보다 훨씬 호소력이 있었다.

클린턴이 전체 득표수에서 앞섰다는 사실은 무엇이 문제인지 말해준다. 이론상으로는 연안 대도시만 잡으면 전체 득표수에서 앞설 수 있다. 캘리포니아주와 뉴욕주 인구만 합해도 6000만 명에 달하고, 클린턴의 총 득표수는 6500만 표였다. 대통령 당선에 필요한 수의 선거인단을 확보하려면 미국 전역의 유권자에게서 골고루 지지를 받아야한다. 민주당이 자유주의의 요새인 주들에서 승리하리라는 걸 의심하는 사람은 아무도 없었다. 하지만 공화당이 우위에 있는 주들에서 공화당 지지세가 날로 강해지는데, 민주당은 나머지 주들에서 지지를 잃고 있었다. 무어가 옳았다. '러스트 벨트 수학'이 민주당을 망쳤다.

예상치 못한 클린턴의 끔찍한 패배는 2008년 이후 거듭된 민주당의 정치적 실패 가운데 최후의 실패다. 오바마는 2008년에 정치를 근본적으로 바꾸겠다는 야심찬 약속을 바탕으로 대통령이 됐다. 그 후 8년 동안 민주당의 정치적 힘은 아무도 모르는 사이에 서서히 약해졌다. 오바마가 대통령이라서 민주당이 권력을 쥔 듯 보였지만, 주지사와 주 의회, 연방의회 등 모든 곳에서 공화당이 서서히 우위를 차지하고 있었다.[29] 민주당의 정치적 효능은 성희롱 상습범이자 사기꾼이 대통령에 오르는 걸 막을 수 없을 만큼 약해졌다. 2016년 11월에 갑자기 미몽에서 깨어난 많은 민주당원이 물었다. "무슨 일이 있었던 거지What Happened?" 이는 몇 달 뒤 출간된 클린턴의 선거운동 회고록의 제목이기도 하다.

그 일은 자유주의가 아무도 알아차리지 못하는 사이에 서서히 몰락한 것이다.

* * *

"우리는 자본가이고 그것은 어쩔 수 없어요."

낸시 펠로시, CNN 타운홀Town Hall°

"백만장자나 억만장자라는 단어를 들을 때마다 나는 몹시 화가 난다… 그래서 (민주당 정치인들에게) 그 단어 좀 그만 쓰라고 했다.

° 미국의 정치인이나 선거 후보가 지역 주민들을 초대해 정책 또는 주요 이슈에 대해 설명하고 의견을 듣는 공개 행사.

제발 그 소리 좀 집어치워… 나는 슈머Charles Schumer에게도, 와이든 Ron Wyden에게도, 펠로시에게도 억만장자라는 단어를 또 입에 올리면 끝이라고 말했다."

스티븐 클루벡Stephen Cloobeck ,

다이아몬드리조트Diamond Resorts CEO이자 민주당 고액 기부자

선거운동이 시작됐을 때 클린턴의 참모진은 문제에 직면했다. 왜 출마했느냐는 비전을 묻는 질문에 대한 답이 그녀에게 없었던 것이다. 조너선 앨런Jonathan Allen과 에이미 파네스Amie Parnes는《산산조각 난: 힐러리 클린턴 선거운동 실패의 내막Shattered: Inside Hillary Clinton's Doomed Campaign》에서 클린턴 선거운동본부는 "그녀가 출마한 이유를 분명히 인식하지 못했으며, 많은 유권자에게 권력이 아니라 그녀가 가진 비전 때문에 대통령 직에 도전했음을 분명히 보여줄 수 없었다"고 썼다.[30] 참모진은 클린턴에게 출마를 정당화할 비전을 생각해보게 하려 했지만 소용없었다. 참모진은 '그녀의 차례다'[31]를 선거 구호로 내걸까 하는 생각까지 했다.

클린턴이 비전을 제시할 수 없었던 것은 놀랄 일이 아니다. 그녀는 동시대 많은 자유주의자와 같은 세계관을 갖고 있었는데, 자유주의자는 추상적인 '변화'를 생각할 뿐 자신이 어떤 변화를 어떻게 실현할지 구체적인 생각이 없다. 이런 정치는 어떤 사람이 선출될 경우 실제로 무엇을 할지보다 그 사람이 그 자리에 앉을 '자격이 있는지'에 관심이 훨씬 많다. 이런 시각에서 클린턴에게는 비전이 필요없다. 그녀는 대통령 자리에 '가장 적합한' 인물이었기 때문이다.

내 동료 루크 새비지는 이렇듯 자격이 실질적 비전보다 중요하다

는 생각을 정치의 '웨스트 윙적 시각West Wing view'°이라고 표현했다.[32] 애런 소킨Aaron Sorkin이 제작한 드라마 〈웨스트 윙The West Wing〉을 보면, 좋은 학교를 나온 머리 좋은 사람들이 진지한 표정으로 복도를 오가며 많은 일을 한다. 그런데 많은 경우 정작 그들이 무엇을 하려고 하는지 알 수 없다. 일곱 시즌까지 이어진 이 드라마에서 바틀렛 행정부는 미국인의 삶에 영향을 미칠 만한 정책 변화를 거의 달성하지 못한다. (반면에 루크가 지적한 것처럼, 바틀렛은 "군산복합체를 따뜻하게 끌어안고 사회보장 예산을 삭감하고 양당의 '균형'을 맞추기 위해 연방 대법원에 극우 판사를 임명한다".) 이 드라마에서 소킨의 시그니처라고 할 수 있는 '걸으면서 말하는 장면'이 나올 때마다 나는 실소를 금치 못했다. 등장인물이 열띤 대화를 나누며 복도를 걸어가지만 결국 아무 데도 가지 않는 것 같기 때문이다. 목표가 뭔지 모른 채 많은 것을 알고 열심히 일하는 것처럼 보이는 데 몰두하는 정치를 이보다 잘 표현하는 비유가 있을까? 이 장면은 자유주의의 본모습을 완벽히 잡아낸다.

내가 속한 정치적 좌파는 종종 '자유주의자'에 대한 경멸을 드러낸다. 급진주의적 뮤지션 필 옥스Phil Ochs는 1966년 발표한 〈사랑해줘요, 나는 자유주의자니까Love Me, I'm a Liberal〉에서 '내 옆집으로 이사 오지 않는 한' 다른 인종을 사랑하는 자유주의적 백인에 대한 경멸을 노래한다. 말로는 미시시피 사람들은 "모두 부끄러운 줄 알아야 한다"면서 흑인과 백인 아이들이 같은 버스를 타야 한다고 생각하는 사람들이 경찰 조사를 받길 바라는 이율배반적인 자유주의자를 풍자한다. 《뉴

° 웨스트 윙은 대통령 집무실, 내각회의실, 참모진 사무실 등이 있는 백악관 서쪽 건물을 가리킨다.

리퍼블릭》과 《더네이션The Nation》을 읽는 사람을 언급하는 가사도 있는 만큼, 이 노래의 울림은 세월이 흐른 지금도 여전하다. 그런데 자유주의자는 좌파와 어떤 점이 다른가? 둘을 구별하는 것이 왜 중요한가?

여러 가지가 있겠지만, 둘의 핵심적 차이 가운데 하나는 체제에 대한 믿음의 정도가 다르다는 것이다. 좌파는 냉소적이고 회의적이다. 자유주의자는 미국의 제도는 기본적으로 선하며, 자본주의는 기본적으로 훌륭하나 몇 가지 조정과 규제가 필요하다고 본다. 자유주의자는 계급적 투사나 정치적 행동주의자가 아니다. 옥스의 노래에 나오는 자유주의자는 "혁명 같은 소리 하지 마, 그건 너무 나간 얘기야"라고 말한다. 대대적인 변화를 거부하는 이와 같은 태도는 자유주의적 정신의 특징이다. 자유주의자는 왜 우리가 서로의 차이를 제쳐두고 하나가 돼서 어울릴 수 없느냐고 의아해하지만, 좌파는 공정한 사회·경제 체제를 만들기 전에는 사람들 사이의 갈등이 불가피하다고 생각한다.

오바마는 전형적인 자유주의자다. 그는 2004년 민주당전국위원회DNC 연설에서 '붉은' 혹은 '파란' 미국은 없고 미합중국이 있을 뿐이라고 말했다. 오바마는 항상 '공통점'을 찾고자 했다. 그는 견해가 다른 사람들이 힘을 합쳐 생산적 타협에 이르는 모습을 보고 싶어서 백악관의 〈링컨Lincoln〉 상영회에 공화당 의원들을 초대했다. 공화당 의원들은 아무도 참석하지 않았고 오바마는 놀라움과 실망을 금치 못했다.[33]

이는 좌파가 보기에 정치적 이익과 권력이 작동하는 방식을 잘못 이해한 순진한 생각이다. 공화당이 정치 게임을 벌이는 건 이기기 위

3부 | 이데올로기 따져보기

해서고, 좌파를 철저히 깨부술 기회가 오면 그들은 기꺼이 그렇게 할 것이다. 그들은 양당의 합리적 타협이 아니라 완벽한 승리를 원한다. 오바마의 부수석보좌관이자 재선 선대위원장 짐 메시나Jim Messina는 공화당의 한 참모가 한 말에 충격을 받았다. 그 참모는 2008년 선거가 끝나고 "우리는 어떤 문제도 당신과 타협하지 않고 오바마에 맞서 싸울 것이다"라고 말했다. 메시나가 "우리는 부시에게 그러지 않았는데"라고 하자, 그 참모는 "상관없다"고 말했다.[34]

드라마 〈웨스트 윙〉에 등장하는 공화당원은 민주당원과 제로섬 게임을 하는 정치적 적이 아니다. 어리석고 일을 그르치기는 해도 그들의 의도는 선하다. 워싱턴 D.C.에는 싸움이 아니라 '의견 차이'가 있을 뿐이고, 양측은 사이가 좋다. 실제로 오바마 가족과 조지 부시도 사이가 좋다. 부시는 이라크인 50만 명의 죽음에 책임이 있지만, 미셸 오바마Michelle Obama는 그를 좋아하며 그는 자신과 '공범'이라고 말했다.[35] (그녀는 어떤 범죄인지 말하지 않는다.) 스트롬 서먼드Strom Thurmond와 조 바이든도 친한 사이다. 서먼드는 과거 남부의 수영장과 식당에서 '깜둥이들'을 내쫓겠다고 공언한 딕시크랫Dixiecrat° 인종차별주의자다. 서먼드의 장례식에서 바이든은 그의 '진실성과 비범한 재능과 덕'을 찬양했지만, 사실 서먼드는 참회를 표명한 적이 없으며 죽을 때까지 극우를 고수했다.[36]

자유주의 정치에는 이보다 훨씬 교활한 모습이 있다. 자유주의 정치는 아무 희생도 하지 않으면서 대단히 도덕적으로 보이고 싶어 하

° 1948년 대선을 위해 만든 주권민주당의 별칭. 남부 지방을 통칭하는 Dixie와 민주당원을 뜻하는 Democrat를 합친 단어다. 당시 서먼드는 이 당의 후보로 대통령 선거에 출마했다.

는 부자의 정치다. 옥스는 자유주의자에 대해 "세상이 살 만할 때는 가운데서 왼쪽으로 10도, 자신에게 안 좋은 영향이 있을 것 같으면 가운데서 오른쪽으로 10도인 사람"이라고 말했다. 그의 노래에서 자유주의자는 흑인 아이가 자기 자녀와 같은 버스를 타는 것을 꺼렸지만, 오늘날 부유한 자유주의자는 다른 아이들과의 경쟁에서 이길 수 있도록 자식을 가난한 공립학교에서 사립학교로 전학시킨다. 자유주의 정치의 민낯을 보고 싶다면, 흑인 아이와 백인 아이의 교육을 평등하게 만들려는 제안을 소개하는 뉴스를 보라. '진보적인' 연안 지역에서도 "그 아이들이 기회를 얻지 못하는 것은 우리 잘못이 아니다. 그 짐을 우리에게 떠넘겨선 안 된다"라고 항변하는 부모들의 말을 들을 수 있다.[37] 교육 차별 문제를 취재하는 《뉴욕타임스》의 니콜 한나존스Nikole Hannah-Jones 기자는 말한다. "입으로는 끊임없이 평등과 통합을 말하는 사람이 실제로는 불평등과 차별을 지속시키는 행동을 한다. 이 나라에서 차별이 심한 지역은 모두 진보적인 북부에 있으며, 그곳의 백인 자유주의자들은 자신이 말하는 가치관대로 살지 않는다."[38]

아돌프 리드 주니어는 자유주의가 스스로 내건 가치에 진정으로 헌신하지 않는 점을 신랄히 비판했다.

> 가장 공허하고 감상적이기 짝이 없는 진부한 말에 고양되고 감동하는 능력, 본질보다 절차를 맹목적으로 숭배하고 정치적 문제에 기술적 해결책을 추구하는 경향, 맛 좋은 커피와 스콘을 파는 집은 열심히 알아보면서 자신이 사는 도시에서 나날이 증가하는 수많은 죽음은 눈에 보이지 않게 걸러내는 능력, 다른 사람에 대한 억압을 행동주의라고 미화하는 성향, 갈등에 직면하면 끙끙대며 한

탄이나 해대는 한심한 반사 신경, 무엇보다 위기 시에 줏대도 없고 믿을 수도 없음.[39]

리드는 일찍이 오바마에 비판적이었다. 그는 오바마를 이런 경향이 전부 구현된 인물로 봤다. 리드는 1996년에 오바마가 주로 본질보다 형식에 치우친 정책을 추진한다면서 그를 "나무랄 데 없는 경력에 비지성적이고 억압적인 신자유주의 정치를 등에 업은 말솜씨 좋은 변호사"라고 말했다. 그는 2008년에 "자신이 진보적 변화를 가져올 후보라면서 이름뿐인 '운동'에 실체를 부여하겠다는 오바마의 공허한 주장은 환멸을 안겨줄 것이고, 대통령으로 있는 동안 그는 여태까지 자신이 해온 정치를 그대로 이어갈 것"이라고 경고했다.[40] 리드는 오바마가 사람들 사이에 불러일으킨 열정적 헌신을 "아직 잘 몰라서 잠시 과도한 열정에 사로잡힌 것"이라고 봤으며, 오바마에게서는 "속사포처럼 희망과 변화의 말을 쏟아내 청년을 흥분시키고 사로잡는 놀라운 능력만 볼 수 있을 뿐, 그 말 어디서도 구체적인 내용은 찾아볼 수 없다"고 했다.

매트 타이비Matt Taibbi도 오바마를 비슷하게 평가했다.

모든 관점의 타당성을 알고 있다는 것을 보여주는 현란한 수사에 상당한 힘을 쏟으면서 쟁점에 강경 입장을 취할 때는 그럴 수밖에 없다는 것을 강조하는… 교묘하게 만들어진 암호 같은 인간… 일종의 이데올로기적 만인 구제파 교도… 어떤 쟁점에서든 그에게 반대하는 건 불가능하다. 그는 이데올로기적 스펙트럼 어디에도 속하지 않기 때문이다.[41]

오바마 행정부에서 일한 참모진의 회고록을 읽어보면, 리드와 타이비의 말이 정확했다는 걸 알 수 있다. 오바마의 연설문 작성을 맡은 데이비드 리트David Litt와 댄 파이퍼Dan Pfeiffer는 자신들은 드라마 〈웨스트 윙〉의 엄청난 팬으로, 대학 시절에 〈웨스트 윙〉 시리즈를 보고 또 봤다고 적었다. 그들이 오바마에게 끌린 건 특정한 사회변혁을 원하는 열혈 지지자여서가 아니라 오바마의 개인적 매력 때문이다. 리트는 오바마를 완전히 메시아처럼 묘사함으로써 선거운동을 개인 숭배에 가까운 것으로 들리게 만든다.

> 우리는 모든 사람이 곧 빛을 보리라는 걸 추호도 의심하지 않았다… 당시 우리를 비판하는 자들은 나중에 우리의 헌신적 열정을 비웃으면서 오바마봇Obamabot이라고 조롱했다. 어떤 면에서 그들의 말은 옳았다. 오바마에게 매료된 것은 내 선택이 아니었다… 어느 순간 나의 스위치가 켜졌던 것이다… 오바마는 변화를 위해 싸우는 게 아니었다. 그가 곧 변화였다. 그가 메신저고 메시지였다. 약속의 땅에 관해 열변을 토하는 예언자를 처음부터 따르는 것과 그가 바다를 가르는 기적을 보이자 따르는 건 완전히 다르다… 여러 상황을 고려할 때, 이 복음을 전하지 않는 건 이기적인 것으로 보였다.[42]

오바마의 정치에는 늘 공허한 구석이 있었다. 파이퍼는 정치인은 '쟁점과 정책적 입장'에 대해 말해야 한다는 정계의 오랜 속설과 달리, 오바마에게는 선거운동 자체가 메시지였다고 말한다. 리트는 오바마의 연설이 끝났을 때 애국심으로 정신이 아득할 지경이지만, 정작 기억나는 말은 한 마디도 없었다고 시인한다. 사람들이 좋아한 것은 오바마라는 개인이지 구체적인 계획의 대변자로서의 오바마가 아니었다.

오바마 행정부가 펼친 실제 정치는 좌파가 추구하는 가치에 적대적인 경우가 많았다. 오바마는 희망과 변화의 원대한 약속을 내건 지 얼마 되지 않아 골드만삭스Goldman Sachs 출신으로 내각을 채우기 시작했다. 그는 엄청나게 많은 이민자를 국외로 추방했고, 월가 범죄자들에게 면죄부를 주었고, 화석연료 산업에 손도 대지 않았고, 사우디아라비아에 1000억 달러어치가 넘는 무기를 팔았고, 미국 시민권자를 드론으로 죽였고, 결혼식을 올리러 가던 예멘인을 포함해 미국 시민권자가 아닌 사람은 훨씬 더 많이 죽였고, '역사상 가장 투명한 행정부'를 약속해놓고 기밀 누설자에 대한 편집증은 리처드 닉슨Richard Nixon 보다 심했으며, 이스라엘이 팔레스타인 사람의 인권을 조직적으로 침해하는데도 이스라엘을 지지하고 군사원조를 아끼지 않았다.[43]

2010년 민주당의 아성이던 매사추세츠주에서 테드 케네디의 뒤를 이어 상원 의원에 오른 공화당의 스콧 브라운Scott Brown은 민주당이 압도적 다수당이던 시절에 그다지 많은 일을 하지 않았다고 지적했다.

> 그들은 원하는 건 뭐든 할 수 있는 2년 동안 거의 아무 일도 하지 않았다. 그들은 최저임금, 기후변화, 이민, 헬스케어 문제에 손을 놓고 있었다. 그러면서 자신들이 항상 압도적 다수를 차지할 거라고 생각했다.[44]

그들이 실제로 한 일은 확연히 퇴행적이었다. 예를 들어 오바마의

교육정책을 보자. 오바마는 교육부 장관에 '개혁가' 안 던컨Arne Duncan
을 앉혔다. 오바마 행정부는 '최고를 향한 경주'라는 대표적인 교육 프
로그램을 시행했다. 이 프로그램은 악전고투 중인 학구들이 연방 자금
을 받기 위해 경쟁하지 않을 수 없게 만들었다.[45] 연방 자금을 받으려
는 학구는 차터 스쿨charter school °을 더 쉽게 설립할 수 있도록 하는 등
연방 규칙을 수용해야 했다. 이 교육 프로그램은 '교육개혁' 운동에서
탄생했는데, 이 운동에는 학교 문제를 해결하려면 '학교 선택제'와 '교
사의 책무성'이 필요하다고 보는 자유주의자와 보수주의자들이 공동
으로 참여했다. 그러나 다이앤 라비치Diane Ravitch 가《오류의 지배Reign
of Error》《미국의 공교육 개혁, 그 빛과 그림자The Death and Life of the Great
American School System》같은 교육 체제에 관한 책에서 보여주듯이, 이 운동
은 기본적으로 잘못된 보수주의적 전제에 의거했다. 이 정책은 최고의
인재를 학교로 끌어들이기 위해 교사의 임금을 올리는 대신 학구에서
독립되어 있어 '나쁜' 교사를 해고하기 쉬운 민영화된 학교 설립을 장
려했다. 또 교사에게 학교가 제대로 운영되려면 어떤 것이 필요한지
묻는 대신 수행평가를 지나치게 중시했고 학업 성적이 좋지 않은 학
교에 불이익을 줬다. 평등주의적이거나 민주적이지 않은 이런 접근은
교사의 삶을 더 열악하게 만들었으며(오바마 교육정책의 결과는 최근에
물밀듯이 일어난 교사 파업에서 볼 수 있다), 시장 경쟁과 효율성을 지지
하고 평등의 원리를 회피한다. 교육 분야만큼 사회문제에 접근하는 방
식에서 자유주의자와 좌파의 차이가 극명하게 드러나는 영역은 없다.

°   공립학교와 마찬가지로 무상교육을 제공하지만, 학부모와 교사, 지역단체가 운영에 직
    접 참여하고 사립학교처럼 독자적인 교과과정을 운영할 수 있는 자율형 공립학교.

* * *

자유주의의 유해한 특징은 무엇인가? 좌파주의자가 정치에서 제거하려는 것은 정확히 무엇인가? 본질적인 특징 가운데 몇 가지만 살펴보자.

- **힘 있는 자와의 맞대결 회피** 골드만삭스 없는 세상을 건설하려 하기보다 돈을 받고 골드만삭스에 가서 강연한다면 당신은 잘못된 편에 서 있는 것이다. 민주적 관리는 월가, 제약 회사, 사우디아라비아와 이스라엘 같은 억압적인 정부에 충성해왔다. 밸도 없냐, 배짱 좀 길러라!

- **사회운동 구축의 결여** 오바마는 대통령에 당선되자마자 자신이 세운 강력한 풀뿌리 조직인 미국을위한조직OFA을 해체했다.[46] 그 결과 그에게는 대통령으로 재임하는 동안 자신을 지지해줄 사회운동 세력이 없었고, 이는 그가 많은 정치권력을 거머쥐지 못한 원인 중 하나였다. 그런데도 자유주의자는 여전히 사람들을 어떻게 조직할지 생각하지 않는다(옥스는 "기부금은 모두 보내주겠지만 집 밖으로 나가 너희와 행동을 함께하진 않겠다"고 말하는 자유주의자에 대해 노래했다). 이는 자유주의자들이 보수적 권력에 맞서 균형을 유지하는 데 노동운동이 얼마나 중요한지 간과해오는 데도 한몫했다.

- **초당파성에 대한 믿음** 정치는 경우에 따라 상대방과 타협해 합

의에 도달해야 한다. 코리 부커 같은 정치가도《단합: 공통점을 찾고 공동선을 실현하는 것에 관하여 United: Thoughts on Finding Common Ground and Advancing the Common Good》와 비슷한 책들을 낸다. 그러나 초당파성은 본질적으로 좋은 게 아니다. 이라크 전쟁은 초당파적인 것이었다. 복지 개혁, 대량 감금, 애국자법 Patriot Act 도 초당파적인 것이었다. 빌 클린턴은 공화당의 입장을 채택함으로써 여러 차례 공화당과 정치적 합의를 이뤘다. 원칙이 있는 사람은 합의에 이르는 것보다 권력을 구축하는 데 관심을 가져야 한다.

- **속성의 정치**　자유주의는 어떤 후보가 권력을 갖고 실제로 무엇을 할지보다 그가 어떤 사람인지에 관심을 보인다. 예를 들어 인디애나주 사우스벤드 South Bend 시장 피트 부티지지 Pete Buttigieg 는 2020년 민주당 대선 후보 경선에서 자신이 왜 최고의 후보냐는 질문에 다음과 같이 답했다.

> 이 나라에 중도 후보는 있지만, 젊은 사람은 거의 없습니다. 젊은 후보는 있지만, 행정가는 거의 없습니다. 행정가는 있지만, 경험이 많은 사람은 아무도 없습니다. 그렇다면 여러분은 속성의 조합이 어떤 후보를 원하십니까?[47]

'속성의 조합'은 완벽한 표현이다. 이는 실질적이 아니라 상징적인 정치, 정책이 아니라 인물에 대해 생각하는 정치를 보여준다. (실제로 부티지지에 대한 기사는 그가 시장으로서 한 일보다

어떤 양말을 신는다거나 어떤 책을 읽는다는 따위에만 관심을 보인다.[48]

- **역사 호도하기** 미국은 부끄러운 역사가 있다. 우리가 사는 땅은 원주민에게서 빼앗았고, 그들은 조직적으로 제거됐다. 하지만 '자유주의적 역사'는 미국인을 가슴 벅차게 만들고 사기를 북돋우는 이야기를 원한다. 미국을 문제와 결함이 있지만 계속 좋아지는 나라로 서술하기를 원한다. 예를 들어 하버드대학교 사학자 질 레포어Jill Lepore가 쓴 《진실These Truths》은 미국의 역사를 민주적 사상의 역사로 서술하면서 노동운동과 원주민의 역사는 거의 배제하고 흑인의 역사에 지면을 약간 할애할 뿐이다. 그게 아니면 뮤지컬 〈해밀턴Hamilton〉을 보라. 이 뮤지컬에서는 건국의 아버지 역을 유색인종이 맡고 있지만 노예제를 다루지 않는다. 관객은 불편한 진실과 씨름해야 하는 고역을 피하는 동시에, 깨어 있는 자신을 자랑스러워하면서 미국을 사랑할 수 있다.[49]

- **우파의 전제 사용** 때때로 자유주의자는 "우리야말로 진짜 애국자다", "우리야말로 건국 선조가 세운 원칙을 진정으로 실현하고 있다" 같은 말을 한다. 반면에 좌파주의자는 말한다. "애국주의는 과대 포장된 것이다. 건국 선조 중 다수는 노예를 때리고 강간했다. 그러니 건국 선조의 원칙은 좋은 게 아니다. 그들은 어쩌다 보니 그런 원칙을 믿게 된 것이다." 흔히 자유주의자는 좌파적으로 보이는 주장을 할 때도 우파의 전제를 가

져온다. 예를 들어 공화당이 거액의 법인세 감면안을 통과시킬 때, 민주당은 자신들이야말로 중산층에 대한 감세를 지지하는 진정한 당이라고 주장했다. 이는 감세야말로 누구나 추구해야 할 좋은 것이라는 생각을 추인한 셈이다. "나는 여러분의 세금을 깎아주려 하는데 저들이 여러분의 세금을 올리고 싶어 한다"는 공화당원의 말에 "아니, 여러분의 세금을 올리고 싶어 하는 것은 저들이고 나는 여러분의 세금을 깎아주기를 원한다"고 답할 경우, 둘은 암묵적으로 같은 원칙을 채택하는 것이다. 즉 정치란 누가 세금을 가장 많이 깎아줄 수 있느냐를 둘러싼 경쟁이어야 한다는 원칙을 채택하는 것이다.[50]

* * *

할리우드, 하버드, 더햄프턴스The Hamptons °의 자유주의는 평등주의적 가치를 실현할 수 없다. 루크 새비지는 자유주의가 평등보다 에티켓, 도덕보다 매너, 프로그램보다 절차, 갈등보다 화해를 우선시한다고 말한다. 자유주의는 정의 이전에 예의범절을 요구하고, 불평등을 한탄하지만 노동조합 설립 간소화처럼 실제로 불평등을 줄이기 위한 조치는 전혀 취하지 않는다. (불평등은 다보스포럼이 즐겨 다루는 주제다. 이 포럼에서 억만장자는 가난한 사람에게 자기 돈을 내놓기보다 카나페를 먹으며 빈곤에 대해 한탄한다.)

° 롱아일랜드Long Island섬 동쪽 끝에 있는 휴양지로, 상류층이 이용하는 초호화 주택과 별장이 즐비하다.

　　　　　　　　　　　　　　　　　3부 | 이데올로기 따져보기

위대한 사회주의적 저자 알렉산더 콕번Alexander Cockburn은《더네이션》에서 일할 때 인턴이 들어오면 질문했다. "너의 증오는 순수한가?" 그들이 그렇지 않다고 답하거나 당황한 모습을 보이면, 콕번은 실망감에 고개를 저었다. 뒷날 영국 노동당 당수가 된 에드 밀리밴드Ed Miliband도 젊었을 때 이 잡지에서 일했다. 콕번은 늘 하던 대로 그에게 질문했고, 밀리밴드는 놀란 목소리로 자신은 아무도 증오하지 않는다고 답했다. 콕번이 말했다. "자네가 알아야 할 게 뭔지 알겠군."[51]

콕번의 말은 무슨 뜻일까? 그는 왜 인턴들이 마음속에 증오를 품기 원했을까? 세상이 끔찍한 불의로 가득하기 때문이다! 저 불의를 보고도 화가 나지 않는다면, 너의 도덕적 나침반은 고장 난 것이다. 반드시 사람들을 증오할 필요는 없다(물론 나는 이라크 고아들의 얼굴을 떠올릴 때나 조지 부시가 〈엘렌쇼The Ellen DeGeneres Show〉에 나와 춤추는 모습을 볼 때 걷잡을 수 없는 분노를 느낀다). 하지만 사람들에게 벌어지는 일은 증오해야 한다. 한편에 믿을 수 없을 만큼 엄청난 특권을 누리며 자라는 아이들이 있는 반면, 다른 한편에는 집 없는 아이들이 수백만 명에 이른다(다른 나라는 제외하고 미국에만). 한겨울에 가족이 집에서 쫓겨나는 일이 공공연히 벌어진다. 미국의 지도자는 더 생각할 것도 없이 외국인의 삶을 아무렇지 않게 파괴한다. 미국의 동맹국은 아이들과 언론인에 대한 학살을 자행한다. 오늘날 자유주의는 분노의 목소리를 내는 경우도 있지만 교사의 저임금이나 민영 의료보험 체제 같은 의혹투성이 문제보다 당파를 뛰어넘어 단합해야 할 필요성에 대해 많이 이야기한다.

* * *

항상 이러진 않았다. 노동하는 사람의 필요에 관심을 보인 훌륭한 자유주의가 존재한 시절도 있다.

프랭클린 루스벨트는 사회주의자가 아니었다. 아니, 사회주의자와는 거리가 멀었다. 그는 귀족주의자로서 정부 체제를 근본적으로 뒤집는 데는 전혀 관심이 없었다. 루스벨트 행정부의 노동부 장관 프랜시스 퍼킨스Frances Perkins는 대통령이 "우리 경제체제에서 현 상태를 자기 가족만큼이나 당연시했다. 그는 만족했다"고 말했다.[52] 월가에 분노한 국민은 루스벨트에게 대공황이 초래한 고통을 줄일 급진적 조치를 취할 권한을 줬지만, 그는 은행을 국유화할 기회를 걷어찼다. 그의 목표는 자본가에게서 자본주의를 구하고, 대기업에 대한 광범위한 분노가 인민 봉기로 이어지지 않게 보장하는 것이었다. 당시 휴이 롱Huey Long 같은 경제적 급진주의자는 엄청난 부를 부자에서 빈자에게 재분배하는 것을 공개적으로 지지했다. 루스벨트는 국민의 소득을 보장하는 조치를 취하지 않으면 백악관 창문 너머로 횃불과 쇠스랑을 보게 될 것임을 잘 알았다.

루스벨트는 기본적으로 보수적인 성향의 인물이었지만, 오늘날 정치가의 발언과 비교하면 깜짝 놀랄 급진적인 의견을 피력하기도 했다. 그는 1936년 매디슨스퀘어가든Madison Square Garden 연설에서 사람보다 이윤을 우선시하는 사람을 비난했다.

> 우리는 독점기업, 금융 독점, 투기, 무분별한 은행 경영, 계급 적대, 파벌주의, 전시 부당이득 등 평화의 오랜 적과 싸워야 합니다. 이들이 미합중국 정부를 자기 업무에 필요한 부속기관으로 생각한

　　　　　　　　　　　　　　　　　　3부 | 이데올로기 따져보기

지 꽤 됐습니다. 이제 우리는 조직화된 돈의 지배가 조직화된 폭도의 지배만큼 위험하다는 걸 압니다. 미국 역사상 이들 세력이 지금처럼 한 후보에 반대하기 위해 뭉친 적은 없습니다. 그들은 만장일치로 나를 싫어합니다. 하지만 나는 그들의 증오를 환영합니다. 나의 첫 번째 정부에서 이기심과 권력욕의 세력이 그 상대를 만났다면, 이번 정부에서는 그들이 임자를 만났다고 말하고 싶습니다.[53]

미국 대통령의 입에서 나왔다고 믿기 힘든 발언이다. 그러나 전임 대통령도 자산가 계급에 대해 비판적인 견해를 표명한 적이 있다. 토머스 제퍼슨Thomas Jefferson은 "땅은 사람이 일하고 살아갈 공동의 재산으로 주어진 것이기 때문에, 어느 나라든 경작되지 않은 땅과 일자리가 없는 빈자가 있다면, 그건 분명 재산법이 자연권을 침해할 만큼 확대됐다는 뜻이다"라고 말했다.[54] 심지어 에이브러햄 링컨Abraham Lincoln은 "자본가는 대개 사람을 사취하기 위해 일사불란하게 협력한다"면서, "노동이 자본보다 중요하므로 각 노동자에게 자신의 노동 생산물 전체를 보장해주는 것이야말로 좋은 정부의 가장 중요한 목적"이라고 주장했다.[55] 링컨은 마르크스처럼 세계가 가진 자와 노동자로 나뉘면 가진 자는 노동하지 않고 노동의 결실을 얻을 수 있다고 지적했다.

루스벨트의 뉴딜은 생산수단을 몰수하지 않았다. 보편적인 헬스케어 프로그램을 도입하지 않았고(영국은 1945년에 도입했다), 주거와 기본 소득도 보장하지 않았으며, 주요 산업을 인민의 통제 아래 두지도 않았다. 뉴딜에는 아무도 루스벨트를 억압받는 사람의 대변자로 보지 않을 만큼 특정 인종을 배제하는 면이 있었다.[56] 하지만 뉴딜은 경제 위기에 대한 접근법에서 용감하고 야심찬 자유주의, 일부 권력 집단의 '증오'를 두려워하지 않는 자유주의를 보여주었다. 대체로 20 세기의 나머지 기간에 미국의 진보주의자는 사회문제에 대한 정부의 적극적 대응 모델로 뉴딜에 희망을 걸었지만, 미국의 급진주의자는 뉴딜은 좋은 시작일 뿐 충분함에 이르기 위해서는 갈 길이 멀다고 봤다.

건전한 정치적 세계에서라면, 루스벨트 같은 진보적 자유주의자는 우파, 혁명적 사회주의자는 좌파일 것이다. 하지만 토머스 프랭크 Thomas Frank 가《민주당의 착각과 오만Listen, Liberal: Or, What Ever Happened to the Party of the People?》에서 지적하듯이, 1970년대부터 오늘날까지 자유주의자는 루스벨트의 비전을 완전히 포기했다.[57] 민주당은 노동자의 대변자로서의 비전을 내던지고, 월가의 정당이 됐다. 2012년 버락 오바마는 월가에서 미트 롬니Mitt Romney 보다 많은 기부금을 받았다. JP모건체이스의 CEO 제이미 다이먼처럼 이전 시대라면 공화당원이 분명했을 사람이 지금은 민주당원이다. 프랭크가 말하듯이, 부유한 전문가들이 민주당을 장악하면 민주당은 보상의 불공정한 분배에 별 관심을 갖지 않을 것이다.

> 전문가 계급에 속한 자유주의자는 사회의 승자에게 너무나 커다란 보상이 주어지는 데 놀라지 않는다. 오히려 그들에게는 이런 상황이 자연스러운 듯하다. 그들이 사회의 승자이기 때문이다. 전문가의 자유주의는 불평등 문제에는 적용되지 않는다. 이 문제에 이르면 친절한 사람이 인정사정없는 사람으로 돌변한다.[58]

좌파 정치는 승자에 맞서 패자를 지지한다. 부자의 자유주의는 결코 현재 상황에 도전하지 않을 것이다. 반면에 좌파는 친절한 마음에 야심도 있다.

12장

왜 사회주의의 적들은 모두 틀렸는가

"사회주의는 실패의 철학, 무지의 교의, 질투의 복음입니다."

윈스턴 처칠Winston Churchill, 1948년 스코틀랜드 퍼스Perth 연설

"사회주의의 본질적 미덕은 불행의 평등한 공유입니다."

윈스턴 처칠, 1945년 하원 연설

사회주의를 비판하는 주장은 수없이 많다. 나는 독자 여러분이 사회주의에 지극히 회의적인 입장이라고 가정했으므로, 그런 비판 가운데 최소한 몇 개라도 검토해볼까 한다. 지금까지의 논의가 '사회주의는 암이다'라고 생각하는 유튜버에게 그렇지 않다는 걸 보여주는 데 성공했기를 바라지만 아직 응답할 만한 더 정교한 비판이 몇 가지 있다. 사회주의에 대한 대표적인 비판들이 왜 틀렸는지 살펴보자.

1. 사회주의자는 자유를 싫어한다
: 그들은 불평등에만 관심이 있다

자유경제에 반대하는 주요 논거는 자유경제가 사람들이 원해야 한다고 특정 집단이 생각하는 것을 주지 않고 사람들이 원하는 것을 준다는 데 있다. 다시 말해 자유 시장에 반대하는 대다수 논증은 근본적으로 자유에 대한 믿음이 결여됐다.

밀턴 프리드먼,《자본주의와 자유》

나는 여러분이 지금까지의 논의를 통해 이것이 왜 거짓인지 알았기를 바란다. 민주사회주의자는 자유에 대한 굳건한 믿음이 있다. 오늘날 민주사회주의자가 하는 가장 대표적인 비판은 자본주의가 많은 면에서 사람들의 자유를 제한한다는 점이다. 우리는 '고용주에게 복종하든가 아니면 굶어 죽든가'처럼 자본주의가 사람들에게 제공하는 선택은 진정한 선택이 아니며, 유의미한 선택 없이는 자유란 있을 수 없다고 생각한다. 경제학자 로브 라슨은 《자본주의 대 자유Capitalism vs. Freedom》에서 자유 시장경제가 많은 면에서 개인의 자유를 제한한다는 걸 보여준다.[1] 자유 시장경제는 소수 엘리트 집단의 수중에 경제력을 집중함으로써 세계에 대한 보통 사람의 통제력을 약화시킨다. 자유 방임 정책은 노동자의 여가를 제한하고, 저렴한 헬스케어와 유급 육아 휴가처럼 필요한 서비스에 접근하기 힘들게 해 사람들이 행복을 추구할 능력을 침해한다.

기업이 선거와 정부 정책에 미치는 영향력이 클수록 우리는 덜 자유롭다. 제어되지 않은 자본주의가 우리를 통제할수록 우리는 덜 자유롭다. 현대 홍보 산업의 개척자 에드워드 버네이스Edward Bernays는 말했다. "우리는 지배되고 우리의 정신은 주조되고 우리의 취향은 만들어지고 우리의 생각은 암시된다. 대체로 우리가 이름도 들어본 적 없는 사람들에 의해."[2] 그는 광고와 홍보, 마케팅으로 사람들의 약점을 파고드는 방식에 대해 다뤘다. 우리는 소비로 욕구를 충족시키는데 그런 욕구를 만드는 데 수십억 달러가 쓰인다.

사회주의자는 불평등에만 관심이 있고 자유에는 관심이 없다는 주장은 결코 사실이 아니다. 자유는 우리 사회주의자의 주요 관심사 중 하나고, 우리가 사회주의자인 주된 이유 가운데 하나는 사람들이 사장과 건물주의 돈주머니를 불려주는 일에 삶을 소비해야 하는 데서 자유로워지기를 바라기 때문이다.

그런데도 사회주의자는 불평등에만 관심을 쏟는 우를 범한다고 말하는 사람들이 있다. 해리 프랭크퍼트는《평등은 없다》에서 불평등을 문제라고 보는 건 비합리적이라고 말한다. 돈 왓킨스와 야론 브룩은《평등은 불공정하다Equal Is Unfair》에서 한 발 더 나가, 평등이라는 개념은 같음이라는 자의적 기준을 위해 사람들의 자유를 침해한다는 점에서 부당하다고 말한다. 우리는 앞에서 경제적 평등이 왜 중요한지 살펴봤다. 개인마다 투표권 수가 다르면, 일부 사람이 다른 사람을 지배하고 통치할 것이다. 같은 이유로 경제적 불평등은 누구는 지주로, 누구는 소작농으로 만든다. 평등은 모든 사람이 똑같은 존재가 돼야 한다는 주장이 아니다. 평등은 어떤 사람이 신처럼 다른 사람들의 운명을 결정할 권력을 갖지 못하게 해야 한다는 의미다.

2. 베네수엘라, 베네수엘라, 베네수엘라

베네수엘라의 인플레이션은 바이마르공화국을 연상시킨다. 석유 매장량이 세계 최대인 나라에서 전체 기업의 85퍼센트가 생산을 중단했다… 사회주의의 막강한 호소력과 실제 역사가 괴리된 모습을 보이는 데는 사회주의가 현실적으로 수반하는 문제를 좌파가 인정하지 않는 태도도 한몫한다.

조나 골드버그Jonah Goldberg, 《로스앤젤레스타임스》

사회주의자가 무슨 말을 하든 맨 처음 돌아오는 반박은 '베네수엘라'다. 베네수엘라는 악성 인플레이션, 생필품 부족, 광범위한 실업 등으로 경제 위기가 갈수록 심화되고 있다. 이는 인도주의적 견지에서 참으로 비극적인 일이다. 동시에 경제 위기의 많은 부분이 사람들이 좌파적이라고 보는 행정부가 도입한 형편없는 경제정책에서 비롯됐기 때문에, 베네수엘라의 비극은 사회주의를 비난하는 대표적인 사례로 거론된다.

그런데 모든 잘못된 경제적 결정을 사회주의와 동의어로 보지 않는 한, 베네수엘라에는 사회주의는커녕 사회주의와 비슷한 것조차 찾아볼 수 없다. 예를 들어 베네수엘라의 노동조합 지도자인 좌파주의자 호세 보다스 루고José Bodas Lugo는 자신이 실현하고자 애쓰는 좌파 원칙 가운데 현재의 권위주의 정부가 시행하는 것은 하나도 없다고 이야기한다.

> 마두로Nicolás Maduro는 결코 좌파가 아니다. 마두로 정부는 노동자에게 내핍을 강요하고, 다국적기업에게 유리한 합의를 통해 노동자를 노예제에 가까운 상태에 묶어두는 부르주아 정부다… 시위와 파업권을 범죄로 간주하는 정부다. 마두로 정부는 자율적 노동조합을 결성하기 위해 싸우는 노동자를 범죄자 취급한다… 우리 활동가들은 우리의 권리를 위해, 노동조합의 자율성을 위해, 단체교섭권을 위해, 적정 임금을 위해, 작업 조건 개선을 위해 투쟁하고 있다… '21세기 사회주의' 정부라는 차베스Hugo Chávez와 마두로 정부는 사기에 불과하다. 마두로 정부는 사회주의 정부가 아니다. 노동자의 정부가 아니다. 마두로 정부는 부르주아 정부다. 형편없는

저임금과 반노동적이고 반인민적인 (내핍 조치)를 동원하는 부르주아 정부다… 이 정부는 좌파가 아니다. 이 정부는 우파다.[3]

《월스트리트저널》(미국의 공산당 기관지 《데일리워커Daily Worker》가 아니다)의 베네수엘라 주재 수석통신원조차 마두로 정부는 허술하게 위장한 부패한 도둑 체제에 불과하다고 말했다.

내가 베네수엘라에 도착하자마자 받은 인상은 이곳의 사회주의 지도자들이 외견상이라도 평등한 사회처럼 보이게 하려는 생각조차 하지 않는다는 것이었다… 경기 침체가 고착화된 동안 베네수엘라의 이른바 사회주의 정부는 정부 정책의 두 기둥이라고 할 수 있는 보건 의료 프로그램과 교육 정책을 지켜내려는 시도조차 하지 않았다. 그것은 사회주의가 아니라 도둑의 지배, 즉 도둑 체제다. 마두로조차 좌파적 슬로건을 내팽개치고 '나를 위해 투표하면 음식과 돈을 얻게 될 것'이라며 후견인 정치를 노골적으로 표방함으로써 사회주의자인 척하기를 포기했다.[4]

도둑 체제는 좌파적 이념의 필연적 결과라고 말하는 사람도 있을 것이다. 하지만 이런 주장은 문제가 있다. 볼리비아는 최근 몇 년 동안 좌파 이념에 따라 운영됐지만, 베네수엘라 같은 문제가 없었다. 《워싱턴포스트》의 칼럼니스트 프랜시스코 토로Francisco Toro는 사회주의 정권에서 볼리비아는 조금도 혼란을 겪지 않으면서 놀라운 경제 성장과 빈곤의 감소를 달성했는데, 이는 사회주의가 경제적 파멸로 이어질 수밖에 없다는 주장이 사실이 아님을 뜻한다고 말했다.[5]

베네수엘라의 위기는 정부가 일터 민주주의와 적정한 생활수준을 보장하는 데 치중한 결과가 아니다. 베네수엘라 정부가 이런 것을 보장하려는 유의미한 시도를 했다고 생각하는 사람은 아무도 없다.[6] 그런데도 비판자들은 모든 경제적 실패를 사회주의 탓으로 돌린다. 미국의 민주사회주의자들은 베네수엘라를 위기로 몰고 간 정책에는 관심이 없다. 베네수엘라 비판하기는 지성의 결여와 천박함을 보여주는 것으로, 미국의 사회주의자들이 내놓는 정책을 어떻게든 피하려는 자들이 즐겨 사용하는 수법이다.[7]

3. 정부가 경제를 통제하면 사회주의고, 그 결과는 항상 재앙이다

"사회주의의 문제는 결국 당신이 다른 사람의 돈을 거덜 낸다는 것입니다."

마거릿 대처, 1975년 보수당 전당대회 연설

"자본주의의 이상은 정부가 경제에서 거의 아무 역할도 하지 않는 것이다. 사회주의의 이상은 정부가 경제에서 주도적인 역할을 하는 것이다… 자본주의는 훌륭하고, 사회주의는 끔찍하다."

브라이언 캐플런, 리버티콘LibertyCon 토론회

첫째, 정부가 경제를 통제한다고 해서 사회주의는 아니다. 그런 것이 사회주의라면 어째서 수많은 무정부주의자가 사회주의자를 자처했겠는가. 앞서 봤듯이 사회주의는 여러 정치철학을 하나로 묶어 지칭하는 용어다. 그 철학 중에는 국가의 경제통제 확대를 강조하는 입장도 있고 축소를 주장하는 입장도 있지만, 두 입장 모두 부자의 수중에 자본이 집중되는 것을 비판하면서 노동계급에게 권한을 쥐여주려 한다는 점은 분명하다.[8] 사회주의자를 공정하게 다루고자 한다면, '정부'에 대해서만 말해선 안 된다. 많은 사회주의자가 정부라면 질색하기 때문이다.

하지만 정부의 경제통제를 지지하는 사회주의자도 있다. 그런데 이들을 반박하는 논증도 대개 논리가 빈약하다. 미국 자본주의를 옹호하는 대표적인 논증 가운데 하나는 이렇다. '소련이 어떤 꼴이 났는지 봐. 그리고 미국이 얼마나 풍요로운지도 봐. 무슨 말이 더 필요해, 상황 종료.' 한 세기에 걸쳐 이런 논증이 반복돼왔다. 다음은 1947년에 루트비히 폰 미제스가 펼친 논증이다.

> 소비에트 체제의 러시아 사정과 관련해 모두가 동의하는 분명한 사실은 러시아 대중의 생활수준이 일반적으로 자본주의의 전형으로 이야기되는 나라에 사는 대중의 생활수준보다 훨씬 떨어진다는 것이다. 소비에트 체제를 일종의 실험이라고 본다면, 그 실험은 분명 자본주의의 우월성과 사회주의의 열등함을 입증했다고 하지 않을 수 없다.[9]

여기서 이런 논증을 펼치는 사람이 항상 지적으로 정직한 것은 아님을 알 수 있다. 미제스의 논증 방식은 다음과 같다. '소련의 생활수준은 미국보다 훨씬 낮다. 따라서 그 실험은 사회주의의 열등함을 입증한다.' 이는 결코 건전한 논증이 아니다. 앞의 논증에서 결론이 참이려면, 그 '실험'을 시작할 때 미국과 소련의 상황이 어느 정도 비슷했어야 한다. 그러나 러시아혁명이 일어난 1917년에 미국은 탈산업화 단계였고, 러시아는 산업화 이전 단계였다. 러시아는 '후진적이고 농업적이고 반봉건적인' 농업 국가인 데다, 1차 세계대전과 내전으로 8년간 전쟁을 치른 상태였다.[10] 더욱이 차르 체제에서 러시아의 평균적인 생활수준은 미국에 비해 훨씬 낮았다. 소련과 미국 체제를 비교하려면 불공정한 방식으로 계량화된 생활수준이 아니라 성장을 봐야 한다. 공정한 방식으로 측정한 통계치에 따르면, 소비에트 체제의 경제 실적은 암울한 수준과는 거리가 멀었다. 1988년 캘리포니아대학교 로스앤젤레스캠퍼스와 랜드연구소RAND Corporation가 발표한 바에 따르면, "1917년 볼셰비키 혁명 이후 소련은 저개발 경제에서 국민총생산GNP 규모가 미국에 이어 2위인 현대적 산업국가로 바뀌었다".[11] (그렇다고 모든 잔혹 행위가 정당화될 순 없다!)

우리가 알듯이, 국가가 경제에 많이 개입한다고 나쁜 건 아니다. 중국, 독일, 스웨덴 등은 미국에 비해 정부가 경제에 훨씬 더 통제력을 행사하는데도 경제 강국의 지위를 차지하고 있다. 노르웨이는 국부의 막대한 부분이 국가 소유인데도 경제가 튼튼하다. 덴마크는 국내총생산의 46퍼센트(미국은 국내총생산의 26퍼센트)를 세금으로 걷어도 문제 없이 잘 운영된다.[12] (덴마크인은 아직 남의 돈을 거덜 내지 않았다.) 미국이 이 가운데 어느 나라를 모델로 삼아야 한다는 말이 아니다. 정부의 경제 개입이 '재앙'을 가져온다고 주장하는 사람들이 대체로 사회주의 정권이 한 일 중에서 끔찍한 일만 부각하고, 잘한 많은 일은 외면한다는 것이다.

정부가 한 일을 평가할 때, 자기 입맛에 따라 취사선택하는 경우가 있다. 민간 부문에 맡기면 가장 잘할 수 있는 일에 정부가 개입해선 안 된다는 걸 보여주는 사례로 미국의 공립학교가 다른 나라의 학교만큼 성과를 내지 못한다는 사실을 제시하는 사람이 많다. 케빈 윌리엄슨은《사회주의 입문서의 정치적 오류The Politically Incorrect Guide to Socialism》에서 사회주의를 반박하는 주된 사례로 공립학교를 제시한다. 이는 대단히 비합리적인 주장이다. 미국보다 나은 교육적 성과를 내는 나라에서는 학교가 영리 목적으로 운영되지 않는다. 윌리엄슨이 말했듯이 미국의 공립학교가 사회주의의 실패를 보여주는 예라면, 중국과 핀란드의 학교는 사회주의의 성공을 보여주는 예가 아니겠는가? 윌리엄슨의 주장은 중국과 프랑스의 공영 고속철도 시스템의 우수함은 가볍게 외면하면서 정부의 결함을 보여주는 사례로 미국철도여객공사AMTRAK를 드는 사람의 주장만큼 터무니없다.

게다가 '계획경제'와 '자유 시장'의 구분선은 그리 분명하지 않다. 대기업이 내부적으로 중앙 계획경제와 비슷한 방식으로 운영되고, 우리 삶의 많은 부분이 우리가 선출하지 않았고 알지도 못하는 민간 부문 관료에 의해 '계획'된다는 사실은 흔히 간과된다. 리 필립스Leigh Phillips 와 미하우 로즈보스키Michal Rozworski 는《월마트 인민공화국The People's Republic of Walmart》에서 월마트 같은 대기업은 노동자를 다루는 방식은 그렇지 않지만 중앙 계획가들이 결정하고 회사에 내부 시장이 전혀 없다는 점에서는 '사회주의경제'처럼 움직인다고 지적한다. 이들은 대기업에는 자유 시장 거래가 존재하지 않으며, 그것을 도입하는 기업은 파멸할 수 있다고 주장한다.[13]

자유주의자인 시어스Sears 의 CEO는 회사를 외적뿐만 아니라 내적으로도 자유 시장 원리에 따라 운영하기로 결정했다.[14] 이는 철물, 신발, 가전제품 등 시어스백화점의 각 부문이 자기 이익을 추구하는 독립체로 경쟁해야 한다는 뜻이다. 이전에는 시어스백화점의 각 부문이 협력해, 어느 부문이 원하는 게 있으면 다른 부문에 요청하면 됐다. 새로운 시스템에서는 원하는 것이 있는 부문은 다른 부문과 계약을 맺고 사야 했다. 그 결과는 재앙에 가까웠다. 각 부문은 서로 이용하려 했고, 시어스의 전체 이익을 해치는 결과가 초래됐다. 가전 부문은 철물 부문을, 철물 부문은 가전 부문을 이용하려 들었다. 각 부문의 경영자는 서로 정보를 숨기고 감시하고 염탐했다. 내부적인 시장 경쟁은 기업의 전체 이익을 전혀 고려하지 않았다. 필립스와 로즈보스키는 사회는 몇 가지 점에서 거대 기업인 시어스와 비슷하다고 지적한다. 우리 모두 서로를 해치고, 공동 이익을 추구하는 대신 같은 일만 반복한다는 것이다. 그들은 시장이 전체 집단의 행복을 해칠 수 있다고 말한다. 기업이 내부의 운영을 자유 시장 원리에 맡기지 않는 이유가 이것이다.

폴 크루그먼Paul Krugman은 중앙 계획을 반대하는 이들에게 시어스의 파산이 불편한 느낌을 주는 까닭을 일목요연하게 제시한다.

우리가 사는 시장이라는 바다에는 기업이라고 불리는 많은 섬이 산재한다. 일부 기업은 매우 거대하고, 기업 내부에서는 시장이 아니라 위계를 통해 결정이 이뤄진다. 아니, 중앙 계획을 통해 결정된다고 해도 지나치지 않다. 그런데 사람들이 시장에 맡겨두고 싶어 하지 않는 것이 있다. 시장이 내부적으로 계획과 위계의 섬을 만들어낸다는 사실이야말로 그 증거다… 자유 시장 신봉자는 시장에 맡기지 않는 것이 최선인 경우가 있다는 사실이 어리둥절할 것이다. 하지만 노동자 수십만 혹은 수백만 명을 거느린 지휘 통제 본부의 존재를 인정할 정도로 서비스 공유를 위해 기업 내부의 시장을 제어하는 것이 중요하다면, 경제 전체로 볼 때도 비시장적 수단이 가장 잘 제공할 수 있는 재화와 서비스(이를테면 의료 서비스)가 있지 않겠는가?[15]

4. 사회주의자는 집단적인 것을 중시하고
   개별적인 것은 무시한다

> 사회주의에 경도된 정책이 개인의 동등한 도덕적 판단 능력을 무시하는 것은… 사람을 개인이 아니라 본질적으로 계급이나 집단의 구성원으로 보는 중대한 사실적 오류에 기인한다. 사회주의가 저지르는 커다란 실수는 집단이 있다고 가정하는 데 있지 않다… 사회주의의 실수는 사람을 집단의 구성원으로만 취급하려는 시도에 있다.
>
> 제임스 오티슨James Otteson, 《사회주의의 종말The End of Socialism》

나는 오티슨이 제시하는 것과 같은 비판을 들으면 약간 당황스럽다. 벤 샤피로도 〈교차성이란 무엇인가?〉라는 영상에서 이와 비슷하게 좌파는 "우리는 개인이 아니라… 집단의 구성원일 뿐이다"라는 기만적인 말을 늘어놓는다고 비난한다.[16] 물론 좌파 중에는 우리 각자가 하나뿐인 개별적 존재라는 걸 망각하고 있는 사람도 있을 것이다. 하지만 내가 볼 때, 좌파는 개인을 매우 중시한다. 우리 좌파는 로저스 씨Mr. Rogers와 마찬가지로 개인은 그 자체로 소중하고, 우리는 모두 특별하다고 생각하기 때문이다.

　나는 오스카 와일드가 "사회주의는 결국 개인주의로 이어질 것이기 때문에 가치가 있다"고 한 말에 동의한다.[17] 와일드는 사회주의자였다. 그는 개인이 원하는 목적을 자유롭게 추구할 수 있기를 원했는데, 그러자면 먼저 기본적인 물질적 필요부터 충족돼야 한다고 봤기 때문이다. 와일드는 〈사회주의에서 인간의 영혼The Soul of Man Under Socialism〉에 불평등이 심한 사회에서 그것은 어떤 사람에게는 '개인의 자유로운 선택'의 삶이고, 어떤 사람에게는 '생계를 위한 고된 일'이라고 썼다.

> 지금은 사유재산의 존재 때문에 아주 많은 사람이 매우 제한된 정도로만 개인주의를 실현할 수 있다. 이런 사람들은 생계를 위해 일할 필요가 없거나 자신과 잘 맞는 즐거운 일을 선택할 수 있다… 다른 한쪽에는 사유재산이 전혀 없이 늘 기아선상에 있기 때문에 짐 나르는 동물이 하는 일, 하고 싶지 않은 일, 독단적이고 비합리적이고 저급한 필요의 폭정이 강요하는 일을 할 수밖에 없는 엄청나게 많은 사람이 있다. 그들의 집단적 힘에서 인류는 물질적 번영의 많은 부분을 얻는다… (가난한 사람)은 그를 존중하기는커녕 깔아뭉개는 힘, 정확히 말하면 그렇게 할수록 훨씬 더 말을 잘 듣기 때문에 그를 깔아뭉개기 좋아하는 힘에 종속돼 있는 극히 미미한 원자다.[18]

　사회주의자, 적어도 자유주의적 전통에 있는 우리 같은 사회주의자는 개인에게 관심이 있고 그렇기 때문에 경제적 위계에 비판적이다. 우리는 경제성장이나 모든 사람의 삶이 수십 년 전보다 나아졌다는 걸 보여주는 통계에는 관심이 없다. 우리는 사회의 번영이 특정한 구성원을 희생시킨 결과인지 알아보기 위해 개인의 실제 삶을 들여다보는 데 관심이 있다. 사람들의 개별성에 관심이 없는 사람이 누구인지 아는가? 월마트 경영진이다. 그들에게 모든 피고용인은 집단에 봉사하기 위해 존재하는 대체 가능한 단위다. 기업에서 '개인'은 중앙계획가의 목적에 봉사하는 노동 단위일 뿐이다.[19] 사회주의자에게 이는 개인 가치의 끔찍한 하락이다.

물론 집단에 대해서도 이야기해야 한다. 집단으로서 '부자'는 가난한 사람에게 없는 특별한 능력이 있다. 흑인은 백인이 직면하지 않는 문제에 직면한다. 이민자는 비이민자에게 없는 어려움이 있다. 인간은 누구나 집단의 일원이라는 이야기가 아니다. 저 집단의 구성원만큼 자신이 집단의 일원이라는 사실을 잘 아는 사람은 없다. 다만 저 집단의 구성원은 상대를 인구 통계학적 특징으로 보지 않고 다차원적인 인간으로 생각한다. 나는 사람들이 어째서 집단 특성이 사회에서 중요한 의미가 있고, 인간이 정체성 특징의 총합 이상이라는 생각을 하지 않는지 이해할 수 없다.

오티슨은 집단 대 개인이라는 측면에서도 사회주의를 비판한다. 그는 사회주의적 정책이 집단을 개인의 행위 능력보다 우위에 있게 한다고 비판한다.

> 도덕적 관점이나 사회주의에 반대하는 이유는… 사람들의 다양한 결정과 선택을 무시하라는 사회주의의 명령이, 외견상 개인의 진정한 혹은 적절한 바람을 존중하는 데서 비롯된 것이라 해도 다른 사람에게는 부여되지 않는 행위 영역을 특정 집단 사람에게 부여

하지 않고는 불가능한 일이기 때문이다. 저 온정주의적 억압자들은 개인이 정말로 바라고 욕망하고 가치 있게 생각하는 것이 뭔지 전혀 모르기 때문에, 그들이 펼치는 정책은 자신의 바람, 욕망, 가치의 표현일 수밖에 없다.[20]

오티슨은 사회주의자는 개인이 원하는 것을 자신이 안다고 생각한다는 점에서 '온정주의적 억압자들'이라고 주장한다. 하지만 우리가 보기에 사람들은 자기 삶에 영향을 미치는 결정에 참여한다! 특히 자유주의적 사회주의자는 강력한 억압에 대단히 회의적이다. 그들은 강력한 억압은 최후의 수단이어야 하고, 일반적으로 의사 결정은 행정적 명령보다 집단적 숙고를 통해 이뤄져야 한다고 생각한다. 공동체에서 생활하다 보면 작은 것이라도 늘 '온정주의적 억압'이 있게 마련이다. 직장은 당신이 싫어하는 결정을 내리겠지만, 당신은 그 결정에 따라 살아가야 한다. 그 결정에 따라 살아간다는 건 자신이라면 선택하지 않았을 규칙을 지켜야 한다는 뜻이다. 그런데 부와 권력의 불평등이 줄어들수록 경제적·사회적 결과는 자신의 선호를 강요할 수 있는 소수보다 다수의 의지를 반영할 것이다.

5. 사람은 본래 탐욕스럽다. 그리고(혹은) 게으르다

"당신은 탐욕으로 굴러가지 않는 사회를 알고 있습니까? 러시아는 탐욕으로 굴러가지 않는다고 생각합니까?"

밀턴 프리드먼, 1979년 필 도나휴와 인터뷰

3부 | 이데올로기 따져보기

나는 "인간은 본래 이기적이다" 같은 말을 하는 사람은 인류보다 자신에 대해 이야기하는 거라고 생각한다. 대다수 사람은 이중적이다. 다시 말해 우리는 이타적인 면과 이기적인 면이 있다. 우리는 어떤 한계 내에서 항상 친구를 돕고, 어떤 한계 내에서 대개 낯선 사람을 돕는다. 실험적 증거는 인간이 자신을 위해 많은 것을 움켜쥐고 싶어 하는 '합리적인 극대화 추구자'가 아니라는 걸 보여준다. 사람들에게 돈을 주고 낯선 사람과 어떻게 나눠 가질지 알아서 결정하라고 하면, 대부분 낯선 사람에게 최소한 얼마라도 나눠준다.[21] 우리는 사회적 충동과 반사회적 충동이 있지만, 대체로 죽을 때까지 싸우기보다 함께 일하는 능력으로 성공해온 협력하는 종이다.[22]

　　어떤 사람은 사회주의자가 인간은 본래 선하기 때문에 현재의 끔찍한 경제체제가 바뀌면 인간의 내적 완전성이 해방될 거라고 생각한다고 말한다. 하지만 이는 사회주의자의 생각이 아니다. 오히려 사회주의자가 탐욕의 승리를 확실히 저지하고 싶어 하는 이유는, 인간은 누구나 탐욕과 선이 섞인 존재라는 걸 잘 알기 때문이다. 사회주의자는 사람들 마음속에 있는 가장 선하고 중요한 공동체적 충동을 북돋우고, 가장 비열하고 냉혹한 충동은 없애고 싶어 한다. 사회주의자가 '경쟁'을 불신하는 이유는 대개 가장 냉혹한 인간이 승리함으로써 경쟁이 협력 행동보다 죽기 살기로 덤비는 행동을 부추기기 때문이다. 이기적일수록 승리할 가능성이 높아지는 게임에서 모두가 이기적으로 행동한다고 해서 그것이 사람이 본래 이기적인 존재라는 증거가 되진 않는다. 누구든 나체로 지그$_{jig}$° 낚시를 하면 1만 달러를

─────────────

○　　장식과 낚싯바늘로 구성된 미끼로, 루어낚시에서 사용한다.

준다고 하자, 많은 사람이 나체로 지그 낚시를 한다고 해서 인간에게 나체로 지그 낚시를 하는 본능이 있다고 할 순 없다.

잘 만든 제도가 반드시 사람을 선하게 만들진 않지만, 건설적인 사회적 행동을 장려할 순 있다. '공유지의 비극' 이론을 예로 들어보자. 개릿 하딘Garett Hardin은 1968년 발표한 유명한 논문에서 한 마을에 소 주인들이 방목을 위해 주인이 없는 목초지를 이용하는 상황을 가정한다.[23] 모든 소 주인이 목초지를 지속 가능한 수준으로 유지할 정도만 자기 소들이 풀을 뜯어 먹게 하면 아무 문제도 없다. 하딘은 소 주인은 합리적인 존재로서 자기 이익을 극대화하려 들 것이기 때문에 모두가 자기 소를 더 늘릴 수밖에 없다고 말했다. 그러면 점점 더 많은 소가 목초지의 풀을 뜯어 먹으면서 결국 공유지는 파괴될 것이다.

현실의 공유지에서는 이런 일이 일어나지 않는다. 노벨상을 수상한 정치경제학자 엘리너 오스트롬Elinor Ostrom이 쓴 《공유의 비극을 넘어Governing the Commons》는 사람들이 공유지의 파괴를 막기 위해 실제로 공유지를 어떻게 관리하는지 보여준다. 사람들은 공유지를 확실히 관리하기 위한 사회적 규칙과 거버넌스 구조를 만든다. 오스트롬은 이런 경험적 증거가 있는데도 "학계와 이익집단, 정부, 언론 등 많은 분석가는 안타깝게도 공유지 문제를 참가자 스스로 차선의 결과를 만들거나 경우에 따라 파멸적인 결과를 만들 수밖에 없는 딜레마로 생각한다"고 말한다.[24]

탐욕과 마찬가지로 게으름도 잘못된 가정이다. 흔히 기본 소득을 제공하면 사람들이 아무것도 하지 않고 게으름 피울 거라고 생각한다. 하지만 사람들은 자신이 하는 일에 만족할 때는 일하기를 좋아한다. 그들은 생산적인 것을 싫어하는 게 아니라 자신의 직업, 즉 돈을

3부 | 이데올로기 따져보기

받기 위해서 하는 일을 싫어할 뿐이다! 노동조건을 개선하고 일을 부담스러운 짐이 아니라 즐거운 것으로 만들면 사람들이 일하지 않으려고 할 이유가 없다. 아무것도 안 하고 싶어하는 사람은 거의 없다. 사람들은 의미를 발견하고, 성취감과 만족감을 맛보고 싶어 한다. 인간 본성에 대한 장밋빛 견해는 순진한 것일지 모른다. 하지만 순진한 것으로 치면 인류가 원래 게으르고 이기적이라는 가정도 그리 다르지 않다.

6. 사회주의자는 사회주의 정부가 '진정한 사회주의'가 아니라고 주장한다

사람을 억압하는 데는 사회주의적이라고 할 만한 게 없다고 말할 때마다, 사회주의자는 이론이라는 나라에 살면서 자신의 이론은 완벽하기 때문에 현실 세계에서 이론이 실패하더라도 자기 책임이 아니라고 말한다는 비판이 제기된다. 이를테면 "사회주의 정부가 끔찍한 재앙을 초래할 때마다 사회주의자는 '그건 진짜 사회주의가 아니야. 진짜 사회주의는 완벽해!'라고 말한다"는 식으로 비판한다.

이것은 오해다. 예를 들어 내가 북한 같은 나라를 사회주의라고 생각지 않는 이유는 상대방이 사회주의라는 단어를 사용한다는 것과 무관하고, 상대방이 사회주의라는 단어의 뜻을 자의적으로 사용하는 것과 관련이 있다. 내 관심은 자기 삶에 대한 보통 사람의 통제력을 극대화하는 데 있으며, 북한이 사회주의가 아닌 까닭은 북한에 어떤 민주주의도 존재하지 않기 때문이다. 내 정치학의 주된 관심사는 민주적 통제를 강화함으로써 정부 당국이 공개적으로나 비밀리에 사람을 억압하는 일을 줄이는 데 있다. 북한 같은 나라를 이런 원칙이 실현된 좋은 사례로 보지 않는 이유는 그 나라가 실패했기 때문이 아니라, 그 나라가 무엇보다 이런 원칙에 조금도 관심이 없었기 때문이다.

내 말이 교활한 속임수처럼 들린다는 걸 알지만, 그렇지 않다. 아주 간단하다. 자유 시장에서의 선택 같은 허구적 자유(이를테면 병원비를 감당할 수 없어 죽을 자유)는 필요 없다. 권위주의적인 경찰국가에서의 말도 안 되는 자유도 필요 없다. 사람에게 필요한 것은 행복에 이르는 수많은 길 가운데 유의미한 선택을 할 가능성이다. 이런 가능성이 실현되지 않는다면 사회주의국가를 건설하는 게 아니라 사회주의를 빙자해 사회주의적 이념을 끔찍한 방식으로 왜곡하는 것에 불과하다.

7. 멋진 아이폰, 위선자

> 오카시오코르테스는 세포라Sephora 립스틱을 바르면서 아이폰으로 자본주의에 대해 격렬한 비난을 퍼부을 때, 그녀가 그토록 경멸하는 자본주의의 수혜자가 본인이라는 사실을 알아야 한다. 자본주의의 혜택을 한껏 누리고 살면서 자본주의의 문제점을 공격하기는 쉽다.
>
> 벤 샤피로, 〈더데일리와이어The Daily Wire〉

이는 가장 잘못된 비판인 동시에 가장 흔한 비판이다. 이런 비판은 직장이 어떻게 운영돼야 하는지, 헬스케어가 어때야 하는지, 핵무기가 제거되어야 하는지 아닌지 등에 대해서는 아무 말도 하지 않는다. 이는 사람의 생각이 아니라 사람 자체를 겨냥한 인신공격이다. 흑인의 생명도 중요하다는 의제가 건전하고 정당한지, 아동을 동원하는 농업 노동이 불법행위인지 같은 문제에서 벗어나고 싶으면 그저 "아, 그렇군요. 그런데 당신은 비싼 립스틱을 쓰네요"라고 하면 된다.

백번 양보해서 비싼 립스틱을 바르는 게 사회정의에 대한 그 사람의 신념이 옳지 않다는 뜻이라고 하자. 그렇다 해도 이런 논박은 립스틱을 바르지 않거나 자본주의의 혜택을 받지 않는 사람에게는 해당 사항이 없다. 그러면 또 '자본주의'가 사실은 주로 임금노동자가 제공하는 재화와 서비스를 사용하며 살아가기 때문에 자본주의의 혜택을 받지 않는 사람은 아무도 없다고 논박할 것이다. 이 논리에 따르면 자본주의에 대한 비판은 아예 불가능하다. 소름 끼치도록 편리한 논리가 아닐 수 없다.

나는 아이폰을 사용하는 게 어째서 아이폰이 생산·판매되는 조건을 문제 삼거나 그런 조건의 개선을 지지할 수 없는 이유가 되는지 결코 이해할 수 없다. 입장을 바꿔 생각해보자. 국립학교에서 무료교육을 받고 관료가 된 소련 사람이 자국의 제도 운영 방식이나 경제구조를 비판했다고 그를 위선자라고 할 수 있을까? 좌파 만화가 매트 보스Matt Bors가 그린 만화에서 봉건시대 농민이 "우리는 사회를 조금이라도 바꿔야 해"라고 말하자, 옆에 있는 사람이 핀잔을 준다. "너도 그 사회에 살고 있어, 이 멍청아!"[25]

이런 엉터리 비판은 얼마든지 만들어낼 수 있다. 자기 가족에게 폭군처럼 군림하는 아버지가 있고, 가족은 그를 무서워한다. 가족 중 한 명이 자신을 비판할 때마다 아버지는 말한다. "너는 어떻게 내가 사준 옷을 입고 거기 서서 나한테 우리 집의 운영 방식에 근본적으로 잘못된 점이 있다는 말을 할 수 있지? 내가 없으면 넌 아무것도 갖지 못해." 그 가족이 아버지 없이 아무것도 갖지 못하는 게 설사 참이라 해도, 이는 잘못된 자기방어다. 끔찍한 대안보다 낫다는 게 사람을 학대할 수 있는 허가장은 아니다. 마찬가지로 월마트 치어를 하는 게 스탈린 치하에 사는 것보다 낫다고 해서 사람들에게 월마트 치어를 강요하는 게 정당하진 않다.[26]

이런 엉터리 비판은 더 정교한 방식으로 재구성할 수 있다. '아이폰을 사용하면서 자본주의를 비판하는 사람은 자본주의가 이룬 것이 얼마나 굉장한지 이해하지 못한다. 그들은 자본주의가 이룬 것을 당연시한다. 이것이 잘못인 이유는 그 경우 그들이 위선자가 되기 때문이 아니라, 자본주의가 주는 혜택을 간과하기 때문이다.' 그러나 훨씬 강력한 이 비판도 정당하지 않다. 나는 미국기업연구소의 누구 못지않게 슈퍼마켓, 아이폰, 아마존에서 살 수 있는 6가지 똥 이모티콘 모양 튜브poop emoji pool floats에 감탄을 금치 못한다.[27] 하지만 여전히 직장은 민주적이어야 하고, 헤지펀드 매니저는 아무런 사회적 가치도 만들지 않으며, 부는 부도덕하다고 생각한다. 현대에는 생산의 모든 측면을 일괄적으로 인정하거나 거부하는 수밖에 없으며, 착취 없이 혁신은 불가능하다는 생각이 만연하다. 나는 왜 사람들이 좋은 것을 지킬 수 없고, 나쁜 것을 버릴 수 없다고 생각하는지 모르겠다.

마지막으로 살펴볼 질문이 있다. 사회주의적 가치를 말하면서 금욕주의자로 살지 않으면 위선자인가? 나는 아니라고 생각한다. 더 정확히 말해 그런 사람이 위선자라면 위선자가 아닌 사람은 거의 없을 거라고 생각한다.[28] 이는 도덕적으로 어려운 문제다. 사회주의는 사람에게 일상적 안락을 포기하라고 요구해선 안 된다. 충족해야 할 많은 욕구가 있고, 그 욕구 충족에서 아무도 배제해선 안 된다는 게 사회주의의 핵심이기 때문이다. 기쁨, 즐거움, 욕구 충족은 삶에서 대단히 중요하다. 그러니 누구든 좋은 립스틱과 멋진 옷을 가질 수 있어야 한다. 순전히 공리주의적 시각에 따르면, 우리는 자기 재화를 나눠야 하고, 생존에 필요한 것 이상을 가져선 안 된다(물론 공리주의에선 생존도 정당화할 수 있어야 가능하지만). 순전히 공리주의적인 세계는 을씨년스러운 노동자 숙소와 멀건 죽을 제공하는, 아무도 살고 싶어하지 않을 세계다. 순전히 공리주의적인 건 결코 사회주의가 아니다.

나는 어마어마한 부는 옹호될 수 없으며, 나 역시 필요 이상으로 가졌다는 사실을 잘 알고 있다. 평등주의는 어느 정도의 자기희생을 요구하는가? 우리는 서로에게 무엇을 빚지고 있는가? 나는 버니 샌더스가 아담한 호숫가 별장을 갖는 게 좋다고 생각한다. 열심히 일하며 살아온 노인은 그 정도 사치는 누려도 된다! 하지만 일론 머스크가 우주선에 스포츠카를 실어 발사한 건 엄청난 낭비라고 생각한다.[29] 제프 베조스가 4200만 달러를 들여 텍사스 사막에 1만 년 시계를 건설하는 것도 엄청난 낭비라고 생각한다. 앞뒤가 맞지 않는다고? 나는 내 말이 충분히 일리가 있다고 생각한다. 나는 우리가 합리적인 사치와 비합리적인 사치를 구분할 수 있고 누구나 호숫가에서 휴가를 보낼 세상을 건설할 순 있지만, 모든 사람이 괴이하기 짝이 없는 거대한 시계를 건설하는 세상은 불가능하다고 생각한다. "자원을 평등하게 분배하면 모두가 잘살 수 있다고 생각하면, 그 생각대로 살아라." 이는 내가 살면서 지키려는 원칙이다. 하지만 내가 내 몫 이상을 가지며 살 수도 있다는 걸 인정한다.

　이제 실질적인 문제로 돌아오자. 진짜 문제는 인간이 서로에게 관심을 가져야 하고 아무도 가난하게 살지 않도록 자원을 분배해야 한다는 사회주의의 원칙이 타당한가 하는 것이다. 나는 타당하다고 생각하지만, 어떤 사람은 타당하지 않다고 주장한다. 그들이 내세우는 논증은 대부분 매정하고 어리석고 논점에서 벗어났다. 그런 논증은 우리가 다음과 같은 중요한 문제에 관심을 갖지 못하게 만든다. 우리는 어떤 세계에서 살아야 할까? 그 세계와 지금 사는 세계는 어떻게 다른가? 그런 세계로 가려면 어떻게 해야 할까?

8. 마지막 주장: 사회주의자는 따분하다

　사회주의적 좌파에 대한 가장 모욕적인 비난은 유머 감각이 없다는 것이다. 좌파는 농담할 줄도 모르고 파티에서 재미도 없다는 것이다. 대안 우파는 자신들이 홀로코스트 농담이나 개구리 만화°처럼 선을 넘은 유머를 하는 것은 지루하고 고리타분한 설교나 늘어놓는 좌파에 맞대응하기 위해서라고 주장한다. '반反PC' 코미디언들도 늘 하는 말이 있다. 오늘날에는 어떤 말을 하든 비난을 피할 수 없다는 것이다.

　좌파가 유머 감각이 없다면 정말 슬픈 일일 것이다. 세상은 대단히 재미있는 곳이기 때문이다. 동물도 재미있고, 대통령 직도 재미있고,

───

°　미국 만화 캐릭터 가운데 슬프고 우울하고 찌질한 표정을 한 개구리 페페가 있다. 대안 우파가 자신들의 주장을 펼치는 데 이 캐릭터를 이용하면서 개구리 페페가 극우파와 혐오의 상징으로 쓰이자, 원작가가 한 컷짜리 만화로 페페의 죽음을 선언한 일이 있다.

일론 머스크라는 존재도 재미있다. 다행히 좌파 정치는 유머 감각이 있다. 예를 들어《디어니언The Onion》의 머리기사를 보라. 〈매우 다양한 오레오°를 보고 자본주의에 대한 생각을 바꾼 프란치스코 교황〉이라는 우스꽝스러운 기사부터 〈제발 아이들을 데려가지 말아달라고 애원하는 부모의 엄청난 사랑과 헌신을 보면서 자신이 아이를 원하고 있다는 결론을 내리는 이민세관집행국 관리들〉처럼 지극히 암울한 기사까지 좌파식 풍자가 가득하다. 내가 아는 가장 재미있는 사람은 돈만 있으면 금을 입힌 100달러짜리 도넛을 살 수 있는 나라에서 기본적인 사회민주주의적 복지를 제공할 '경제적 여력'이 있는지를 놓고 전국적 논쟁이 벌어지는 이 어처구니없는 현실을 통렬히 비판하는 사회주의자다.[30]

하지만 사회주의자가 주장하듯이 인간과 동물이 겪는 끔찍한 고통을 날마다 생각하면 다소 우울한 사람이 될 위험이 있는 건 사실이다. 여가가 제로섬게임이라는 생각 혹은 레몬 바를 굽거나 현대 미술관에서 빈둥거릴 시간에 지구적 자본주의를 물리치기 위해 노력해야 한다는 생각을 하는 사람은 '재미는 나쁜 것'이라는 꽉 막힌 도덕관을 갖게 될 수 있다. 삶을 즐기는 것을 부도덕한 일이라고 생각하거나 레몬 바 굽기나 전시회 관람 같은 데 시간을 낭비한다고 타박하는 사람과 시간을 보내고 싶어 하는 사람은 없다.

사회주의는 재미있어야 한다. 아니면 도대체 사회주의가 왜 필요하단 말인가? 좌파는 사람을 개성 없는 수도사처럼 획일적인 게으름

○　검은색 비스킷 사이에 흰 크림을 넣은 과자. 프란치스코 교황은 미국의 한 슈퍼마켓에 들러 다양한 오레오를 거론하면서 자유기업 체제가 자신이 생각한 만큼 끔찍하지 않을지도 모른다고 말했다. 오레오는 백인에게 영합하는 흑인을 지칭하는 말이기도 하다.

뱅이로 만드는 것과 무관하다. 그런 건 아마존 물류 창고에서 일어나는 일이지, 좌파가 꿈꾸는 유토피아에선 일어나지 않는다. 우리는 모든 사람을 똑같이 빈곤선까지 끌어내리지 않고 풍요로운 삶으로 끌어올리는 '안락한 좌파주의'가 필요하다.

사회주의의 목표는 생활수준을 높이는 게 아니라 집단적 즐거움을 만드는 것이다. 모든 게 상품화된 상태에서 사람들이 공동체나 집단과 동떨어진 채 혼자 상품을 구매해서 자기 욕구나 채울 때 느끼는 외로움, 소외감, 슬픔 등이 없게 하는 것이다. 미국민주사회주의자들이 인기가 많은 이유 중 하나는 이 모임이 다른 사람과 함께 신나는 일을 기획하는 장이었기 때문이다. 점거 캠프가 특별한 장소가 된 것도 이 때문이다. 비록 일시적이지만 점거 캠프는 시장보다 공동체의 일원이기를 간절히 바라는 사람들의 욕구를 채워주었다.

자본주의의 어둡고 단조로운 미래를 보고 싶다면, 수십억 달러를 들여 뉴욕 시에 세운 화려한 마천루 허드슨야드 Hudson Yards 에 가보라.[31] 그곳은 사치품만 가득할 뿐 아무 활기도 찾아볼 수 없는 쇼핑몰로, 삶을 하나부터 열까지 기업이 관리한다. 격주간지 《뉴욕》의 저스틴 데이비슨 Justin Davidson 은 이 단조롭기 짝이 없는 '억만장자들의 환상 도시'를 방문한 소감을 다음과 같이 전한다.

모든 것이 지나치게 깨끗하고 단조롭고 연출돼 있다. 플랫폼 위에 자리한 채 지하철 한 노선을 통해서만 진짜 세상과 연결된 이 변종 맨해튼에는 역사도, 작은 노포도, 쇠락한 지역도, 재미있는 괴짜 토박이도 없다. 한마디로 아무 기억도 없다.[32]

여기가 성공이라는 행운을 잡은 사람들이 가는 곳이다. 이곳은 승자를 위한 도시다. 이 도시의 입구 밖에 설치된 노숙용 야영지에는 패자들이 있다.

좌파가 세우려는 도시는 완전히 다르다. 그것은 사람들이 우주를 여행하면서 외계인을 만나는 〈스타트렉〉의 세계다. 누구나 돈 걱정 없이 와서 배울 수 있는 공공 도서관과 무료 대학이다. 이윤도, 무역도 생각할 필요 없이 누구나 예술과 의상을 통해 개성을 표현하는 뉴올리언스의 마르디 그라다.[33] 캠핑 여행이고 야외 파티고 독서 클럽이고 길거리 카페다. 누구나 삶을 즐길 수 있어야 하고, 누구도 인간다운 삶에 필요한 기본적인 것을 갖지 못하는 일이 있어선 안 된다는 이론이다. 무엇보다 우리가 다음과 같은 것을 통해 서로 돕기 위해 이곳에 있다는 굳은 믿음이다.

"우리는 각기 좁은 울타리에 갇혀 삶의 본질을 잊고 삽니다. 우리는 직업이나 계급과 상관없이 모두 죄를 짓고 살죠. 고용주는 자기 사업에 골몰합니다. 노동자는 불행의 심연에 가라앉았다가 시위 때만 고개를 쳐들고 고함을 지르죠. 정치인은 매일같이 싸우며 막후에서 음모를 꾸미느라 여념이 없습니다. 우리는 다른 모든 것에 앞서 우리가 인간이라는 사실, 두려운 것으로 가득한 광활한 우주에서 길을 잃은 하루살이 같은 존재라는 사실을 잊고 있습니다. 삶의 진정한 의미를 찾는 데 관심이 없고, 삶의 참된 목적을 무시하죠. 마음의 평화와 숭고한 정신에 도달하는 것이 곧 혁명입니다."

장 조레스, 1911년 톨스토이에 관한 연설

* * *

우리는 힘을 합쳐 민주사회주의의 본질을 까발려야 한다. 정치적
권력을 쥐게 해준다는 사탕발림으로 많은 사람의 태평스러운 무
지를 등쳐 먹는 소수가 미국인에게 행하는 사기라는 것을. 우리는
미국적 가치를 강력히 방어해야 할 뿐만 아니라, 민주사회주의에
도 강력한 비난의 목소리를 내야 한다.

지안카를로 소포Giancarlo Sopo, 《연방주의자 논집 The Federalist》

사회주의라는 단어는 여전히 많은 사람에게 불안을 불러일으킨다.
그동안 사람들이 사회주의와 사회주의자에 대해 들어온 말을 생각하
면 이는 충분히 이해할 수 있는 일이다. 하지만 나는 적어도 지금까
지 한 이야기를 통해 독자 여러분이 민주사회주의자들이 어리석거나
악한 존재가 아니라는 걸 깨달았기 바란다. 그들은 인간적인 원리에
입각해 활동하며, 경제적으로 무지한 비상식적인 이념을 제안하지
않는다. 사회주의적 본능은 정당하고 합리적인 것이며, 현 시대의 문
제에 타당한 설명과 처방을 제시하는 이념의 기초다.

사회주의자가 되는 건 정치적 정통에서 많이 벗어난다는 뜻이다.
사회주의자가 되려면 어느 정도 신념이 필요하다. 사회주의자는 더
나은 세상이 가능하다고 생각하기 때문이다. 하지만 유토피아주의자
라고 해서 실용주의자가 아닐 이유는 없다. 합리적인 사회주의자는
장기적이고 야심에 찬 꿈을 실현하기 위해 단기적이고 현실적인 개
선을 추구한다.

20대에 사회주의자가 아니라면 심장이 없는 것이다. 서른이 넘었
는데 보수주의자가 아니라면 뇌가 없는 것이다.

나는 지금 막 서른이 됐고, 공식적으로 뇌가 없다. 해가 지날 때마
다 나는 비판자들이 틀렸고, 샌더스와 오카시오코르테스가 옳다는
확신이 강해진다. 저 말대로라면 내가 여전히 어리석고, 약자에 대한
얄팍한 감상에 빠져 있기 때문일 것이다. 서른이 되었으니 아마 올해
안에 나의 뇌가 긴 잠에서 깨어나 내가 그동안 얼마나 순진하기 짝이
없는 바보 명청이었는지 알려줄지도 모른다. 하지만 지금의 나에게
저 말은 잔인한 사람들이 자신의 냉혹함을 합리화하기 위해 지어낸
말처럼 보인다.

나가는 말

우리와 함께하라

모든 살아 있는 존재에 대한 무한한 연민은 순수한 도덕적 행위가 가능하다는 가장 확실한 보장이다. 굳이 결의론까지 동원할 필요도 없다. 그런 마음이 가득한 사람은 아무에게도 손해를 끼치지 않고, 아무도 해코지하지 않고, 아무의 권리도 침해하지 않는다. 그런 사람은 모든 사람에게 관심이 있고, 모든 사람을 용서하고, 모든 사람을 최대한 도우려 한다. 그의 모든 행위에는 정의와 자비의 흔적이 있다. 과거에 영국의 연극은 왕에게 탄원하는 말로 끝나곤 했다. 옛날 인도의 희곡은 다음과 같은 말로 끝난다. '모든 살아 있는 존재가 고통에서 구원받기를.' 취향에 따라 다르겠지만, 내가 보기에 이보다 아름다운 기도는 없다.

아르투르 쇼펜하우어 Arthur Schopenhauer, 《도덕의 기초 Über die Grundlage der Moral》

부조리에 저항하는 것의 최종 결론은 자살에 대한 거부 그리고 인간의 질문과 우주의 침묵 사이의 희망 없는 만남의 지속이다.

알베르 카뮈 Albert Camus, 《반항하는 인간 L'Homme Revolte》

태초에… 있었다

무엇이 있었는지 나는 모른다. 그런데 어느 순간 대폭발이 일어났다. 이후 수억 년 동안 대단히 흥미롭다고 할 만한 일은 없었다. 그 후 별과 은하가 만들어지기 시작했다. 별과 은하는 매혹적이고 아름다웠지만, 바라봐줄 존재가 없었다. 수십억 년이 지난 어느 날, 우연히 분자 구름이 중력붕괴 하면서 태양과 위성, 소행성 등이 출현했다. 작은 행성인 지구가 우연히 생겼다. 수십억 년 동안 지구는 습기와 가스로 가득 차 있었다. 약간의 박테리아 외에 지구를 매력적으로 보이게 할 만한 것은 없었다.

그러다 식물이 등장했고, 뒤이어 어느 날 갑자기 동물이 나타났다. 그 기묘한 동물은 세대를 이어가며 서서히 공룡으로 진화했지만, 공룡은 멸종이라는 불행한 운명을 맞이했다. 아주 최근에 인류가 등장했지만 다른 동물과 별 차이가 없는 수준이었다. 우리 조상은 살아남기 위해 싸웠다. 도구를 만들고 작은 집을 짓고 버텼다. 하지만 그들은 사라졌고, 뒤이어 등장한 인류의 조상은 농사짓고 건축하는 법을 배웠다. (그들은 종종 죽음을 당하거나 노예가 되기도 했고, 반대로 남을 죽이거나 노예로 삼기도 했다.) 서서히 아주 인상적인 것이 나타났다.

인류는 문명을 건설하고 수학을 발견했다. 소크라테스Socrates를 낳았고 질문을 너무 많이 한다는 이유로 그를 죽였다. 그들은 시행착오를 거듭하면서 세계를 이해하려 했지만 대부분 실패했다. 대신에 그들은 배와 정신을 채우는 법을 배웠다. 자신의 엄청난 잠재력을 발견해 인쇄기, 솜틀, 100층짜리 건물, 때로는 침몰한 거대한 선박을 발명했다. 이전 세대가 알아낸 것을 토대로 그들은 힘을 합쳐 기차, 픽업트럭, 제트기, TV 게임 쇼, 인터넷 포르노, 6가지 똥 이모티콘 모양 튜브를 발명했다.

그러는 동안 인간들은 사랑에 빠지고 헤어졌다. 열심히 일했고, 자식이 자라면서 잘못되거나 잘되는 걸 지켜봤다. 다양한 시도를 했고 쓰라린 좌절을 겪었다. 길이 막힐 정도로 많은 차를 만들었고, 카풀을 하지 않아 교통 정체를 초래했다. (쌤통이다.) 엄청나게 잔인한 짓을 했고, 수많은 질병을 물리쳤고, 수많은 타코를 먹었고, 수많은 반려동물을 길렀고, 이 행성에 무책임하고 배은망덕한 짓을 자행했고, 믿을 수 없을 만큼 폭력적이기도 했다가 마음을 따뜻하게 만들기도 했다가 격분을 자아내기도 했다가 감동을 불러일으키기도 하는 규모가 어마어마한 규모의 집단 드라마를 만들었다.

우리 사회주의자는 이 모든 것이 도널드 트럼프에게 모든 인간의 삶을 끝장낼 권한을 주고, 신자유주의적 자본주의가 지구를 집어삼키고, 일론 머스크가 대기권 바깥의 우주 공간을 돈으로 사고, 모든 사람이 지구가 펄펄 끓거나 태양이 폭발할 때까지 아마존 물류 창고에서 수벌로 일하기 위한 과정일 뿐이라는 주장을 믿지 않는다.

인류의 이야기는 이런 식으로 끝날 수 없다. 절대로 그럴 수 없다. 인류의 드라마는 이런 식으로 흘러가지 않는다. 이건 바보 천치의 헛소리다. '환불 원함. 별 0개. 줄거리는 좋은데, 결말이 쓰레기.'

그런데도 많은 사람이 인류가 이런 결말을 향해 간다고 생각한다. 이 생각은 틀렸다. 그 가운데 일부는 이미 일어났기 때문이다. 미국은 전 세계에서 가장 이기적이고 무지한 인간의 손아귀에 핵무기 4018기의 통제권을 줬다. 게다가 그는 종신 대통령이 되면 좋겠다는 농담까지 했다.[1] 독점기업은 경제의 모든 부분을 자신의 촉수로 휘감고 있다. 온갖 핵무기가 당신을 두렵게 하지 못한다 해도, 불안정한 한 인간의 손에 권력이 집중된 끔찍한 현실 앞에서 미국 자체가 중대한 테러 사건이라는 건 거의 부정하지 못할 것이다.

이 때문에 내가 아는 많은 사람이 자신감을 잃고 절망에 빠졌다. 그들은 부자라는 것만 빼면 아무 자격도 없는 사람이 책임 있는 자리에 앉아 권력을 휘두르고, 아마존에서 일하는 노동자는 화장실에 갈 시간이 없어 빈 병에 소변을 보는데 제프 베조스가 사막에 거대한 시계를 건설하는 걸 보고 있다.[2] 그들은 자신의 운명이 오로지 자기에게만 관심 있는 기괴한 자의 손에 달렸다고 생각한다. 많은 사람이 퇴역 해군 세스 킹Seth King이 이른바 아마존 성취 센터라는 '물건들의 회전문'°에서 일할 때 자신에게 던진 질문을 한다. "이게 최고의 삶이라면 도대체 내가 왜 여기에 있나?"[3] 미국만 해도 이 질문에 만족스러운 답을 찾지 못하고 자살하는 사람이 해마다 4만 7000명에 이른다.

어찌 보면 이런 현실은 기이하다. 우리 인간은 하나의 종으로 이 자리에 오기까지 수많은 일을 해냈기 때문이다. 오웰이 말했듯이, 지구는 모든 사람이 쓸 보급품을 가득 싣고 우주를 항해하는 우주선과 같다. 하지만 인간 집단은 그 보급품을 더 많이 차지하려고 치열한 경쟁을 해왔다는 점에서 역사는 상상할 수 없을 만큼 엄청난 야만의 기록이기도 하다. 동산 노예제는 최근에야 비로소 끝났다. 우리에게 모타운Motown 음반과 금문교를 가져다준 지난 세기는 수많은 사람들에게는 시체 더미를 생산한 죽음의 기계이기도 했다. 지난 세기는 수십 년간 평화로운 편이었지만, 이는 강대국들이 자칫하면 한순간에 문명을 완전히 끝장낼 미사일들을 서로 겨누고 있었기 때문이다. 기후 재앙 이야기는 생략하겠다. (뉴올리언스에 사는 나는 이 문제를 생각하지 않을 수 없지만.)

트럼프가 대통령인데 어떻게 희망을 품을 수 있겠는가? 모두가 평등의 정신과 공통의 목적을 가지고 우주를 탐험하는 〈스타트렉〉 같은 미래를 어떻게 꿈꿀 수 있겠는가? 민족주의의 부활이 가져올 결과는 파멸이다. 민족주의는 가장 어리석고 가장 파괴적인 생각이다.[4] 인간이라는 존재를 우주적 차원에서 보면 민족을 구분하는 일이 고

°   아마존 물류 창고를 가리킨다.

려할 가치도 없다는 건 누구나 알 수 있다. (심지어 로널드 레이건도 현재 지구에서 벌어지는 갈등은 외계인이 나타나는 순간 사소해 보일 거라고 말했다.[5]) 민족주의가 파괴적인 이유는 특정 목적을 위해 만든 공감 억제제처럼 작용해서 다른 인간을 우리와 점점 더 달리 보이게 하고, 불신하고 혐오하고 파괴하기 쉽게 만들기 때문이다. 민족주의는 사람들이 제복을 입고 거들먹거리면서 적들이 우리 문화와 생활 방식을 파괴하려 든다고 비난하게 만들 수 있다. 그런 모습이 우주가 보기에 얼마나 우스꽝스러울지 모른 채 말이다.

스티븐 핑커처럼 모든 것이 더 좋아지는데 사람들이 그 사실을 모를 뿐이라고 생각하는 낙관주의자도 있다. 이렇게 생각하지 않는 사람이 누구인지 혹시 아는가? 베조스다. 그는 자신이 우주여행에 투자하는 이유 중 하나는 지구에서 탈출해야 할 날이 있을 것이기 때문이라고 말했다.[6] 전 세계에서 손꼽히는 부자 가운데 많은 사람이 가까운 미래에 자신이 죽을까봐 두려워한다. 그들은 가까운 미래에 모든 게 붕괴할지 모른다고 생각한다. 그때가 되면 지금 자기 밑에서 일하는 사람들이 자본가가 필요 없음을 깨닫고 자신을 공격할 것을 우려한다.[7] 최근 사변 소설°은 디스토피아적 성격을 띠고, 〈스타트렉〉 시리즈도 사람들이 살 만한 공정한 내일이 올 가능성을 포기한 것 같다.

하지만 디스토피아를 피할 길이 없다는 결론을 내리기에는 인간의 선의와 창조성, 잠재력이 너무나 크다. 나는 낙관론자가 아니다. 낙관

○   과학소설, 판타지, 슈퍼히어로 소설 등 비현실적인 세계를 다루는 소설 장르를 총칭하는 단어.

론자는 세상이 좋아질 거라고 생각하지만, 나는 세상이 어떻게 될지 전혀 생각하지 않고 미래를 예측하는 데도 관심이 없다. 게다가 나는 저렴하고 공허하게 느껴지는 희망이라는 단어를 싫어한다. 나는 알베르 카뮈의 견해에 동의한다. 부조리한 사회에 제대로 대응하는 방법은 설사 성과가 없을 것 같아도 반기를 드는 것이다. 이는 결코 희망이 아니다. 모두가 당연시하는 것을 체념 속에 받아들이기를 거부하는 반항이나 고집에 가깝다. 아니면 이 엄청난 우주적 여행이 도대체 무엇을 위한 것이란 말인가? 결국은 자살과 탐욕의 승리를 위한 것이란 말인가? 역사는 끝나지 않는다. 역사가 그런 식으로 끝나기를 바라는 사람은 아무도 없다.

민주사회주의는 세상이 더 좋아져야 하고 더 좋아질 수밖에 없다는 신념이며, 우리는 그런 세상을 위해서 할 수 있는 일을 할 것이다. 그런 세상이 어떤 세상인지 논쟁이 있긴 하지만, 사회주의자는 불의에 대한 격렬한 분노와 지구의 번영을 모두가 비슷한 수준에서 누릴 수 있어야 한다는 믿음이 있다.

민주사회주의라는 철학이 반드시 낙관주의적이지는 않다. 스스로의 성공을 예언하지 않기 때문이다. 하지만 민주사회주의는 착취와 불의가 계속되는 것을 방관하지 않겠다는 단호한 결의를 수반한다. 내가 생각하는 사회주의적 태도는 카뮈의 《시시포스 신화Le mythe de Sisyphe》에 나오는 시시포스의 태도와 같다. 커다란 바위를 영원히 산꼭대기로 밀어 올릴 운명이지만, 기꺼이 받아들이는 시시포스 말이다. 우리는 성공할 가능성과 상관없이 참고 견딜 수 없는 조건에 최선을 다해 저항한다.

나는 희망이 없다고 생각하는 친구들에게 그동안 이룬 엄청난 진보와 우리가 들고 있는 횃불을 치켜든 훌륭한 역사적 좌파에 관해 이야기한다. 모든 세대에는 현 상태를 변명하는 주장에 만족하지 않고 예리한 도덕적 비전을 품은 사람들이 있었다. 그들이 노예 폐지론자든, 여성참정권론자든, 시민권 운동가든 후대의 시각은 호의적이었다. 노예제, 아동노동, 위험한 현장 등에 반대해 투쟁을 벌인 사람들은 오늘날 우리가 사는 더 안전하고 자유로운 세상을 만드는 데 기여했다. 그들은 많은 경우에 지금 우리가 직면한 것보다 훨씬 거대한 장벽과 마주쳤다. 노동자에게 가해진 폭력의 역사, 파업 노동자를 공격하기 위해 사용된 무시무시한 폭력, 남부에서 인종차별에 반대하는 활동가를 대상으로 한 구타 행위와 살인 등에 대한 자료를 읽어보라.[8]

오늘날 우리에게도 저들 못지않게 용감한 사람들이 있다. 2015년 사우스캐롤라이나주South Carolina 의사당 앞에 걸린 남부연합기를 바라보던 활동가 브리 뉴섬Bree Newsome은 변화가 일어나기를 기다리지 않았다. 그녀는 당국의 허락도 받지 않은 채 등반용 하네스를 착용하고 깃대에 올라가 깃발을 찢었다. 이 사건 직후 사우스캐롤라이나주는 남부연합기를 공식적으로 철거했다. 정치적 변화에 대한 뉴섬의 생각은 교훈적이다. 그녀는 자신을 포함한 사람들의 행동주의를 돌아보면서 과거가 반드시 우리가 낙관적이어야 할 이유를 제공하진 않지만, 불가능한 일이 때로는 실현될 수 있다는 걸 보여준다고 말했다.

나는 낙관론자보다 현실론자에 가깝다. 이 나라의 과거를 보면 희망이 생긴다. 동산 노예제 없는 미국을 상상할 수 없던 시대가 있었다. 지금 우리 사회에 동산 노예제가 없는 까닭은 저 시대에 살던 노예 폐지론자와 대중이 보여준 믿음과 활동 덕분이다. 그렇다면 내게도 희망이 있다. 우리가 세상을 나아지게 만드는 데 필요한 일을 하면 세상은 더 나아질 수 있다. 그런 일은 시간이 간다고 해서 저절로 일어나지 않는다. 행동하고 대비책을 세우지 않으면 세상은 지금보다 나빠질 것이다.[9]

우리 모두 뉴섬의 예를 따를 수 있다.

＊ ＊ ＊

최근에 벌어진 일을 보면 보수주의자가 어느 때보다 많은 정치적 힘이 있는 것 같지만, 이는 역설적으로 진보주의자에게 절호의 기회다. 공화당은 연방과 주에서 실질적인 권력을 쥐었음에도 그들이 내놓은 의제가 국민의 호응을 얻지 못해 생긴 내부 분열로 주요 법안을 통과시키지 못했고, 오랫동안 고대하던 오바마케어 무효화에도 실패했다. 트럼프는 군대와 규제적 국가에 대한 막강한 권력이 있으면서도 백악관을 효율적인 기관으로 조직하는 데 실수를 거듭했으며, 그 결과 정보 누설에 취약해진 트럼프 행정부는 코미디에 가까운 심각한 내분에 빠졌다.

미국 대중은 진보의 핵심적인 목표에 대체로 동조하는 편이다. 대다수는 미국에서 부의 분배가 불공정하며, 특히 최상위 부자들이 차지하는 부가 너무 많다고 생각한다. 국민에게 헬스케어를 제공할 책임이 정부에 있다고 답한 사람이 60퍼센트인 데 비해, 그렇지 않다고 답한 사람은 37퍼센트에 지나지 않는다. 단일 보험자 체제에 대한 지지도 갈수록 증가하고 있다.[10] 미국인은 사회복지 수당을 감축하려는 공화당의 시도에 대체로 반대하고, 미국의 대외 군사 조치에 회의적이며, 기업이 너무 많은 영향력을 행사한다고 생각한다. 대다수 미국인이 대학 등록금 무료, 최저임금 인상을 지지한다. 미국에서 가장 인기 있고 실질적인 영향력이 있는 정치가는 버니 샌더스다.[11] 그는 미국에서 대다수 사람에게 호의적인 평가를 받는 유일한 정치인이다.

사회주의자는 다른 정치 이데올로기가 다루지 못하는 문제를 다룬다. 이 말의 정확한 의미를 보여주기 위해 내가 직접 관찰한 두 가지 사례를 제시하겠다. 첫 번째 사례. 내가 가끔 가는 커피숍이 있는데, 최근에 그곳의 모든 직원이 근무시간에 밖으로 나가서 매장으로 돌아가기를 거부했다. 왜? 이 커피숍의 사장이 해당 매장에서 몇 년간 일하며 좋은 평판을 받은 매니저를 해고했기 때문이다. 사장은 매니저에게 대신에 때가 되면 회사의 주식을 주겠다고 약속했다. 직원들은 회사가 자신과 매니저를 취급하는 방식에 분통이 터졌다. 그들은 사장이 언어적·감정적으로 자신을 학대했다고 주장했다. 내가하려는 말은 다음과 같다. 그 직원들은 이런 상황에 대처할 실질적인 수단이 없다. 미국 경제는 자의적 고용에 기초하고 있어서 사장이 하고 싶은 대로 할 수 있다. 고용을 보호하는 강력한 정책이나 노동조합이 없다면 당신의 사장은 뭐든 하고 싶은 대로 할 수 있고, 당신은 그냥 당하는 수밖에 없다. 이런 경우에 미국 우파는 놀라운 해법이 있다. 그들은 직장에서 학대받는 사람에게 말한다. "싫으면 그만둬." 이 말대로라면 직장에 다녀야 하는 사람은 학대와 차별을 당하는 수밖에 없다. 이와 달리 사회주의자는 일터 민주주의를 원한다. 그들은 노동자가 소유주의 변덕에 종속되지 않고 회사 일에서 발언권을 갖길 바란다.

두 번째 사례. 내 친구 하나는 널리 퍼진 경제적·정치적 경향의 포로가 됐다. 그녀는 현재 임신 중이며 최근에 해고됐다. 해고 사유는 그녀가 일하던 학구가 학내 총기 난사에 대한 사람들의 두려움 때문에 학교 안전과 관련된 지출을 늘리면서 다른 예산을 감축해야 했기 때문이다. 지금 내 친구는 이러지도 저러지도 못하는 처지다. 그녀는 다른 일자리를 구해야 하고, 출산 전에 건강보험도 들어야 한다. 하지만 그녀는 임신 중에 일자리를 구하기 힘들다는 사실을 잘 안다. 일자리를 구한다 해도 곧 태어날 아기와 함께 출산 휴가를 한 달이라도 받을 수 있으면 다행이라는 사실 역시 잘 안다.

민주사회주의자는 내 친구가 직면한 문제에 대한 답을 갖고 있다. 그들은 학교에 충분한 운영자금을 제공하고, 중요한 보조 업무를 맡은 직원을 해고하지 않게 할 것이다. 그들은 엄마가 아기와 시간을 보낼 수 있게 할 것이다. 그들은 실직한 사람이 병원비를 걱정할 필요가 없게 할 것이다. 반면에 내 친구가 처한 상황에 대한 우파의 답은 빈곤하기 그지없다. 그들은 자유 시장 자본주의가 얼마나 놀라운지, 사람들이 자유 시장 자본주의가 제공하는 보상에 얼마나 감사해야 하는지 이야기한다. 유급휴가는 강제 노동 수용소로 가는 첫걸음이라고 이야기한다. 그들은 내 친구나 지역 바리스타가 직면한 문제를 해결할 수 없다.

* * *

30세 앙투안 데인저필드Antoine Dangerfield는 2018년 8월 인디애나폴리스Indianapolis에 있는 유나이티드파슬서비스UPS° 지역 센터에서 용접공으로 일했다. 그는 어느 날 작지만 주목할 만한 일을 목격했다.[12] 히스패닉계 직장 동료들이 인종차별주의자인 감독자가 사사건건 명령해대는 데 질려서 작업 도구를 내려놓고 집으로 돌아가기로 한 것이다. 노동자 100여 명이 힘을 합쳐 고용주에 맞섰다. 외부의 도움은 없었다. 그들이 보여준 용기에 감동한 데인저필드는 노동자들이 줄지어 작업장을 떠나는 모습을 촬영했다. 이 영상에서 데인저필드는 흥분한 목소리로 이야기한다.

> 저 사람들 지금 장난치는 거 아냐! 저 사람들은 이 친구들과 함께 할 거라 결심하고 "그래 친구들, 우리 함께하자고"라고 말했어. 지금 사람들이 작업장을 떠나고 있어! 장난이 아냐! 연삭도, 절단도, 용접도 땡 쳤어. 이 좆 같은 곳이 지금 존나 조용해. 멕시코 애들이 이 좆 같은 곳을 멈추게 했어.[13]

  작업장을 떠나는 노동자들과 텅 빈 작업장을 보여준 영상은 빠른 속도로 퍼졌다. 노동 전문 기자 마이카 위트리히트Micah Uetricht의 말처럼, 이 영상은 노동자들이 작업 현장에서 상사에게 맞서는 모습을 날 것 그대로 담은 인간 드라마다.[14] 영상은 근면한 사람들이 이제 참지 않기로 결심하고, 무엇을 하라고 명령하는 사측에 맞서 자신의 존엄성을 주장하는 모습을 보여준다.
  데인저필드는 영상을 만들어 올렸다는 이유로 해고됐다. 그러나

○ 미국의 대표적인 택배 물류 회사.

그는 《자코뱅》과 한 인터뷰에서 유나이티드파슬서비스 히스패닉계 노동자들이 보여준 행위가 혁명의 씨앗이 될 수 있고, 사람들에게 무엇을 할 수 있는지 보여준다고 자부심에 찬 목소리로 말했다.

> 그 일을 보고 내 삶이 바뀌었습니다. 삶을 바꿀 만한 일이었기에 그들이 함께할 수 있었어요. 내가 이 영상 때문에 들뜨지도 해고당한 데 흥분하지도 않는 이유죠. 이 영상을 본 사람이 무려 500만 명이에요. 영상을 본 사람들은 세상에 대한 생각이 바뀔 수도 있어요. 사람들에게 할 수 있다는 생각을 불어넣는 것, 이 엄청난 일에 비하면 해고당한 건 아무것도 아니에요. 우리가 인간이라는 사실을 잊지 않는다면, 우리가 가치 있는 존재가 될 수 있다면 우리는 뭐든 바꿀 수 있어요.[15]

이는 한 계기, 아주 작은 계기였을 뿐이다. 하지만 데인저필드가 옳다. 기성 정치제도는 취약하다. 우리를 중요한 존재로 만들면 우리는 뭐든 바꿀 수 있다. 그러니 진심으로 말하건대, 이리 와서 좌파와 함께하라. 우리에게는 더 재미있고, 더 좋은 계획이 있다. 우리는 사람들의 삶을 더 좋게 만들 것이다. 우리는 무서운 사람이 아니다. 우리는 결코 위험하거나 무서운 존재가 아니다. 걱정 붙들어 매시라. 사회주의가 승리할 것이고, 모든 게 괜찮을 것이다.

나가는 말

감사의 말

《커런트어페어스》직원과 구독자들이 없다면 우리 잡지도, 우리 책도 존재할 수 없다. 사회주의자는 모든 성취가 집단적 노력의 산물임을 누구보다 잘 안다. 내가 꿈꾼 것 이상의 특별한 프로젝트를 할 수 있었던 점에 대해 여러분에게 정말로 감사한다. 하나부터 열까지 집단적 노력의 산물인 이 잡지는 더할 나위 없이 훌륭한 동료, 친구들과 함께했기에 가능했다. 독자들은 너무나 감사하게도 우리에게 격려의 글과 힘들게 번 돈을 보내줬다. 나는 기부자, 잡지 독자, 패트리온 후원자, 페이스북의 '커런트어페어스 에이비에리Aviary' 회원 등 우리를 지지하는 친절한 구독자 공동체가 자랑스럽다.

뛰어난 재능과 노력으로 좋은 산문을 써서 우리 잡지의 명성을 드높여준 로브 라슨, 말라이카 자발리Malaika Jabali, 맥시밀리언 알바레스Maximilian Alvarez, 샘 밀러 맥도널드Sam Miller McDonald, 엘 하디Elle Hardy, 자야 순다레시Jaya Sundaresh, 루크 새비지, 개리슨 러블리Garrison Lovely, 앰버 알리 프로스트Amber A'Lee Frost, 벤저민 스튜드베이커Benjamin Studebaker, 에밀리 바틀렛 하인스Emily Bartlett Hines 등을 비롯한《커런트어페어스》필진에게 감사한다. 아티스트들은 놀라운 삽화로 지면을 장식해 우리 잡지를 빛냈다. 우리 잡지에는 오랜 시간 동안 공들여 쓴 글이 많지만, 특히 정기 기고자 크리스토퍼 더피Christopher M. Duffy, 첼시 손더스Chelsea Saunders, 크리스토퍼 매튜스Christopher Matthews, 티파니 파이Tiffany Pai, 엘렌 버치Ellen Burch, 마이크 프라이하이트Mike Freiheit, 매트 루브챈스키Matt Lubchansky, 벤 '스커치' 맥기히Ben 'Skutch' McGehee, 닉 시로티치Nick Sirotich, 수사나 로어Susannah Lohr, 타일러 루벤펠드Tyler Rubenfeld, 제시 루벤펠드Jesse Rubenfeld, 모트 토드Mort Todd, 리지 프라이스Lizzy Price, 나오미 우시야마Naomi Ushiyama, 김호경Hokyoung Kim, 캐서린 램Katherine Lam, 벤 클락슨Ben Clarkson에게 감사한다. 포지션디벨롭먼트Position Development의 리비 호라첵Libby Horacek과 캐시 모이Cassie Moy는 《커런트어페어스》웹사이트를 관리하는 엄청난 일을 한다. 존 화이트John White는 멋진 디자인을 하고 있다. 피트 데이비스Pete Davis와 에이슬링 매크리Aisling McCrea는 《커런트어페어스》의 팟캐스트를 만드는 놀라운 일을 해냈다. 리타 골드는 우리가 즐거운 분위기에서 원활하게 잡지를 만드는 데 필요한 도움을 줬다. 믿을 수 없을 만큼 열심히 일하는 일라이 매시Eli Massey는 충실한 교정자이자 영업부장으로 지난 6개월 동안 사무실을 즐거움으로 채웠다. 애디슨 케인Addison Kane은 부지런히 필사 작업을 해줬다. 케이트 루트Cate Root는 감탄할 만한 사무 처리 솜씨를 보여줬으며, 그가 만든 스콘은 남부에서 최고다. 바네사 비Vanessa A. Bee는 소셜 미디어를 통해 역동적이고 즐거운 영향력을 발휘했다. 닉 슬레이터Nick Slater는 모든 잡지사가 갖고 싶어 할 즐거움이 가득한 소식지를 만든다. 야스민 나이르Yasmin Nair는 처음부터 우리를 믿었고, 한 번도 그 믿음을 잃지 않았다.

이 책을 쓰면서 다른 사람이 쓴 수많은 기사와 논문을 참고했다.

이를 직접 읽어볼 수 있도록 후주에 출처를 밝혔지만, 내가 이들에게 진 빚은 그것으로 갈음할 수 없을 만큼 크다. 특히 마이카 위트리히트, 레이첼 셔먼, 크리스티아 프릴랜드, 제레미 렌트Jeremy Lent, 제이슨 히켈Jason Hickel, 맬컴 해리스에게 큰 빚을 진 사실을 이 자리를 빌려 밝힌다.

내가 존경해 마지않는 많은 지성인 가운데 노암 촘스키, 아돌프 리드 주니어, 노먼 핑컬스틴Norman G. Finkelstein, 글렌 그린월드는 내게 엄청난 친절과 관대를 베풀었다. 이들의 저작 덕분에 나는 더 똑똑하고 공감할 줄 아는 사람이 될 수 있었기에, 이들이 보내준 지지는 내게 엄청난 의미가 있다.

내 친구들은 미친 시대에 내가 제정신을 유지할 수 있게 해줬다. 오렌 님니와 스파키 에이브러햄Sparky Abraham은 언제나 나의 강력한 동지다. 브리아나 레닉스는 내가 아는 가장 좋은 사람이며, 내게는 보물과도 같은 협력자이자 공모자다. 폴 워터스미스Paul Waters-Smith는 나를 좌파주의로 이끌었다. 나는 언제까지나 그를 사랑할 것이다. 항상 내곁에 있어준 앰버 펠프스Amber Phelps, 세라 헤일리Sarah Hailey, 제시카 엘리엇Jessica Elliott, 로렌 루더Lauren Leuder, 아만다 밀러Amanda Miller에게도 감사한다. 그리고 나의 놀라운 온라인 친구들인 시제이 오언스CJ Owens, 케이티 할퍼Katie Halper, 더그 헨우드Doug Henwood, 앨버트 킴Albert Kim, 드류 힐리어드Drew Hilliard, 에릭 크라우치Erik Crouch, 차오 황Chao Huang, 조시 화이트Josh White, 요한 하리Johann Hari, 제프 소렌슨Jeff Sorensen, 테드 토머스Ted Thomas, 다나 조 에이브러햄 몽크Dana Jo Abraham Monk, 가브리엘 키코스카Gabriel Kikoszka, 알리크 마리로니프Alik Myroniv, 앤절라 로페스시Angela López-c, 저스틴 메디나Justine Medina에게도 감사드린다. 테레사 시네

타Theresa Sinnetta에게 감사를 표하며, 당신께 약속하건대 로버트 프루트를 영원히 기억할 것이다.

내 에이전트인 마크 고틀리브Mark Gottlieb는 특유의 유능함으로 내게 큰 도움이 됐다. 위험부담을 무릅쓰고 내게 기회를 준 애덤 벨로Adam Bellow에게도 고마운 마음을 잊지 않을 것이다. 마감을 넘길 때마다 참고 기다려준 세인트마틴스St. Martin's의 케빈 라일리Kevin Reilly와 앨런 브래드쇼Alan Bradshaw에게 감사드린다. 《가디언》의 어매너 폰타넬라칸Amana Fontanella-Khan은 정치 칼럼니스트가 바랄 수 있는 최고의 편집자다.

가족은 나의 전부나 다름없다. 사랑하는 할머니 오드리 매튜스Audrey Mattews는 내가 《커런트어페어스》에 매달리는 바람에 나와 충분한 시간을 보내지 못했다. 할머니는 내가 쓰는 모든 글에 거의 동의하지 않지만, 나에 대한 할머니의 사랑은 조금도 변함이 없다. 마지막으로 나의 부모님 피터 로빈슨Peter Robinson과 로즈메리 로빈슨Rosemary Robinson에게 감사한다. 두 분은 언제나 지지를 아끼지 않는 최고의 부모님이다. 두 분에게 정말로 사랑한다는 말을 전한다.

주

들어가는 말 | 당신은 사회주의자가 맞습니다

1 Jeremy Berke, "Clinton Staffers Toyed with Using 'Because It's Her Turn' as a Campaing Rallying Cry," *Business Insider*, April 22, 2017, https://www.businessinsider.my/hillary-clinton-slogan-why-run-because-her-turn-2017-4/.

2 Nick Gass, "Clinton Ekes Out Win in Iowa Against Sanders," *Politico*, February 1, 2016, https://www.politico.com/story/2016/02/iowa-caucus-2016-donald-trump-bernie-sanders-218547.

3 Sydney Ember, "Bernie Sanders: Lion of the Left, but Not the Only One Roaring," *New York Times*, November 23, 2018, https://www.nytimes.com/2018/11/23/us/politics/bernie-sanders-president-2020.html.

4 Brandon Weber, "Eugene Debs Got 1 Million Votes for President As Convict Number 9653," *The Progressive*, November 2, 2016, https://progressive.org/dispatches/eugene-dibs-got-1-million-votes-president-as-convic-number-9653-Weber-161102/.

5 Paul Buhle and Mari Jo Buhle, "The Face of American Socialism Before Bernie Sanders? Eugene Debs," *The Guardian*, March 23, 2019, https://www.theguardian.com/commentisfree/2019/mar/23/american-socialism-bernie-sanders-eugene-debs.

6 Libby Nelson, "Bernie Sanders Has an 11-Point Advantage Over Hillary Clinton Among Voters Under 35," *Vox*, January 11, 2016, https://www.vox.com/2016/1/11/10750326/clinton-sanders-poll.

7 Charlotte Alter, "'Change Is Closer Than We Think.' Inside Alexandria Ocasio-Cortez's Unlikely Rise," *TIME*, March 21, 2019, https://time.com/longform/alexandria-ocasio-cortez-profile/.

8 "Gillibrand Endorses Crowley," *NY State of Politics*, June 11, 2018, https://www.nystateofpolitics.com/2018/06/gillibrand-endorses-crowley/.

9   Kristin Hugo, "Alexandria Ocasio-Cortez 'Can't Afford Washington Apartment' Before Job in Congress Starts," *The Independent*, November 9, 2018, https://www.independent.co.uk/news/world/americas/us-politics/alexandria-ocasio-cortez-senate-washington-de-congress-apartment-money-election-a8626361.html.

10 Alexandria Ocasio-Cortez(@AOC), "A quick note to you all...," Twitter, January 5, 2019, 9:37 p.m., https://twitter.com/AOC/status/1081786765403480064.

11 Sydney Ember and Alexander Burns, "Bernie Sanders Is Winning Converts. But Primary Victories Remain Elusive," *New York Times*, June 24, 2018, https://www.nytimes.com/2018/06/24/us/politics/bernie-sanders-midterm-elections.html.

12 Bill Scher, "Down Goes Socialism," *Politico*, August 8, 2018, https://www.politico.com/magazine/story/2018/08/08/democratic-socialism-sanders-ocasio-cortez-2018-primary-results-219161.

13 "Andrew Gillum Backs 'Medicare for All,'" *PolitiFact Florida*, September 24, 2018, https://www.nbcmiami.com/on-air/as-seen-on/Politifact-Florida-Andrew-Gillum-Backs-Medicare-for-All_Miami-494188341.html.

14 Phillip Longman, "How Big Medicine Can Ruin Medicare for All," *Washington Monthly*, November/December 2017, https://washingtonmonthly.com/magazine/novemberdecember-2017/how-big-medicine-can-ruin-medicare-for-all/.

15 Ibid.

16 Danta Milbank, "The Democrats Have Become Socialists," *Washington Post*, September 13, 2017, https://www.washingtonpost.com/opinions/socialized-health-care-in-the-us-suddenly-that-sounds-a-lot-less-crazy/2017/09/13/20b88d88-98cb-11e7-82e4-f1076f6d6152_story.html?utm_term=a92bd80ac391. 그러나 다른 후보들이 '메디케어 포 올'이라는 말로 무엇을 의미하는지는 많은 경우 불분명하며, 좌파 인사들은 풀 싱글 페어보다 훨씬 덜 야심적인 헬스케어 계획을 가리키기 위해 그 용어를 사용하는 사람들에 계속 비판적이었다. 다음을 보라. Abdul El-Sayed, "Don't Let Medicare For All Be Rebranded," *Current Affairs*, February 22, 2019, https://www.currentaffairs.org/2019/02/dont-let-medicare-for-all-be-rebranded.

17 Farah Stockman, "'Yes, I'm Running as a Socialst.' Why Candidates Are Embracing the Label in 2018," *New York Times*, April 20, 2018, https://www.nytimes.com/2018/04/20/us/dsa-socialism-candidates-midterms.html.

18 Ibid.

19 Ryan Smith, "Democratic Socialist Now Control One-Tenth of the Chicago City Council," *Chicago Sun-Times*, April 3, 2019, https://chicago.suntimes.com/2019/4/3/18412913/democratic-socialists-now-control-one-tenth-of-the-chicago-city-council.

20 Benjamin H. Bradlow, "Somerville's Turn to 'Sewer Socialism,'" *Commonwealth*, November 18, 2017, https://commonwealthmagazine.org/opinion/somervilles-turn-

sewer-socialism/.

21 Ben Austen, "In Philadelphia, a Progressive D. A. Tests the Power and Learns the Limits of His Office," *New York Times*, October 30, 2018, https://www.nytimes.com/2018/10/30/magazine/larry-krasner-philadelphia-district-attorney-progressive.html.

22 Stockman, "'Yes, I'm Running as a Socialist.' Why Candidates Are Embracing the Label in 2018."

23 Ibid.

24 그것이 얼마만큼 사실인지 모르지만, 나는 이 노래를 싫어한다.

25 Steve Chapman, "Why Young Americans Are Drawn to Socialism," *Reason*, May 21, 2018, https://reason.com/2018/05/21/why-young-americans-are-drawn-to-sociali/.

26 다음을 보라. Jesse Eisinger, *The Chickenshit Club: Why the Justice Department Fails to Prosecute Executives*, Simon&Schuster, 2017. (제시 에이싱어, 서정아 옮김, 《치킨쉬트 클럽》, 캐피털북스, 2019.). 퓰리처상 수상 탐사 저널리스트 에이싱어는 오바마 행정부가 법을 집행하려는 의지와 열의가 강했다면, "이 나라의 역사는 달라졌을 것이다. 금융 위기에 대한, 오바마 행정부에 대한 우리의 생각은 달라졌을 것이다. 우리는 오바마 행정부가 공정했다고 생각할 것이다. 금융 위기 이후 책임에 대한 의식이 널리 퍼졌을 것이고, 더 강력한 개혁이 있었을 것이다. 우리는 도널드 트럼프를 대통령으로 삼지 않았을 것이다". Alexander C. Kaufman, "How Obama's Failure to Prosecute Wall Street Set the Stage for Trump's Win," *Huffington Post*, July 11, 2017, https://www.huffpost.com/entry/chickenshit-club_n_5963fcc6e4b005b0fdc7bacb에서 인용.

27 David Graeber, *The Democracy Project*, Spiegel&Grau, 2013.

28 다음을 보라. Dan Kopf, "Union Membership in the US Keeps on Falling, Like Almost Everywhere Else," *Quartz*, February 5, 2019, https://qz.com/1542019/union-membership-in-the-us-keeps-on-falling-like-almost-everywhere-else/.

29 오바마의 실패에 대해 자세히 알고 싶다면 다음을 보라. Adolph Reed Jr., "Nothing Left: The Long, Slow Surrender of American Liberals," *Harpers*, March 2014, https://harpers.org/archive/2014/03/nothing-left-2/.

30 Ramesh Ponnuru, "A Debate Renewed: Conservatives Are Questioning Their Allegiance to Capitalism and the Founding," *National Review*, November 27, 2017, https://www.nationalreview.com/magazine/2017/11/27/conservatives-against-capitalism-some-moving-away/. 사회주의사상을 반박하려는 보수주의자들의 안타까운 시도에 대해 자세히 알고 싶다면 다음을 보라. Nathan J. Robinson, "The Best They've Got," *Current Affairs*, June 10, 2019, https://www.currentaffairs.org/2019/06/the-best-theyve-got.

31 Bill Kristol(@BillKristol), "The GOP tax bill's bringing...," Twitter, November 21, 2017, 12:46 p.m., https://twitter.com/BillKristol/status/933074207637991424.

32 Dinesh D'Souza, *The Big Lie: Exposing the Nazi Roots of the American Left*, Regnery

Publishing, 2017.

33   Jecelyn Kiley, "Most Continue to Say Ensuring Health Cre Coverage Is Government's Responsibility," *Pew Research Center*, October 3, 2018, https://www.pewresearch.org/fact-tank/2018/10/03/most-continue-to-say-ensuring-health-care-coverage-is-governments-responsibility/.

34   Frank Newport, "Majority Say Wealthy Americans, Corporations Taxed Too Little," *Gallup*, April 18, 2017, https://news.gallup.com/poll/208685/majority-say-wealthy-americans-corporations-taxed-little.aspx.

35   2016 Democratic Party Platform, Democratic Platform Committee, July 8–9, 2016, Orlando, FL, https://democrats.org/wp-content/uploads/2018/10/2016_DNC_Platform.pdf.

36   *For the Many, Not the Few*, Labour Party, 2017, https://labour.org.uk/wp-content/uploads/2017/10/labour-manifesto-2017.pdf; Adam Bienkov, "New Poll Finds Huge Public Support for Jeremy Corbyn's Manifesto Promises," *Business Insider*, May 12, 2017, https://www.businessinsider.com/poll-huge-public-support-for-jeremy-corbyns-manifesto-promises-2017-5.

37   Jim Pickard and Helen Warrell, "Conservative Manifesto Pledges Consigned to the Bin," *Financial Times*, June 12, 2017, https://www.ft.com/content/6dd1942a-4f88-11e7-bfb8-997009366969.

38   Stockman, "'Yes, I'm Running as a Socialist.' Why Candidates Are Embracing the Label in 2018."에서 인용.

39   "Select a Subscription Level," *Current Affairs*, https://currentaffairs.org/subscribe.

40   여러분이 언제나 높은 곳을 바라봐야 하는 이유가 이것이다. 나는 온건한 입장을 지향하는 게 실용적이라는 힐러리 클린턴의 주장에 동의하지 않는다. 우리는 급진적 변화를 목표로 세우고 온건한 변화는 잠시만 받아들여야 한다. 온건한 변화를 목표로 세운다면 아무것도 얻지 못할 것이다.

41   Richard Posner, *A Failure of Capitalism*, Harvard University Press, 2009. (리처드 포스너, 김규진 · 김지욱 · 박동철 옮김, 《포스너가 본 신자유주의의 위기》, 한울아카데미, 2013.)

42   대표적인 사례는 다음을 보라. Joseph Epstein, "Socialist Don't Know History," *Wall Street Journal*, May 29, 2019, https://www.wsj.com/articles/socialists-dont-know-history-11559171072.

43   Posner, *A Failure of Capitalism*.

44   Maeve Reston, "Hillary Clinton Splits Younger, Older Democratic Women," *CNN*, June 10, 2016, https://www.cnn.com/2016/06/10/politics/hillary-clinton-women-generational-divide/index.html.

45   다음을 보라. Nathan J. Robinson, "How Horrific Things Come to Seem Normal," *Current Affairs*, July 4, 2018, https://www.currentaffairs.org/2018/07/how-horrific-things-come-to-seem-normal. 이 글에서 나는 《뉴욕타임스》가 아돌프 히틀러의 득세를

어떻게 다루는지 검토한다.

46 존재론자들은 이에 대한 나의 견해에 동의하지 않을지도 모른다. 하지만 내부적으로 이 문
    제를 두고 철저한 토론이 벌어질 수 있다.

47 압둘 엘사예드는 사회주의자가 아니지만 샌더스 진영에서 인상적인 선거운동을 벌인 좌
    파 진보주의자다. 나는 《커런트어페어스》에 그의 정치적 견해에 관한 글을 썼고, 격주
    간지 《뉴욕New York》의 요청으로 그의 선거 유세 현장을 취재했다. Nathan J. Robinson,
    "Could Abdul El-Sayed Be The Real Deal?," *Current Affairs*, February 5, 2018, https://
    www.currentaffairs.org/2018/02/could-abdul-el-sayed-be-the-real-deal.; Nathan
    J. Robinson, "Abdul El-Sayed's Campaign Is A Test For Leftism in the Midwest,"
    New York, August 5, 2018, https://nymag.com/intelligencer/2018/08/leftist-abdul-el-
    sayeds-race-for-michigan-governor.html.

48 Jennifer Schuessler, "A Young Publisher Takes Marx into the Mainstream," *New
    York Times*, January 20, 2013, https://www.nytimes.com/2013/01/21/books/bhaskar-
    sunkara-editor-of-jacobin-magazine.html.

49 모두 정치적인 책은 아니었다. 예를 들어 다음을 보라. Nathan J. Robinson, *The Man Who
    Accidentally Wore His Cravat to a Gymnasium*, Demilune Press, 2014.

50 Kyle Chayka, "The Rise of the Hard Left," *The Ringer*, March 23, 2017, https://www.
    theringer.com/2017/3/23/16044958/new-left-media-current-affairs-chapo-trap-
    house-crooked-media-9cb016070532.

1장 | 나는 어쩌다 사회주의자 같은 것이 됐나

1 "Sterling Silver Protractor," Tiffany&Co., https://www.tiffany.com/accessories/desk/
   everyday-objects-sterling-silver-protractor-60558523/.

2 Oliver Milman, "Americans Waste 150,000 Tons of Food Each Day," *The Guardian*,
   April 18, 2018, https://www.theguardian.com/environment/2018/apr/18/
   americans-waste-food-fruit-vegetables-study.; "Burberry Burns Bags, Clothes
   and Perfume Worth Millions," *BBC News*, July 19, 2018, https://www.bbc.com/
   news/business-44885983. 이 일이 알려져 문제가 되자, 해당 기업은 그런 일이 없도
   록 하겠다고 발표했다. Sarah Cliff, "I Read 1,182 Emergency Room Bills This Year.
   Here's What I Learned," *Vox*, December 18, 2018, https://www.vox.com/health-
   care/2018/12/18/18134825/emergency-room-bills-health-care-costs-america.; Marisa
   Kendall, "Rent a Bunk Bed for $1,200a Month?," *Mercury News*, June 7, 2019, https://
   www.mercurynews.com/2019/06/07/rent-a-bunk-bed-for-1200-a-month-idea-
   sparks-pushback-from-sf-officials/.

3 Candace Taylor, "AOL Co-Founder's D.C.-Area Home Asks $62.95 Million," *Wall
   Street Journal*, May 24, 2018, https://www.wsj.com/articles/aol-co-founders-d-c-area-
   home-asks-62-95-million-1527171415.

4   Katy McLaughlin, "Scott McNealy Asks Nearly $100 Million for Silicon Valley Estate," *Wall Street Journal*, June 21, 2018, https://www.wsj.com/articles/scott-mcnealy-asks-nearly-100-million-for-silicon-valley-estate-1529592912.

5   Michael Hiltzik, "Crowdfunding for Medical Expenses Is Rising," *Los Angeles Times*, April 28, 2017, https://www.latimes.com/business/hiltzik/la-fi-hiltzik-crowdfunding-medical-20170428-story.html.

6   Bopha Phorn, "Woman Slips Between Subway and Platform, Draws Huge Crowdof Good Samaritans," *ABC News*, July 3, 2018.

7   "Poverty," The World Bank, 2019년 4월 3일 정보, https://www.worldbank.org/en/topic/poverty/overview. 자본주의가 '수십억 명을 가난에서 벗어나게' 했다는 주장을 흔히 접할 수 있다. 하지만 그 통계 수치는 의미 있는 정도로 덜 가난해진 사람이 얼마나 되는가, 그렇게 되는 데 자본주의가 얼마나 기여했는가라는 측면에서 심하게 과장됐다. 다음을 보라. Roge Karma, "5 Myths About Global Poverty," *Current Affairs*, July 26, 2019, https://www.currentaffairs.org/2019/07/5-myths-about-global-poverty. 지구적 불평등과 빈곤에 관한 통계학 분야에서 현존하는 최고의 좌파 학자인 인류학자 제이슨 히켈Jason Hickel은 블로그에서 엄청난 발전이 있었다는 신화들의 허구성을 파헤친다. https://www.jasonhickel.org/blog.

8   "Immunization Coverage," World Health Organization, July 16, 2018, https://www.who.int/news-room/fact-sheets/detail/immunization-coverage.; "Up to 40 Percent of Annual Deaths from Each of Five Leading US Causes Are Preventable," Centers for Disease Control and Prevention, May 1, 2014, https://www.cdc.gov/media/releases/2014/p0501-preventable-deaths.html.

9   Lucy Dalloway, "Principles for Living We Could Do Without," *Financial Times*, May 23, 2010, https://www.ft.com/content/be8ce2ce-650d-11df-b648-00144feab49a 에서 인용. 달리오의 기업 경영 원칙을 더 깊이 알고 싶다면 다음을 보라. Nathan J. Robinson, "How to Make Everyone in Your Vicinity Secretly Fear and Despise You," *Current Affairs*, June 10, 2018, https://www.currentaffairs.org/2018/06/how-to-make-everyone-in-your-vicinity-secretly-fear-and-despise-you.

10   Robert Nozick, *Anarchy, State, and Utopia*, Basic Books, 1974. (로버트 노직, 남경희 옮김, 《아나키에서 유토피아로》, 문학과지성사, 1997.)

11   Ben Shapiro, "The Complete Transcript: Ben Takes Berkeley," *The Daily Wire*, September 15, 2017, https://www.dailywire.com/news/21144/complete-transcript-ben-takes-berkeley-daily-wire.

12   Henry George, *Progress and Poverty*, Robert Schalkenbach Foundation, 1937(1879), p.274. (헨리 조지, 이종인 옮김, 《진보와 빈곤》, 현대지성, 2019.)

13   Ken Langone, *I Love Capitalism! An American Story*, Portfolio, 2018.

14   Max Weber, *From Max Weber: Essays in Sociology*, Oxford University Press, 1946, p.271.

15   Jack London, *The Iron Heel*. Available from Project Gutenberg: https://www.

gutenberg.org/ebooks/author/120. (잭 런던, 곽영미 옮김, 《강철 군화》, 궁리, 2003.)

16 이것을 특히 잘 볼 수 있는 곳이 하버드 광장이다. 이곳에 가면 하버드대학교 구성원인 선한 자유주의자들이 곳곳에 있는 상당수 노숙인을 애써 외면하는 모습을 볼 수 있다.

17 Brianna Rennix and Oren Nimni, "Slavery Is Everywhere," *Current Affairs*, May/June 2016, https://www.currentaffairs.org/2016/07/slavery-is-everywhere.

18 Rachel Sherman, *Uneasy Street: The Anxieties of Affluence*, Princeton University Press, 2017.

19 Edith Wharton, *The House of Mirth*, 1905.

20 Brendan Maloy, "Prospective Clippers Owner Larry Ellison Has a Basketball Court on His Yacht," *Sports Illustrated*, May 1, 2014.

21 David Vine, "Where in the World Is the U.S. Military?," *Politico Magazine*, July/August 2015, https://www.politico.com/magazine/story/2015/06/us-military-bases-around-the-world-119321.

22 "Suicide Statistics," American Foundation for Suicide Prevention, 2017, https://afsp.org/about-suicide/suicide-statistics/.

23 프루트의 삶과 글에 대해 더 알고 싶다면 다음을 보라. Nathan J. Robinson, "The Autobiography of Robert Pruett," *Current Affairs*, October 9, 2017, https://www.currentaffairs.org/2017/10/the-autobiography-of-robert-pruett.

24 폴 블룸Paul Bloom은 《공감의 배신Against Empathy》에서 정반대 주장을 한다. 블룸은 공감이 이성을 약화하고 우리를 감정적으로 만들어 빈약한 도덕적 결정을 초래한다고 말한다. 나는 블룸이 틀렸다고 생각한다. 타인의 고통을 이해하려고 노력하지 않는 사람은 도덕적 결정을 내릴 때 그 결정의 중요성을 알지 못할 것이기 때문이다. 나의 전체 논변을 알고 싶다면 다음을 보라. Nathan J. Robinson, "Empathy: Probably A Good Thing," *Current Affairs*, July/August 2017.

25 Nathan J. Robinson, "What We Did," *Current Affairs*, July 8, 2018, https://www.currentaffairs.org/2018/07/what-we-did.

26 T. Eisensee and D. Strömberg, "News Droughts, News Floods, and US Disaster Relief," *Quarterly Journal of Economics* 122, no. 2, 2007, pp.693-728.

27 Thomas Paine, *The Rights of Man*. Available from Project Gutenberg: http://www.gutenberg.org/ebooks/3742.

28 Peter Brannen, "Earth Is Not in the Midst of a Sixth Mass Extinction," *The Atlantic*, June 13, 2017, https://www.theatlantic.com/science/archive/2017/06/the-ends-of-the-world/529545/.

29 Jeremiah Moss, *Vanishing New York: How A Great City Lost Its Soul*, Dey Street Books, 2017.

30 Nathan J. Robinson, "Everything You Love Will Be Eaten Alive," *Current Affairs*, February 9, 2018, https://www.currentaffairs.org/2018/02/everything-you-love-will-be-eaten-alive.

31 George Orwell, "Politics and the English Language," *Horizon*, April 1946, http://www. orwell.ru/library/essays/politics/english/e_polit.

32 Ian Cobain, "Obama's Secret Kill List—the Disposition Matrix," *The Guardian*, July 14, 2013, https://www.theguardian.com/world/2013/jul/14/obama-secret-kill-list-disposition-matrix.

33 George Carlin, *Parental Advisory: Explicit Lyrics*, Atlantic Records, 1990.

34 Yara Bayoumy, "Obama Administration Arms Sales Offers to Saudi Top $115 Billion," Reuters, September 7, 2016, https://www.reuters.com/article/us-usa-saudi-security/obama-administration-arms-sales-offers-to-saudi-top-115-billion-report-idUSKCN11D2JQ.; Nathan J. Robinson, "I Refuse to Be Distracted from the Deaths of Palestinian Children," *Current Affairs*, March 8, 2019, https://www.currentaffairs. org/2019/03/i-refuse-to-be-distracted-from-the-deaths-of-palestinian-children.

2장 | 인류의 악몽, 신자유주의

1 Barack Obama, "Now Is the Greatest Time to Be Alive," *Wired*, October 12, 2016, https://www.wired.com/2016/10/president-obama-guest-edits-wired-essay/.

2 Scott Winship (@swinshi), "What's really clarifying...," Twitter, August 15, 2018, 7:32 a.m., https://twitter.com/swinshi/status/1029737546731974656.

3 Steven Pinker, *Enlightenment Now: The Case for Reason, Science, Humanism, and Progress*, Viking, 2018.

4 William J. Ripple et al., "World Scientists' Warning to Humanity: A Second Notice," *BioScience* 67, no. 12, December 2017, pp.1026-1028.

5 Jeremy Lent, "Steven Pinker's Ideas Are Fatally Flawed. These Eight Graphs Show Why," *OpenDemocracy*, May 21, 2018, https://patternsofmeaning.com/2018/05/17/ steven-pinkers-ideas-about-progress-are-fatally-flawed-these-eight-graphs-show-why/.

6 이를 둘러싼 논쟁을 알고 싶다면 다음을 보라. Peter Brannan, "Earth Is Not in the Midst of a Sixth Mass Extinction," *The Atlantic*, June 21, 2017, https://www.theatlantic.com/ science/archive/2017/06/the-ends-of-the-world/529545/.

7 Sydney Pereira, "NASA: Hole in Earth's Ozone Layer Finally Closing Up Because Humans Did Something About it," *Newsweek*, January 5, 2018, https://www.newsweek. com/nasa-hole-earths-ozone-layer-finally-closing-humans-did-something-771922.

8 Albert Einstein, *Essays in Humanism*, Philosophical Library, 2011.

9 "Nuclear Weapons: Who Has What At a Glance," Arms Control Association, https:// www.armscontrol.org/factsheets/Nuclearweaponswhohaswhat(2019년 5월 31일 접속).

10 James Carden, "Former Defense Secretary William Perry Sounds the Alarm over the Present Nuclear Danger," *The Nation*, November 30, 2017, https://www.thenation.

com/article/former-defense-secretary-william-perry-sounds-the-alarm-over-the-present-nuclear-danger/에서 인용.

11   Alex Wallerstein, "The Hawaii Alert Was an Accident. The Dread It Inspired Wasn't," *Washington Post*, January 16, 2018, https://www.washingtonpost.com/news/posteverything/wp/2018/01/16/the-hawaii-alert-was-an-accident-the-dread-it-inspired-wasnt/?noredirect=on&utm_term=.4102afe63815.

12   Steven Pinker, *The Better Angels of Our Nature: Why Violence Has Declined*, Penguin, 2011.

13   Chrystia Freeland, *Plutocrats: The Rise of the New Global Super-Rich and the Fall of Everyone Else*, Penguin Press, 2012.

14   "Plutonomy: Buying Luxury, Explaining Global Imbalances," Citigroup, October 16, 2005, http://www.lust-for-life.org/Lust-For-Life/CitigroupImbalances_October2009/CitigroupImbalances_October2009.pdf.

15   Oliver P. Hauser and Michael I. Norton, "(Mis)perceptions of Inequality," *Current Opinion in Psychology* 18, 2017, pp.21-25.

16   Noah Kirsch, "The 3 Richest Americans Hold More Wealth Than Bottom 50% of the Country, Study Finds," *Forbes*, November 9, 2017, https://www.forbes.com/sites/noahkirsch/2017/11/09/the-3-richest-americans-hold-more-wealth-than-bottom-50-of-country-study-finds/.

17   부에 관한 옥스팜의 주장을 둘러싼 논쟁은 다음을 보라. Dylan Matthews, "Are 26 Billionaires Worth More than Half the Planet? The Debate, Explained," *Vox*, January 22, 2019, https://www.vox.com/future-perfect/2019/1/22/18192774/oxfam-inequality-report-2019-davos-wealth. 옥스팜과 다른 방식으로 통계자료를 해석하더라도 수십억 명은 가진 것이 거의 없는 반면, 극소수 사람들은 수십억 달러씩 갖고 있다는 사실이 분명하다.

18   공공정책개발연구소People's Policy Project 맷 브루닉Matt Bruenig 소장이 입증했듯이, 최상위 사람들은 지난 수십 년 동안 실로 엄청난 부를 축적했다. Matt Bruenig, "We Really Need to Eat the Rich," *Jacobin*, June 16, 2019, https://www.jacobinmag.com/2019/06/wealth-inequality-united-states-statistics-one-percent.

19   David Adler, "Who Cares About Inequality," *Current Affairs*, November/December 2017, https://www.currentaffairs.org/2018/01/who-cares-about-inequality.

20   Freeland, *Plutocrats*.

21   Ibid.

22   Freeland, *Plutocrats*, p.82. 프릴랜드가 디턴의 저술을 요약한 글에서 인용.

23   Chris Taylor, "How Money Changes Us, and Not for the Good," *Reuters*, February 16, 2016, https://www.reuters.com/article/us-money-behavior-piff/how-money-changes-us-and-not-for-the-good-idUSKCN0VP1QQ.

24   Benjamin Preston, "The Rich Drive Differently, a Study Suggests," *New York Times*,

August 12, 2013, https://wheels.blogs.nytimes.com/2013/08/12/the-rich-drive-differently-a-study-suggests/.

25 Lauren Tousignant, "Amazon Gave Away Too Many Free Bananas and Messed Up Seattle," *New York Post*, May 23, 2017. https://nypost.com/2017/05/23/amazon-gave-away-too-many-free-bananas-and-messed-up-seattle/. 지금까지 무료 바나나 170만 개를 나눠준 이 프로그램은 생계를 위해 바나나 파는 사람들을 화나게 만들었다. 이 사람들을 보며 재미있어 하는 이들은 시트콤 〈못 말리는 패밀리~Arrested Development~〉의 "바나나 매대에는 언제나 돈이 있어"라는 대사를 지겨울 정도로 읊어댔다.

26 내가 이 글을 쓴 뒤에 베조스는 드디어 "아이들이 고객이 될"(이 말이 무슨 의미든) 많은 유치원을 건설하는 데 기부하겠다고 약속했다. 이 유치원들이 교육을 민영화하려는 계획이 아니라 실제로 좋은 것이라 해도 우리는 제프 베조스가 어느 날 아침 바나나 대신 유치원을 생각하며 잠에서 깨기를 바랄 게 아니라 보편적 무상 유아교육의 혜택을 누려야 한다. Harry Cheadle, "'The Child Will Be the Customer' at Jeff Bezos' Totally Normal Preschool," *VICE*, Sept. 13, 2018, https://www.vice.com/en_us/article/wjy8am/jeff-bezos-preschool-child-will-be-the-customer-vgtrn.

27 Catherine Clifford, "Jeff Bezos Says This Is How He Plans to Spend the Bulk of His Fortune," *CNBC*, April 30, 2018, https://www.cnbc.com/2018/04/30/jeff-bezos-says-this-is-how-he-plans-to-spend-the-bulk-of-his-fortune.html.

28 Isobel Asher Hamilton and Áine Cain, "Amazon Warehouse Employees Speak Out About the 'Brutal' Reality of Working During the Holidays, When 60-Hour Weeks are Mandatory and Ambulance Calls Are Common," *Business Insider*, February 19, 2019, https://www.businessinsider.com/amazon-employees-describe-peak-2019-2.

29 다음을 보라. Nathan J. Robinson, "Jeff Bezos: How the World's Richest Man Can Change His Stingy Reputation," *The Guardian*, July 28, 2017, https://www.theguardian.com/technology/2017/jul/28/jeff-bezos-amazon-rich-charity-warren-buffett.

30 Daphne Howland, "Why Amazon's 'Big Brother' Warehouse Theft Surveillance Is a Big Mistake," *Retail Dive*, March 23, 2016, https://www.retaildive.com/news/why-amazons-big-brother-warehouse-theft-surveillance-is-a-big-mistake/415764/.

31 Hamilton Nolan, "Inside an Amazon Warehouse, the Relentless Need to 'Make Rate,'" *Gawker*, June 6, 2016, https://gawker.com/inside-an-amazon-warehouse-the-relentless-need-to-mak-1780800336.

32 David Streitfeld, "Inside Amazon's Very Hot Warehouse," *New York Times*, September 19, 2011, https://bits.blogs.nytimes.com/2011/09/19/inside-amazons-very-hot-warehouse/.

33 블러드워스는 영국 아마존 창고에서 일했다. 영국 아마존 창고는 노동자 보호 대책이 최소에 그친 미국 아마존 창고보다 조건이 나은 편이었다. James Bloodworth, *Hired: Six Months Undercover in Low-Wage Britain*, Atlantic Books, 2018.

34 Jodi Kantor and David Streitfeld, "Inside Amazon: Wrestling Big Ideas in a Bruising

Workplace," *New York Times*, August 16, 2015, https://www.nytimes.com/2015/08/16/technology/inside-amazon-wrestling-big-ideas-in-a-bruising-workplace.html.

35 Catey Hill, "41% of Workers Took No Vacation Last Year," *MarketWatch*, Jan. 19, 2016, https://www.marketwatch.com/story/41-of-workers-took-no-vacation-last-year-2016-01-19. 이 노동자 가운데 많은 수가 명목상으로 휴가 받을 자격이 있지만, 실제로 휴가를 사용하려면 고용주의 비공식적 허가를 받아야 한다. 조 핀스커Joe Pinsker가 《디 애틀랜틱》에 썼듯이, 그들은 "휴가를 쓸 경우 초래될 부정적 영향 때문에 포기한다". 휴가를 허가받아도 휴가 내내 일해야 하는 경우가 많다. Joe Pinsker, "41% of American Workers Let Paid Vacation Days Go to Waste," *The Atlantic*, Aug. 22, 2014. https://www.theatlantic.com/business/archive/2014/08/41-percent-of-american-workers-let-their-paid-vacation-go-to-waste/378950/.

36 Elise Gould and Jessica Schieder, "Work Sick or Lose Pay? The High Cost of Being Sick When You Don't Get Paid Sick Days," Economic Policy Institute, June 28, 2017, https://www.epi.org/publication/work-sick-or-lose-pay-the-high-cost-of-being-sick-when-you-dont-get-paid-sick-days/. 굴드와 시더는 외식과 숙박 산업에서 일하는 저임금 노동자 69퍼센트는 유급 병가가 하루도 없을 만큼 상황이 훨씬 열악하다고 말한다.

37 Monique Morrisey, "Private-Sector Pension Coverage Fell by Half over Two Decades," Economic Policy Institute, Jan. 11, 2013, https://www.epi.org/blog/private-sector-pension-coverage-decline/.

38 Gretchen Livingston, "Is U.S. fertility at an All-Time Low? Two of Three Measures Point to Yes," Pew Research Center, May 22, 2019, https://www.pewresearch.org/fact-tank/2019/05/22/u-s-fertility-rate-explained/.

39 Tom Allison, "Financial Health of Young America: Measuring Generational Declines Between Baby Boomers&Millennials," Young Invincibles, April 2018, https://younginvincibles.org/wp-content/uploads/2018/04/Financial-Health-of-Young-America-update.pdf.

40 Malcolm Harris, *Kids These Days: Human Capital and the Making of Millennials*, Little, Brown and Company, 2017. (맬컴 해리스, 노정태 옮김, 《밀레니얼 선언》, 생각정원, 2019.)

41 《자코뱅》의 루크 새비지Luke Savage는 언론이 밀레니얼 세대를 비판하기 위해 내거는 〈밀레니얼 세대가 X를 망치고 있다〉는 식의 황당하기 그지없는 기사 제목을 모았다. 몇 가지 예를 들면 다음과 같다. 〈당신의 일터를 파멸로 몰고 가는 Y세대 노동자들〉〈점심 식사의 파괴자, 밀레니얼 세대〉〈밀레니얼 세대는 왜 식료품점을 싫어할까?〉〈버팔로와일드윙스와 애플비 같은 체인을 죽이는 밀레니얼 세대〉〈켄달 제너를 내세운 펩시의 새 광고에 비난 일색인 밀레니얼 세대〉〈밀레니얼 세대 탓에 사라지는 사각 비누〉〈미국의 성생활을 망치는 밀레니얼 세대〉. 다음을 보라. Luke Savage (@Lukewsavage), "This 'Millennials Killed X'…" Twitter, June 3, 2017, https://twitter.com/lukewsavage/status/871083837228544000?lang=en.

42 Eve Peyser, "Joe Biden Trashes Millennials in His Quest to Become Even Less

Likable," *Vice*, January 12, 2018, https://www.vice.com/en_us/article/mbpxx8/biden-trashes-millennials-in-his-quest-to-become-even-less-likable.

43 "Household Debt and Credit Report," Federal Reserve Bank of New York, 2019, https://www.newyorkfed.org/microeconomics/hhdc.html.

44 "A Look at the Shocking Student Loan Debt Statistics for 2019," *Student Loan Hero*, February 4, 2019, https://studentloanhero.com/student-loan-debt-statistics/.

45 Beth Akers and Matthew M. Chingos, *Game of Loans: The Rhetoric and Reality of Student Debt*, Princeton University Press, 2017. 이 책에 대한 비판적인 견해를 알고 싶다면 다음을 보라. K. M. Lautrec, "Does Student Debt Matter?," *Current Affairs*, March 24, 2017, https://www.currentaffairs.org/2017/03/does-student-debt-matter. 이 글은 학자금 대출이 왜 '매우, 매우 분노할' 만큼 심각한 문제인지 설명한다.

46 Shannon Insler, "The Mental Toll of Student Debt: What Our Survey Shows," *Student Loan Hero*, September 7, 2017, https://studentloanhero.com/featured/psychological-effects-of-debt-survey-results/.

47 Josh Mitchell, "Mike Meru Has $1 Million in Student Loans. How Did That Happen?," *Wall Street Journal*, May 25, 2018, https://www.wsj.com/articles/mike-meru-has-1-million-in-student-loans-how-did-that-happen-1527252975.

48 Ryann Liebenthal, "The Incredible, Rage-Inducing Inside Story of America's Student Debt Machine," *Mother Jones*, September/October 2018, https://www.motherjones.com/politics/2018/08/debt-student-loan-forgiveness-betsy-devos-education-department-fedloan/.

49 David Dayen, "Betsy DeVos Quietly Making It Easier for Dying For-Profit Schools to Rip Off a Few More Students on the Way Out," *The Intercept*, April 12, 2019, https://theintercept.com/2019/04/12/betsy-devos-for-profit-colleges/.

50 Sparky Abraham, "How Student Debt Is Worsening Race and Gender Injustice," *Current Affairs*, June 26, 2018, https://www.currentaffairs.org/2018/06/how-student-debt-is-worsening-gender-and-racial-injustice.

51 Maurie Backman, "It's Official: Most Americans Are Currently in Debt," *Motley Fool*, February 15, 2018, https://www.fool.com/retirement/2018/02/15/its-official-most-americans-are-currently-in-debt.aspx.; Melanie Lockert, "The Average U.S. Household Debt Continues to Rise," Credit Karma, October 30, 2017, https://www.creditkarma.com/studies/i/average-debt-american-household-on-rise/.

52 Esther Gross, Victoria Efetevbia, Alexandria Wilkins, "Racism and Sexism Against Black Women May Contribute to High Rates of Black Infant Mortality," *ChildTrends*, April 18, 2019, https://www.childtrends.org/racism-sexism-against-black-women-may-contribute-high-rates-black-infant-mortality.

53 Max Ehrenfreund, "There's a Disturbing Truth to John Legend's Oscar Statement About Prisons and Slavery," *Washington Post*, February 23, 2015, https://www.

washingtonpost.com/news/wonk/wp/2015/02/23/theres-a-disturbing-truth-to-john-legends-oscar-statement-about-prisons-and-slavery/?noredirect=on&utm_term=.c600c34a7ebe.

54 이 조사 이후 교도소 수감률이 떨어졌기 때문에, 예상 수치도 다소 줄었다. 그러니 이 통계 수치를 오늘날 태어나는 아이들에게 그대로 적용해선 안 된다. Glen Kessler, "The Stale Statistic that One in Three Black Males 'Born Today' Will End Up in Jail," *Washington Post*, June 16, 2015, https://www.washingtonpost.com/news/fact-checker/wp/2015/06/16/the-stale-statistic-that-one-in-three-black-males-has-a-chance-of-ending-up-in-jail/.

55 Joshua Holland, "The Average Black Family Would Need 228 Years to Build the Wealth of a White Family Today," *The Nation*, August 8, 2016, https://www.thenation.com/article/the-average-black-family-would-need-228-years-to-build-the-wealth-of-a-white-family-today/.

56 Akilah Johnson, "That Was No Typo: The Median Net Worth of Black Bostonians Really Is $8," *Boston Globe*, Dec. 11, 2017, https://www.bostonglobe.com/metro/2017/12/11/that-was-typo-the-median-net-worth-black-bostonians-really/ze5kxC1jJelx24M3pugFFN/story.html. 사람들은 종종 역사상 인종차별에 대한 '배상'을 이야기할 때 이에 따른 피해를 숫자로 계산할 수 없다는 식으로 말하지만, 구체적인 수치로 시작하는 게 좋다. 이런 격차를 줄이는 데서 배상을 시작할 수 있다.

57 Matt Bruenig, "Baby Bonds Only Modestly Reduce the Racial Wealth Gap," *Peoples Policy Project*, January 22, 2019, https://www.peoplespolicyproject.org/2019/01/22/baby-bonds-only-modestly-reduce-the-racial-wealth-gap/.; Matt Bruenig, "Wealth Inequality Across Class and Race in 5 Graphs," *Peoples Policy Project*, March 5, 2019, https://www.peoplespolicyproject.org/2019/03/05/wealth-inequality-across-class-and-race-in-5-graphs/.

58 Facundo Alvaredo, Bertrand Garbinti, Thomas Piketty, "On the share of inheritance in aggregate wealth Europe and the United States, 1900-2010," Oct. 29, 2015, http://piketty.pse.ens.fr/files/AlvaredoGarbintiPiketty2015.pdf.

59 Bernie Sanders on Twitter, April 5, 2019, https://twitter.com/berniesanders/status/1114198592800079872?lang=en.

60 Melissa Chan, "Life Expectancy Gap Between Black and White Americans Narrower Than Ever," *TIME*, May 9, 2016.

61 젠더에 따른 임금격차가 존재하지 않는다는 논증을 흔히 접할 수 있다. 이 논증은 지극히 부정직한 방식으로 전개되기 때문에 유의해야 한다. 이 주장을 하는 사람들은 사실 젠더에 따른 임금격차가 존재하지 않는다는 단순한 주장을 펼치는 게 아니다. 그들은 젠더에 따른 임금격차가 존재하지만, 여성이 선택한 결과이므로 문제 될 게 없다고 주장한다. 그들은 동일 직업에서는 여성과 남성이 대체로 동일한 임금을 받는다고 주장한다. 문제의 핵심은 여성이 대체로 낮은 평가를 받는 직종에 종사한다는 데 있다! 여성이 주로 일하는 직종의 임

금이 낮다는 것을 입증할 수 있다면, 여성의 노동이 구조적으로 평가절하 된다는 주장이 참일 가능성이 높아진다.

62 Laura Bates, *Everyday Sexism: The Project That Inspired a Worldwide Movement*, Thomas Dunne Books, 2016. (로라 베이츠, 안진이 옮김, 《일상 속의 성차별》, 미메시스, 2017.)

63 Garth Fowler, et al., "Women Outnumber Men in Psychology Graduate Programs," American Psychological Association, Dec. 2018, https://www.apa.org/monitor/2018/12/datapoint.

64 Dan Vergano, "Half-Million Iraqis Died in the War, New Study Says," *National Geographic*, Oct. 16, 2013, https://news.nationalgeographic.com/news/2013/10/131015-iraq-war-deaths-survey-2013/.

65 Julian Borger, "Fleeing a Hell the US Helped Create: Why Central Americans Journey North," *The Guardian*, Dec. 19, 2018, https://www.theguardian.com/us-news/2018/dec/19/central-america-migrants-us-foreign-policy.

66 Max Fisher, "Americans Have Forgotten What We Did to North Korea," *Vox*, Aug. 3, 2015, https://www.vox.com/2015/8/3/9089913/north-korea-us-war-crime.

67 Saeed Kamali Dehghan and Richard Norton-Taylor, "CIA Admits Role in 1953 Iranian Coup," *The Guardian*, Aug. 19, 2013, https://www.theguardian.com/world/2013/aug/19/cia-admits-role-1953-iranian-coup.

68 Tara Tidwell Cullen, "ICE Released Its Most Comprehensive Immigration Detention Data Yet. It's Alarming," National Immigrant Justice Center, March 13, 2018, https://immigrantjustice.org/staff/blog/ice-released-its-most-comprehensive-immigration-detention-data-yet.

69 Stef W. Kight and Alayna Treene, "Trump Isn't Matching Obama Deportation Numbers," *Axios*, June 21, 2019, https://www.axios.com/immigration-ice-deportation-trump-obama-a72a0a44-540d-46bc-a671-cd65cf72f4b1.html.

70 도덕적 사고에서 인간이 아닌 동물을 가장 중심에 둬야 하는 이유에 대해 더 알고 싶다면 다음을 보라. Nathan J. Robinson, "Meat and the H-Word," *Current Affairs*, Jan. 17, 2018, https://www.currentaffairs.org/2018/01/meat-and-the-h-word.

71 Jason Bellini, "Why 'Deaths of Despair' May Be a Warning Sign for America," *Wall Street Journal*, February 27, 2018, https://www.wsj.com/articles/why-deaths-of-despair-may-be-a-warning-sign-for-america-moving-upstream-1519743601에서 인용.

72 Nathan J. Robinson, "Suicide and the American Dream," *Current Affairs*, October 22, 2016, https://www.currentaffairs.org/2016/10/suicide-and-the-american-dream.

73 "Overdose Death Rates," National Institute on Drug Abuse, January 2019, https://www.drugabuse.gov/related-topics/trends-statistics/overdose-death-rates.

74 Michael Karpman, Stephen Zuckerman, and Dulce Gonzalez, "The Well-Being and Basic Needs Survey," Urban Institute, August 28, 2018, https://www.urban.org/

research/publication/well-being-and-basic-needs-survey.

75 Dwyer Gunn, "Low-Income Americans Face a Harrowing Choice: Food or Housing?," *Pacific Standard*, November 2, 2018, https://psmag.com/economics/the-rent-and-mortgage-payments-are-still-too-damn-high.

76 "Suicide Statistics," American Foundation for Suicide Prevention, https://afsp.org/about-suicide/suicide-statistics/(2019년 6월 1일 접속). 2017년 미국에서 4만 7173명이 자살했고, 벌링턴의 인구는 4만 2239명이다.

77 Lawrence H. Summers, "The Great Liberator," *New York Times*, November 19, 2006, https://www.nytimes.com/2006/11/19/opinion/19summers.html.

78 Milton Friedman, *Capitalism and Freedom*, University of Chicago Press, 1962, p.29. (밀턴 프리드먼, 심준보·변동열 옮김, 《자본주의와 자유》, 청어람미디어, 2007.)

79 일부 자유주의자는 오늘날까지 정부에 대해 이런 식으로 이야기한다. 엘리자베스 워런 Elizabeth Warren은 자신이 효율적 규제를 통해 시장이 공공 이익을 위해 원활히 작동하도록 해야 한다고 생각하는 '골수 자본가'라고 말한다. 전 노동부 장관 로버트 라이시 Robert Reich는 클린턴 행정부에서 일할 때 신자유주의적 전환을 비판하면서도 《자본주의를 구하라 Saving Capitalism》라는 책을 썼다.

80 Stephen Metcalf, "Neoliberalism: The Idea That Swallowed the World," *The Guardian*, August 18, 2017, https://www.theguardian.com/news/2017/aug/18/neoliberalism-the-idea-that-changed-the-world.

81 Wendy Brown, *Undoing the Demos: Neoliberalism's Stealth Revolution*, Zone Books, 2015. (웬디 브라운, 배충효·방진이 옮김, 《민주주의 살해하기》, 내인생의책, 2017.)

82 Panos Mourdoukoutas, "Amazon Should Replace Local Libraries to Save Taxpayers Money," *Forbes*, July 21, 2018, http://www.ala.org/yalsa/sites/ala.org.yalsa/files/content/AmazonShouldReplaceLocalLibrariestoSaveTaxpayersMoney.pdf. 이 칼럼이 멍청한 주장이라는 도서관 사서들의 비판이 쇄도하자, 《포브스》는 글을 삭제하고 뻔뻔스럽게도 이런 글을 실은 적이 없는 듯 가장했다. 이 논쟁에 대해 알고 싶다면 다음을 보라. ThuHuong Ha, "Forbes Deleted a Deeply Misinformed Op-ed Arguing Amazon Should Replace Libraries," *Quartz*, July 23, 2018, https://qz.com/1334123/forbes-deleted-an-op-ed-arguing-that-amazon-should-replace-libraries/.

83 Bryan Caplan, *The Case Against Education: Why the Education System Is a Waste of Time and Money*, Princeton University Press, 2018.

84 캐플런의 교육관에 가해진 비판에 대해 자세히 알고 싶다면 다음을 보라. Sparky Abraham and Nathan J. Robinson, "What Is Education For?," *Current Affairs*, August 11, 2018, https://www.currentaffairs.org/2018/08/what-is-education-for.

85 Kevin Carey, "Classless," *Washington Monthly*, April/May/June 2018, https://washingtonmonthly.com/magazine/april-may-june-2018/classless/.

86 Leslie Scism, "As Wildfires Raged, Insurers Sent in Private Firefighters to Protect Homes of the Wealthy," *Wall Street Journal*, November 5, 2017, https://www.wsj.com/

articles/as-wildfires-raged-insurers-sent-in-private-firefighters-to-protect-homes-of-the-wealthy-1509886801.

87   Kimi Yoshino, "Another Way the Rich Are Different: 'Concierge-Level' Fire Protection," *Los Angeles Times*, October 26, 2007, https://www.latimes.com/business/la-fi-richfire26oct26-story.html.

88   Amy Julia Harris and Shoshana Walter, "They Thought They Were Going to Rehab. They Ended Up in Chicken Plants," *Reveal News*, October 4, 2017, https://www.revealnews.org/article/they-thought-they-were-going-to-rehab-they-ended-up-in-chicken-plants/.

89   Emma Pettit, "U. of Akron Will Phase Out 80 Degree Programs and Open New Esports Facilities," *Chronicle of Higher Education*, Aug. 16, 2018, https://www.chronicle.com/article/U-of-Akron-Will-Phase-Out-80/244293.

90   Harris, *Kids These Days*, p.7.

91   Michael Cohen, "How For-Profit Prisons have Become the Biggest Lobby No One Is Talking About," *Washington Post*, April 28, 2015, https://www.washingtonpost.com/posteverything/wp/2015/04/28/how-for-profit-prisons-have-become-the-biggest-lobby-no-one-is-talking-about/?utm_term=.564c8e6fd948.

92   '성장'이 어떻게 위험한 교의가 되었는지에 대한 논의를 더 자세히 알고 싶다면 다음을 보라. Rob Larson and Nathan J. Robinson, "Stubborn Detachment," *Current Affairs*, Jan./Feb. 2019.

93   Christina Cauterucci, "The U.S. and Israel Are Trying to Cure Breast Cancer with Tasteful Pink Fighter Jet," *Slate*, October 27, 2016, https://slate.com/human-interest/2016/10/the-u-s-and-israel-are-trying-to-cure-breast-cancer-with-tasteful-pink-fighter-jets.html.

3장 | 사이코패스 안드로이드 공장, 자본주의

1   Milton Friedman, "The Social Responsibility of Business Is to Increase Its Profits," *New York Times*, September 13, 1970, http://umich.edu/~thecore/doc/Friedman.pdf.

2   Andrew Jacobs and Matt Richtel, "How Big Business Got Brazil Hooked on Junk Food," *New York Times*, September 16, 2017, https://www.nytimes.com/interactive/2017/09/16/health/brazil-obesity-nestle.html.

3   Ibid.

4   Ibid.

5   Barry Meier, "Sackler Scion's Email Reveals Push for High-Dose OxyContin, New Lawsuit Disclosures Claim," *New York Times*, January 31, 2019, https://www.nytimes.com/2019/01/31/health/opioids-purdue-pharma-sackler.html.

6   Ibid.

7   Ibid.

8   일부 자유방임주의자는 이런 이야기에 코웃음 치고 포경 산업은 그렇게 '하지 않을' 거라며 그렇게 하는 것이 합리적이지 않은 이유를 제시할 것이다. 예를 들면 다음과 같은 식이다. 비행기 제조 회사가 더 높은 이윤을 위해 안전 문제를 도외시하는 건 합리적이지 않은데, 비행기가 추락하면 이윤도 추락할 것이기 때문이다. 그런 일이 많이 일어나는데도 사람들은 그런 일이 일어나지 '않을' 거라고 생각한다는 점이 이해하기 힘들다. 에어버스Airbus와 단기 경쟁에 돌입한 보잉Boeing은 시장에서 에어버스를 앞지르기 위해 비행기의 품질을 희생하기로 결정했고, 그 결과 두 차례 끔찍한 비행기 사고가 일어났다. 다음을 보라. Peter Cohan, "Did Airbus Rivalry Drive Dangerous Tradeoffs for Boeing's 737 MAX?," *Forbes*, March 28, 2019, https://www.forbes.com/sites/petercohan/2019/03/28/did-airbus-rivalry-drive-dangerous-tradeoffs-for-boeings-737-max/#4aea1c972e18.

9   Adam Smith, *The Wealth of Nations*, W. Strahan and T. Cadell, 1776, vol. 1, ch. 8. (애덤 스미스, 유인호 옮김, 《국부론》, 동서문화사, 2016.)

10   Vanessa Fuhrmans, "Tax Cuts Provide Limited Boost to Workers' Wages," *Wall Street Journal*, October 2, 2018, https://www.wsj.com/articles/tax-cuts-provide-limited-boost-to-workers-wages-1538472600. 이 기사는 기업은 엄청난 감세 조치에도 "상근직의 급여 총액이 증가하는 것을 피하기 위해 모든 조치를 취하고 있다"고 말한다. 모든 조치가 무엇인지는 독자 여러분이 잘 알 것이다. Thomas Gryta, "Profits Surge at Big U.S. Firms," *Wall Street Journal*, August 5, 2018, https://www.wsj.com/articles/profits-surge-at-big-u-s-firms-1533489995. 내가 들은 이윤 옹호 논변은 다음과 같다. 공기업의 이윤율은 대체로 상당히 낮다. 영리기업과 비영리 기업은 이윤율에서 2퍼센트가량 차이가 날 수 있다. 영리를 목적으로 하는 기업은 고객, 피고용인, 주주에게서 이 2퍼센트를 짜내기 위해 할 수 있는 모든 것을 해야 한다. 비영리 기업이라고 크게 다르다고 할 수 있는지는 불분명하다. 여기서 우리가 주목해야 할 것은 2퍼센트라는 수치가 아니다. 조직이 추구하는 목적에 따라 조직의 선택이 얼마나 달라지느냐가 중요하다. 코카콜라 한 캔당 수익이 1페니라고 하자. 1페니는 아주 낮은 수익이다. 하지만 수익이 낮기 때문에 코카콜라는 언제나 가능한 한 많은 캔을 팔 수 있으리라 생각할 테고, 새로운 시장에 공격적으로 진출하려 들 것이다. 단위당 이윤은 낮지만 수익 극대화를 통해 상당한 액수를 확보하는 게 목표일 경우, 경쟁자를 박살 내는 데 자비를 베풀어선 안 될 것이다. 그러나 수익을 올리는 것이 목표가 아닐 경우, 손익분기점에 이르면 회사 성장에는 완전히 무관심한 채 상품 소비의 증가와 다른 목표를 추구할 수 있다. 잡지 편집자로서 나는 손익분기점을 맞추는 데 관심 있을 뿐이고, 이는 내가 실제로 다른 선택을 한다는 뜻이다. 우리는 《커런트어페어스》의 판촉 활동을 벌이지 않는다. 우리는 빚지지 않으면서 가능한 한 최고의 잡지를 내는 데 관심이 있다. 돈을 벌고자 하면 우리의 경영 전략은 완전히 달라질 것이다. 단위당 수익이 지극히 낮다고 해도 우리 회사의 운영 방식은 완전히 달라질 것이다. 이윤 극대화는 우리가 하는 일에 대한 우리의 사고방식을 바꾼다.

11   Frederick Taylor, *The Principles of Scientific Management*, Harper&Brothers, 1911. (프레드릭 테일러, 방영호·오정석 옮김, 《과학적 관리법》, 21세기북스, 2010.) 사실 톱니바퀴 처지가 피고

용인보다 낫다. 톱니바퀴는 돈을 지불하고 내 소유물이 된 것이라 대체하려면 돈이 더 들지만, 피고용인은 돈을 더 들이지 않고 대체할 수 있기 때문이다.

12   자본주의의 집단적 성격은 자본주의의 커다란 아이러니 가운데 하나다. 소련과 미국 체제의 중요한 차이점은 미국이 개인의 이익을 중시하는 나라라는 점이었다. 하지만 오늘날 수많은 미국인은 집단적 기구를 위해 일하며 평생을 보낸다. 예를 들어 월마트에서 피고용인은 같은 제복을 입고 한데 모여 회사를 찬양하는 구호를 외치는 이른바 '월마트 치어'로 근무를 시작한다. 월마트 치어와 비슷한 사례는 마오쩌둥毛澤東 사상을 표방하는 중국에도 없다. 다음을 보라. Samuel Miller-Mcdonald, "Capitalism Is Collectivist," *Current Affairs*, May 9, 2018, https://www.currentaffairs.org/2018/05/capitalism-is-collectivist.

13   이 사고실험은 다음에 처음 소개됐다. Nick Bostrom, "Ethical Issues in Advanced Artificial Intelligence," in George Eric Lasker et al. eds., *Cognitive, Emotive and Ethical Aspects of Decision Making in Humans and in Artificial Intelligence*, International Institute for Advanced Studies in Systems Research and Cybernetics, 2003.

14   P. J. Proudhon, *What Is Property*, 1840, https://theanarchistlibrary.org/library/pierre-joseph-proudhon-what-is-property-an-inquiry-into-the-principle-of-right-and-of-governmen.

15   존 로크의 소유권 이론은 유명하다. 로크에 따르면 이 세계에 '자신의 노동을 결합하는' 사람은 그 노동의 성과에 대한 권리가 있다. 근사하게 들리지만, 내 노동을 '결합한' 대상이 무엇인지 결정하기란 극히 어렵다. 그리고 그 결과는 대단히 급진적이다. 예를 들어 공장을 건설하는 노동자는 공장을 건설하는 데 사용된 자원에 자신의 노동을 '결합하는' 게 분명하지만, 현행 법률 체제는 노동자가 건설한 곳에 대한 소유권을 전혀 인정하지 않는다. 로크의 소유권 이론을 진지하게 적용한다면, 노동자에게는 자기 회사에 대해 어느 정도 소유권이 주어져야 한다.

16   Matt Bruenig, "If We Care About Inequality, We Must Confront Capital," People's Policy Project, August 5, 2017, https://www.peoplespolicyproject.org/2017/08/05/if-we-care-about-inequality-we-must-confront-capital/.

17   Aaron C. Davis and Shawn Boburg, "At Sean Hannity Properties in Working-Class Areas, an Aggressive Approach to Rent Collection," *Washington Post*, May 10, 2018, https://www.washingtonpost.com/investigations/at-hannitys-properties-in-low-income-areas-an-aggressive-approach-to-rent-collection/2018/05/10/964be4a2-4eea-11e8-84a0-458a1aa9ac0a_story.html?utm_term=.f8df268f7a83. 알려진 바에 따르면, 해니티는 부동산 870건을 소유한 극도로 공격적인 임대료 징수자다. 그는 112호가 거주하는 한 부동산에서 1년 동안 퇴거 소송 94건을 제기했다. 《워싱턴포스트》에 따르면, 해니티가 퇴거시키려 한 임차인 중에 "딸과 함께 5년 동안 아파트에서 살아왔으나 입원하는 바람에 임대료를 제때 내지 못한 양발 절단 환자"와 "집세 980달러를 내려 했지만 빈대 퇴치료 1050달러를 못 냈다는 이유로 거부당한 세 아이의 싱글 맘"이 있었다.

18   빌저리언과 같은 생활방식이 얼마나 정신을 파괴하는 공허한 것인지 알고 싶다면 다음을 보라. Julian Morgans, "I Tried Living Like Dan Bilzerian and Realized What His

Problem Is," *Vice*, May 3, 2016, https://www.vice.com/en_us/article/3b4q5y/i-tried-living-like-dan-bilzerian-and-realised-what-his-problem-is.

19 Charles E. Hurst, *Social Inequality: Forms, Causes, and Consequences*, Pearson Education, Inc., 2007, p.31.

20 자본주의의 비효율성과 낭비를 보여주는 게 이뿐만은 아니다. 자원이 상품 개선보다 상대방의 고객을 빼앗는 데 쓰인다는 점에서 경쟁은 극심한 낭비일 수 있다. 이윤 추구가 버버리 핸드백 소각이라든가 2년마다 새로운 아이폰을 사게 하는 등 불합리하기 짝이 없는 비효율을 초래하는 건 두말할 나위도 없다. 자본주의는 사람들이 원하지도, 필요하지도 않은 것을 사게 만든다. 그래야 기업이 계속 성장할 수 있기 때문이다. 하지만 불필요한 것을 생산하고 판매하는 것은 수백 배나 좋은 쪽으로 쓰일 수 있는 시간과 자원을 엄청나게 낭비하는 것이다. 코넬대학교Cornell University의 로버트 프랭크Robert Frank는 지나친 부가 낭비로 작용하는 또 다른 중요한 방식에 관해 이야기한다. 많은 부자는 자부심을 느끼기 위해 신분 상징을 구입한다. 소스타인 베블런Thorstein Veblen은 이를 '과시적 소비'라고 불렀다. 프랭크는 이 재화는 지위나 위치가 내재적인 게 아니라 다른 재화와 관계에서 생겨난다는 점에서 '위치재'라고 말한다. 이를테면 내가 465제곱미터 집을 원하는 건 정말 원해서가 아니라 존스 가족이 370제곱미터 집이 있기 때문이다. 존스 가족이 93제곱미터 집이 있다면 나는 110제곱미터 집으로 만족할 것이다. 나는 집의 넓이를 최대화하는 게 아니라 존스 가족을 이기고 싶기 때문이다. 따라서 사치품에 많은 세금을 부과하는 건 아무의 기본적 행복을 해치지 않으면서 이 경쟁을 둔화할 수 있다. 나와 존스 가족이 각기 소유한 비싼 주택에 많은 세금이 부과되면, 추가된 세수는 유치원 무상교육에 쓰일 수 있을 것이다. 그러면서도 나는 내 집이 존스 가족의 집보다 약간 크다는 데 여전히 만족스러울 것이다. Robert H. Frank, *Luxury Fever: Weighing the Cost of Excess*, Princeton University Press, 2010.

21 David Gauthier, "No Need for Morality: The Case of the Competitive Market," *Philosophic Exchange Vol. 13 : No. 1, Article 2*, 1982, https://digitalcommons.brockport.edu/cgi/viewcontent.cgi?article=1228&context=phil_ex.; Francis Ysidro Edgeworth, *Mathematical Psychics: An Essay on the Application of Mathematics to the Moral Sciences*, C.K. Paul&Co., 1881, pp.16－17.

22 Samuel Bowles, *The Moral Economy*, Yale University Press, 2016. (새뮤얼 보울스, 박용진·전용범·최정규 옮김,《도덕경제학》, 흐름출판, 2020.)

23 "바가지 가격은 사실상 좋은 것"이라고 주장하는 대표적인 의견에 대해서는 다음을 보라. Benjamin Zycher, "In Defense of Price Gouging and Profiteering," *American Enterprise Institute*, August 7, 2014, http://www.aei.org/publication/in-defense-of-price-gouging-and-profiteering/. 이 글에 제시한 논변은 대체로 "재난이 발생해 필수품의 값이 오르면 폭리를 취하는 자는 돈을 벌기 위해 더 많은 필수품을 들여온다"는 형식을 취한다. 그러나 이는 바가지 가격을 범죄행위로 만들지 않기 위한 논변일 뿐, 자기 아기를 살리기 위해 물이 필요한 사람에게 물 한 병에 1000달러를 받아도 좋다는 이야기는 아니다. 하지만 자유 시장을 옹호하는 경제학자는 절망적인 상황에 놓인 사람에게서 돈을 갈취해도 좋다는 도덕적 논변이라도 되는 듯이 바가지 가격을 금지하면 공급품이 줄어든다는 경험

적 주장을 펼 것이다. 바가지 가격이 좋은 것이라는 문제의 의견에 자세한 반론을 알고 싶다면 다음을 보라. Nathan J. Robinson, "Do Economists Actually Know What Money Is?," *Current Affairs*, October 27, 2016, https://www.currentaffairs.org/2016/10/do-economists-actually-know-what-money-is.; Nathan J. Robinson, "Incentives and Price Gouging," *Current Affairs*, October 28, 2016, https://www.currentaffairs.org/2016/10/incentives-and-price-gouging.

24 John Stuart Mill, "On the Definition of Political Economy," *Essays on Economics and Society Part I*, 1836.

25 Nick Hanauer, "The Pitchforks Are Coming... for Us Plutocrats," *Politico*, July/August 2014, https://www.politico.com/magazine/story/2014/06/the-pitchforks-are-coming-for-us-plutocrats-108014.

26 Ibid.

27 Bess Levin, "At Davos, Elites Simulate The Refugee 'Experience' By 'Pretending to Flee Advancing Armies,'" *Vanity Fair*, January 17, 2017, https://www.vanityfair.com/news/2017/01/davos-elites-simulate-the-refugee-experience-by-pretending-to-flee-advancing-armies.

28 Kristen Majewski, "Marie Antoinette Built a Fake Peasant Village; Real Peasants Not Pleased," *Modern Notion*, October 21, 2014, http://modernnotion.com/marie-antoinette-built-entire-peasant-village-versailles-real-peasants-pleased/.

29 Steven Pinker, *Enlightenment Now: The Case for Reason, Science, Humanism, and Progress*, Viking, 2018. (스티븐 핑거, 김한영 옮김, 《지금 다시 계몽》, 사이언스북스, 2021.)

30 Harry Frankfurt, *On Inequality*, Princeton University Press, 2015. (해리 프랭크퍼트, 안규남 옮김, 《평등은 없다》, 아날로그, 2019.)

31 그러나 미국은 민주적이지 않다. 어떤 사람의 표는 다른 사람의 표보다 훨씬 가치가 있다. 예를 들어 미합중국 상원에서 모든 주는 인구와 상관없이 상원 의원이 2명이다. 이는 인구가 많은 주에서 개인의 표의 가치가 상당히 줄어든다는 뜻이다. 그 결과 캘리포니아 주민의 표는 와이오밍 주민의 표보다 가치가 작다. 훨씬 더 큰 문제는 푸에르토리코와 워싱턴 D.C.에 사는 사람은 상·하원 의원을 뽑지도 못한다는 것이다. 그들은 '대표 없는 과세' 상태인 셈이다.

32 Warren Buffett, "Better Than Raising the Minimum Wage," *Wall Street Journal*, May 21, 2015, https://www.wsj.com/articles/better-than-raising-the-minimum-wage-1432249927.

33 Chris Bertram, Corey Robin, and Alex Gourevitch, "Let It Bleed: Libertarianism and the Workplace," *Crooked Timber*, July 1, 2012, http://crookedtimber.org/2012/07/01/let-it-bleed-libertarianism-and-the-workplace/.

34 Elizabeth Anderson, *Private Government: How Employers Rule Our Lives*, Princeton University Press, 2017.

35 Robert Shiller, *Finance and the Good Society*, Princeton University Press, 2012, p.218. (로

버트 쉴러, 노지양 · 조윤정 옮김, 《새로운 금융시대》, 알에이치코리아, 2013.)

36　Freeland, *Plutocrats*.

37　Sadef Ali Kully, "What Happened When Seattle Tried to Tax Amazon," *CityLimits*, December 3, 2018, https://citylimits.org/2018/12/03/what-happened-when-seattle-tried-to-tax-amazon/.

38　Ana Swanson, "Meet the Four-Eyed, Eight-Tentacled Monopoly That Is Making Your Glasses So Expensive," *Forbes*, September 10, 2014, https://www.forbes.com/sites/anaswanson/2014/09/10/meet-the-four-eyed-eight-tentacled-monopoly-that-is-making-your-glasses-so-expensive/#a7df4a26b66b.

39　Jonathan Tepper, "Competition Is Dying, and Taking Capitalism with It," *Bloomberg*, November 25, 2018, https://www.bloomberg.com/opinion/articles/2018-11-25/the-myth-of-capitalism-exposed. 다른 보고서에서 이 비율은 90퍼센트가 아니라 70퍼센트에 가깝다는 견해도 있으나, 두 회사가 맥주 산업을 지배하고 있다는 데는 이견이 없다.

40　Friedrich Hayek, *The Road to Serfdom*, University of Chicago Press, 2007(1944), p.136. (프리드리히 하이에크, 김이석 옮김, 《노예의 길》, 자유기업원, 2018.)

41　Jefferson Cowie, *Capital Moves: RCA's Seventy-Year Quest for Cheap Labor*, The New Press, 2001.

42　Rob Larson, *Capitalism vs. Freedom*, Zero Books, 2018.

43　Friedrich Hayek, *Law Legislation and Liberty, Volume 2: The Mirage of Social Justice*, University of Chicago Press, 1976.

44　Buffett, "Better Than Raising the Minimum Wage."

45　Freeland, *Plutocrats*.

46　Jörg Guido Hülsmann, *Mises: The Last Knight of Liberalism*, Ludwig von Mises Institute, 2007, p.996에서 인용.

47　그 이유는 당연히 자본가에게는 자본이 있기 때문이다!

48　피터 틸, 스탠퍼드대학교Stanford University 강연, 〈경쟁은 패자를 위한 것이다Competition Is for Losers〉, https://www.youtube.com/watch?v=bVV26yRjwq0. 틸은 인류의 지식에 가장 중요한 공헌을 한 아인슈타인 같은 사람은 백만장자나 억만장자가 된 적이 없다고 지적한다. 틸은 경영학도에게 혁신가가 아니라 독점자가 되라고 말한다.

49　Don Watkins and Yaron Brook, "The Two Fundamentally Flawed Assumptions at the Heart of the Inequality Crusade," *Medium*, April 14, 2016, https://medium.com/@dwatkins3/the-two-fundamentally-flawed-assumptions-at-the-heart-of-the-inequality-crusade-4ec53dacc061.

50　국가가 법을 통해 어떻게 시장을 만드는지에 관한 설명은 다음을 보라. Robert B. Reich, *Saving Capitalism: For the Many, Not the Few*, Vintage, 2016.

51　이 정부가 크고 강력한 이유는 모든 사유재산권의 집행이라는 결코 작지 않은 임무를 수행할 수 있어야 하기 때문이다!

52　1883년 9월 24일 켄터키Kentucky주 루이스빌Louisville에서 열린 전국유색인대회National

Convention of Colored Men에서 프레더릭 더글러스가 한 연설.

53 Errico Malatesta, *At the Café: Conversations on Anarchism*, Fifth Estate Books, 2006. (에리코 말라테스타, 하승우 옮김, 《국가 없는 사회》, 포도밭출판사, 2014.)

4장 | 사회주의적 본능에 대하여

1 이 글은 자유주의가 무엇이고, 어떤 문제가 있는지 잘 설명한다. Luke Savage, "Liberalism in Theory and Practice," *Jacobin*, December 17, 2018, https://jacobinmag.com/2018/12/liberalism-theory-practice-obama-trudeau.

2 Frank Newport, "Democrats More Positive About Socialism Than Capitalism," Gallup, August 13, 2018, https://news.gallup.com/poll/240725/democrats-positive-socialism-capitalism.aspx.

3 유진 데브스가 1918년 9월 18일 치안유지법 위반으로 기소됐을 때 오하이오Ohio주 클리블랜드Cleveland 연방 법원에서 한 발언.

4 Niraj Choksi, "94 Percent of U.S. Teachers Spend Their Own Money on School Supplies, Survey Finds," *New York Times*, May 16, 2018, https://www.nytimes.com/2018/05/16/us/teachers-school-supplies.html.

5 Erin Einhorn, "Crumbling Detroit School Buildings Will Cost $500 Million to Repair. It's Money the District Doesn't Have," *Chalkbeat*, June 22, 2018, https://www.chalkbeat.org/posts/detroit/2018/06/22/crumbling-detroit-school-buildings-will-cost-500-million-to-repair-its-money-the-district-doesnt-have/.

6 Jennifer Chambers, "Price Tag to Fix DPSCD Buildings: $500M," *Detroit News*, June 22, 2018, https://www.detroitnews.com/story/news/education/2018/06/22/price-tag-fix-dpscd-buildings-500-million/726186002/.

7 M. H. Morton, A. Dworsky, and G. M. Samuels, *Missed Opportunities: Youth Homelessness in America. National Estimates*, Chaplin Hall, 2017, http://voicesofyouthcount.org/brief/national-estimates-of-youth-homelessness/.

8 Jack London, "How I Became a Socialist," War of the Classics, http://london.sonoma.edu/writings/WarOfTheClasses/socialist.html. 국내에서 《나는 어떻게 사회주의자가 되었나》라는 단행본으로 출간됐다.

9 Jason Brennan, *Against Democracy*, Princeton University Press, 2016. 이와 다소 비슷하지만 이만큼 대놓고 권위주의적이지 않은 입장에 관해서는 다음을 보라. Bryan Caplan, *The Myth of the Rational Voter: Why Democracies Choose Bad Policies*, Princeton University Press, 2011. 자유 지상주의자의 입장은 분명하다. 그들은 비합리적이고 감정적인 프롤레타리아트에게 최선이 무엇인지 현명한 자본가들이 결정하기를 바란다.

10 Joseph Heath, *Economics Without Illusions: Debunking the Myths of Modern Capitalism*, Crown Publishing, 2009.

11 물론 엄청난 부자들을 직접 만나서 그들이 사람이라는 것을 확인하면 그들이 그리 탐욕스

러운 인간이 아니고 다른 사람과 별다르지 않다고 생각할 수도 있다. 하지만 이는 잘못된 생각이다. 많은 탐욕은 의식적인 것이 아니기 때문이다. 거의 모든 사람은 좋은 의도를 가지고 행동하지만, 상당수 사람은 자신이 한 행동의 결과를 생각하지 못한다. 주변 친구들이 모두 자기보다 부자라서 자신을 가난하다고 생각하는 백만장자가 반드시 잔인하거나 악한 사람은 아니다. 그들은 실상을 제대로 알지 못할 뿐이다. 그렇게 된 원인 중에는 그들이 자기 울타리에 갇힌 것도 있다. 사람들이 이기적으로 보이지 않는다거나 자신을 이기적이라고 생각하지 않는다고 해서 그들이 이기적으로 행동하지 않는 것은 아니다. 그들의 실제 행동을 지켜볼 필요가 있다.

12 Heath, *Economics Without Illusions*.

5장 | 유토피아에 대한 상상

1   Lyta Gold, "The Dismal Frontier," *Current Affairs*, May 13, 2018, https://www.currentaffairs.org/2018/05/the-dismal-frontier에서 인용.

2   Ibid.

3   여기에는 설득력 있는 주장도 있고 그렇지 않은 주장도 있다. 개인적으로 나는 철인왕에 반대하지만 시인의 추방에는 찬성한다.

4   Edward Bellamy, *Looking Backward*, 1888.

5   이 주목할 만한 책들에 관해 쓴 멋진 에세이로 다음을 보라. Lyta Gold, "World Without Men," *Current Affairs*, July 2, 2019, https://www.currentaffairs.org/2019/07/world-without-men.

6   Ursula K. Le Guin, *The Dispossessed: An Ambiguous Utopia*, HarperCollins, 2009. (어슐러 K. 르 귄, 이수현 옮김, 《빼앗긴 자들》, 황금가지, 2002.)

7   Lyta Gold and Nathan J. Robinson, eds., *The Current Affairs Big Book of Amusements*, Current Affairs Press, 2019, pp.122-123에 《커런트어페어스》 편집부가 꿈꾸는 유토피아를 컬러로 나타낸 그림이 있다.

8   나는 비행기 타기를 두려워하는 사람이라서, 이 사람이 꿈꾸는 유토피아는 내게 디스토피아다.

9   현실성이 있는 유토피아적 사고의 예를 보고 싶다면, 메건 데이Meagan Day가 모든 노동자에게 7년마다 안식년 1년이 주어질 경우 삶이 지금과 어떻게 달라질지 다룬 논의를 참고하라. Meagan Day, "One Year Off, Every Seven Years," *Jacobin*, May 22, 2019, https://www.jacobinmag.com/2019/05/workers-sabbatical-demand-leisure.

10 George Orwell, *The Road to Wigan Pier*, Harcourt Brace, 1958, p.203. (조지 오웰, 이한중 옮김, 《위건 부두로 가는 길》, 한겨레출판, 2010.)

11 Noah Smith, "Do Property Rights Increase Freedom?," Noahpinion, August 12, 2011, http://noahpinionblog.blogspot.com/2011/08/do-property-rights-increase-liberty.html.

12 Matt Gephardt and Michelle Poe, "How Much Does the USPS Profit When They

Lose Your Mail and It's Sold at Auction?," *WJLA*, May 14, 2019, https://wjla.com/features/7-on-your-side/usps-profit-lost-mail-auction. WJLA 기자들에 따르면, GovDeals라는 민간 회사가 '사라진' 우편물의 경매를 맡고 있다고 한다. 민관 파트너십의 마술!

13 '소유는 도둑질이다'라는 주장에 대한 반박 불가능한 증명은 다음을 보라. P. J. Proudhon, *What Is Property? An Inquiry into the Principle of Right and of Government*, Humboldt Publishing Company, 1890. (피에르 조제프 프루동, 이용재 옮김, 《소유란 무엇인가》, 아카넷, 2003.)

14 힐러리 클린턴은 버니 샌더스의 공약이 모든 사람에게 '공짜 조랑말'을 주겠다는 말과 다름없다고 조롱했다. 하지만 솔직히 공짜 조랑말(최소한 조랑말을 타는 것)은 탁월한 생각이다. 모든 아이는 부모의 소득과 상관없이 조랑말을 탈 기회가 있어야 한다. 나는 시의 동물원을 공짜로 이용하는 게 어째서 비웃음을 살 만큼 터무니없는 생각인지 이해할 수 없다. Hillary Clinton, *What Happened*, Simon&Schuster, 2017.

15 A. W. Geiger, "Millennials Are the Most Likely Generation of Americans to Use Public Libraries," *Pew Research Center*, June 21, 2017, https://www.pewresearch.org/fact-tank/2017/06/21/millennials-are-the-most-likely-generation-of-americans-to-use-public-libraries/. 도서관을 열렬히 옹호하는 주장과 도서관과 사회주의의 연관성에 대한 연구는 다음을 보라. Nathan J. Robinson, "Why Public Libraries Are Amazing," *Current Affairs*, July 21, 2017, https://www.currentaffairs.org/2018/07/why-libraries-are-amazing.

16 Peter Wagner and Leah Sakala, "Mass Incarceration: The Whole Pie," Prison Policy Initiative, March 12, 2014, https://www.prisonpolicy.org/reports/pie.html.

17 미국 법무부 인권국 산하의 앨라배마주 북부·중부·남부 관할 검찰이 2019년 4월 2일에 발표한 〈앨라배마주 감옥 실태〉. https://www.justice.gov/opa/press-release/file/1150276/download?utm_medium=email&utm_source=govdelivery.

18 John Gramlich, "The Gap Between the Number of Blacks and Whites in Prison Is Shrinking," *Pew Research Center*, April 30, 2019, https://www.pewresearch.org/fact-tank/2019/04/30/shrinking-gap-between-number-of-blacks-and-whites-in-prison/.

19 Angela Davis, *Are Prisons Obsolete?*, Seven Stories Press, 2003.

6장 | 사회주의, 민주주의, 사회민주주의

1 George D. H. Cole, *A History of Socialist Thought*, Macmillan, 1957. (G. D. H. 코올, 이방석 옮김, 《사회주의 사상사》, 신서원, 1999.)

2 Matt Bruenig, "Norway Is Far More Socialist than Venezuela," People's Policy Project, January 27, 2019, https://www.peoplespolicyproject.org/2019/01/27/norway-is-far-more-socialist-than-venezuela/.; Matt Bruenig, "The State Owns 76% of Norway's Non-Home Wealth," People's Policy Project, March 14, 2018, https://www.

peoplespolicyproject.org/2018/03/14/the-state-owns-76-of-norways-non-home-wealth/.

3   영국에서 복지국가가 확립되는 전체 과정은 다음을 보라. Nicholas Timmins, *The Five Giants: A Biography of the Welfare State*, HarperCollins, 2001.

4   Aisha Gani, "Clause IV: A Brief History," *The Guardian*, August 9, 2015, https://www.theguardian.com/politics/2015/aug/09/clause-iv-of-labour-party-constitution-what-is-all-the-fuss-about-reinstating-it.

5   "Land Tenure System in Hong Kong," Legislative Council of Hong Kong, December 8, 2016, https://www.legco.gov.hk/research-publications/english/essentials-1617ise07-land-tenure-system-in-hong-kong.htm.

6   Mariana Mazzucato, *The Entrepreneurial State: Debunking Public vs. Private Sector Myths*, Anthem Press, 2013. (마리아나 마추카토, 김광래 감수 · 옮김, 《기업가형 국가》, 매경출판, 2015.) Rob Larson, "Cheating At Monopoly," *Current Affairs*, April 19, 2019. https://www.currentaffairs.org/2019/04/cheating-at-monopoly. 비자본주의적인 혁신 수단에 관한 연구는 다음을 보라. Vanessa A. Bee, "Innovation Under Socialism," *Current Affairs*, October 24, 2018, https://www.currentaffairs.org/2018/10/innovation-under-socialism.

7   E. H. Carr, *Michael Bakunin*, Macmillan And Co., 1937, p.356에서 인용. (E. H. 카, 이태규 옮김, 《미하일 바쿠닌》, 이매진, 2012.)

8   Robert Blatchford, *Merrie England*, 1893.

9   예를 들어 로버트 조지Robert P. George가 앤드루 설리반Andrew Sullivan의 《보수적인 영혼The Conservative Soul》을 통렬하게 논평한 것은 다음을 보라. Robert P. George, *Conscience and Its Enemies: Confronting the Dogmas of Liberal Secularism*, Intercollegiate Studies Institute, 2016.

10   하지만 노암 촘스키는 사회주의자라는 호칭이 무의미하다며 사회주의자라고 불리기를 거부한다.

11   마르크스주의 유형 분류는 코와코프스키가 쓴 1300쪽에 이르는 책을 보라. 여기에는 '주요' 유형만 소개할 뿐이다. Leszek Kolakowski, *Main Currents of Marxism*, W. W. Norton&Company, 2008. (레셰크 코와코프스키, 변상출 옮김, 《마르크스주의의 주요 흐름》, 유로, 2007.)

12   Nathan J. Robinson, "The Sanders/Cruz Debate Was the Best Political TV in Ages," *Current Affairs*, February 8, 2017, https://www.currentaffairs.org/2017/02/the-sanderscruz-debate-was-the-best-political-tv-in-ages.

13   CNN의 보도. "그 여성은 극도의 고통에 시달리고 있었지만, 주위 사람들이 앰뷸런스를 불러주기를 원하지 않았습니다. 그녀는 앰뷸런스 부를 돈이 없다고 말했습니다. 그녀는 '당신은 이해 못 해요. 내 보험은 형편없다구요'라고 말했습니다." David Williams, "Woman Feared She Couldn't Afford Ambulance After Her Leg Was Trapped by a Subway Train," CNN, July 3, 2018, https://www.cnn.com/2018/07/03/health/subway-accident-

insurance-fear-trnd/index.html.

14   Aris Folley, "Deforestation of the Amazon Rainforest Hits Nearly Three Football Fields per Minute: Report," *The Hill*, July 25, 2019, https://thehill.com/policy/energy-environment/454771-deforestation-of-the-amazon-rainforest-hits-nearly-three-football.

7장 | 좌파에도 계보가 있다

1   다음을 보라. Albert Einstein, "Why Socialism?," *Monthly Review*, May 1949, https://monthlyreview.org/2009/05/01/why-socialism/. 아인슈타인은 개인의 창의성 존중을 사회주의의 기초로 삼는다. "나는 개인을 불구로 만드는 것이야말로 자본주의의 가장 나쁜 점이라고 생각한다. 우리의 교육 체제는 이 때문에 고통받는다. 이 체제는 학생들에게 지나치게 경쟁적인 태도를 주입하고, 학생들은 장래에 대비해 물질적 성공을 숭배하도록 교육받는다. 나는 이 심각한 해악을 없앨 길이 사회적 목표를 지향하는 교육 체제를 동반한 사회주의경제를 확립하는 것뿐이라고 확신한다."

2   Thomas Paine, *Agrarian Justice*, in *The Life and Major Writings of Thomas Paine*, ed. Philip S. Foner, The Citadel Press, 1945. 엘리자베스 앤더슨은 페인이 많은 점에서 오늘날 자유 지상주의적 우파처럼 보일 수 있다고 지적한다. 하지만 그렇게 보이는 데는 자본주의가 변하는 바람에 더는 특정한 경제적 자유를 지지하지 않게 된 탓도 일부 있다고 주장한다. Elizabeth Anderson, "When the Market Was 'Left,'" The Tanner Lectures in Human Values, Princeton University, 2015. 페인은 《토지 정의》에서 재산 축적을 제한할 것을 옹호하는데, 좌파 무정부주의자 루돌프 로커Rudolf Rocker는 페인을 영향력 있는 인물로 소개한다. Rudolf Rocker, *Pioneers of American Freedom*, Rocker Publications Committee, 1945.

3   1381년 6월 12일 블랙히스Blackheath에서 존 볼이 한 연설. John Stow, Edmund Howes, *Annals, or a General Chronicle of England*, 1631에서 인용.

4   Cory Doctorow, "When You think of Freedom, Remember the Charter of the Forest, Not the Magna Carta," *BoingBoing*, November 6, 2017, https://boingboing.net/2017/11/06/800-years-ago-today.html에서 인용. 미국변호사협회는 삼림헌장에 관한 흥미로운 자료를 많이 가지고 있다. https://www.americanbar.org/groups/public_interest/law_library_congress/charter_of_the_forest/resources/에 삼림헌장의 중요성을 설명하는 포스터가 있는데, 출력도 가능하다.

5   "1642-1652: The Diggers and the Levellers," LibCom, September 12, 2006.

6   "The Chartist Movement," UK Parliament, https://www.parliament.uk/about/living-heritage/transformingsociety/electionsvoting/chartists/overview/chartistmovement/.

7   그동안 알려지지 않은 유토피아 정착촌의 흥미진진한 역사가 궁금하다면 다음을 보라. Elle Hardy, "Seeking Utopia in Louisiana," *Current Affairs*, February 7, 2019, https://www.currentaffairs.org/2019/02/seeking-utopia-in-louisiana.

8   독일 사회민주당의 상세한 역사는 다음을 참고하라. Bhaskar Sunkara, *The Socialist Manifesto*, Basic Books, 2019, 3장.

9   Joseph Schumpeter, *Capitalism, Socialism, and Democracy*, George Allen and Unwin, 1944, p.23. (요제프 슘페터, 이종인 옮김, 《자본주의 사회주의 민주주의》, 북길드, 2016.)

10   Jim Sidanius and Felicia Pratto, *Social Dominance: An Intergroup Theory of Social Hierarchy and Oppression*, Cambridge University Press, 2001, p.21. 이 자료를 구하는 데 도움을 준 이라미 오세이프림퐁Irami Osei-Frimpong에게 감사의 뜻을 전한다.

11   Karl Marx, "Wages of Labor," *Economic and Philosophic Manuscripts of 1844*. https://www.marxists.org/archive/marx/works/download/pdf/Economic-Philosophic-Manuscripts-1844.pdf.

12   Karl Marx, "Estranged Labour," *Economic and Philosophic Manuscripts of 1844*.

13   Karl Marx, *The Eighteenth Brumaire of Louis Bonaparte*, 1852. https://www.marxists.org/archive/marx/works/1852/18th-brumaire/ch01.htm에서 볼 수 있다. (칼 마르크스, 최형익 옮김, 《루이 보나파르트의 브뤼메르 18일》, 비르투, 2012.)

14   Karl Marx, "A Contribution to the Critique of Hegel's Philosophy of Right," 1844, https://www.marxists.org/archive/marx/works/1843/critique-hpr/intro.htm에서 볼 수 있다.

15   Peter Marshall, *Demanding the Impossible*, HarperCollins, 1992, p.241에서 인용.

16   Ibid., p.242.

17   Ibid., p.259.

18   Murray Bookchin, *Post-Scarcity Anarchism*, Ramparts Press, 1971, p.173.

19   Emma Goldman, *My Disillusionment in Russia*, Doubleday, Page&Company, 1923.

20   Ibid.

21   Ibid.

22   Bertrand Russell, *The Practice and Theory of Bolshevism*, 1920, https://en.wikisource.org/wiki/The_Practice_and_Theory_of_Bolshevism에서 볼 수 있다.

23   Mikhail Bakunin, "Marxism, Freedom, and the State," https://www.marxists.org/reference/archive/bakunin/works/mf-state/ch03.htm.

24   Elizabeth Bruenig, "How Augustine's Confessions and Left Politics Inspired My Conversion to Catholicism," *America*, August 7, 2017, https://www.americamagazine.org/faith/2017/07/25/how-augustines-confessions-and-left-politics-inspired-my-conversion-catholicism.

25   David Bentley Hart, "Are Christians Supposed to Be Communists?," *New York Times*, November 4, 2017, https://www.nytimes.com/2017/11/04/opinion/sunday/christianity-communism.html.

26   Brian Terrell, "Dorothy Day's Anarchism Is the Antidote to Disappointing Political System," *National Catholic Reporter*, April 19, 2016, https://www.ncronline.org /blogs/ncr-today/dorothy-days-anarchism-antidote-disappointing-political-system. 데이

의 회고록도 보라. Dorothy Day, *The Long Loneliness: The Autobiography of the Legendary Catholic Social Activist*, HarperOne, 2009. (도로시 데이, 김동완 옮김, 《고백》, 복있는사람, 2010.)

27 Stephen Beale, "The Dorothy Day Few of Us Know," *Crisis*, March 19, 2013, https://www.crisismagazine.com/2013/the-dorothy-day-few-of-us-know.

28 Dorothy Day, "Poverty Is to Care and Not to Care," *The Catholic Worker*, April 1953, https://www.catholicworker.org/dorothyday/articles/647.html.

29 Jeremy Harmon, "Fifty Years Ago, a Catholic Anarchist Tried to Help Solve Homelessness in Salt Lake City. Here's What Happened," *Salt Lake Tribune*, September 24, 2017, https://www.sltrib.com/news/2017/09/24/fifty-years-ago-a-catholic-anarchist-tried-to-help-solve-homelessness-in-salt-lake-city-heres-what-happened/. 다음을 참고하라. Ammon Hennacy, *The Autobiography of a Catholic Anarchist*, Catholic Worker Books, 1954.

30 Leo Tolstoy, *The Kingdom of God and Peace Essays*, Oxford University Press, 1960. (레프 니콜라예비치 톨스토이, 박홍규 옮김, 《신의 나라는 네 안에 있다》, 들녘, 2016.)

31 다음을 보라. Gustavo Gutiérrez, *A Theology of Liberation: History, Politics, and Salvation*, Orbis Books, 1988.

32 Mark Rice-Oxley, "Pope Francis: The Humble Pontiff with Practical Approach to Poverty," *The Guardian*, March 13, 2013, https://www.theguardian.com/world/2013/mar/13/jorge-mario-bergoglio-pope-poverty에서 인용.

33 Peter Dreier, "Radicals in City Hall: An American Tradition," *Dissent*, December 19, 2013, https://www.dissentmagazine.org/online_articles/radicals-in-city-hall-an-american-tradition.

34 Jack Ross, "Socialist Party Elected Officials 1901-1960," Mapping American Social Movements Project, University of Washington, http://depts.washington.edu/moves/SP_map-elected.shtml.

35 Emily Birnbaum, "Dem Senator: Ocasio-Cortez's Platform Is Future of Party in the 'Bronx,' Not Country," *The Hill*, July 1, 2018, https://thehill.com/homenews/sunday-talk-shows/395064-dem-lawmaker-ocasio-cortez-represents-the-bronx-not-the-future-of.

36 Peter Dreier, "Why Has Milwaukee Forgotten Victor Berger?," *Huffington Post*, May 6, 2012, https://www.huffpost.com/entry/why-has-milwaukee-forgott_b_1491463.

37 Peter Dreier, "Berger One of the Greatest Americans," *Milwaukee Journal Sentinel*, May 5, 2012, http://archive.jsonline.com/news/opinion/berger-one-of-the-greatest-americans-kb57psj-150305515.html/.

38 Dreier, "Why Has Milwaukee Forgotten Victor Berger?"

39 Peter Dreier and Pierre Clavel, "What Kind of Mayor Was Bernie Sanders?," *The Nation*, June 2, 2015, https://www.thenation.com/article/bernies-burlington-city-

sustainable-future/. 사회주의적 관점에서 샌더스의 시장직을 비판하는 견해는 다음을 보라. Murray Bookchin, "The Bernie Sanders Paradox: When Socialism Grows Old," *Socialist Review*, November/December 1986, https://theanarchistlibrary.org/library/bookchin-sanders.

40 Ethelwyn Mills, "Legislative Program of the Socialist Party," 1914, http://fau.digital.flvc.org/islandora/object/fau%3A5198.

41 Ibid.

42 계간지《틴보그Teen Vogue》에 8시간 근무제 운동의 역사를 소개하는 글이 실렸다. Kim Kelly, "How American Workers Won the Eight-Hour Workday," *Teen Vogue*, July 11, 2019, https://www.teenvogue.com/story/american-workers-eight-hour-workday.

43 Helen Keller, "What Is the IWW?," 1918년 뉴욕시민클럽New York City Civic Club에서 한 연설. https://www.marxists.org/reference/archive/keller-helen/works/1910s/18_01_x01.htm.

44 Helen Keller, "How I Became a Socialist," *New York Call*, 1912, https://www.marxists.org/reference/archive/keller-helen/works/1910s/12_11_03.htm.

45 Ibid.

46 Gail Friedman, "March of the Mill Children," Encyclopedia of Greater Philadelphia, https://philadelphiaencyclopedia.org/archive/march-of-the-mill-children/.

47 Peter H. Clark, "Socialism: The Remedy for the Evils of Society," in Philip S. Foner, *The Voice of Black America: Major Speeches by Negroes in the United States, 1797-1971*, Simon and Schuster, 1972, p.455.

48 다음을 보라. Jeffrey B. Perry, *Hubert Harrison: The Voice of Harlem Radicalism, 1883-1918*, Columbia University Press, 2009.

49 로브슨에 대해 알고 싶다면 다음을 보라. Paul Robeson, *Paul Robeson Speaks: Writings, Speeches, Interviews, 1918-1974*, ed. Philip S. Foner, Brunner/Mazel, 1978.

50 엘라 베이커의 훌륭한 삶에 대해서는 다음을 보라. Barbara Ransby, *Ella Baker&the Black Freedom Movement: A Radical Democratic Vision*, University of North Carolina Press, 2005.

51 프레드 햄프턴의 삶과 암살에 대해 더 알고 싶다면 다음을 보라. Jeffrey Haas, *The Assassination of Fred Hampton: How the FBI and the Chicago Police Murdered a Black Panther*, Lawrence Hill Books, 2011.

52 시애틀 총파업에 대해서는 다음을 보라. Harvey O'Connor, *Revolution in Seattle: A Memoir*, Haymarket Books, 2009. 노동운동사를 읽으면 많은 것을 느낀다. 1894년 풀맨 철도 노조 파업 때나 1912년 '빵과 장미' 파업 때 노동자들이 직면한 난관을 알면, 지금 우리의 투쟁이 얼마나 편안한지 깨닫기 때문이다. 노동운동사 관련 책으로 다음을 강력 추천한다. Erik Loomis, *A History of America in Ten Strikes*, The New Press, 2018. 노동조합을 만드는 일의 실상을 대담하고 감동적으로 그린 1954년 영화〈세상의 소금The Salt of the Earth〉도 보기를 권한다.

53 Matilda Rabinowitz, *Immigrant Girl, Radical Woman: A Memoir from the Early Twentieth*

Century, ILR Press, 2017.

54   매닝은 대배심에 출석해 증언하기를 거부했다는 이유로 지금까지 무기징역을 살고 있다. Jacey Fortin, "Chelsea Manning Ordered Back to Jail for Refusal to Testify in WikiLeaks Inquiry," *New York Times*, May 16, 2019, https://www.nytimes.com/2019/05/16/us/chelsea-manning-jail.html. 제대로 된 평가를 받지 못하고 있지만, 첼시 매닝은 우리 시대의 위대한 영웅이다.

8장 | 불가능한 것을 요구하라

1   Martin Luther King Jr., "Letter from Birmingham Jail," April 16, 1963, in "The Negro Is Your Brother," *The Atlantic*, August 1963, https://www.theatlantic.com/magazine/archive/2018/02/letter-from-birmingham-jail/552461/.

2   예상과 달리 코빈이 이끄는 노동당에 대한 지지가 급등한 현상에 대해 더 알고 싶다면 다음을 보라. Nathan J. Robinson, "This Is Why You Don't Listen When They Tell You That You'll Fail," in *Interesting Times: Observations&Arguments*, Current Affairs Press, 2018.

3   이 문구는 무정부주의 사상의 역사를 읽기 쉽게 쓴 훌륭한 책의 제목으로 사용되기도 했다. Peter Marshall, *Demanding the Impossible: A History of Anarchism*, PM Press, 2010.

4   "What Is Democratic Socialism?," Democratic Socialists of America, https://www.dsausa.org/about-us/what-is-democratic-socialism/.

5   Elisabeth Rosenthal, *An American Sickness: How Healthcare Became Big Business and How You Can Take It Back*, Penguin Books, 2017.

6   "US Health System Ranks Last Among Eleven Countries on Measures of Access, Equity, Quality, Efficiency, and Healthy Lives," Commonwealth Fund, June 16, 2014, https://www.commonwealthfund.org/press-release/2014/us-health-system-ranks-last-among-eleven-countries-measures-access-equity.

7   "The U.S. Healthcare Cost Crisis," Gallup, March 26, 2019, https://news.gallup.com/poll/248129/westhealth-gallup-us-healthcare-cost-crisis-press-release.aspx?g_source=link_newsv9&g_campaign=item_248090&g_medium=copy.

8   단일 보험자 헬스케어가 합당한 가장 설득력 있는 설명과 단일 보험자 헬스케어의 일반적인 반론에 대한 응답을 알고 싶다면 다음을 보라. Timothy Faust, *Health Justice Now: Single Payer and What Comes Next*, Melville House, 2019. 자금 조달 문제에 설득력 있는 응답은 다음을 보라. Dylan Scott, "A Single-Payer Advocate Answers the Big Question: How Do We Pay for It?," *Vox*, March 4, 2019, https://www.vox.com/policy-and-politics/2019/3/4/18249888/medicare-for-all-cost-matt-bruenig-voxcare.; Matt Bruenig, "Universal Health Care Might Cost Less Than You Think," *New York Times*, April 29, 2019, https://www.nytimes.com/2019/04/29/opinion/medicare-for-all-cost.html.

9   Abdul El-Sayed and Micah Johnson, "Caring For All," *Current Affairs*, October 15, 2018, https://www.currentaffairs.org/2018/10/caring-for-all. 왜 '공적 옵션'이 아니라 단일 보험자 체제가 필요한지 알고 싶다면 다음을 보라. Abdul El-Sayed, "Don't Let Medicare for All Be Rebranded," *Current Affairs*, February 22, 2019, https://www.currentaffairs.org/2019/02/dont-let-medicare-for-all-be-rebranded.; Benjamin Studebaker and Nathan J. Robinson, "Why a 'Public Option' Isn't Enough," *Current Affairs*, July 14, 2019, https://www.currentaffairs.org/2019/07/why-a-public-option-isnt-enough.

10   E. C. Schneider, D. O. Sarnak, D. Squires, A. Shah, and M. M. Doty, *Mirror, Mirror: How the U.S. Health Care System Compares Internationally at a Time of Radical Change*, The Commonwealth Fund, July 2017, https://www.commonwealthfund.org/sites/default/files/documents/___media_files_publications_fund_report_2017_jul_pdf_schneider_mirror_mirror_exhibits.pdf.

11   Mollyann Brodie, Elizabeth V. Hamel, and Mira Norton, "Medicare as Reflected in Public Opinion," *Generations*, Summer 2015, https://www.asaging.org/blog/medicare-reflected-public-opinion.

12   단일 보험자 헬스케어를 둘러싼 논의는 많은 경우 대단히 혼란스럽다. 반대자들은 '비용이 수조 달러' 들고, 막대한 원천 소득세를 새로 부과할 거라고 말한다. 절감되는 돈은 이야기하지 않고 들어갈 비용만 이야기하는 건 무책임한 일이다. 비용만 이야기하면 메디케어 포 올을 도입할 경우 사람들은 자신이 더 많은 돈을 쓰게 된다고 오해할 수 있기 때문이다. 내가 "새로운 세금으로 1000달러를 낼 의향이 있습니까?"라고 물으면, 당신은 아니라고 답할 것이다. 그런데 "세금으로 1000달러를 내는 것과 보험료 2000달러를 내면서 1만 달러만큼 세금 공제를 받는 것 중에 어느 쪽을 택하겠습니까?"라고 물으면, 당신은 두말없이 후자를 택할 것이다. 당신이 회사를 운영하면서 투자를 생각한다면 비용은 물론 수익까지 고려하지 않겠는가. 메디케어 포 올을 반대하는 보수주의자는 수익은 부정하고 비용만 강조해, 사람들이 자신의 재정 상황이 나빠질 거라고 생각하도록 장난질한다. 이 문제를 더 확실하게 이해하고 싶다면 다음을 보라. Nathan J. Robinson, "Looking at the Bottom Line," *Current Affairs*, March 1, 2019, https://www.currentaffairs.org/2019/03/looking-at-the-bottom-line.

13   John Cassidy, *How Markets Fail*, Farrar, Straus and Giroux, 2009, p.159에서 인용. (존 캐서디, 이경남 옮김, 《시장의 배반》, 민음사, 2011.)

14   Matt Bruenig, "Family Fun Pack," People's Policy Project, https://www.peoplespolicyproject.org/projects/family-fun-pack/.

15   보수주의자는 사회복지 계획의 성공에 관한 자료를 접하면 좋은 점은 무시하고 나쁜 점만 부각한다. 이런 술수에 대한 설명은 다음을 보라. Nathan J. Robinson, "Never Trust the Cato Institute," *Current Affairs*, October 13, 2018, https://www.currentaffairs.org/2018/10/never-trust-the-cato-institute.

16   Robert Pollin, James Heintz, Peter Arno, Jeannette Wicks-Lim, and Michael Ash,

Economic Analysis of Medicare for All, Political Economy Research Institute, November 30, 2018, https://www.peri.umass.edu/publication/item/1127-economic-analysis-of-medicare-for-all.

17　H.Res.109: Recognizing the Duty of the Federal Government to Create a Green New Deal, 116th Congress, 2019-2020, https://www.congress.gov/bill/116th-congress/house-resolution/109/text.

18　Steve Cohen, "The Politics of a Green New Deal," Columbia University Earth Institute, January 14, 2019, https://blogs.ei.columbia.edu/2019/01/14/politics-green-new-deal/.

19　그러나 그린 뉴딜에 필요한 것이 무엇인지 고찰하는 시도는 계속돼왔다. 그 구체적인 시도를 이해하고 그린 뉴딜이 실현 가능한 이유를 알고 싶은 독자에게 다음을 읽어볼 것을 강력히 권한다. Robert Pollin, "Degrowth vs. a Green New Deal," *New Left Review*, July/August 2018, https://newleftreview.org/issues/II112/articles/robert-pollin-degrowth-vs-a-green-new-deal.

20　퓨리서치센터가 25개국을 대상으로 실시한 조사에서 70퍼센트는 미국이 "다른 나라의 이익을 고려하지 않는다"고 답했는데, 이는 맞는 말이다. Kristin Bialik, "How the World Views the U.S. and Its President in 9 Charts," Pew Research Center, October 9, 2018, https://www.pewresearch.org/fact-tank/2018/10/09/how-the-world-views-the-u-s-and-its-president-in-9-charts/.

21　다음 토론 영상을 보면 자본주의를 지지하는 논증이 모든 면에서 열등하고 섭사리 논파되는 것을 알 수 있다. https://www.youtube.com/watch?v=7UiGCjgY2v4.

22　Free to Speak, "Ben Shapiro EPIC On Why You're Poor," YouTube, January 25, 2017, https://www.youtube.com/watch?v=cdEMw_lDUx0. '당신들이 해야 할' 이 '세 가지'는 자유주의적인 브루킹스연구소Brookings Institution가 처음 제안하고 밀어붙였으며, 때로 '성공 순열'이라고 불린다.

23　일부 보수주의자는 아동노동의 부활을 진심으로 주장한다. 다음을 보라. Bryan Caplan, *The Case Against Education: Why the Education System Is a Waste of Time and Money*, Princeton University Press, 2018.; Jeffrey A. Tucker, "Let the Kids Work," Foundation for Economic Education, November 3, 2016, https://medium.com/fee-org/let-the-kids-work-jeffrey-a-tucker-c8f7ba9d2cb3.

24　다음을 보라. Nathan J. Robinson, "Elizabeth Warren's Excellent Ideas," *Current Affairs*, April 16, 2019, https://www.currentaffairs.org/2019/04/elizabeth-warrens-excellent-ideas.

25　이 홍보물의 내용을 자세히 알고 싶다면 다음을 보라. Nathan J. Robinson, "Anatomy of a Propaganda Campaign," *Current Affairs*, September 17, 2017, https://www.currentaffairs.org/2017/09/anatomy-of-a-propaganda-campaign.

26　연방 대법원이 정치적이라는 증거를 원하면 다음을 보라. Nathan J. Robinson, "How the Supreme Court Pretends to Be Reasonable," *Current Affairs*, June 29, 2018, https://www.

currentaffairs.org/2018/06/how-the-supreme-court-pretends-to-be-reasonable.; Nathan J. Robinson, "Why Everyone Should Oppose Brett Kavanaugh's Nomination," *Current Affairs*, August 6, 2018, https://www.currentaffairs.org/2018/ 08/why-everyone-should-oppose-brett-kavanaughs-confirmation. 나는 이 글에서 자신들이 규범적인 정치적 가치에 따르지 않고 '심판'으로서 법을 '중립적으로' 결정한다고 믿는 연방 대법원 판사들의 자기기만을 보여주고자 했다. 같은 주제를 더 학술적으로 다룬 글은 다음을 보라. Duncan Kennedy, *A Critique of Adjudication*, Harvard University Press, 1998.

27   연방 대법원 판사의 수를 늘리는 것이 왜 중요하고 정당한지 더 자세히 알고 싶다면 다음을 보라. Vanessa A. Bee, "Court-Packing Is Necessary to Save Democracy," *Current Affairs*, October 10, 2018, https://www.currentaffairs.org/2018/10/court-packing-is-necessary.

28   다음을 보라. Sparky Abraham, "This Burrito Contains an Arbitration Clause," *Current Affairs*, August 16, 2018, https://www.currentaffairs.org/2018/08/this-burrito-includes-an-arbitration-clause.

29   *Connick v. Thompson*, 563 U.S. 51, 2011.

30   *Wal-Mart v. Dukes*, 564 U.S. 338, 2011.

31   노동조합이 중요한 까닭을 확실히 알고 싶다면 다음을 보라. Michael D. Yates, *Why Unions Matter*, Monthly Review Press, 2009. 이 책은 훌륭한 노동문제 입문서다. 좀 더 폭넓은 경제문제에 관심이 있다면 다음을 읽어보라. Michael D. Yates, *Naming the System: Inequality and Work in the Global Economy*, Monthly Review Press, 2003.

32   David Macaray, "Friends Without Benefits: Obama's Betrayal of Labor," *Huffington Post*, August 9, 2011, https://www.huffpost.com/entry/obama-labor-unions-workers_b_922576.

33   다음을 보라. Rosemary Feurer and Chad Pearson, "Five Ways Bosses Fight Labor," *Jacobin*, May 1, 2018, https://jacobinmag.com/2018/05/employer-business-organizing-bosses-capitalists-public-relations.

34   일할 권리 법이 왜 오해를 불러일으킬 소지가 있고 공정하지 못하다는 점에 대해서는 다음을 보라. Nathan J. Robinson, "How Expanding the Right to Contract Can Limit Rights," *Current Affairs*, May 23, 2018, https://www.currentaffairs.org/2018/05/why-expansions-of-the-right-to-contract-are-limitations-on-rights.

35   민주사회주의자는 하향식 노동조합주의에 가장 비판적인 입장을 취한다. 노동조합을 결성하는 것으로 충분하지 않다. 노동조합은 일반 노조원의 이해관계를 대변해야 한다. 내부적으로 민주적이지 않은 노동조합은 할 일을 하지 않는 것이다. 대단히 많은 노동조합이 대변해야 할 노동자를 오히려 배신해왔다.

36   Matthew Yglesias, "Top House Democrats Join Elizabeth Warren's Push to Fundamentally Change American Capitalism," *Vox*, December 14, 2018, https://www.vox.com/2018/12/14/18136142/pocan-lujan-warren-accountable-capitalism-act.

37   Richard D. Wolff, *Democracy at Work: A Cure for Capitalism*, Haymarket Books, 2012.

38 노동자 소유 모델에 대한 비판은 다음을 보라. Sam Gindin, "Chasing Utopia," *Jacobin*, March 10, 2016, https://www.jacobinmag.com/2016/03/workers-control-coops-wright-wolff-alperovitz/.

39 Andrew Yang, *The War on Normal People: The Truth About America's Disappearing Jobs and Why Universal Basic Income Is Our Future*, Hachette Books, 2018, pp.168-169. (앤드루 양, 장용원 옮김, 《보통 사람들의 전쟁》, 흐름출판, 2019.) 일부 좌파주의자는 앤드루 양이 의도적으로 '근근이 살아갈' 기본 소득만 제안한다고 비판한다. 벤저민 스튜드베이커Benjamin Studebaker는 앤드루 양의 계획이 '복지국가를 훼손하고 가난한 사람에게 모욕을 주는 결과'를 초래할 거라고 주장했다. Benjamin Studebaker, "Andrew Yang's Basic Income Is Stealth Welfare Reform," benjaminstudebaker.com, March 20, 2019, https://benjaminstudebaker.com/2019/03/20/andrew-yangs-basic-income-is-stealth-welfare-reform/.

40 Jesse Eisinger and Paul Kiel, "The IRS Tried to Take on the Ultrawealthy. It Didn't Go Well," *ProPublica*, April 5, 2019, https://www.propublica.org/article/ultrawealthy-taxes-irs-internal-revenue-service-global-high-wealth-audits.

41 Movement for Black Lives Platform, https://policy.m4bl.org/platform/(2009년 6월 2일 접속).

42 Evan Halper, "The Trump Administration Has Native American Tribes Feeling Under Siege," *Los Angeles Times*, May 15, 2018, https://www.latimes.com/politics/la-na-pol-trump-native-tribes-20180515-story.html.

43 다음을 보라. Brianna Rennix, "At the Border," *Current Affairs*, July 25, 2017, https://www.currentaffairs.org/2017/07/at-the-border.; Brianna Rennix, "Can We Have Humane Immigration Policy?," *Current Affairs*, November 9, 2017, https://www.currentaffairs.org/2017/10/can-we-have-humane-immigration-policy.; Brianna Rennix, "What Would Humane Immigration Policy Look Like?," *Current Affairs*, December 10, 2017, https://www.currentaffairs.org/2017/12/what-would-humane-immigration-policy-actually-look-like.; Brianna Rennix, "Understanding the Administration's Monstrous Immigration Policies," *Current Affairs*, June 17, 2018, https://www.currentaffairs.org/2018/06/understanding-the-administrations-monstrous-immigration-policies.; Brianna Rennix, "What's Actually Happening at the Border," *Current Affairs*, November 11, 2018, https://www.currentaffairs.org/2018/11/whats-actually-happening-at-the-border.; Brianna Rennix, "Waiting for the Holy Infant of Atocha," *Current Affairs*, May 15, 2019, https://www.currentaffairs.org/2019/05/waiting-for-the-holy-infant-of-atocha.

44 다음을 보라. Caitlin Bellis, "Abolishing ICE Is Only the First Step," *Current Affairs*, July 20, 2018, https://www.currentaffairs.org/2018/07/abolishing-ice-is-only-the-first-step.

45 다음을 보라. Brianna Rennix and Nathan J. Robinson, "Death and the Drug War,"

Current Affairs, June 4, 2018, https://www.currentaffairs.org/2018/06/death-and-the-drug-war.; Brianna Rennix and Nathan J. Robinson, "The U.S. Media's Failure to Report on Violence in Mexico Is Inexcusable," *Current Affairs*, February 14, 2018, https://www.currentaffairs.org/2018/02/the-u-s-medias-failure-to-report-on-violence-in-mexico-is-inexcusable.

46   Matt Taibbi, "Why We Know So Little About the U.S.-Backed War in Yemen," *Rolling Stone*, July 27, 2018, https://www.rollingstone.com/politics/politics-news/yemen-war-united-states-704187/.

47   좌파주의자가 어떻게 무역과 노동에 대한 '국제주의적' 견해를 채택할 수 있는지 알고 싶다면 다음을 보라. Benjamin Studebaker, "How The Left Should Think About Trade," *Current Affairs*, May 17, 2019, https://www.currentaffairs.org/2019/05/how-the-left-should-think-about-trade.

48   이와 관련해서 좌파는 단지 미국의 이익을 추구하는 것이 아니라 현실의 민주적 정부와 대중운동에 대한 지지를 기초로 대외 정책의 새로운 지침을 만들 필요가 있다. 이와 관련된 쟁점을 알고 싶다면 다음을 보라. Azis Rana, "The Left's Missing Foreign Policy," *nplusone*, March 28, 2018, https://nplusonemag.com/online-only/online-only/the-lefts-missing-foreign-policy/. 좌파 잡지 《디센트Dissent》 2017년 겨울호에 실린 〈좌파의 대외 정책에 관해Toward a Left Foreign Policy〉도 보라. 미국의 군사력에 관한 중요한 정보를 알고 싶다면 다음을 보라. Lyle Jeremy Rubin, "As a Former Marine, America's War-Making Haunts Me It Should Haunt Our Politicians Too," *The Nation*, April 12, 2016, https://www.thenation.com/article/my-experience-of-americas-war-making-haunts-me-it-should-haunt-our-politicians-too/.

49   "Glenn Greenwald Talks About Animals," *Current Affairs*, March 30, 2019, https://www.currentaffairs.org/2019/03/glenn-greenwald-talks-about-animals.

50   다음을 보라. Nathan J. Robinson, "Can We End Animal Farming Forever?," *Current Affairs*, November 12, 2018, https://www.currentaffairs.org/2018/11/can-we-end-animal-farming-forever.

51   가까운 미래에 어떤 것이 동물권 의제에 포함될지 알고 싶다면 다음을 보라. Nathan J. Robinson, "Animals and 2020," *Current Affairs*, April 11, 2019, https://www.currentaffairs.org/2019/04/animals-and-2020.

52   David French, "Identity Politics Are Ripping Us Apart," *National Review*, May 18, 2016, https://www.nationalreview.com/2016/05/identity-politics-race-ripping-us-apart/.

53   Ben Shapiro, "What Is Intersectionality?," PragerU, June 17, 2018, https://www.prageru.com/video/what-is-intersectionality/.

54   Dave Rubin, "Identity Politics Must Come to an End," YouTube, November 15, 2017, https://www.youtube.com/watch?v=JtDYS6w7ArY.

55   Adolph Reed Jr., "The Limits of Anti-Racism," *Left Business Observer* 121, September 2009, http://www.leftbusinessobserver.com/Antiracism.html.

56 Kimberlé Williams Crenshaw, "Demarginalizing the Intersection of Race and Sex: A Black Feminist Critique of Antidiscrimination Doctrine, Feminist Theory and Antiracist Politics," *University of Chicago Legal Forum* 1989, no. 8, https://chicagounbound.uchicago.edu/cgi/viewcontent.cgi?article=1052&context=uclf.

57 Shapiro, "What Is Intersectionality?"

58 Briahna Joy Gray, "Beware the Race Reductionist," *The Intercept*, August 26, 2018, https://theintercept.com/2018/08/26/beware-the-race-reductionist/에서 인용.

9장 | 길이 안 보여도 어떻게든 해내기

1   "Jane McAlevey on How to Organize for Power," *Current Affairs*, April 21, 2019, https://www.currentaffairs.org/2019/04/jane-mcalevey-on-how-to-organize-for-power. 다음도 보라. Jane McAlevey, *No Shortcuts: Organizing for Power in the New Gilded Age*, Oxford University Press, 2016.

2   이 메모 전문은 다음을 보라. "The Lewis Powell Memo: A Corporate Blueprint to Dominate Democracy," *Greenpeace*, https://www.greenpeace.org/usa/democracy/the-lewis-powell-memo-a-corporate-blueprint-to-dominate-democracy/.

3   Mark Schmitt, "The Myth of the Powell Memo," *Washington Monthly*, September/October 2016.

4   다음을 보라. Nathan J. Robinson, "Why Won't the Right Debate Us?," *Current Affairs*, March 21, 2019, https://www.currentaffairs.org/2019/03/why-wont-the-right-debate-us.; Rafael Garcia and Bailey Britton, "Turning Point USA Tried Influencing Elections at K-State. SGA Just Allocated Them $3,000 to Host Speakers on Campus," *The Collegian*, April 2, 2019, https://www.kstatecollegian.com/2019/04/02/turning-point-tried-influencing-elections-at-k-state-sga-just-allocated-them-3000-to-host-speakers-on-campus/.

5   다음을 보라. Evan Mandery, "Why There's No Liberal Federalist Society," *Politico*, January 23, 2019, https://www.politico.com/magazine/story/2019/01/23/why-theres-no-liberal-federalist-society-224033.; Andrew Prokop, "How ALEC Helps Conservatives and Businesses Turn State Election Wins into New Laws," *Vox*, March 27, 2015, https://www.vox.com/2014/11/17/7186057/american-legislative-exchange-council.

6   일례로 다음을 보라. Nathan J. Robinson, "Never Trust the Cato Institute," *Current Affairs*, October 13, 2018, https://www.currentaffairs.org/2018/10/never-trust-the-cato-institute. 케이토연구소에서 나온 아무 논문이나 검토하면 자유 시장적 결론을 지지하기 위해 증거가 어떤 식으로 조작되는지 알 수 있다. 우파 사이비 학자의 대표적 연구는 다음을 보라. C. A. DeAngelis, P. J. Wolf, L. D. Maloney, and J. F. May, *A Good Investment: The Updated Productivity of Public Charter Schools in Eight U.S. Cities*,

University of Arkansas, Department of Education Reform, 2019. 차터 스쿨을 지지하는 아칸소대학교University of Arkansas 교육개혁국이 의뢰한 이 연구는 학생 1인당 교육비와 시험 성적이라는 변수만 사용해 사립 차터 스쿨이 공립학교보다 '투자 수익' 면에서 낫다는 점을 보여주려고 한다. 고등학교에서 통계학 수업을 들은 사람이라면 이 연구가 왜 아무것도 입증하지 못하는지 알 수 있다. 학업 성적이 낮은 학생들이 있는 학교에게 학생 1인당 가장 높은 교육비가 필요하지 않겠는가. 이는 학문적 연구가 아니라《월스트리트저널》이 좋아할 만한 글이다. 실제로《월스트리트저널》은 기사에서 이 연구를 인용했다. Jason Riley, "Progressives Threaten to Destroy School Reform," *Wall Street Journal*, April 2, 2019, https://www.wsj.com/articles/progressives-threaten-to-destroy-school-reform-11554246593.

7   폭스뉴스에 엉터리 뉴스가 얼마나 많은지는 터커 칼슨Tucker Carlson이 이민자 범죄에 대한 통계를 어떻게 오용·악용하는지 내가 논파한 영상을 보라. *Current Affairs*, "Exposing Tucker Carlson's Immigration Ignorance," YouTube, September 18, 2018, https://www.youtube.com/watch?v=7hRpWZe0lbw.

8   Alexander Coppock, Emily Ekins, and David Kirby, "The Long-lasting Effects of Newspaper Op-Eds on Public Opinion," *Quarterly Journal of Political Science* 13, no. 1, 2018, pp.59-87, http://dx.doi.org/10.1561/100.00016112.

9   Stefano Della Vigna and Ethan Kaplan, "The Fox News Effect: Media Bias and Voting," *The Quarterly Journal of Economics* 122, no. 3, August 2007, pp.1187-1234, https://doi.org/10.1162/qjec.122.3.1187.; Joshua David Clinton and Ted Enamorado, *The Fox News Factor: How the Spread of Fox News Affects Position Taking in Congress*, April 18, 2012, http://dx.doi.org/10.2139/ssrn.2050570. 다음은 폭스뉴스가 주민을 어떻게 우경화했는지 보여주는 충격적인 보고서다. Luke O'Neil, "What I've Learned from Collecting Stories of People Whose Loved Ones Were Transformed by Fox News," *New York*, April 9, 2019, http://nymag.com/intelligencer/2019/04/i-gathered-stories-of-people-transformed-by-fox-news.html. 오닐은 사람들이 가족, 친척과 공통적인 경험을 다음과 같이 기술한다.

> 그들은 TV 앞에 모여 앉아 폭스뉴스가 보여주는 분노와 편집증에서 일종의 강력한 중독적 위안을 얻었고, 각자 전과 다른 사람이 됐다. 불가능한 것은 아니지만, 함께 시간을 보내기 힘든 사람이 됐다. 그 때문에 결혼 생활이 깨지고 부부 관계가 소원해졌다. 한 사람에게는 아버지에 대한 잊을 수 없는 마지막 기억을 남겼다. 그는 내게 "안락의자에 앉아 죽은 아버지를 발견했을 때, TV 채널이 망할 놈의 폭스뉴스더군요"라고 말했다. "아버지가 마지막으로 폭스뉴스를 봤을 거예요. 나는 저 채널과 보수적인 라디오 토크쇼가 유쾌하고 인정 많던 아버지께 한 짓이 너무 싫어요. 아버지는 돌아가시기 전 몇 해 동안 갈수록 화가 많아지고 편협해졌어요."

10   Prager University, prageru.com(2019년 6월 1일 접속).

11   John Herrman, "For the New Far Right, YouTube Has Become the New Talk Radio," *New York Times*, August 3, 2017, https://www.nytimes.com/2017/08/03/magazine/for-

the-new-far-right-youtube-has-become-the-new-talk-radio.html.

12 Kelly Weill, "How YouTube Built a Radicalization Machine for the Far-Right," *The Daily Beast*, December 17, 2018, https://www.thedailybeast.com/how-youtube-pulled-these-men-down-a-vortex-of-far-right-hate.

13 Ryan Broderick, "YouTubers Will Enter Politics, and the Ones Who Do Are Probably Going to Win," *BuzzFeed*, October 21, 2018, https://www.buzzfeednews.com/article/ryanhatesthis/brazils-congressional-youtubers.

14 나탈리 윈의 채널 〈콘트라포인츠〉와 그녀가 만든 영상이 귀중한 이유를 더 알고 싶다면 다음을 보라. Nathan J. Robinson, "God Bless ContraPoints," *Current Affairs*, May 6, 2018, https://www.currentaffairs.org/2018/05/god-bless-contrapoints. 이 밖에 〈필로소피튜브PhilosophyTube〉와 〈H봄버가이Hbomberguy〉를 비롯한 좌파 성향 유튜브 채널이 있다.

15 프레이거유는 영상 홍보에 많은 돈을 쓴다.

16 다음을 보라. Nathan J. Robinson, "Should Leftists Go on Fox?," *Current Affairs*, March 2, 2019, https://www.currentaffairs.org/2019/03/should-leftists-go-on-fox.

17 Diamond Naga Siu, "Democratic Socialists of America Scored Wins in the Midterms. What's on Their Agenda?," NBC, December 8, 2018, https://www.nbcnews.com/politics/politics-news/democratic-socialists-america-scored-wins-midterms-what-s-their-agenda-n941911.

18 덕스베리는 미국에서 유일하게 선거로 뽑힌 들개 포획인을 둔 곳이다. 다음을 보라. Amy Kolb Noyes, "Can't Get Elected Dogcatcher? Try Running in Duxbury, Vt," NPR, March 24, 2018, https://www.npr.org/2018/03/24/595755604/cant-get-elected-dogcatcher-try-running-in-duxbury-vt.

19 "In Conversation: Vaughan Stewart on Transforming from a Poster into a Politician," *Current Affairs Podcast*, December 26, 2018, https://www.patreon.com/posts/in-conversation-23563269.

20 Keri Blakinger, "Houston: Ground Zero for the Death Penalty," *Houston Chronicle*, November 27, 2017, https://www.chron.com/news/houston-texas/houston/article/Houston-Ground-zero-for-the-death-penalty-12385007.php.

21 Joan Mar, "Meet the Dream Defenders: 5 Key Members—What Have the DDs Achieved?," *Daily Kos*, September 20, 2013, https://www.dailykos.com/stories/2013/9/20/1239998/-Meet-the-Dream-Defenders-5-Key-Members-What-Have-the-DDs-Achieved.

22 "White House Bafflingly Claims Trump Actually Said 'Oringes,' Not 'Oranges,'" *The Week*, April 3, 2019, https://theweek.com/speedreads/833032/white-house-bafflingly-claims-trump-actually-said-oringes-not-oranges-.

23 다음을 보라. Adolph Reed Jr., "Splendors and Miseries of the Antiracist 'Left,'" *Nonsite*, November 6, 2016, https://nonsite.org/editorial/splendors-and-miseries-of-the-antiracist-left-2.

10장 | 천박한 보수주의

1   랜드는 다음 판부터 이 구절을 뺐다. 오늘날 인쇄되는 판에도 빠졌다. 이유는 여러분이 잘 알 것이다.

2   Michael Oakeshott, "On Being Conservative," in *Rationalism in Politics and Other Essays*, Methuen, 1962.

3   Corey Robin, *The Reactionary Mind: Conservatism from Edmund Burke to Sarah Palin*, Oxford University Press, 2011, p.5. (코리 로빈, 천태화 옮김, 《보수주의자들은 왜?》, 모요사, 2012.)

4   Ibid., p.13.

5   Ibid., p.4.

6   Kevin D. Williamson, "Chaos in the Family, Chaos in the State: The White Working Class's Dysfunction," *National Review*, March 17, 2016, https://www.nationalreview.com/2016/03/donald-trump-white-working-class-dysfunction-real-opportunity-needed-not-trump/.

7   Ann Coulter, *¡Adios America! The Left's Plan to Turn Our Country into a Third World Hellhole*, Regnery Publishing, 2015. 이 책을 통렬하게 비판하며 콜터의 주장이 왜 틀렸고 편파적인지 꼼꼼히 설명한 글은 다음을 보라. Brianna Rennix, "The Cruelties of Coulter," *Current Affairs*, March 11, 2018, https://www.currentaffairs.org/2018/03/the-cruelties-of-coulter.

8   Coulter, *¡Adios America!*.

9   Nathan J. Robinson, "What We'll Tolerate and What We Won't," *Current Affairs*, February 21, 2017, https://www.currentaffairs.org/2017/02/what-well-tolerate-and-what-we-wont.

10   William F. Buckley Jr., "Why the South Must Prevail," *National Review*, August 24, 1957.

11   H. L. Mencken, "Bayard vs. Lionheart," *Baltimore Evening Sun*, July 26, 1920. 이런 반민주적 주장은 《내셔널리뷰》의 케빈 윌리엄슨이 쓴 글에서도 볼 수 있다. "세상에는 쓸모없고 흥미롭지도 않은 사람이 많다. 그들의 투표 행위는 4년 정도마다 반복해서 '이거 해줘!'라고 떼쓰는 것에 불과하다. 복잡한 문제와 정책 아이디어를 한 꾸러미로 묶어놓고 몇 세대의 진화 덕분에 상습적인 공개적 자위와 똥 던지기에서 벗어나기는 했으나 여전히 원시 상태에서 벗어나지 못한 무지한 침팬지 무리의 과반수에게 그 꾸러미에 대해 어떻게 생각하는지, 어느 것을 더 선호하는지 묻는 행위에는 아무런 도덕적 가치가 없다. Kevin D. Williamson, *The Smallest Minority: Independent Thinking in the Age of Mob Politics*, Regnery, 2019, pp.50-51.

12   Albert O. Hirschman, *The Rhetoric of Reaction: Perversity, Futility, Jeopardy*, Belknap Press, 1991. (앨버트 허시먼, 이근영 옮김, 《보수는 어떻게 지배하는가》, 웅진지식하우스, 2010.)

13   이 말은 마거릿 대처가 정치적 담론에 가져온 가장 강력하고 불쾌한 표현이다. 이후 그녀

를 이야기할 때면 늘 이 표현이 따라붙곤 했다. 다음을 보라. Claire Berlinski, *There Is No Alternative: Why Margaret Thatcher Matters*, Basic Books, 2008.

14 John Muir, *Our National Parks*, Houghton Mifflin, 1901, p.4.

15 Theodore Roosevelt, *Theodore Roosevelt on Bravery: Lessons from the Most Courageous Leader of the Twentieth Century*, Skyhorse, 2015.

16 F. A. Hayek, "Why I Am Not a Conservative," in *The Constitution of Liberty*, Routledge&Kegan Paul, 1959, p.397. (프리드리히 A. 하이에크, 김균 옮김, 《자유 헌정론》, 자유 기업센터, 2016.)

17 G. K. Chesterton, *The Thing*, 1929.

11장 | 재수 없는 자유주의

1 James Poniewozik, "A Rudderless Night, as News Networks Struggle with a Surprise Victory," *New York Times*, November 10, 2016, https://www.nytimes.com/2016/11/10/arts/television/a-rudderless-night-as-news-networks-struggle-with-a-surprise-victory.html?_r=0.

2 Chris Cillizza and Aaron Blake, "Donald Trump's Chances of Winning Are Approaching Zero, *Washington Post*, October 24, 2016, https://www.washingtonpost.com/news/the-fix/wp/2016/10/24/donald-trumps-chances-of-winning-are-approaching-zero/.

3 Jonathan Chait (@jonathanchait), "Trump won't win Michigan...," Twitter, November 7, 2016, 7:22 a.m., https://twitter.com/jonathanchait/status/795647665463824384?lang=en.

4 Rachael Revesz, "Survey Finds Hillary Clinton Has 'More Than 99% Chance' of Winning Election over Donald Trump," *The Independent*, November 5, 2016, http://www.independent.co.uk/news/world/americas/sam-wang-princeton-election-consortium-poll-hillary-clinton-donald-trump-victory-a7399671.html.

5 월간지 《와이어드》는 11월 7일에 샘 왕을 '데이터 선거의 새로운 왕'이라고 부르며 이번 선거가 수학적 모델링의 유효성을 보여줘 그의 승리가 될 거라고 예측했다. Jeff Nesbit, "2016's Election Data Hero Isn't Nate Silver. It's Sam Wang," *Wired*, November 7, 2016, https://www.wired.com/2016/11/2016s-election-data-hero-isnt-nate-silver-sam-wang/.

6 Corey Robin, "Donald Trump: The Michael Dukakis of the Republican Party," coreyrobin.com, September 27, 2016, http://coreyrobin.com/2016/09/27/donald-trump-the-michael-dukakis-of-the-republican-party/.; Corey Robin, "If I Were Worried That Clinton Might Lose, Here's What I Would and Wouldn't Do...," coreyrobin.com, August 10, 2016, http://coreyrobin.com/2016/08/10/if-i-were-worried-that-clinton-might-lose-heres-what-i-would-and-wouldnt-do/. 브루클린대

학_{Brooklyn College}의 정치학자 코리 로빈은 "클린턴이 대승을 거둘 것"이라면서 트럼프를 "공화당의 마이클 듀카키스_{Michael Dukakis}"라고 불렀다. 그는 힐러리 클린턴이 질 거라고 주장하는 자기 친구 민주당원들의 말을 믿지 않는다면서 정말 그녀가 패배할까 걱정된다면 그들은 클린턴을 위한 선거운동을 할 텐데 그러지 않기 때문이라고 말했다.

7   Kristen Hare, "Huffington Post Is Going to Cover Trump as Entertainment, Not Politics," *Poynter*, July 17, 2015, https://www.poynter.org/reporting-editing/2015/huffington-post-is-going-to-cover-trump-as-entertainment-not-politics/.

8   Lloyd Grove, "How Stephen Colbert Became Late Night's King of Trump Resistance," *The Daily Beast*, February 20, 2017, https://www.thedailybeast.com/how-stephen-colbert-became-late-nights-king-of-trump-resistance.

9   Todd Shepherd, "Hillary Clinton Concedes: 'I Had Not Drafted a Concession Speech,'" *Washington Examiner*, September 10, 2017, http://www.washingtonexaminer.com/hillary-clinton-concedes-i-had-not-drafted-a-concession-speech/article/2633949.

10 축포에 들어간 색종이 조각들은 나중에 스노우글로브를 만드는 데 쓰였다. Nancy Coleman, "An Artist Creates a Giant Snowglobe with Hillary Clinton's Unused Election Night Confetti," CNN, July 14, 2017, http://www.cnn.com/2017/07/14/politics/hillary-clinton-confetti-art-trnd/index.html.

11 Daily Mirror (@DailyMirror), "Tomorrow's Daily Mirror front...," Twitter, November 9, 2016, 1:42 p.m., https://twitter.com/dailymirror/status/796467942435262464?lang=en.

12 Annabeth Leow, "'OMG! It's Trump!': Newspapers Around the World React to Donald Trump's Victory," *Straits Times*, November 10, 2016, https://www.straitstimes.com/world/united-states/omg-its-trump-newspapers-around-the-world-react-to-donald-trumps-victory.

13 Paul Colgan, "'WTF': One of Australia's Biggest Newspapers Has Reacted to Trump's Shock Win," *Business Insider*, November 9, 2016, https://www.businessinsider.com/australias-daily-telegraph-reacts-to-trump-win-with-front-page-2016-11.

14 Brent Griffiths, "Plouffe: 'Never Been as Wrong on Anything in My Life,'" *Politico*, November 9, 2016, https://www.politico.com/story/2016/11/david-plouffe-wrong-2016-election-231045.

15 Nathan J. Robinson, "Unless the Democrats Run Sanders, a Trump Nomination Means a Trump Presidency," *Current Affairs*, February 23, 2016, https://static.currentaffairs.org/2016/02/unless-the-democrats-nominate-sanders-a-trump-nomination-means-a-trump-presidency. 2016년 내가 예측한 기록은 완벽하지 않았다. 나중에 '음담패설 테이프'가 공개된 뒤, 나는 트럼프가 질 거라고 생각했다. 그러나 2월에 쓴 이 칼럼에서 나는 다음과 같이 결론을 내렸다. "도널드 트럼프는 미국 정치사에서 강력한 경쟁자 중 하나다. 그는 교활하고 부끄러움을 모르는 데다 인기도 있다. 그가 공화당 대통령 후보가 된다면 민주당은 그를 이길 방법을 진지하게 모색해야 한다. 그렇지 않으면

그는 미국 대통령이 될 테고, 그것은 종교적 · 인종적 소수자는 물론이고 다른 모든 이에게 재앙이 될 것이다."

16 Michael Moore, "5 Reasons Why Trump Will Win," Michaelmoore.com, July 21, 2016, https://michaelmoore.com/trumpwillwin/.

17 "Party Images," Gallup, https://news.gallup.com/poll/24655/party-images.aspx. 민주당에 대한 여론은 2008년 오바마 당선 때보다 10포인트 정도 낮았다. 공화당의 이미지는 더 나빴지만, 트럼프는 공화당의 기성 체제와 차별화하는 데 성공했다.

18 "Hillary Clinton or Bernie Sanders: Who Can Trump Trump?," *Democracy Now!*, March 10, 2016, https://www.democracynow.org/2016/3/10/hillary_clinton_or_bernie_sanders_who.

19 조작이든 아니든, 이메일 스캔들은 제임스 코미James Comey 연방수사국장이 선거를 며칠 앞두고 돌연 조사하겠다고 발표함으로써 선거에 타격을 줬다.

20 다음을 보라. Joshua Benton, "The Game of Concentration: The Internet Is Pushing the American News Business to New York and the Coasts," *Nieman Lab*, March 25, 2016, https://www.niemanlab.org/2016/03/the-game-of-concentration-the-internet-is-pushing-the-american-news-business-to-new-york-and-the-coasts/.

21 2016년 대선이 끝난 뒤, 힐러리 클린턴은 '잘나가는' 미국인 상당수가 자신을 지지한다고 말했다. 그녀의 견해에 얼마나 거품이 있는지 잘 보여주는 말이다. John Bowden, "Clinton: I Won Places Moving Forward, Trump Won Places Moving Backward," *The Hill*, March 13, 2018, https://thehill.com/homenews/campaign/378070-clinton-i-won-places-moving-forward-trump-won-places-moving-backward.

22 Barack Obama, "Now Is the Greatest Time to Be Alive," *Wired*, October 12, 2016, https://www.wired.com/2016/10/president-obama-guest-edits-wired-essay/. 오바마가 선거를 한 달가량 앞둔 시기에 이 메시지가 훌륭하고 시의적절하다고 생각했다는 사실은 지금까지 충격이 아닐 수 없다.

23 당시 나는 이에 관해 글을 썼다. Nathan J. Robinson, "Democrats Need to Stop Insisting That Everything Is Going Well," *Current Affairs*, July 23, 2016, https://www.currentaffairs.org/2016/07/democrats-need-to-stop-insisting-that-everything-is-going-well.

24 Ryan Cooper and Matt Bruenig, *Foreclosed: Destruction of Black Wealth During the Obama Presidency*, People's Policy Project, https://www.peoplespolicyproject.org/wp-content/uploads/2017/12/Foreclosed.pdf.

25 밀워키 흑인 노동자의 정치적 환멸과 그것이 민주당의 정치적 운명에 미친 영향을 알고 싶다면 다음을 보라. Malaika Jabali, "The Color of Economic Anxiety," *Current Affairs*, October 3, 2018, https://www.currentaffairs.org/2018/10/the-color-of-economic-anxiety.

26 다음을 보라. Lori Wallach and Murshed Zaheed, "TPP: How Obama Traded Away His Legacy," *Huffington Post*, December 29, 2017, https://www.huffpost.com/entry/tpp-

how-obama-traded-away_b_13872926. 월러크와 자히드는 빌 클린턴의 북미자유무역협정NAFTA과 버락 오바마의 환태평양경제동반자협정TPP이 어떤 점에서 정치적 재앙이었는지 살펴보고 다음과 같이 결론을 내렸다. "환태평양경제동반자협정을 지지한 것은 민주당이 지난 25년 동안 무역정책 때문에 삶이 완전히 망가진 사람에게 관심이 없다는 것을 보여준 징표다. 분노한 노조원에게서 그 메시지를 들은 노조 관리는 민주당 행정부와 힐러리 클린턴의 선거운동 진영에 반복해서 그 메시지를 전달했다."

27 힐러리 클린턴이 리비아 정부의 전복에 연루됐다는 것을 자세히 기술한 자료는 다음을 보라. Jo Becker and Scott Shane, "Hillary Clinton, 'Smart Power,' and a Dictator's Fall," *New York Times*, February 27, 2016, https://www.nytimes.com/2016/02/28/us/politics/hillary-clinton-libya.html.

28 Michael Anton, aka "Publius Decius Mus," "The Flight 93 Election," The Claremont Institute, September 5, 2016, https://www.claremont.org/crb/basicpage/the-flight-93-election/.

29 다음을 보라. Matthew Yglesias, "The Democratic Party's Down-Ballot Collapse, Explained," *Vox*, January 10, 2017, https://www.vox.com/policy-and-politics/2017/1/10/14211994/obama-democrats-downballot/.

30 Jonathan Allen and Amie Parnes, *Shattered: Inside Hillary Clinton's Doomed Campaign*, Crown, 2017. 이 책과 선거운동에서 클린턴이 범한 실수를 상세히 논한 자료는 다음을 보라. Nathan J. Robinson, "The Clinton Comedy of Errors," *Current Affairs*, April 26, 2017, https://www.currentaffairs.org/2017/04/the-clinton-comedy-of-errors.

31 Jeremy Berke, "Clinton Staffers Toyed with Using 'Because It's Her Turn' as a Campaign Rallying Cry," *Business Insider*, April 22, 2017, https://www.businessinsider.com/hillary-clinton-slogan-why-run-because-her-turn-2017-4.

32 Luke Savage, "How Liberals Fell in Love with The West Wing," *Current Affairs*, June 7, 2017, https://www.currentaffairs.org/2017/04/how-liberals-fell-in-love-with-the-west-wing.

33 Ben Rhodes, *The World As It Is: A Memoir of the Obama White House*, Random House, 2018, p.257. 오바마 대통령 시절에 백악관 참모들이 쓴 순진하기 이를 데 없는 회상록에 대해서는 다음을 보라. Nathan J. Robinson, "The Obama Boys," *Current Affairs*, March 10, 2019, https://www.currentaffairs.org/2019/03/the-obama-boys.

34 Brian Abrams, *Obama: An Oral History*, Little A, 2018, p.52에서 인용.

35 Erin Kelly, "Michelle Obama: George W. Bush Is 'My Partner in Crime' and 'I Love Him to Death,'" *USA Today*, October 11, 2018, https://www.usatoday.com/story/news/politics/onpolitics/2018/10/11/michelle-obama-george-w-bush-my-partner-crime/1603296002/.

36 조 바이든이 인종차별주의자와 맺은 관계의 역사를 알고 싶다면 다음을 보라. Nathan J. Robinson, "Everybody's Chum," *Current Affairs*, March 20, 2019, https://www.currentaffairs.org/2019/03/everybodys-chum.

37 Caitlynn Peetz, "Racial Equity Concerns Surface at Public Forum on School Redistricting," *Bethesda Magazine*, April 5, 2019, https://bethesdamagazine.com/bethesda-beat/schools/racial-equity-concerns-surface-at-boundary-meeting/.

38 Dianna Douglas, "Are Private Schools Immoral?," *The Atlantic*, December 14, 2017, https://www.theatlantic.com/education/archive/2017/12/progressives-are-undermining-public-schools/548084/?utm_source=atlfb에서 인용.

39 Adolph Reed Jr., "Liberals I Do Despise," *Village Voice*, November 12, 1996, https://www.commondreams.org/views/2009/12/09/liberals-i-do-despise.

40 Adolph Reed Jr., "Obama No," *The Progressive*, April 28, 2008, https://progressive.org/magazine/obama/.

41 Matt Taibbi, "Obama Is the Best BS Artist Since Bill Clinton," *Rolling Stone*, February 14, 2007, https://www.alternet.org/2007/02/obama_is_the_best_bs_artist_since_bill_clinton/에서 볼 수 있다.

42 David Litt, *Thanks, Obama: My Hopey, Changey White House Years*, Ecco, 2017, p.22.

43 Jessica Campisi, "Trump Deporting Immigrants at Slower Pace than Obama," *The Hill*, June 21, 2019, https://thehill.com/homenews/administration/449665-trump-deporting-immigrants-at-slower-pace-than-obama-report.; Glenn Greenwald, "The Untouchables: How the Obama Administration Protected Wall Street from Prosecutions," *The Guardian*, January 23, 2013, https://www.theguardian.com/commentisfree/2013/jan/23/untouchables-wall-street-prosecutions-obama.; Sonali Prasad et al., "Obama's Dirty Secret: The Fossil Fuel Projects the US Littered Around the World," *The Guardian*, December 1, 2016, https://www.theguardian.com/environment/2016/dec/01/obama-fossil-fuels-us-export-import-bank-energy-projects. 오바마는 지금에 와서 자신이 대통령으로 있는 것이 화석연료 산업에 유리했다고 자랑하고 있다. Valerie Richardson, "Obama Takes Credit for U.S. Oil-and-Gas Boom: 'That Was Me, People'" AP, November 28, 2018, https://www.apnews.com/5dfbc1aa17701ae219239caad0bfefb2.; Yara Bayoumy, "Obama Administration Arms Sale Offers to Saudi Arabia Top $115 Billion," Reuters, September 7, 2016, https://www.reuters.com/article/us-usa-saudi-security/obama-administration-arms-sales-offers-to-saudi-top-115-billion-report-idUSKCN11D2JQ.; Conor Friedersdorf, "How Team Obama Justifies The Killing of a 16-Year-Old American," *The Atlantic*, October 24, 2012, https://www.theatlantic.com/politics/archive/2012/10/how-team-obama-justifies-the-killing-of-a-16-year-old-american/264028/.; Micah Zenko, "Do Not Believe the U.S. Government's Official Numbers on Drone Strike Civilian Casualties," *Foreign Policy*, July 5, 2016, https://foreignpolicy.com/2016/07/05/do-not-believe-the-u-s-governments-official-numbers-on-drone-strike-civilian-casualties/.; Kira Goldenberg, "Obama's Broken Promises on Transparency," *Columbia Journalism Review*, October 10, 2013, https://archives.cjr.org/behind_the_news/cjp_report_on_us_

press_freedom.php('닉슨보다 심하다'라는 표현은 펜타곤 문서 사건 당시 《뉴욕타임스》 변호인 단 간사가 한 말이다).; Colin Kahl, "Obama Has Been Great For Israel," *Foreign Policy*, August 16, 2012, https://foreignpolicy.com/2012/08/16/obama-has-been-great-for-israel/.; Geoffrey Aronson, "How Barack Obama Failed to Stop Israeli Settlements," *Al Jazeera*, October 31, 2016, https://www.aljazeera.com/indepth/opinion/2016/10/barack-obama-failed-stop-israeli-settlements-161030075936848.html.

44 Abrams, *Obama: An Oral History*, p.162에서 인용.

45 오바마의 교육정책에 대해 더 상세한 비판을 알고 싶다면 다음을 보라. Nathan J. Robinson, "The Kind of Policy We Must Never Make Again," *Current Affairs*, February 6, 2019, https://www.currentaffairs.org/2019/02/the-kind-of-policy-we-must-never-make-again.

46 Micah L. Sifry, "Obama's Lost Army," *New Republic*, February 9, 2017, https://newrepublic.com/article/140245/obamas-lost-army-inside-fall-grassroots-machine.

47 Gabrial Debenedetti, "A Long Talk with Pete Buttigieg: The 2020 Hopeful on College Contemporary Mark Zuckerberg, How Sewers Are Like National Security, and Ulysses," *New York*, February 14, 2019, http://nymag.com/intelligencer/2019/02/a-long-talk-with-democratic-2020-candidate-pete-buttigieg.html에서 인용.

48 예를 들어 다음을 보라. Katy Waldman, "The Coming-of-Age Tale That Inspired Mayor Pete to Learn Norwegian," *New Yorker*, May 2, 2019, https://www.newyorker.com/books/page-turner/the-coming-of-age-tale-that-inspired-mayor-pete-to-learn-norwegian.; Elizabeth Murray, "Potential Presidential Candidate Pete Buttigieg Can't Live Without These Vermont-Made Socks," *Burlington Free Press*, April 4, 2019, https://www.burlingtonfreepress.com/story/news/local/2019/04/04/2020-election-pete-buttigieg-potential-presidential-candidate-vermont-made-socks/3362269002/. 피트 부티지지가 편 정책에 대한 비판과 그를 둘러싼 미디어의 과장 보도는 다음을 보라. Nathan J. Robinson, "All About Pete," *Current Affairs*, March 29, 2019, https://www.currentaffairs.org/2019/03/all-about-pete.

49 Nathan J. Robinson, "The Limits of Liberal History," *Current Affairs*, October 28, 2018, https://www.currentaffairs.org/2018/10/the-limits-of-liberal-history.; Alex Nichols, "You Should Be Terrified That People Who Like Hamilton Run Our Country," *Current Affairs*, July 29, 2016, https://www.currentaffairs.org/2016/07/you-should-be-terrified-that-people-who-like-hamilton-run-our-country.

50 훨씬 더 많은 사례를 들어가며 이런 일이 어떻게 일어나는지 깊이 있게 다룬 글은 다음을 보라. Nathan J. Robinson, "Don't Use the Right's Assumptions to Make the Left's Arguments," *Current Affairs*, March 1, 2018, https://www.currentaffairs.org/2018/03/dont-use-the-rights-assumptions-to-make-the-lefts-arguments.

51 Connor Kilpatrick, "Alexander Cockburn: The Last Polemicist," *Jacobin*, September 30, 2013, https://jacobinmag.com/2013/09/alexander-cockburn-the-last-polemicist.

52 Frances Perkins, *The Roosevelt I Knew*, Penguin Classics, 2011, p.314.

53 Franklin D. Roosevelt, "Franklin Roosevelt's Address Announcing the Second New Deal," October 31, 1936, http://docs.fdrlibrary.marist.edu/od2ndst.html에서 볼 수 있다.

54 Thomas Jefferson to James Madison, October 28, 1785, in *The Papers of Thomas Jefferson* 8, ed. Julian P. Boyd, Princeton University Press, 1950, pp.681-682, http://press-pubs. uchicago.edu/founders/documents/v1ch15s32.html.

55 Abraham Lincoln, "Speech in the Illinois Legislature Concerning the State Bank," January 11, 1837, *Collected Works of Abraham Lincoln*, vol. 1, University of Michigan Digital Library Production Services, 2001, https://quod.lib.umich.edu/l/lincoln/lincoln1/1:92?rgn=div1;view=fulltext에서 볼 수 있다.

56 다음을 보라. Adolph Reed Jr. "Race and the New Deal Coalition," *The Nation*, April 7, 2008, https://www.thenation.com/article/race-and-new-deal-coalition/.

57 프랭크가 민주당이 '민중의 당'이었던 정도를 과장하긴 했지만, 오늘날 자유주의에 대한 분석은 정확하다. Thomas Frank, *Listen, Liberal: Or, What Ever Happened to the Party of the People?*, Picador, 2016. (토머스 프랭크, 고기탁 옮김, 《민주당의 착각과 오만》, 열린책들, 2018.) 민주당이 항상 얼마나 형편없었는지에 대한 강력한 논평은 다음을 보라. John Halle, "Review: Listen, Liberal," *Current Affairs*, August 18, 2016, https://www.currentaffairs. org/2016/08/review-listen-liberal.

58 Frank, *Listen, Liberal*.

12장 | 왜 사회주의의 적들은 모두 틀렸는가

1 Rob Larson, *Capitalism vs. Freedom: The Toll Road To Serfdom*, Zero Books, 2018.

2 Edward Bernays, *Propaganda*, Routledge, 1928(재판, Ig Publishing, 2004), p.37. (에드워드 버네이스, 강미경 옮김, 《프로파간다》, 공존, 2009.)

3 "'This Government Is Rightwing' Says Venezuelan Union Leader José Bodas," *Venezuelan Voices*, April 5, 2019, https://venezuelanvoices.home.blog/2019/04/05/this-government-is-rightwing-says-venezuelan-union-leader-jose-bodas/.

4 Anatoly Kurmanaev, "The Tragedy of Venezuela," *Wall Street Journal*, May 24, 2018, https://www.wsj.com/articles/the-tragedy-of-venezuela-1527177202.

5 Francisco Toro, "As Socialist Venezuela Collapses, Socialist Bolivia Thrives. Here's Why," *Washington Post*, January 5, 2017, https://www.washingtonpost.com/news/global-opinions/wp/2017/01/05/as-socialist-venezuela-collapses-socialist-bolivia-thrives-heres-why/.; Francisco Toro, "No, Venezuela Doesn't Prove Anything About Socialism," *Washington Post*, August 21, 2018, https://www.washingtonpost.com/news/global-opinions/wp/2018/08/21/no-venezuela-doesnt-prove-that-socialism-will-bring-about-a-zombie-apocalypse/.

6 베네수엘라 경제 위기의 원인은 복합적인데도 베네수엘라가 '사회주의'에 주는 교훈

에 대해 말하는 이들 중에 베네수엘라 경제를 진지하게 연구한 사람은 거의 없다. 베네수엘라에서 벌어지는 일에 대한 설명은 다음을 보라. Francisco Rodríguez, "Crude Realities: Understanding Venezuela's Economic Collapse," Washington Office on Latin America, September 20, 2018, https://venezuelablog.org/crude-realities-understanding-venezuelas-economic-collapse/.; Michael Roberts, "The Tragedy of Venezuela," Michael Roberts Blog, August 3, 2017, https://thenextrecession.wordpress.com/2017/08/03/the-tragedy-of-venezuela/.

7   이 수법에 대해 더 알고 싶다면 다음을 보라. Nathan J. Robinson, "What Venezuela Tells Us About Socialism," *Current Affairs*, May 29, 2018, https://www.currentaffairs.org/2018/05/what-venezuela-tells-us-about-socialism.

8   경제를 '사회주의화'하는 다양한 방식에 대한 논의, 시장과 가격이 어떤 면에서 필요한지에 대한 '계산 논쟁'을 살피고 싶다면 다음을 보라. Seth Ackerman, "The Red and the Black," *Jacobin*, December 20, 2012, https://jacobinmag.com/2012/12/the-red-and-the-black.; Evgeny Morozov, "Digital Socialism? The Calculation Debate in the Age of Big Data," *New Left Review*, March-June 2019, https://newleftreview.org/issues/II116/articles/evgeny-morozov-digital-socialism.

9   Ludwig von Mises, *Socialism: An Economic and Sociological Analysis*, 1922.

10   Numa Mazat and Franklin Serrano, "An Analysis of the Soviet Economic Growth from the 1950's to the Collapse of USSR,"(두 번째 초안, 미출판), http://www.centrosraffa.org/public/bb6ba675-6bef-4182-bb89-339ae1f7e792.pdf.

11   Gur Ofer, "Soviet Economic Growth, 1928-1985," RAND/UCLA Center for the Study of Soviet International Behavior, 1988, https://apps.dtic.mil/dtic/tr/fulltext/u2/a220336.pdf.

12   "Revenue Statistics - OECD Countries: Comparative Tables," Organization for Economic Cooperation and Development, https://stats.oecd.org/Index.aspx?DataSetCode=REV.

13   Leigh Phillips and Michal Rozworski, *The People's Republic of Walmart: How the World's Biggest Corporations are Laying the Foundation for Socialism*, Verso Books, 2019.

14   시어스백화점의 이 정신 나간 실험에 대해 더 알고 싶다면 다음을 보라. Mina Kimes, "At Sears, Eddie Lampert's Warring Divisions Model Adds to the Troubles," *Bloomberg*, July 11, 2013, https://www.bloomberg.com/news/articles/2013-07-11/at-sears-eddie-lamperts-warring-divisions-model-adds-to-the-troubles.

15   Paul Krugman, "John Galt and the Theory of the Firm," *New York Times*, July 16, 2013, https://krugman.blogs.nytimes.com/2013/07/16/john-galt-and-the-theory-of-the-firm/.

16   Ben Shapiro, "What Is Intersectionality?," PragerU, June 17, 2018, https://www.prageru.com/video/what-is-intersectionality/.

17   Oscar Wilde, "The Soul of Man Under Socialism," 1891.

18   Ibid.

19   다음을 보라. Samuel Miller McDonald, "Capitalism Is Collectivist," *Current Affairs*, May 9, 2018, https://www.currentaffairs.org/2018/05/capitalism-is-collectivist.

20   James Otteson, *The End of Socialism*, Cambridge University Press, 2014.

21   Christoph Engel, "Dictator Games: A Meta Study," MPI Collective Goods Preprint, no. 2010/07, March 1, 2010, http://dx.doi.org/10.2139/ssrn.1568732.

22   다음을 보라. Samuel Bowles and Herbert Gintis, *A Cooperative Species: Human Reciprocity and Its Evolution*, Princeton University Press, 2013. 인간이 본래 이기적이라는 이론에 대한 반박은 다음을 보라. Herbert Gintis, "On the Evolution of Human Morality," *Edge*, June 18, 2012, https://www.edge.org/conversation/the-false-allure-of-group-selection#hg.

23   Garrett Hardin, "The Tragedy of the Commons," *Science* 162, no. 3859, December 1968, pp.1243-1248.

24   Elinor Ostrom, *Governing the Commons: The Evolution of Institutions for Collective Action*, Cambridge University Press, 1990, p.24. (엘리너 오스트롬, 윤홍근·안도경 옮김, 《공유의 비극을 넘어》, 알에이치코리아, 2010.)

25   Matt Bors, "Mister Gotcha," *The Nib*, September 13, 2016, https://thenib.com/mister-gotcha.

26   월마트 치어는 월마트 노동자들이 업무를 시작하기 전에 모여서 외치는 끔찍한 구호로, 자본주의가 집단주의적이라는 증거다. 다음을 보라. Richard Metzger, "America Circa 2013: The Walmart Cheer Is the Most Depressing Thing You'll Ever See," *Dangerous Minds*, July 29, 2013, https://dangerousminds.net/comments/america_circa_2013_in_a_nutshell_the_wal_mart_cheer_is_the_most_depressing.

27   똥 이모티콘 모양 튜브에 대해 더 알고 싶다면 다음을 보라. Rob Larson and Nathan J. Robinson, "Stubborn Detachment," *Current Affairs*, May 24, 2019, https://www.currentaffairs.org/2019/05/stubborn-detachment.

28   사회주의 윤리가 인간의 친절이나 관용에 어떤 의무를 함축하는지 진지하게 고찰할 필요가 있다. 다음을 보라. Nathan J. Robinson, "Why Bernie Sanders Should Give His Millions Away," *Current Affairs*, April 16, 2019, https://www.currentaffairs.org/2019/04/why-bernie-sanders-should-give-his-millions-away. 더 학술적인 자료는 다음을 보라. G. A. Cohen, *If You're an Egalitarian, How Come You're So Rich?*, Harvard University Press, 2001.

29   Nathan J. Robinson, "Why Elon Musk's SpaceX Launch Is Utterly Depressing," *The Guardian*, February 7, 2018, https://www.theguardian.com/commentisfree/2018/feb/07/elon-musk-spacex-launch-utterly-depressing.

30   Louise Connelly, "The Most Expensive Doughnut in the World Is Covered in 24-Karat Gold," *CNBC*, October 11, 2017, https://www.cnbc.com/2017/10/11/worlds-most-expensive-doughnut-is-covered-in-gold.html.

31   브리아나 레닉스와 나는 현대건축이 '효율'을 위해 장식을 포기하고 극도의 미니멀리즘을 추구한다는 점에서 명백히 자본주의적 성격을 띤다고 주장했다. Brianna Rennix and Nathan J. Robinson, "Why You Hate Contemporary Architecture," *Current Affairs*, October 31, 2017, https://www.currentaffairs.org/2017/10/why-you-hate-contemporary-architecture. 아티스트 몰리 크래배플은 오늘날 건축은 '새가 살 곳'이 없다는 점에서 반생명적이라고 주장한다. 새가 살 수 있는 건축물에는 복잡한 장식이 들어가야 하지만, 자본주의에서 새는 아무 가치도 없기 때문에 새들의 이해관계는 고려할 대상이 아니다. "Molly Crabapple on the Power of Art," *The Current Affairs Podcast*, June 6, 2019, https://www.patreon.com/posts/27446318.

32   Justin Davidson, "I Have a Feeling We're Not in New York Anymore: Hudson Yards Is a Billionaire's Fantasy City and You Never Have to Leave —Provided You Can Pay for It," *New York*, February 18, 2019, http://nymag.com/intelligencer/2019/02/hudson-yard-billionaires-fantasy-city.html.

33   다음을 보라. Nathan J. Robinson, "Mardi Gras in Theory and Practice," *Current Affairs*, June 23, 2018, https://www.currentaffairs.org/2018/06/mardi-gras-in-theory-and-practice.

나가는 말 | 우리와 함께하라

1   Chris Cillizza, "This May Be the Scariest Thing Donald Trump Has Said as President," CNN, March 5, 2018, https://www.cnn.com/2018/03/05/politics/donald-trump-xi-jinping-analysis/index.html.

2   Chaim Gartenberg, "Construction Begins on Jeff Bezos' $42 Million 10,000-Year Clock," *The Verge*, February 20, 2018, https://www.theverge.com/tldr/2018/2/20/17031836/jeff-bezos-clock-10000-year-cost.

3   Nicole Karlis, "Bernie Sanders Condemns Amazon's Worker Mistreatment Just in Time for Prime Day," *Salon*, July 17, 2018, https://www.salon.com/2018/07/17/bernie-sanders-condemns-amazons-worker-mistreatment-just-in-time-for-prime-day/에서 인용.

4   Brianna Rennix and Nathan J. Robinson, "What's with Nationalism?," *Current Affairs*, December 30, 2018, https://www.currentaffairs.org/2018/12/whats-with-nationalism.

5   Danny Lewis, "Reagan and Gorbachev Agreed to Pause the Cold War in Case of an Alien Invasion," *Smithsonian*, November 25, 2015, https://www.smithsonianmag.com/smart-news/reagan-and-gorbachev-agreed-pause-cold-war-case-alien-invasion-180957402/.

6   Alan Boyle, "Jeff Bezos and His Blue Origin Space Venture Go All In on Moon Settlements," *GeekWire*, May 26, 2018, https://www.geekwire.com/2018/jeff-bezos-blue-origin-space-venture-go-moon-settlements/.

7 Douglas Rushkoff, "Survival of the Richest: The Wealthy Are Plotting to Leave Us Behind," *Medium*, July 5, 2018, https://medium.com/s/futurehuman/survival-of-the-richest-9ef6cddd0cc1.

8 노동운동사에 대한 훌륭한 입문서는 다음을 보라. Erik Loomis, *A History of America in Ten Strikes*, The New Press, 2018.

9 Ana Marie Cox, "Bree Newsome Thinks Allies Should Be Protesting," *New York Times*, October 18, 2017, https://www.nytimes.com/2017/10/18/magazine/bree-newsome-thinks-allies-should-be-protesting.html에서 인용.

10 Jocelyn Kiley, "Most Continue to Say Ensuring Health Care Coverage Is Government's Responsibility," Pew Research Center, October 3, 2018, https://www.pewresearch.org/fact-tank/2018/10/03/most-continue-to-say-ensuring-health-care-coverage-is-governments-responsibility/.

11 Andrew Buncombe, "Bernie Sanders Is the Most Popular Politician in America, Poll Finds," *The Independent*, August 25, 2017, https://www.independent.co.uk/news/world/americas/us-politics/bernie-sanders-most-popular-politician-poll-trump-favorability-a7913306.html.

12 "We Rise Together, Homie: An Interview with Antoine Dangerfield," *Jacobin*, August 3, 2018, https://jacobinmag.com/2018/08/wildcat-strike-indianapolis-shut-down.

13 Ibid.

14 Ibid.

15 Ibid.